U1021419

现代出版学丛书

现代编辑汉字识读用辨析

周　奇◎编著

苏州大学出版社

图书在版编目(CIP)数据

现代编辑汉字识读用辨析/周奇编著. —苏州：苏州大学出版社,2007.5
(现代出版学丛书)
ISBN 978-7-81090-828-3

Ⅰ.现… Ⅱ.周… Ⅲ.汉字-文字学-研究 Ⅳ.H12

中国版本图书馆 CIP 数据核字(2007)第 065548 号

现代出版学丛书
Contemporary Publication Studies Series

总 策 划

吴培华

现代编辑汉字识读用辨析

编　著

周　奇

责任编辑

郑亚楠

出版发行

苏州大学出版社
(苏州市干将东路 200 号　邮编　215021)

印　刷

常熟高专印刷有限公司
(常熟市元和路 98 号　邮编　215500)

开本　787mm×960mm　1/16
印张　26　**字数**　442 千
版次　2007 年 6 月第 1 版　2007 年 6 月第 1 次印刷
书号　ISBN 978-7-81090-828-3
定价　34.00 元

现代出版学丛书

CONTEMPORARY PUBLICATION STUDIES SERIES

丛书总策划

吴培华

丛书(第三辑)编委会

（按姓氏笔画为序）

于翠玲　史创新　李寿春
杨　华　杨贵山　吴培华
陈丽菲　张其友　张晓秦
金振华　周　奇　郑亚楠
康敬奎　薛华强

执行编委

李寿春

出版者的话

Editor's words

为了适应出版产业培养复合型人才的需要，为了促进出版这一与时俱进、以创新为灵魂的内容产业的发展，也出于编辑出版学科建设的需要，我们于2004年推出了现代出版学丛书第一辑(七种)，2005年推出了第二辑(六种)，引起了业内强烈的反响，获得了广泛的好评，在此基础上，我们又策划了第三辑(七种)。我们对于本套丛书的设想是立足于创新，尽可能地吸收中国出版业发展的最新内容，改革的动态、技术的革新、政策的变化、发展的趋势都将纳入我们的视野。我们对于作者的选定侧重在那些长期关注中国出版业发展的教育工作者和理论研究工作者，他们中有担任过领导工作又长期从事出版理论研究的专家，有在编辑出版教育第一线耕耘不止的园丁，有在编辑出版管理部门从事实际工作的理论工作者，虽然他们分布在全国各地，从事的工作不同，但是都有一个共同点，就是都在为繁荣中国的出版事业而努力，他们的工作异常繁忙。

然而，正是因为创新的立足点和作者选定的侧重点，决定了本套丛书也许会出现很多缺憾。我们将在广泛收集反馈信息的基础上，选择适当的时机及时对本丛书进行修订。因此，我们真诚地希望广大读者、教育工作者和理论研究工作者出于对本丛书的爱护，对其中的不足之处和疏漏讹误，不吝赐教。我们虚心期待着大家的意见、建议，甚或是严厉的批评，因为我们对中国出版业的拳拳之心是共同的。

总序

Preface

书籍，是人类传承文明的主要载体；近代兴起了报纸和杂志，于是文明传承又多了一种工具和媒介，从而新闻与出版并称。但是二者在传承文明过程中所起的作用和各自的特点有所不同。报纸杂志的时效性强、内容多样；书籍则传世久远、影响深远。二者相济，既及时反映了即时发生的情况，又引导人们思考过去、现在和未来，于是人类的文明得以播散和流传。

任何国家的新闻出版事业都是为自己国家的利益服务的，绝无功利的新闻出版事业从来不存在。过去，我国的新闻出版事业只注重了它的宣传作用，而忽略了它还有商品性的一面。这是计划经济导致的必然结果。改革开放以后，人们很快意识到了出版事业的二重性：意识形态属性和商品属性。我国的新闻出版业，一方面要发挥党和人民喉舌的作用，另一方面也要按照社会主义市场经济的规律去建设、发展、生产和流通，这两种属性是并行不悖、相辅相成的。只有按照市场经济的规律去建设、发展、生产和流通，才能更好地宣传科学的理论、正确的思想，弘扬正气，凝聚人心；也只有坚持正确的导向，乘市场经济的浪潮发展，才不致于迷乱了本性，才能为最广大人民的根本利益服务，才能在世界范围内形成自己的特色，参与国际出版业的激烈竞争。

无论是哪个国家的出版业，也无论从我国出版事业的哪一方面的属性来说，要使这一事业发展壮大，人才都是关键。特别是我国的出版事业正处在由传统的生产方式向现代生产方式转变的过程当中，人才的问题更加显得重要而急迫。

现代的出版业需求怎样的人才呢？我想，这样的人才除了应该熟悉现代新闻出版的经营方式方法之外，还需要有较高的理论素养、创新的意识和能力。后者也许比前者更为重要，因为经营的方式方法可以在实践中摸索、总结，而理论修养和创新能力却需要较长时间的积累和一定的悟性，需要良好的环境和条件的熏陶与培育。

如果以上述的标准衡量，应该承认，我国新闻出版界的人才结构和知识结构的确急需改善。同时我们应该看到，我国出版教育事业要承担起培养新型出版人才的历史重任，还有很多工作要做，还有很长的路要走。在诸多应该做的工作当中，编写出版具有理论深度的著作和具有时代特色的教材是其中最重要的基础性建设。

目前比较系统的一套出版学丛书还是十年前编写的。出版事业和社会生活几乎是同步前进的，在"知识爆炸"的今天，出版事业的发展可谓一日千里，也只有一日千里才能跟上时代。永远向前看，这是出版业的重要特征。因此，原有的读物显然已经不能完全满足当前的需要。现在出版的这套由我国新闻出版界一批著名专家策划并编写的《现代出版学丛书》，就是为了跟上出版业改革发展的形势，根据他们在这一领域中多年积累的经验、最新的发展动态、研究的最新成果和对未来的深刻思考编写而成的，供正在出版事业前沿努力奋斗的专业人员和有志于投身这一事业的年轻人学习之用。

参加策划和编写的专家，都在出版业的各个方面工作过多年，有的担任过出版业领导工作并长期从事出版理论研究，有的在出版教育领域耕耘时久，有的一直在出版部门从事实际工作。他们虽然分布在全国各地，专业也不尽相同，但是有着一个共同的特点，这就是始终紧跟时代的脚步，密切关注着国际上出版界的动态，苦苦思考着我国的出版业如何适应21世纪中国和世界的情况。

任何著作都不可能十全十美，因为就在作者研究、写作的时候，客观情况已经在变化了；再加上每个人占有的资料很难滴水不漏，观察的角度彼此或异，如果读者发现这套丛书还有什么不足和可议之处，我看应属正常。我们总不能等到一切都研究得完美了再来编写——实际上永远不会有这样一天，重要的是做起来，教起来，学起来。

我衷心希望这套丛书尽快出齐，在听取读者的意见后不断修改提高，使之成为具有权威性的读物和教材；我同时希望我国的出版教育界以这套丛书的出版为新的起点，加强科学研究，逐步形成和完善具有中国特色的出版理论体系，使我国的出版事业不仅在数量和质量方面达到与我国的国际地位相应的水平，出色地承担起传承人类文明的重任，而且在理论建树和人才储备方面也能令世界刮目相看。

许嘉璐

于日读一卷书屋

现代出版学丛书

目录

Contents

第二章　形声字误读　*143*

第三章　形似字混淆致误　*167*

下编 汉字趣味

写在前面

Editor's words

同汉字的关系，以职业来划分，我不是研究者，而是使用者。

我做了半个世纪的编辑工作，一辈子用文字为大众服务。虽然天天同汉字打交道，却不敢说真正认识它，掌握它，还是免不了读错音，用错字。汉字博大精深，真正认识它、掌握它，得心应手地使用它，是很难的。

我在退休以后，应中国出版工作者协会之邀，组建并主持校对研究委员会，做起研究校对理论与实务的工作。校对以猎错改错为目的，其主要任务就是发现并改正错别字。要发现错别字，首先就得知道哪个字是错字，哪个字是别字，应当怎样改正，不免咬文嚼字起来。时间长了，对错别字竟疾恶如仇，也就理解了古人为何称校对为“校仇”。

我发觉有些字被错读、错用的频率非常高，分析其原因，原来是：第一，形体近似、读音相同、含义接近的字容易混淆致讹；第二，对于形声字，人们习惯“长字认一截，扁字认一边”，而这样认字，读错音的概率非常高；第三，许多汉字一字多音、一字多义，人们往往只知其一而不知其二，因而错读、错用。这三条，可以说是汉字使用出错的基本规律。那么，怎样才能走出错读错用的误区，正确识读和使用汉字呢？最有效的办法就是学会辨析汉字。

于是，我读了一些汉字学、训诂学、校雠学方面的书，翻阅了一些古代和现代的字典、词典，以及关于甲骨文、金文、小篆的研究著作，了解了一些汉字演变发展的知识。古代文字学家认为：汉字有三个要素，一个是形，一个是声，一个是义。汉字结构的各种方式，都是形、声、义的结合方式。汉字形、声、义的结合方式，有一个明显的规律，那就是清代文字学家段玉裁概括的两句话：音生于义，义著于形。“音生于义”，是说汉字的读音是由它的含义决定的，这是因为汉字是以表意为主的意音结合的文字。

“义著于形”，是说汉字的含义是由它的形体结构表示的，这是因为汉字的基本“元件”是以形表义的象形字。古代文字学家根据汉字形、声、义结合方式的这条规律，提出辨析汉字的基本方法：审形，明义，知音。就是说，辨析汉字要从审形入手，通过对形体结构的辨析，来了解不同汉字的含义和读音的区别。

在校对理论与实务的研究和实践中，我用上述辨析方法，将常见别字与正字作对比辨析。几年下来，居然辨析了五六百个容易错读错用的字。1999 年 8 月，我应邀到故乡江西给编辑和校对讲课，在讲解出版物出错类型和规律时，通过对典型别字的剖析，介绍了辨析别字的方法。江西教育出版社的一位副编审，对我的辨析颇感兴趣，执意要我整理成书出版。2001 年 4 月，我的学字笔记《话说汉字》出版了。

书出版了，我却诚惶诚恐，生怕我的辨析错误误导了读者，于是时常拿出来检查，发现了一些错误和不足。我在参与图书质量检查过程中，又不断发现新的错别字，为了证明其错误，当然又得一一辨析。这本《现代编辑汉字识读用辨析》，就是以《话说汉字》为基础，经过纠错、补充和增添新字辨析而成的，也可以说是《话说汉字》的修订本。

这本书保留《话说汉字》的基本格局，依然分为上、中、下三编：上编题目叫做“汉字源流”，分为七章，从汉字的起源、汉字的演变、汉字的结构、现代汉字的构字法、汉字的一字多义、汉字的偏旁部首以及汉字的简化等七个方面，先给读者介绍一点浅显的汉字知识，帮助大家了解汉字是怎样产生的，它有什么特点，应当怎样去认识它。中编占有全书 80% 的篇幅，题目叫做“汉字辨析”，分为七章，分别辨析多音字和形声字的错读，形似字、音同字、义近字的错用，成语同音字的错用以及望文生义错用词语和成语。辨析时均将别字与正字对比，进行审音辨形析义，点明它们之间的本质区别。下编题目叫做“汉字趣味”，分为三章，分别介绍有关炼字、对联、谜语的轶文趣事，目的在于使读者从趣味中悟出汉字的奥妙，增强学习汉字的兴趣。

我在开头一句就说了，我不是汉字研究者，而是汉字使用者。我在本书中对一些字的辨析，不是对这些字的全面诠释。作为学习汉字的一种方法，或许对读者有点启迪。

从一定意义上讲，我的汉字辨析，是一种学字笔记，自然用了我读过的许多书中的知识和材料，并根据我自己的理解加以引用和编写，如果我理解错了，引用错了，发挥错了，那当然是我的责任，欢迎学者和读者批评指正。

作　者

2006年5月5日于怡然斋

上　编　汉字源流

第一章

汉字的起源

关于汉字的起源，古代学者众说纷纭，什么“八卦说”（汉字起源于八卦），“结绳说”（汉字起源于结绳），“仓颉造字说”（汉字是一个名叫仓颉的人创造的），仔细分析，这些说法全都不可信。

先分析“八卦说”。八卦是古代占筮（shì，占筮即占卜，用龟甲、蓍草推断吉凶祸福）的符号，共有八种符号，不过是一 - - 两种符号的排列组合（图 1-1），不可能发展成为文字。

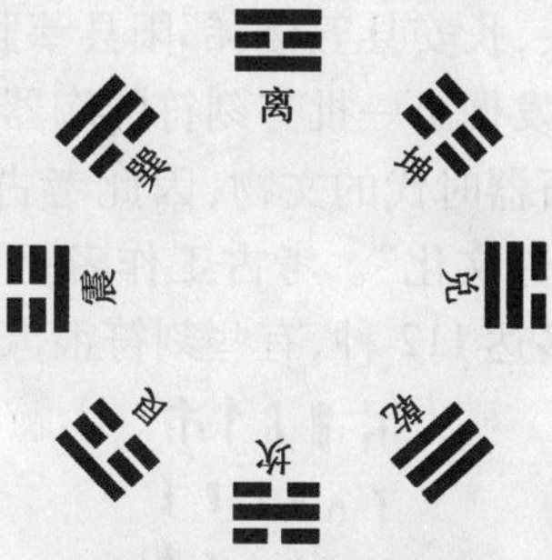

图 1-1　八卦符号

再分析“结绳说”。结绳是原始社会人们记事的方法，在绳子上打结作为记号，帮助记忆已经发生的事。结绳记事更不可能发展成为文字。

“仓颉说”简直神乎其神。古书上说得有鼻子有眼：仓颉是黄帝的史官，他有四只眼睛，上观天文，下察地理，聪明绝顶。黄帝命他创造文字，以便记录史实。他抬头看天，见星辰组成各种图案，月亮时圆时缺；低头看地，见龟背纹理构成图形，兽足禽爪印迹各式各样。于是，他从中受到启发，创造了象形文字。可信吗？当然不可信。因为：

第一，历史上是否真有仓颉这个人，就是个问题。黄帝时代是个传说的时代，那时是否真的有仓颉这么个史官，至今找不到真实的根据。仓颉既然创造了文字，就不会不给自己的名字造字，但是早期的文字——甲骨文里，竟找不到“颉”字。由此可见，仓颉这个人是后人虚构的。

第二，甲骨文产生于殷商时代，比黄帝时代晚了一千多年，可见早期文字不可能是黄帝时代的仓颉创造的。

第三，甲骨文里，同一个字有许多种写法，字形并不统一。这说明早期文字绝对不是哪一个人创造的。所以，鲁迅先生说：“且由众手，全群共喻，乃得流行，谁为作者，殊难确指，归功一圣，亦凭臆之说也。”（《鲁迅全集·汉文学史纲要·第一篇》）鲁迅的观点是对的，早期的文字是众人共同创造的。

那么，汉字是从哪里来的呢？到了 20 世纪 20 年代，汉字起源的神秘面纱终于被考古工作者撩开了。

1921 年，考古工作者在河南省渑（miǎn）池县仰韶村，发掘出埋藏在地下六七千年的远古陶器，陶器上有彩绘几何图案和动物图形花纹。1953 年，考古工作者又在西安市东郊半坡发掘出一座远古村落，出土一批有刻符的彩陶（图 1-2）。接着，又在陕西省临潼县姜寨（图 1-3）、零口、垣头，长安县五楼，郃阳县莘野，铜川市李家沟和甘肃省宝鸡市北首岭等地，发掘出一批有刻符的陶器（图 1-4）。这些陶器具有共同的特征，都是新石器时代的文物，因此考古学家给这些首次发现的遗址、文物定名为“仰韶文化”。考古工作者把陶器上的刻符临摹下来，进行分类整理，发现多达 112 种，有些刻符很像后来的商代甲骨文字。

图 1-2　西安半坡出土陶器刻符

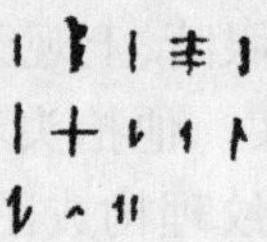

图 1-4　零口、垣头、五楼、莘野、李家沟等地出土陶器刻符

图 1-3　临潼姜寨出土陶器刻符

这些远古陶器刻符，是不是原始的文字呢？专家们的意见不大一致：有的认为是原始文字；有的认为不是原始文字，但对汉字的产生肯定有影响；有的认为其中的一些刻符同商代数字的构形相似，很可能就是汉字里面数字的前身。

1959 年，考古工作者在山东省宁阳县堡头村和泰安市大汶口一带，又发现了原始陶器刻符。接着，又在莒县陵阳河、诸城县前寨等地发现类似陶器刻符。这些地方的出土文物产生的年代，经科学测定，晚于仰韶文化时期，距今 5000 多年，被命名为“大汶口文化”。这个时期的陶器刻符，更接近文字，尤其是在陵阳河出土的驼尊上的 4 种刻符，恐怕不能说它们不是原始文字（图 1-5）。专家们认为，这 4 种刻符，“跟古汉字相似的程度是非常高的，它们之间似乎存在一种一脉相承的关系”。

图 1-5　陵阳河出土陶器刻符

有的专家认为：是原始“旦”字，像一朵白云托着太阳跳出地平线，表示新的一天到来了。也有的专家认为：是原始“炅”(jiǒng)字。上面是“日”，下面是“火”，表示光亮和热的意思。是“旦”或“炅”的异体字，下面加了一座“山”。是原始“戉”字。戉即钺，一种像板斧的兵器。是原始“斤”字。斤即斧，也是一种兵器。

原始陶器刻符告诉我们一个重要信息：汉字起源于图画。

远古时代的人们主要依靠狩猎为生，狩猎的工具只是木棍、石头等原始工具，因而整天为填饱肚子而奔忙。在那样的生活条件下，他们当然没有闲情逸致去“为艺术而艺术”，他们的作画，只是为了记录某件事情，或传达某种信息。这种图画起着文字的作用。所以，这种图画可以称为文字图画。

图 1-6　印第安女子约会图

右面这幅图(图 1-6)，是北美一位印第安女子刻在赤杨树皮上的，是一封文字图画情书。图的左上方画着一只熊，那是写信人的图腾(原始社会氏族用一种动物图画作为本氏族的标志)，左下方画着一条泥鳅，那是收信人的图腾。图的上方画着三个十字和一个山形图案，代表天主教堂。右边上下各画了一个不规则圆形图案，代表湖泊。分岔的线条，代表大路小路。靠近大路尽头有两个很小的记号，表示两人约会的地点。那女子用这幅图画，表达了对情人的思念，向她的“泥鳅”发出约会的信号。可以说，表情达意准确而完整。

虽然这幅约会图画发生在近代的北美洲，却使我们窥见我们民族先民们的生活情景。一个部落的人们，在一起狩猎，在一起生活，需要相互沟通。几个部落之间，总会发生交往，也需要互通信息。沟通的方式，无非是两种：一种是直接沟通，即面对面通过语言进行沟通；另一种是间接沟通，即不见面而通过中介进行沟通。利用文字图画是实现间接沟通的有效方式。印第安女子的约会图画，就是最好的证明。

画图记事，画图示意，不但可以帮助人们交流，还可以帮助记忆。但是，这种方式毕竟有很大的局限，难以表达复杂的、抽象的信息，难以准确地表达思想情感。因此，就有了在文字图画的基础上创造文字的需求。早在6000多年前，中华民族的先民们就开始了创造文字的漫长历程。

那么，文字和图画有什么本质的区别呢？

唐代书画理论家张彦远在他的《历代名画记》里提出“书画一体”论，认为书（字）画的区别在于：书传意，画见形。

现代语言文字学家唐兰先生说过一段十分精辟的话。他说：

> 文字本于图画，最初的文字是可读出来的图画，但图画却不一定能读。

这就是说，可以读出来的图画，才具备文字的基本特征，能读出来的图画是原始文字，不能读出来的图画只是图画。

印第安女子的约会图画，虽然表达了一定的意思，起到了传达信息的作用，但它不是文字。文字，即使是原始文字，都有相对固定的形体、读音和含义。前面提到的陵阳河陶器上刻画的“”，在多个陶器上出现，说明它的形体是公众认可的；它可以读出来，是“旦”字或“炅”字；它有明确的含义，表示新的一天到来了，或表示光亮和热的意思。所以说，它是原始文字（还没有完全脱离图画），而不是图画。

文字和图画形体不同，图画追求逼真，而文字只求象形。不仅如此，文字和图画的功能更大相径庭。文字组合起来可以记录语言，拆开来又是一个个独立表意的字。用文字来记事，不但准确，而且简要。比如，某次狩猎，猎获了3头野牛、10只野鸡、8头鹿，如果用图画来记录，就得画上3头野牛、10只野鸡、8头鹿；用文字就简单多了，只需写“三牛、十雉、八鹿”6个字。

最初创造的文字，大多是象形字，还有点儿像图画，正说明文字起源于图画。经过漫长的演变，象形字越来越符号化，不那么象形了，加之创造了大量的会意字和形声字，文字就彻底脱离图画了。从文字图画到图画文字再到脱离图画的文字，我们的祖先为之奋斗了几千年。

汉字，是中华民族的瑰宝，我们应当百倍地爱护它。

2

第二章

汉字的演变

至今发现的最早的真正的汉字，是商代的甲骨文。甲，即龟甲；骨，即兽骨；甲骨文，就是刻在龟甲、兽骨上的文字。

商代是奴隶制王国，建国于公元前1600年左右。那时已经是青铜时代，生产工具不再是木棍、石头，而是金属，同仰韶文化、大汶口文化相比，商代文化已经大大进步了。古书上说："惟殷先人，有册有典，殷革夏命。"约公元前1300年，商的国王盘庚，把国都迁到殷（今河南安阳小屯村），从此商又称殷。"殷先人"指的是盘庚的祖先，他革了夏的命，推翻了夏王朝，并且把这段革命史载入史册。这说明，夏末商初就已经有了可以记述历史的文字了。但是，几千年过去了，谁也没有见过商代早期的史书。殷商时代晚期确有比较成熟的文字，这是甲骨文告诉我们的。

甲骨文是清代内阁学士王懿（yì）荣偶然发现的。那是光绪二十五年（1899），有一天，王懿荣患了疟疾，医生给开了药方，药方中有味药叫"龙骨"。家里人把药买回来了，王懿荣打开药包，把"龙骨"拿出来看，意外地发现上面刻有很像汉字的符号，他左看右看不认得是什么字，便叫家里人到药铺里把所有龙骨全买回来，以便仔细研究。这件奇事，立即引起学者们的关注。过了11个年头，人们终于知道了龙骨的出土地是安阳的小屯村，而那里正好是殷商的都城，于是把甲骨文命名为"殷墟甲骨文"（图2-1）。经过几十年的不断发掘，总共出土甲骨15万片，发现4500个单字。经文字学家反复辨识，已经破译出1700个字（图2-2）。

商代人为什么在甲骨上刻字呢？原来商代人迷信鬼神，包括国王在内，办事之前都要占卜问吉凶。为此，国王身边养了一批以占卜为专业的人，人们称他们为"贞人"。据甲骨文记载，从武丁（中后期国王）到帝乙（晚期国王）的270余年中，朝廷共有"贞人"121人。他们一方面用龟甲为朝廷占卜预测，一方面将占卜的时间、结论（叫做"卜辞"）及事后的验证，用文字记录下来，以备查考。当时没有纸、笔、墨等书写材料，"贞人"便将文字刻在龟甲、兽骨上。他们将民间流传的文字收集起来，加以整理、改造，同时在使用过程中不断创造新字，这样，就逐渐形成最早的汉字系统。

商代文字载体，除了龟甲、兽骨以外，还有青铜器，将文字铸在青铜器上，这种文字通称"金文"。

金文与甲骨文，形体大致相同，不同的是：金文的笔画粗壮，甚至呈块状；甲骨文的笔画是单线条（图2-3）。

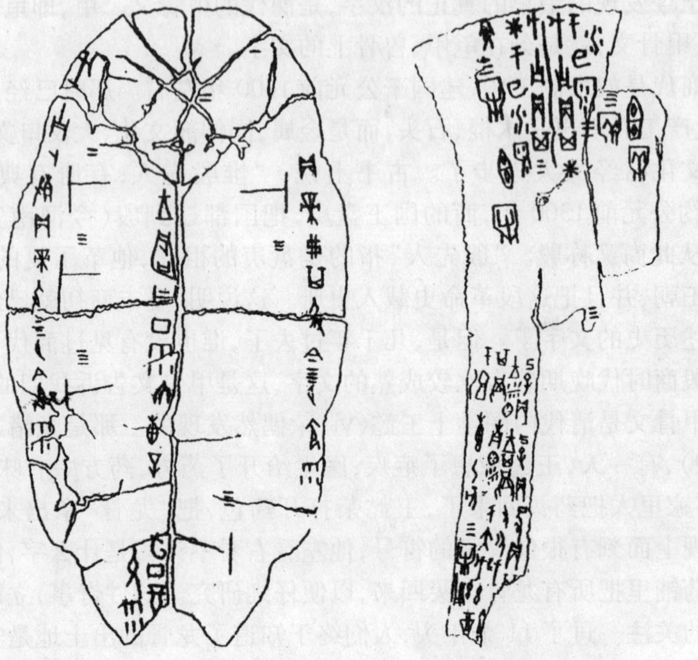

龟甲刻辞　　　　　　牛肩胛骨刻辞（下段残）

摹自《小屯殷墟文字乙编》　摹自《小屯殷墟文字甲编》

图 2-1　殷墟甲骨文

图 2-2　甲骨文破译举例

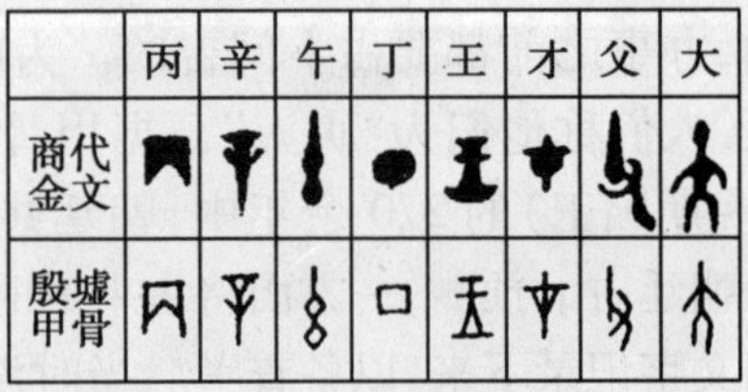

图 2-3　商代金文与甲骨文笔画比较

西周也有甲骨文，但出土的数量很少。西周文字的载体，主要是青铜器，所以，通常把西周金文作为汉字演变的第二个阶段（图2-4）。

周，原本是商的一个诸侯国，远在西北（今陕西岐山一带），文化比商落后。周武王灭商建立周朝后，全面继承了殷商文字，所以，西周金文与殷商甲骨文是一脉相承的。

图 2-4　西周初期麦方鼎铭文

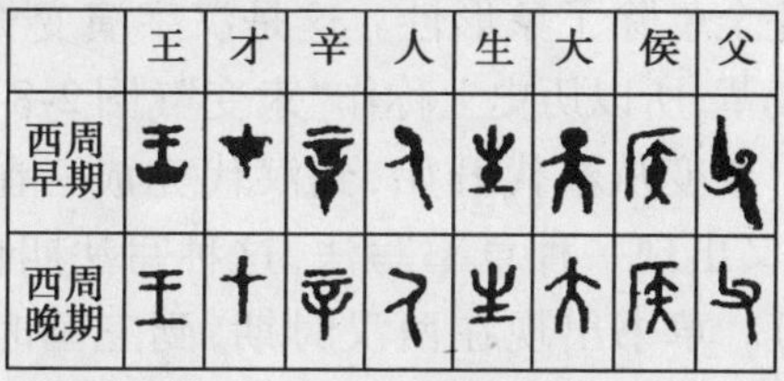

图 2-5　西周字形变化比较

西周从灭商到东迁（东迁后称为东周，又称春秋战国），共 250 余年，这 250 余年里，汉字发展得很快，字形发生了很大的变化，到了西周晚期，文字已经线条化、平直化、符号化了（图 2-5）。

春秋时代的文字，在继承西周文字的基础上，进一步完成线条化、规整化的演变。

到了战国时代，形成了秦、齐、楚、燕、韩、赵、魏七国争霸的局面。由于国家的分裂，语言文字出现了分化，“言语异声，文字异形”，语音字形各不相同（图 2-6）。

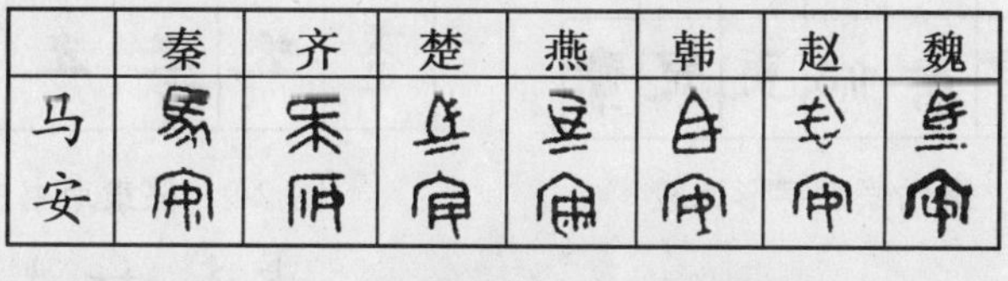

图 2-6　战国时代七国文字比较

秦始皇消灭齐、楚、燕、韩、赵、魏六国，建立大一统的秦王朝之后，立即推行了一项重大政策：书同文。“书同文”就是废除六国文字，以秦国文字为基础，删繁就简，形成规范文字，颁布全国推行。这种规范文字，称作“小篆”，也称“篆书”（图 2-7）。从此，汉字不再是画成的，而是写成的。这是汉字演变史上的一个里程碑。

秦代的文字载体仍然是青铜器，但开始大量采用竹简。竹简上的文字不是刻上去而是写上去的，因而出现了篆书的草率写法。这种写法称作

“俗体”。俗体将篆文圆转笔画改为方折笔法，虽然字体保持篆书的结构，但书写风格有了明显的差异。其实，俗体早在战国时代就已在民间流行。渐渐地，俗体演变成新的字体——隶书。隶书彻底破坏了篆书中遗存的图画意味，而且许多形体由于简省、合并、讹变，破坏了原先的结构。这样，就使汉字完全革除了象形性。这是汉字演变史上最重大的变革，所以历史上称作“隶变”（图 2-8）。

泰山刻石，刻于秦始皇二十八年（公元前 219 年），据说是秦朝宰相李斯的手迹，是标准的小篆

图 2-7　泰山刻石

隶变从秦代开始，到汉代完成。在隶变过程中，又出现一种草率写法，这种写法叫做草书（图 2-9）。草书出现在西汉时期，到三国时已经成为流行书体。魏晋时代又出现一种介乎草书、隶书之间的书体，比草书规整，比隶书草率，这种书体叫做“行书”。到了唐代，一种全新的书体“楷书”问世了（图 2-10）。

图 2-8　秦代篆隶字形比较

图 2-9　篆隶草书法比较

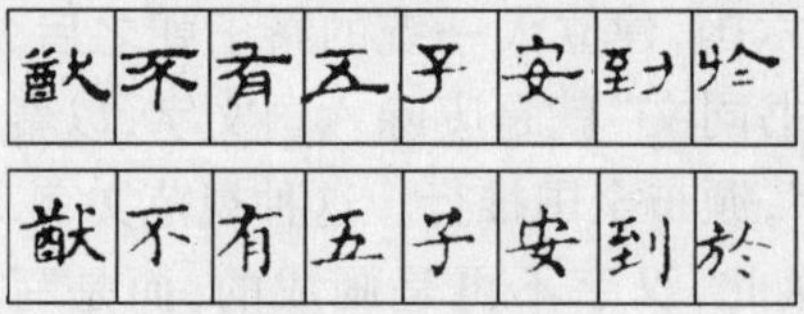

图 2-10　隶楷书法比较

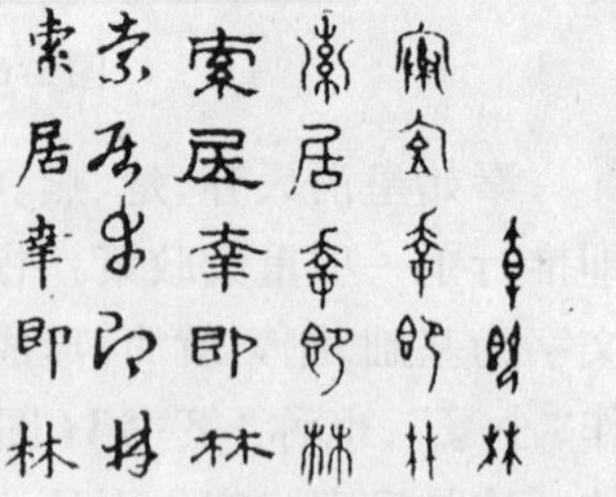

图 2-11　甲金篆隶草楷书法比较

至此，汉字的结构和风格终于定型了（图 2-11）。

第三章 汉字的结构

汉字是现存最古老的文字，从原始文字萌芽算起，到现在已经5000多年了。

汉字的创造，走过了漫长的路程，从文字图画到图画文字，再到甲骨文、金文、小篆、隶书、草书、行书、楷书才最后定型，历经5000余年。

我们祖先的造字，并不是先研究造字方案，设计好汉字的结构，然后才去造字的；而是在生活中有了这种需要，就去造这个字，有了那种需要，再去造那个字的。你也造字，我也造字，大家一交流，得到公认的字就流行开来。到了殷商时代出现一批专事占卜记事的“贞人”(可以说是当时的知识分子)，他们出于占卜记事的需要，收集民间流行的文字，进行选择、整理、改造，同时根据新的需要创造新的文字。西周以后，生产日益发展，社会日益进步，作为知识分子的“士”阶层，从百姓中分离出来，专门从事文化教育工作。他们在继续创造文字的同时，开始对汉字符号系统进行分析研究，终于总结归纳出被称作“六书”的汉字结构规律。

“六书”是什么意思呢？这里的“书”，既不是“书本”，又不是“书写”，也不是“书法”，而是“造字”，“六书”就是汉字造字的六条规律，或者说是“六种造字方法”。“六书”的具体内容是：象形，指事，会意，形声，转注，假借。

一、象形

汉字是由图画符号演变而成的，象形字是最早的一批汉字。

象形的意思是：按照物的形体，画出表示物的文字符号。

我们的祖先在创造文字的时候，用尽量简单的笔画来勾画物的形体。这样造出来的字，外形像物但不是物的图画。

有些字从正面勾画物的外形。例如：

日——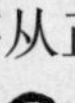 (甲) (篆)

月—— (甲)  (篆)

山—— (甲)  (篆)

水—— (甲)  (篆)

矢——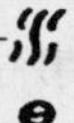 (甲)  (篆)

鱼——（甲） （篆）

车——（甲） （篆）

皿——（甲） （篆）

有些字从侧面勾画物的外形。例如：

人——（甲） （篆）

子——（甲） （篆）

犬——（甲） （篆）

马——（甲） （篆）

隹——（甲） （篆）（短尾鸟）

女——（甲） （篆）

有些字只勾画物的局部外形。例如：

牛——（甲） （篆）（牛头）

羊——（甲） （篆）（羊头）

竹——（甲） （篆）（竹叶）

面（脸）——（甲） （篆）（眼部）

止（脚）——（甲） （篆）（脚趾）

还有一类象形字，勾画的是物的形体，表示的却不是物本身，而是它的象征意义，可以说是"借物喻事"。例如：

高——（甲）（篆） 勾画的是高亭的形象，表示的却是"高"这个概念。

凸——（篆） 勾画的是凸出物的形象，表示的却是"凸起"这个概念。

凹——（篆） 勾画的是坑的形象，表示的却是"凹进"这个概念。

大——（甲）（篆） 勾画的是人伸臂直立的形象，表示的却是"大"的概念。

终——（甲）（篆） 甲骨文勾画的是丝头打结的形象，表示的却是"最后"、"尽"的概念。小篆"终"不是象形字。

现代语言文字学家给这类字取了个新的名称——"象事字"，因为它们虽然像物的外形，表示的却是事的象征意义。但是，从字的结构方法上看,它们仍然是象形字。

二、指事

用象形的方法,只能表示有形的物,难以表示无形的事,所以造不出多少字来。我国最早的字典——东汉时代许慎所撰《说文解字》,共收字9353个,其中的象形字只有364个。我们的祖先很聪明,又发明了"指事"的造字方法。

指事的意思是:借助客观形体,加注主观意念。说得通俗一点,就是借一个形象字,在它上面标注表示主观意图的符号,创造出新的文字。例如,上、下是两个方位概念,无法用象形的方法造字,便在""(某物)的上方标注主观意图符号,造出""字,表示"上"的概念;再将""倒过来变成"",就表示"下"的概念。这样造出来的字,一看便明白它的含义,易识易写,实在巧妙。

指事字有两种类型:

(1) 符号指事。即在象形字上面标注主观意图的符号。例如:

刃——　是刀的象形字,在刀口处加一点,表示刀锋利的部位。

本——　是树的象形字,在木下部加一横,表示树根的部位。根是树之本。

甘——　是口的象形字,在口里面加一点,表示"甜"味。甘是甜的本字,在现代汉语里,甘的含义仍是甜,"甘苦"即甜与苦。

寸——　是手的象形字,在手腕下边加一点,表示"寸口"(中医大夫切脉的部位)。寸口到手腕之间的距离,是古代度量的单位:一寸。

朱——　在木中间加一横,指出树干的部位。朱是株的本字,原始含义是"树干"。后造的"株"字,由"树干"引申为树的量词。

末——　在木顶部加一横,表示"树梢"。末的本义就是树的末梢。

(2) 形象指事。即在象形字上面标注象形符号。例如:

须——　是头的象形字,在面上加毛的象形符号,表示"胡须"。

身——　是人的象形字,侧立的人加突出腹的象形符号"",表示"身体"。

母—— 是女的象形字，女字中间加一对乳房的象形符号，表示“母亲”。

三、会意

指事造字法，也有局限性，造不出多少字。在《说文解字》的9353个字里，指事字只有125个，仅占总数的1.34%。我们的祖先继续探索，又发明了更有创造力的造字方法——会意。

会意，有两层意思：一是合体，即将两个以上的独体字（象形字、指事字）组合成一个合体字；二是会意，即合体字的含义，由组成合体字的两个（或多个）独体字共同表示。就是说，会意字是合体字，要理解它的含义，必须了解它的两个（或多个）构成字符各自的含义，以及它们之间的联系。例如：

从—— 由两个人字组合而成，两个人字排列成一前一后，象征两人相随，这就是从字的本义。

雀—— 由小和隹两个字组合而成。隹（），音zhuī，短尾鸟的象形字。小隹，即小鸟。大鸟为鸟，小鸟为雀。

从和雀，是两种不同类型的会意字。从是“以形会意”，即通过“两人相随”的形象，来体现它的含义。雀是“以义会意”，即通过“小”、“隹”两字的联系，来体现它的含义。

以形会意的会意字，要仔细观察构成字符的形象，来体会它的含义。例如：

止—— 即趾，代表脚。独体字。

步—— 两脚一前一后，会意为“行走”。

涉—— 在水里行走，会意为“徒步渡河”。

陟—— 步字左旁加土山（阜，变形为左阝），会意为“登高”。陟（zhì），义为登高。

降—— 右旁的步字倒写（变形），象征往山下走，会意为“落下”。降（jiàng），义为落下，使落下。

门—— 门的象形字。独体字。

启——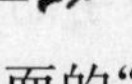 是手字的变形，用手推门，会意为“打开”。启是隶变后的字形，上面的“门”讹变成“户”，下面的“手”讹变成了“口”。

闻—— 是耳的象形字，门内有耳，表示“听”。

集—— 木上三隹，三代表多数，群鸟栖树，会意为“聚集”。后来将三隹删去两隹，简化成“集”。

益—— 下面是皿，盛水的器具，上面是横写的水字，皿中水满外流，会意为“溢”。益是溢的本字。

以义会意的字，要仔细揣摩它的构成字符的含义及构成字符之间的联系，进而体会它的含义。这类合体字，绝大多数是秦汉以后创造的。例如：

实——實（繁体），宀是房屋的象形符号；贯，义为“钱财”。屋子里充满钱财，会意为“充实”。

嵩——山而且高，会意为“高山”。

尖——上小下大，会意为“锐”。

歪——不正为歪。

掰——用两手把物体分开。

会意字里，有些以义会意的字，含义很深，反映了我国古代的道德传统和文人心态，因此，只从字面上难以体会它的含义。例如：

圣—— 繁体写作聖，由耳、口、人、土四个象形字组成，表面上的形象是人站在地上竖起耳朵听人家讲话；它的深层含义是“闻声知情”（《说文解字》），“兼听则明”。什么是圣人？就是脚踏实地、倾听人民呼声、洞察民情的人。这个字蕴涵着多么深刻的哲理！

愁——由秋和心组合而成，会意为“忧”。忧愁，是一种心理活动，所以从心。但是，为什么要用“秋”来表示愁呢？秋，一年中的第三季，从自然的运转来说，这是个开始落叶、逐渐寒冷的季节，草木凋零，气象萧瑟，寒气逼人，容易使人产生愁绪。清末女革命家秋瑾有句名诗云：“秋风秋雨愁煞人。”她借自然之秋寓国家民族的衰亡，表示自己忧国忧民的忧愁。古代文人常用秋来比喻苍凉，比喻衰老，比喻肃杀，比喻国家破碎，比喻身世飘零。所以，唐代诗人刘禹锡说：“自古逢秋悲寂寥。”古代文人“因秋而生愁，生愁而悲秋”，在他们心中，秋愁分不开了。宋代文人吴文英这样解释“愁”字：“何处合成愁，离人心上秋。”他对愁字的解释，不是很耐人寻味吗？

信——“人言为信。”说了话要算数，不能食言，这就是信字的含义。诚实、守信，是我国的优良道德传统。用“人”和“言”组合成“信”，反映了我国传统的道德观念。

德——右边是直心二字，合起来（悳）是古德字，表示心要正。后来在左边加个表示行动的彳（chì）字，表示不但要心正，还要身体力行，做到心行一致。所以，德字的含义就是“德行”，即道德品行。

《现代汉语词典》这样解释“会意”的词义：字的整体意义由部分的意义合成。字是合成的，字义也是合成的。这就是会意字的基本特征。解析会意字时有个概念：从某从某。从某从某，表示这个字的含义是由某和某会合而成的。

四、形声

随着生产的发展和社会的进步，人们的社会交往日益增多，语言也日益丰富起来。用象形、指事、会意的方法造字，已经满足不了社会的需求，形声造字法就应运而生了。

形声同会意一样，也是用两个以上独体字组合而成新字。但不同的是：构成会意字的独体字，都起表义作用；而构成形声字的独体字，有的起表音作用，有的起表义作用。起表音作用的，不一定表原音，大多只表近似音；起表义作用的，不一定表原义，大多只表“类义”，即表示新字与它那一类事物有关系。这样一来，就冲破了象形、指事、会意的束缚，大大增强了造字的创造力。秦汉以后汉字大发展，主要是用形声的方法创造新字的。到了东汉许慎撰写《说文解字》的时候，汉字已经发展到9000多个，而形声字占了其中的80%。

构成形声字的独体字，起表义作用的叫“形符”，又叫“形旁”，起表音作用的叫“声符”，又叫“声旁”。解析形声字时有个概念：从某某声。从某，表示某字是表义的形符；某声，表示某字是表音的声符。比如，“符”这个字就是形声字，从竹付声。从竹，说明竹是表义的形符，表示符与竹有关系；付声，表示符字的读音与付字相同或近似。符字的本义是“符

Contemporary Publication

节”。符节是古代朝廷派遣使者或调兵遣将时用做凭证的信物，最初是用竹片制成的，上面刻有文字，一片分为两半，一半存在朝廷，一半给外任官员或出征将帅。符字音 fú，与付 fù 同在一个音节——fu，只是声调不同，符读二声，付读四声。

形声字的形符与声符的组合排列，有八种基本类型：

(1) 上形下声，如草、篮、晨、雾。

(2) 下形上声，如娶、璧、岱、裘。

(3) 左形右声，如松、屿、裤、猿。

(4) 右形左声，如鹅、剑、翅、郊。

(5) 内形外声，如辫、腐、鹰、餍。

(6) 外形内声，如固、衢、匾、衷。

(7) 形偏一隅，如疆、颖、哉、脩。

(8) 声偏一隅，如旗、徒、望、飓。

从结构模式看，(1)、(2)是上下结构，(3)、(4)是左右结构，(5)、(6)是包围结构，(7)、(8)是上下结构或左右结构的特殊形式。例如：颖，从禾顷声，形符“禾”在左下角。这是左右结构的特殊形式。望，从月从人从土，象征人站在地上看月亮，“亡”是声符，声符在左上角。这是上下结构的特殊形式。

解析形声字的时候，要分辨清楚它的结构模式，哪个是表义的形符，哪个是表音的声符，然后将形、声、义结合起来分析。

形声字的特点是音(读音)意(含义)相合，它表明汉字由表意向音意结合发展。音意结合，容易识读，容易记忆。看了它的形符，大致可以猜出它属于哪类事物；看了它的声符，大致可以猜出它属于哪个音节。现代化学家给化学元素的中国名称造文字符号，用的就是形声的方法，如铀(U)、镭(Ra)、钛(Ti)、氧(O)、氮(N)、氟(F)、硅(Si)、硒(Se)、硫(S)、汞(Hg)。这些字中的金、气、石、水是形符，起表义作用，看它们的形符就知道它们分别属于金属、气体、非金属固体和液体。这些字中的由、雷、太、羊、炎(淡字省水)、弗、圭、西、㐬(流字省水)、工是声符，看它们的声符就可以大致知道它们的读音。形声字的这种优越性，为汉字识读提供了方便。但是，事物总是一分为二的，如果我们以为“扁字认一边，长字认一截”，简单地以形符和声符为依据去识读形声字，就往往会发生错误，甚至闹出笑话。

分析了象形、指事、会意、形声四种造字方法,我们就可以知道,汉字有如下三个特点:

第一,汉字是单音节文字,这是因为汉语词的音节形式是以单音词为主的,这样,就形成一个字读一个音节表示一个词的基本格局。

第二,汉字是表意字,不同于表音字,它是用一定体系的象征性符号来表示词或语素的,不直接或单纯地表示语音。它的读音是由字义决定的。

第三,汉字起源于图画,象形字虽然数量不多,但它是指事字、会意字、形声字的构成元素。几千年来,汉字数量发展到了五六万个,汉字的书写形式也不断变化,许多字失去了原来的形态,但是,汉字系统仍然是象形的,即使是形声字的声符,也是借用象形字,而不是另造注音符号。所以,如果把合体字拆开来,恢复它们原来的形态(甲骨文、金文、篆书),就能清晰地看出它们是象形的文字符号。

五、转注

“六书”中的“转注”和“假借”其实并不是造字的方法,它们与汉字的结构没有直接关系。所以,汉字的结构方法只有四种,即象形、指事、会意、形声。

现代语言文字学家一致的看法是:转注和假借是用字的方法。为什么这样说呢?

转注是什么意思?据说古今学者的见解颇多分歧,至少有九种不同的解释。本书不是关于文字学的学术著作,所以不去讨论谁是谁非。

这里只想介绍一种一听就明白的说法:转注字是一种特殊的形声字。特殊在哪里?前面说了,一般形声字的含义与它的形符的含义并不相同,只是“相类”。例如:江、河、湖、海四字的形符都是“水”,但是,不能说“水”就是江、河、湖、海,它们不是同一概念,因为“水”的科学概念是“最简单的氢氧化合物”;只是说,它们都与水有关系,都是“水这一类”的事物。有些形声字却特殊,它们的含义与形符的含义相同,因此这些字可以相互做注。如考、耋、耄、耆四字都以“老”做形符,它的含义都是“老”。

这类特殊的形声字，就是转注字。

这类字在汉字里为数很少，从识读汉字的角度来说，可以不去深究它。

六、假借

东汉的文字学家许慎给“假借”下的定义是：本无其字，依声托事。这八个字比较容易理解。“本无其字”，是说有些词造不出字来，“依声托事”，是说依照这个词的发音借一个同音字，让它来表示这个词义。

还是举例来说吧。

东、南、西、北是四个方位词，没有办法创造恰当的字，怎么办？我们的祖先就用假借的办法，借四个同音字来充当。

东，甲骨文写作，象形字，像一个无底的口袋，用绳子把两头捆扎在一根木棍上，它的本义是“物”。现代汉语把物品叫做东西，这个“东西”保留了“东”的本义。后来，东被假借，用来表示四方之一——东。

西，甲骨文写作，也是象形字，像一个挂在树上的鸟巢，它是“栖”的本字。后来被假借，用来表示四方之一——西。西被借走，又创造了一个新字“棲”（今简化作“栖”），替代西字。西字的原义消失了。

南，金文写作，会意字，用锐物刺龟甲，本义可能是难易的“难”。后被假借，用来表示四方之一——南，南字的原义也消失了。

北，甲骨文写作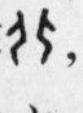，会意字，两人背靠背，它就是“背”的本字。后被假借，用来表示四方之一——北。北被借走，又创造了一个新字“背”，替代北字。但北的引申义“打败仗”（打了败仗背转身退却）仍然被保留下来。例如，“连战皆北”中的“皆北”即都败了。

假借字在汉字里为数不少，一些含义抽象的词，大多是用假借字来表示的。例如：

亦，小篆写作，是指事字，在人（大是人伸臂直立的形象）的两腋处各加一点，是“腋”的本字，后被借走做副词，表示“同样，也是”，本义消失，又创造了新字“腋”，替代亦字。

之，小篆写作，是会意字，一只脚（）落地（一），会意为“至”，是

动词。之被借走做代词、助词，又创造了一个新会意字“至”（、飞鸟落地），替代之字。但在古汉语中，“之”仍保留“至”（引申为往）的含义。例如，李白的名诗《黄鹤楼送孟浩然之广陵》中的“之广陵”，意思就是“往广陵”（到广陵去）。

主，小篆写作，是象形字，像插在灯台上点燃了的蜡烛，是“烛”的本字。后被假借，表示跟宾客相对的人，权力或财物的所有者、当事人，又创造了一个新的形声字“燭”（今简化为烛），主字的原义消失了。

假借字，字形是借来的，与原字含义无关，实际上是个表音的符号。有些字被借去表音，本字依然使用，用以表示象声词的字，都是这类假借字，例如“丁冬”、“丁当”，它们只起象声作用。

4

第四章

现代汉字的构字法

汉字结构的研究，有两个不同的角度：溯源的研究；现状的研究。上一章“汉字的结构”，就是溯源的研究，即依据甲、金、篆的形体，研究汉字形、声、义结构的内在规律。汉字发展到现代，形、声、义都发生了许多变化；尤其是现代的简化汉字，已经看不出原本的形体结构。因此，现代汉字学家依据现代汉字的形、声、义，提出“现代汉字的构字法”。

现代汉字学家将汉字构字部件分为三类：意符（传统汉字学称作“形符”）；音符（传统汉字学称作“声符”）；记号。凡是和整字在意义上有联系的部件，叫做意符；凡是和整字在读音上有联系的部件，叫做音符；和整字在意义上和读音上都没有联系的，叫做记号。

依据上述界定，现代汉字学家把现代汉字的构字法分为七种：(1) 独体表意字；(2) 合体表意字；(3) 形声字；(4) 半意符半记号字；(5) 半音符半记号字；(6) 独体记号字；(7) 合体记号字。北京大学教授苏培成在其所著《现代汉字学纲要》一书中，对上述现代汉字七种构字法作了详尽的介绍。[1] 现摘录如下：

一、独体表意字

由单独一个意符构成，观其形体即能明其含义，所以称之为“独体表意字”。

例如：

凹，低于周围。

凸，高于周围。

丫，象分杈之形。

二、会意字

一般由两个意符组成。从结构形体分析，可以分为三种结构方式：

(1) 以形会意。例如：

从，两人相随。

〔1〕 苏培成. 现代汉字学纲要. 北京：北京大学出版社，1997

杲,日出树梢,表示明亮。

戒,双手(廾)持戈,表示戒备。

析,用斤(斧)剖木。

杳,日落树下,表示幽暗。

(2) 重叠会意。例如:

晶,三日重叠,形容光亮。

矗,三直重叠,形容直立高耸。

森,三木重叠,形容树木众多。

炎,二火重叠,形容火焰升腾。

(3) 以义会意。例如:

掰,两手分物。

吠,声从犬出,表示狗叫。

嵩,从山从高,表示山高大。

现代简化字里有不少是新造的以义会意的字。例如:

宝,屋里有玉,会意为珍宝。

尘,细小土粒,会意为尘埃。

粜,从出从米,会意卖米。

籴,从入从米,会意为买米。

泪,水从眼出,会意为眼泪。

灭,用一压火,会意为熄灭。

灶,用土砌成烧火器具,会意为炉灶。

三、形声字

由意符和音符构成的字,叫做形声字。本编第三章讲过,传统的形声字,只有 1/4 的字可以根据声符来读音。现代形声字则不同,音符和整字的读音是相同的,只要知道充当音符的部件(字)的读音,就可以准确地掌握形声字的读音。因此,现代汉字学家将"现代形声字"称作"狭义形声字"。例如:

懊,从心奥声,表示烦恼、悔恨。

疤,从病巴声,疤痢、疮疤。

搬，从手般声，义为移动。

苞，从草包声，指花苞。

枫，从木风声，枫树。

陲，从阜垂声，边疆。

俘，从人孚声，俘获。

谓，从言胃声，称谓。

现代为化学元素造汉字，采用的大多是形声法，造出来的字大多能够依据音符准确读音，如钾、镁、钛、钴、硒、硅、碘、砷、氡、氟、氖、氦。

有些传统繁体形声字，音符不能准确表音，现代汉字简化，依然用形声法造字，改用笔画少且能表音的音符。例如：

膚，简化作“肤”，从肉夫声。

護，简化作“护”，从手户声。

驚，简化作“惊”，从心京声。

態，简化作“态”，从心太声。

鐘、鍾，简化作“钟”，从金中声。

樁，简化作“桩”，从木庄声。

四、半意符半记号字

这类字中有不少是传统的形声字，音符不能准确表音，实际上成了纯粹的记号，这类字称作半意符半记号字。例如：

布，形声字，从巾父声，音符父已经讹变成“𠂇”。𠂇，既不表义也不表音，成了纯粹的记号了。

蛇，形声字，从虫它声。它，古蛇字，现代成了人称代词，读音也变成tā。它在蛇字里，既不表义也不表音，只是一种记号。

霜，形声字，从雨相声。相，已不起表音作用，成了记号了。

现代简化字里，也有一批半意符半记号字。例如：

燈，形声字，从火登声，简化后变成“灯”，“丁”就是纯粹的记号。

礎，形声字，从石楚声，简化后变成“础”，“出”是纯粹的记号。

爐，形声字，从火盧声，简化后变成“炉”，“户”是纯粹的记号。

五、半音符半记号字

这类字来自古代的形声字，由于意符不再表意而成了记号，已经不是真正的形声字，而是半音符半记号字。例如：

球，古形声字，从玉求声，本指一种美玉。这个字后来被假借作“毬”而失去原义，原本起表意作用的“玉”也就成了没有意义的记号了。

诛，古形声字，从言朱声，本义为“谴责”、“声讨”，成语“口诛笔伐”还保存原义。在现代汉语里，诛的含义是“杀”，如“伏诛”、“诛戮”，原本起表意作用的“言”成了记号。

六、独体记号字

古代的象形字楷化后，有些字的形体变化很大，已经看不出所象何物。现代汉字学家把这类字称作“独体记号字”。如日、月、山、水、手、木、心、子、女、弓、矢、刀、戈、户、舟等，都失去原本象形的特征。但是，这些字都是合体字的偏旁部首，在合体字里起“意符”作用。这些字形体虽然变了，但只需看它们的篆书，很容易联想它们所象之物。

七、合体记号字

古代有些象形字，楷化以后不再象形，而变成了现代合体字，但是这种合体字的构成部件，既不表意，也不表音，都成了记号。例如：

角，象形字，它的甲骨文象牛角之形。现在变成由“⺈”、“用”组成的合体字。“⺈”、“用”既不表意又不表音，成了纯粹的记号。

它，古蛇字，它的甲骨文象蛇之形。现在变成由“宀”和“匕”组成的合体字。“宀”、“匕”既不表意也不表音，成了纯粹的记号。

苏培成教授在分析了“现代汉字的构字法”后指出：“文字是记录语言的符号，语言是音义结合的词汇法体系。用文字来记录语言，就是使文字符号和语言成分建立联系。这种联系可以是任意的，就是无理据的，也可以不是任意的，就是有理据的。真正实用的文字都是有理据的。”鉴于现代汉字、尤其是现代简化汉字的形体的讹变，理据度大约只有50%上下，许多象形字讹变成了“记号”，难以作出理据分析，苏教授提出“理据的溯源分析”。他认为，用追溯字源的方法，去寻找汉字的理据因素，可以提高识字教学的效率。

本书中编将对若干容易错读、错用的汉字进行形、声、义辨析，采用的就是理据的溯源分析。为了帮助读者寻找汉字的理据因素，掌握汉字理据的溯源分析方法，下面两章将分别讲述“汉字含义的引申”和“汉字的偏旁部首”，这些知识是进行理据溯源分析所必须掌握的。

5

第五章

汉字含义的引申

汉语里有多少词语？恐怕没有人能说清楚。随着社会的发展，不断会有旧词旧语失去生命力，也不断会有新词新语产生。据说《现代汉语词典》的编者们为了修订《现代汉语词典》，搜集到的词语有几十万条。《汉语大词典》共收词目 37 万条。可是，常用汉字只有 3500 个，再加上不常用但有时会用到的，统称"通用字"，也不过 7000 个字。用 7000 个字来表示几十万个词，一字表一词当然不行，只有一个办法，那就是一字表多词。这里说的一字表多词，并不是说书面语言中的一个汉字可以同时表示几个词，而是说同一个汉字在不同的书面语言中可以表示不同的词义。

举个例子来说：安，是个会意字，从宀从女，表示一个女孩子独自坐在深屋里，会意为"宁静"。"安静"、"安宁"两个词语用的就是本义。但是，安字在其他书面语言中表示的却不是"宁静"。在"坐立不安"中表示"安定"，在"安于现状"中表示"满足"，在"转危为安"中表示"平安"，在"安身立命"中表示"有着落"或"有所寄托"，在"安步当车"中表示"慢慢地"，在"安分守己"中表示"老实规矩"，在"安详"中表示"从容"、"稳重"，在"安眠"中表示"熟睡"，在"安放"、"安置"中表示"置放"，在"安排"中表示"有序"，等等。你看，同是一个"安"字，在不同的词语和语境里竟能表达这么多词义。如果把"安"字的这些后起义跟本义的"宁静"联系起来，你会发现一个奥秘，它们有一种"血缘"关系。语言文字学家给这些后起义取了个名称，叫做"引申义"。

引，即由来、出发点；申，即扩张、发展；合起来，就是从本义出发，扩展它表示多种词义的功能。还是以"安"字为例，"宁静"是它的本义，安定、满足、平安、有着落、慢慢地、老实规矩、从容、稳重、置放等词义，都是从本义引申（扩展）出来的。

再举几个字为例：

操，本义为"抓在手里"。把"抓在手里"这个意义扩展开来，就引申出掌握、从事等意义来。人们常说的"稳操胜券"、"重操旧业"，用的就是引申义。

张，本义为"张弓"。把"张弓"这个意义扩展开来，就引申出张大、张开、张扬等意义来。

站，本义为"立直身体，两脚踏地"。把"立直身体，两脚踏地"扩展开来,就引申出停留、停车的地方等意义来。

有些字,从本义引申出新义,又从新义引申出更新义,如此发展下去,逐渐形成引申系统,把这个系统画成图表,就会像一株有根有干有枝的树(图5-1)。

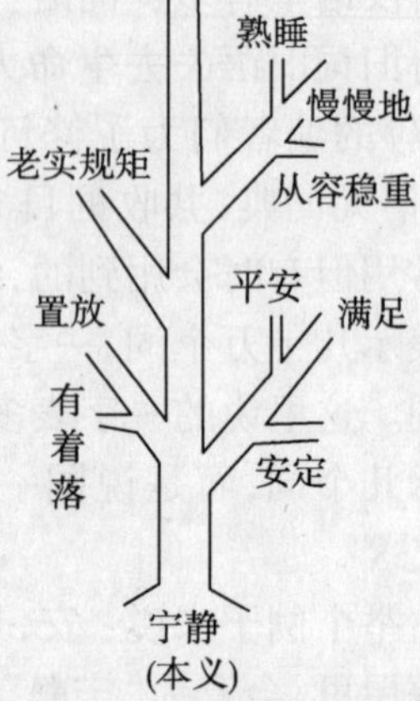

图5-1　安字引申系统示意图

引申义与本义之间,有一种渊源关系,但各个引申义之间,含义却不相同,有些甚至风马牛不相及。所以,理解一个字的引申义要注意它的语言环境,不这样做就可能误解字义。举一个最典型的例子:孔子的学生子夏的两句名言,记载在《论语》里,那两句话是:“仕而优则学,学而优则仕。”今人误解了其中“优”、“仕”两字的含义,抽出后一句话当做“读书做官论”,批判了几十年。优,形声字,繁体写作優,从人憂声,本义为“饶也”,即“吃饱了”。能吃饱饭,意味着家有余粮,由此引申出有余。从“有余”又引申出富裕(优裕)、悠闲(优游);从“悠闲”又引申出办事迟疑(优柔寡断);从“富裕”又引申出出众(优秀)、能压倒对方的有利形势(优势);从“优秀”又引申出质量好(优质)、风景好(优美)、待遇好(优厚);从“优势”又引申出条件好(优越)及自以为比别人好的心理(优越感);等等。由此可见,“优秀”是“优”的远引申义。再说仕,也是形声字,这个字古今字义不一样,在孔子时代,仕字的含义是“做事”。《诗·大雅·文王有声》里有“武王岂不仕”的诗句。《荀子》里也有“移而从所仕”的句子。这两个“仕”含义都是“做事”,而不是“当官”。清代文字学家段玉裁在注《说文解字》时指出:“训仕为入官,此今义也。”他说得十分明白:把仕释义为“当官”,不是仕字的原义。子夏说的“仕而优则学,学而优则仕”,译成现代语言应该是:已经工作的人,有余力要继续学习;做学生的人,有余力要到社会上做点事。子夏说得多么在理啊!宋代大学者朱熹特别称赞这两句话,他说:“然仕而学,则所以资其仕者益深;学而仕,则所以验其学者益广。”译成现代语言就是:已经工作的人继续学习,可以补充知识,有助于做好工作;做学生的参加社会实践,可以检验他们的学识,有益于继续学习。遗憾的是,今人

Contemporary Publication

只知“优”就是“优秀”，“仕”就是“做官”，把“学而优则仕”误解为“读书优秀就可以当官”，并且妄加批判。

汉字含义的引申，可以说是奥妙无比，语言发展了，汉字的数量却不必跟着增加，只需运用引申的办法，就能够准确地记录丰富多彩的语言。

现代出版学丛书

6

第六章 汉字的偏旁部首

姓杨的先生与姓黄的先生初次见面，握手之后互通姓名。杨先生说："敝姓杨，木易杨。"黄先生说："敝姓黄，草头黄。"两位先生都把自己的姓氏报错了。因为，木易并非杨，黄也不是草头。如果我问你："厅字是什么头？席字是什么头？"我想，你会毫不犹豫地回答："厅字是厂(chǎng)字头，席字是广(guǎng)字头。"应当说，这个回答也是错的，因为，作为偏旁部首的厂和广，同现在的简化字"厂"和"广"毫不相干。这些错误，可以说是习惯性错误，说的人和听的人都不以为是错的。这是为什么呢？

要弄清楚其中的道理，就必须研究汉字偏旁部首的学问。

前面说了，汉字可以分为两大类，一类是独体字，另一类是合体字，合体字是由两个以上的独体字组合而成的。合体字的各个组成部分叫做偏旁。偏旁有两种：一种表示字音，叫做声符，又叫声旁；一种表示字义，叫做形符，又叫形旁。形符相同的合体字，所表示的事物或行为，有一定的内在联系。比如，以木为形旁的合体字，大都与树木有关系。于是，东汉学者许慎在撰写《说文解字》时，把同一形符的合体字编在一起，由作为形符的字打头，还给它取了个名称：部首。后世学者把许慎的部首法称作"据义归部"，即把字形与字义联系起来归类。随着汉字的演变发展，又出现了"据形归部"法，即不管字义，只着眼于字形，把字形中便于辨认的部分，或者专门规定的某一部分，定为部首。《现代汉语词典》中的"丿"、"乛"、"⺌"、"彐"等，就是"据形归部"。这类部首都不是字，都不起表义作用。本编旨在阐述汉字源流，故按"据义归部"原则解析部首。

作为合体字组成部分的偏旁，在汉字演变过程中，有的保持原来的形体，有的却改变了原来的形体，有的甚至变得面目全非了。例如：

人，变成亻；

手，变成扌、𠂇、又、廾、⺘、六；

水，变成氵、氺；

火，变成灬；

冰，变成冫、⺀；

网，变成罒、⺳；

心，变成忄、⺗；

肉，变成月、⺼、夕；

爪，变成爫(作为形符，爪表示"抓"的意思，所以实际上也是"手")；

刀，变成刂、⺌；

阜，变成阝（在左）；

邑，变成阝（在右）；

草，变成艹；

竹，变成⺮；

犬，变成犭；

丝，变成纟、糸；

羊，变成⺶、⺷；

牛，变成牜、⺧；

示，变成礻；

衣，变成衤，或拆作“亠”、“𧘇”；

等等。

演变的趋势是：笔画少，符号化。

虽然符号化了，但它们仍然代表原本的独体字，在合体字里或者表义或者表音。要想了解合体字的含义和读音，就必须知晓组成合体字的偏旁的原本形体，掌握它的含义和读音，这叫做审形明义知音。

下面举些偏旁例子来说明这个道理。

丌 廾 𠘨

丌（jī），小篆写作丌，象形字。从形体上看，有点儿像现代的茶几，是上古时代置放物品的座架。后来不单独作字，只做合体字的偏旁。例如：

丌与田合体为“畀”（bì），会意字，将“田”（物品）置放在“丌”上，表示“给予”的意思。畀又与自合体为“鼻”，形声字，形符自表义，声符畀表音，即鼻子。因为“自”是鼻的本字。自，甲骨文写作𦣹，金文写作𦣹，小篆写作自，都是象形字，像鼻子的形状。后来“自”被假借表“己”义，遂造形声字“鼻”替代“自”。鼻字常错作“鼻”，就是因为没有分辨丌和廾。

廾（gǒng），甲骨文写作𠬞，小篆写作𠬞，都是象形字，像双手相捧。廾是拱的本字。后来创造了拱字，廾就只作合体字的偏旁。以廾为偏旁的合体字，都与双手有关系。例如：

弄，廾与玉的合体。玉，小篆写作王；王，小篆写作王；虽然都是三横一竖，但两字的三横间距不一样。后来为了使玉、王二字区别明显，就给玉字加了一点；但是，玉字作合体字的偏旁时仍然写作“王”。字典里“王字旁”的字，大多数是“玉字旁”，同玉有关系。双手捧玉玩赏，意思是“戏耍”。如“玩弄”、“舞枪弄棍”。

六，是丌和廾的变形，合体字里的六，有的是丌，有的是廾，要辨别这些字只要看它们的小篆怎么个写法。例如：

典，小篆写作，上面是册，下面是丌，会意字。将册（简册）置于丌上，表示是重要的书籍。这就是“经典”、“典籍”的来历。

兵，小篆写作。上面是斤，斤即斧，古代的兵器；下面是双手（廾）。双手持斧，当然是“兵”了。

厂　广

厂，甲骨文写作，金文写作，小篆写作。甲骨文是象形字，很像凸出的岩石形成的棚或洞。小篆形体像甲骨文，只是变得线条化了。金文是形声字，是形符，（gān）是声符，含义与甲、篆同。这个字读 hǎn 不读 chǎng，含义是“可以住人的岩洞”。厂（hǎn）字头的合体字，直接或间接与岩崖有关系。例如：

原，金文写作，小篆写作，会意字，由厂和泉组合而成，表示“从岩崖处流出来的泉水”，会意为“泉水的源头”。原是源的本字。后来用形声的方法造了源字，原就失去“泉水的源头”的含义，但保留了“本”的含义，如“原本”、“根原”、“原始”等。引申为起初，如“原来”、“原初”、“原先”。又引申为未经加工的，如“原木”、“原料”、“原蜜”。又引申为广阔平坦的地方，如“平原”、“高原”、“原野”。

广，在厂（hǎn）上加了一点，表示在厂下造屋，当是指事字。这个字读 ān，不读 guǎng。因为它的含义是“造屋”，所以，广（ān）字头的合体字大多与房屋有关系。例如：

店，形声字，从厂占声。广（ān）是形符，表义；占是声符，表音。广占合体，读 diàn，义为“做买卖的处所”，即商店。

席，会意字，从庶从巾。上面是庶（省去灬，庶也从广），下面是巾（巾是布做的，所以作为形符，它代表布），可见席同房屋和布都有关系。它是古代祭祀天地和招待宾客的坐垫。现代汉语中的“坐席”、“出席”等词义都是由“坐垫”引申出来的。

就拿廣(今简化作广)字来说吧,它的本义也是房屋,不过不是一般的房屋,而是四面无壁的大堂。因为四面无壁,宽阔无障,所以引申出“宽广”的含义来。“廣”是形声字。广(ān)是形符,表义;黄是声符,表音。后来嫌它笔画太多,就用广来代替它。作为偏旁的“广”(ān)同简化字“广”形体虽然相同,但不是同一个字。所以要纠正一下习惯的读法,席是 ān 字头而不是 guǎng 字头。

黄

前面说了,黄先生自我通报“草头黄”是错的。为什么呢?因为黄是象形独体字。

黄,甲骨文写作、,像玉佩,上面系着绳子,中间是一块玉石,下面垂着穗儿。郭沫若先生认为,黄就是“玉佩”(古时系在衣带上的装饰品)。后来,黄字被假借,表示五色之一的“黄”;人们又创造了一个新字:珮(现已作为佩的异体字停止使用)。可见黄字不是草字头,同草不相干。古代字典和现代的大型字典,黄是一个独立的部首,在这些字典里查“黄”字,要查“黄部”,查“草部”是查不到的。

乑　豕　豖

乑,小篆写作,三人并排,表示“人多”。它原本不单独作字,只作合体字的偏旁。后来,乑与目合体成“眾”。眾,上目(横写)下乑,会意字,表示“举目望去,但见人多”。人们嫌眾字笔画太多,就将上面的目删去,又将下面的三人改写为“众”,于是单独作字了。但做合体字的偏旁时,仍写作乑。例如:

聚,形声字,从乑取声。上面的取是声符,表音;下面的乑是形符,表义;含义是“会集”,表示许多人聚集在一起。由“聚集”引申为积攒(聚集钱财),如“聚财”、“聚宝”。

乑与豕形似,容易混淆,聚常被错写作“聚”。

豕,象形字。甲骨文写作,金文写作,一看字形就知道它是猪字,但它的读音是 shǐ 不是 zhū。古代称大猪为豕,称小猪为猪。猪,原本写

作“豬”（从豕者声），后来简化为猪。这样简化，违背了汉字的造字规律，因为猪是豕类不是犬类。

现在，大猪、小猪统称猪，豕就只作合体字的偏旁了。豕作为偏旁，仍然代表猪字，有豕的合体字大都与猪有关系。例如：

家，甲骨文写作，会意字，从宀从豕，意思是“屋里有猪”。猪是人类驯养最早的家畜，是上古时代家庭财产的象征，所以用“屋里有猪”表示“家”。

豢（huàn），甲骨文写作，小篆写作，都是会意字，表示把猪圈起来喂养，两只手代表猪的主人。豢，本义是“饲养”，后来演变成贬词，指“收买利用坏人”，如“豢养走狗”。

豕又与豖形似，也容易混淆。

豖（chù），指事字，在豕字的两撇上加注指事符号（丶），表示猪的两条腿被绊住了。它不单独作字，只做合体字的偏旁，充当表音的声符，如“琢”、“啄”等。

采　釆

采，甲骨文写作，金文写作，小篆写作，形体大同小异，都是会意字。上面的“爪”，本是鸟兽的脚爪，在这里代表“抓”，即人的手；下面是挂满果子的树；伸手抓果，会意“摘取”。“采茶”、“采莲”的“采”即本义。

由“摘取”引申出开采、搜集、选取等义。如“采矿”、“采风”、“采购”。采还表示“神色”，这是假借义，与其本义无关。

采，作为偏旁，与彡合体为“彩”，与目合体为“睬”，与足合体为“踩”，都充当表音的声符。

采与釆形似，容易混淆。

釆，同采的形体不同，上面是“丿”，下面是“米”。甲骨文写作，小篆写作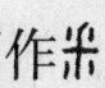，都是象形字，像兽爪的痕迹。猎人观察爪痕可以判断是什么野兽从此经过。所以，釆的含义是“辨别”。它就是古辨字。后来创造了辨字，釆就不单独作字，只作合体字的偏旁。例如：

悉，会意字，从釆从心。上面是釆，下面是心，在心里辨别，表示心中有数，所以它的含义是“知道”。由“知道”引申出详尽、全部等义，如“详悉”、“悉数”等。可见釆在悉字中起表义作用。

兔　免

兔，象形字。小篆写作，横看多么像只活泼可爱的兔子呀。用兔作偏旁的合体字，都与兔子有关系。例如：

逸，会意字，兔辶（辵的变体）合体，意思是兔子逃跑了，会意为“失”。

冤，也是会意字。上面是罩（冖），罩内是兔，本来活泼可爱的兔子，被无端地罩住，失去了自由，多冤啊！

免，会意字。它同其他会意字不同，不是由两个字组合的，而是将兔字去掉一点。这一点很重要，象征兔子的一只脚，现在这只脚突然不见了，表示兔子逃跑了，会意为“脱”。古时人称脱帽为“免冠”，这个“免”的含义就是“脱”。引申为去掉、除掉，如“免税”、“免职”。

免作为偏旁，与扌合体为“挽”，与女合体为“娩”，与力合体为“勉”，都是充当表音的声符。

毌　毋　母

毌，甲骨文写作，金文写作，小篆写作，都是象形字，像一根棍穿起二物，读音若“冠”。它就是贯的本字，含义是“穿”、“通”。单独使用只见于复姓“毌丘”，如三国名将毌丘俭。后来，在毌下加贝造成形声字“贯”，毌就不再单独作字，做合体字的偏旁也用贯，如“惯”。

毌，还演变成“串”（把两个口分开来）。贯、串不同音，但含义相同，都是“穿”、“通”的意思，所以人们常将“贯串”连用，表示“贯穿始终”的意思。贯和串都可作量词，但表示的对象不一样：“一贯”是古代铜币的量词。南北朝以来，古代铜币中间有方孔，用绳子穿起来，一千枚称为“一贯”。人们常用“腰缠万贯”、“万贯家产”形容富豪。“一串”则是一般物品的量词，如“一串冰糖葫芦”、“一串珍珠”。“贯通”与“串通”也不同义。“贯通”表示“连接”、“沟通”、“全部透彻地了解”之义，如“上下贯通”、“融会贯通”。“串通”表示“暗中勾结，相互配合”，是贬词。

毋，金文写作，小篆写作。是女字，女字中间加一横，表示“禁止，劝阻”，反映了对女子的歧视，所以毋字含义相当于“不要”。如“毋忘”，意思是不要忘记。以毋字为偏旁的合体字只有一个“毒”字。毒

(ǎi),会意字,从士从毋。上面是士,士是古代的读书人,也泛指男子;下面是毋;士毋合体,表示“士有名无实”,所以含义是“男子无行”,“无行”即品行不端。战国时代,秦国有个深受太后宠幸的假太监,名叫嫪毐(lào ǎi)。

母,甲骨文写作,金文写作,小篆写作,都是指事字。在女字中间一边加一点,这两点是指事符号,指出母亲的特征:一对丰满的乳房。用母做偏旁的合体字很多,如每、侮、海、拇、姆、诲等。这些字都是形声字,母和由人母组成的“每”都充当表音的声符。

毒,下面也是母,其实与母字毫不相干。毒,小篆写作,是“毐”字上面加个“屮”。屮,本义为“草木初生”,即刚冒出地面的草和树苗,在这里代表草。草毒合体,表示有害的草,会意为“毒草”。小篆变隶后,把“毋”错写成了“母”。

臣　臣

臣,甲骨文写作,金文写作,小篆写作,都是象形字。在奴隶社会,打仗抓到的俘虏,都充当奴隶主的奴隶,他们虽然俯伏在地上,内心并不服,所以表现在眼睛上,这种带有悲愤的眼睛,人们形容为“横眉竖眼”。因而“竖眼”就成了奴隶的形象。臣的形体多像“竖眼”,所以说臣就是奴隶。古时称男奴为臣,称女奴为妾。被统治的百姓都是统治者的奴隶,所以臣又泛指百姓。《诗·小雅·北山》云:“率土之滨,莫非王臣。”诗句里的“臣”即被统治的百姓。诗句意思是:在他统治的区域内,所有的百姓都是他的奴隶。后来,臣字成了辅佐国王统治人民的官吏的称谓,也因此成了“压服”的代名词,所以有了“臣服”(使人屈服)这个词。

用臣做偏旁的合体字,大都与奴隶或俯看有关系。例如:

卧,小篆写作,会意字。一个人倚在奴隶身上歇息,会意为“休息,寝息”。由“寝息”(躺着)引申出横陈、倒伏等义,如“一桥横卧”、“卧倒”。

临,繁体写作臨,由臣、人、品组成,会意字,意思是人伏在物(品)上俯看。“居高临下”中的“临”,就是“俯看”的意思。后来引申出靠近、来到、照看等义,如“临街”、“身临其境”、“临摹”等。

臣与𦣝形似,容易混淆。

𦣝,象形字。小篆写作𦣝,像人的面颊,是古颐字,颐就是“面颊”。

用𦣝做偏旁的合体字,都与面颊有关系。例如:

姬,本义为“女子的美称”。女子漂亮,首先是脸蛋好看,古人形容美女,总是先说“面如桃花”之类。后来,姬成了后妃的称谓。

熙,把面颊与火联系起来,表示人愤怒或羞愧时脸红发燥。熙是会意字,含义为“燥”。但此义很少使用,用得多的是“燥”的引申义,如“兴盛”(熙邦)、“热闹”(熙熙攘攘)。

朿　束

朿,小篆写作朿,指事字,指出树(木)上有刺(⺦)。朿是刺的本字,但只做合体字的偏旁,不单独作字。有朿的合体字,都与刺有关系。例如:

枣,繁体作棗,两朿相重,表示刺多,说明“枣”是一种刺多的果树。

棘,即荆棘,是带刺的灌木。

策,竹根。竹根虽然无刺,但根节像刺,常用来做赶马的鞭,所以,扬鞭催马叫做“策马”。

朿与束形似,常被错写成束。

束,金文写作束,小篆写作束,都是会意字。用绳子绑缚树木,会意为“缚”,如“束缚”、“约束”。

以束做偏旁的合体字有“速”、“悚”、“剌”、“赖”,束都充当表音的声符。

市　巿

市,小篆写作市,由冖、了、止组成,冖,像三面围墙;了,古文“及”字,即到;止,即趾,指代人。人们会集到一个三面围墙的场所,表示这里是做买卖的地方,即市场。这是市字的本义。

以市做偏旁的合体字有柿(一种果树)、铈(金属元素)等,在这些字里,市都充当表音的声符。

巿,小篆写作巿,巾上加一横,指事字。巾,泛指衣;一横,表示衣上系了一块装饰布。《说文解字》："巿，韠也，上古衣蔽前而已。巿以象之，天子朱巿，诸侯赤巿，大夫葱衡。从巾，象连带之形。"《诗·小雅·采菽》有"赤芾在股"句，《诗·小雅·斯干》有"朱芾斯皇"句，"赤芾"、"朱芾"，即《说文解字》中的"赤巿"、"朱巿"。古代朝觐或祭祀时遮蔽在衣裳前面的一种服饰，有朱、赤、葱各色，象征衣着者的身份，这块装饰布就叫做"巿"。

巿，很少单独使用。它有两个读音，一读 fú，巿与草合体为"芾"，表音的声符巿读 fú，故芾音 fú，义为"草木茂盛"。宋代有位著名书画家以芾为名，叫做米芾。另一个读音：fèi。古文里有"蔽芾"一词，形容树干树叶微小。巿与肉（月）合体成"肺"。巿在"蔽芾"的"芾"里和在"肺"里都读 fèi。

市、巿楷化后形体十分相似，它们的区别是：

市是巾上一点一横；

巿是巾上一横。

𠃓　昜

前面说了，木易不成杨。为什么？

𠃓，繁体写作昜，比易字多一横。昜，甲骨文写作，金文写作，小篆写作，都是会意字，表示"太阳高照"的意思，所以本义为"高明"。昜是陽的本字。后来为了更加准确地表示"高明"的含义，又在昜的左侧加了一座土山"阜"（变形为左阝），创造出"陽"字。阳是陽的简化字。阳，本义"高明"，意思是山头上光照好。阳字的此义，在古文中常用。如曹植《洛神赋》："神光离合，乍阴乍阳。""乍阴乍阳"即忽暗忽明。后来"阳"演变成了"日"的代名词。《诗·小雅·湛露》说："湛湛露斯，匪阳不晞。"（露水这么浓重，没有太阳干不了。）现代汉语里也有"阳光"、"朝阳"、"向阳"等词。山的南面朝阳，山的北面背阳，所以山南为阳，山北为阴。阳阴还扩大到形容明暗，凸出的、外露的为阳，隐蔽的、暗藏的为阴。由自然现象的阴阳，演变成为一种哲学概念。

阳做合体字的偏旁，仍写作昜，后来简化为𠃓。𠃓与木合体成"杨"，与风合体成"飏"，与水合体成"汤"，都起表音的作用。木与易合体不成字。

易，金文写作，小篆写作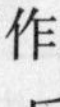，横着看，都像是一条四足虫。文字学家断定它是“蜥蜴”的象形字。后来用形声的方法创造了“蜴”字，易就不再是蜥蜴了。但它依然是独体字，只是含义改变了。

有种蜥蜴善变色，叫做变色龙，这本来是动物自我保护的本能，人们却由此赋予“易”新义：“改变，更换”。如“变易”、“易帜”、“易主”、“移风易俗”。又引申出“交换”，如“交易”、“贸易”。蜥蜴变色很快，易又有了“不难”的含义，如“容易”。又引申为“平和”，如“平易近人”。

昜和易都可以与日、土、金组成合体字。

昜与日合体为“暘”，音 yáng，义为“晴天”。

易与日合体为“晹”，音 yì，义为“太阳在云中忽隐忽现”。

昜与土合体为“场”，音 cháng，义为“平坦的空地”；又音 chǎng，义为“集会处所”。

易与土合体为“埸”，音 yì，义为“田界”、“边境”。

昜与金合体为“钖”，音 yáng，义为“马额上的装饰物”。

易与金合体为“锡”，音 xī，金属元素。

暘、场、钖、晹、埸、锡六个字里，场、锡是常用字，如果将“体育场”写成“体育埸”，将“锡制品”写成“钖制品”，就会闹笑话了。

日　曰　冃

日，前面说过了，它是象形字，象太阳之形。

曰，甲骨文写作，金文写作，小篆写作，都是指事字，口字上加指事符号，表示“话从口出”，本义就是“说”。《论语》里的“子曰”，就是“孔子说”。由“说”引申出叫做、称呼、答问等义。

日、曰一般不会混淆，但与水分别组成“汨”、“汩”却容易混淆。

汨，水日合体，音 mì，是一条河的名称，叫做“汨水”。汨水发源于江西修水，流入湖南与罗水汇合，故名“汨罗江”。战国时楚国大夫屈原因忧国悲愤，投汨罗江而死。

汩，水曰合体，音 gǔ。曰有“达”（表达，说话的目的就是表情达意）义，与水合体，表示“使水畅流通达”的意思，所以“汩”字本义为“治水”。《国语·周语》中说的“决汩九川”，就是“治理九川”。汩字可以叠用，形容水流动。韩愈的《流水》诗说：“汩汩几时休，从春复到秋。”由“水流动”引申为人流离之义。杜甫有首诗说：“汩汩避群盗，悠悠经十年。”“汩汩”即流离失所。

冃，金文写作，小篆写作，都是象形字。金文像顶遮脸帽，连头带脸遮得严严实实，只露出眼睛。楷书“冒”就是从金文转化而来的。小篆像顶筒形帽，冃是直接从小篆转化而来的。后来又在冒旁加巾创造了帽字。这就是说：冃、冒、帽，原本是一个字。帽字流行后，冃就只做合体字的偏旁，表示“帽”的含义。如“冕”，形声字，冃是形符，表义；免是声符，表音；音 miǎn，义为“皇帝的礼帽”。皇帝即位时，要举行仪式，正式戴上皇冠，这个仪式叫做“加冕”。冒虽然单独作字，但与帽子脱离了关系，表示新的意义：蒙蔽。又引申出以假充真（假冒）、露出（冒尖）、轻率（冒失）、不顾（冒险）等义。

氺　⺗

氺是水字的变形；⺗是心字的变形。必须注意它们形体的区别。

氺、⺗都只作合体字的偏旁，分别代表水、心。

泰字下面是水，说明它与水有关系。泰，小篆写作，由大、廾、水组成，是形声字。大，表音，是声符；廾和水都是形符，共同表义，表示“双手在水中”。文字学家认为：泰是汰的本字。后来有了汰字，泰就被假借，表示“平安”、“安宁”的意思，与水脱离了关系。

慕字下面是心，说明它与心有关系。慕是形声字：莫是声符，表音；心是形符，表义；含义是“羡慕”、“依恋”，如“慕名”、“爱慕”。爱慕、依恋都是发自内心的。

叚　段

在一次服装表演时，有一种旗袍特别引人注目，旗袍上赫然一个大字：霞。这是什么字呀？观众们议论开了，有人说是“霞”字，有人说不是“霞”字。其实，它什么字也不是。为什么呢？霞字下面是“叚”不是“段”。

叚，金文写作，小篆写作，都是会意字，音 jiǎ。上面是物，下面是手，表示“伸手借物”的意思，本义就是“借”。后来，叚假通用，叚就很少单独使用，主要充当合体字的偏旁，起表音作用，如霞（彩云）、瑕（玉上的斑点）、遐（远）、暇（空闲）。

段，金文写作，小篆写作，都是形声字，音 duàn。左边是耑（端的本字）的省笔，表音；右边是殳（shū），表义。殳，古代用竹、木制作的有棱无刃的兵器。耑殳合体，音 duàn，义为“捶击”。在古文里，段同锻；在现代汉语里，段与锻是两个字，段用锻的引申义：将物截断成几部分。又引申为事物的一部分，如文章的“段落”，相声的“段子”，工业企业的“工段”。

段可以做合体字的偏旁，充当表音的声符，如“缎”（丝织品）、“椴”（一种落叶乔木）。

上面说的旗袍上的那个字，设计者主观上显然是想写“霞”，表示“这种款式有朝气”；但是，他把叚、段搞混了，取叚字的左偏旁又取段字的右偏旁，合成了一个错字：。

凡　卂

凡，首笔是一撇，中间是一点；卂，首笔是一竖，中间是一横。

凡，甲骨文写作，金文写作，小篆写作。甲、金都是周围总括之形，故有“所有、大概”的含义，如“凡是”、“大凡”。引申为普通，如“平凡”。

凡作为声符，与石、金、巾组成合体字矾（明矾）、钒（金属元素）、帆（船帆）。

卂，金文写作，小篆写作，《说文解字》说它“飞而羽不见”。就是说，一只鸟飞过去了，却看不清它的羽毛。所以，它的含义是“疾飞”（飞得特别快）。另一部古代字典《玉篇》认为，卂即迅。两种释义意思差不多。

卂，与言、水组成形声字“讯”（问）、“汛”（江河涨水），与辶组成会意字“迅”（快捷）。

匕　七

丿乚相接为“匕”；丿乚相交为“七”。相接，一撇不出头；相交，一撇要出头。这是匕、七的区别所在。

匕，音 bǐ，象形字，古代的匙。有种短剑，剑头像匕，故名“匕首”。含匕的合体字有比、此、尼、旨等。

七，即化字，本义为“变”。含七的合体字有化、吡、花、讹等。

冫 氵

冫是冰字的变形，氵是水字的变形。作为合体字的偏旁，冫和氵表示的意思是不同的。冽、洌二字最为典型：冽，从冰列声，义为“冷”；洌，从水列声，义为“水清”。“山高风冽”，形容高处不胜寒；“泉香酒洌”形容酒水清香。冫有个变体，写作⺀，在合体字里也表“冷”义，如“寒”、“冬”。

廴 辶

廴，彳字的变形。彳的小篆作彳，廴的小篆作廴，下面一画拖了个尾巴，这个尾巴，表示“不停地走”。所以，廴字本义为“长行”。随着汉字的演变，廴字的本义渐废，而被赋予“引”的含义。延、建二字，都以廴为偏旁，两个廴都表“引”义。延，本义为“延长”，引申为“（时间）向后推迟”。建，本义为“立朝律”（《说文解字》），即建立典章法度，引申为创立、兴造、提出等义。

辶，辵字的简化。辵，会意字，从彳从止，音 chuò，会意为“乍行乍止”（《说文解字》），即“踟蹰”。但作偏旁用，多表“行走”义。

因为廴的古义为“长行”，有些以廴为偏旁的合体字含有“行走”的意思，如廵、廹、廻等。这些字里的“廴”，跟“辶”的意思相同，所以现代规范汉字将这些字并入辶部，字形分别改为巡、迫、迴。

尸 户

尸和户，只有一点之差，但这两个字的甲、金、篆形体差异却很大。要了解这两个字以及它们充当合体字偏旁时的含义，必须从辨析它们的甲文、金文和篆书入手。

尸，甲、金、小篆分别写作⺈、⺈、尸，形体都是“人”字的变形：甲文、金文象人箕踞形，小篆象人卧形。所以，尸字的本义为“死人之躯体”。古代汉语有时用“尸”表“主”、“主持”和“居”义。这可能是用它的“人”义。

例如,《左传·襄公二十七年》:“且诸侯盟,小国固必有尸盟者。”“尸盟”即主盟。古代汉语有“尸位”一词,“尸位”即居位,占着位子。现代汉语还用这个词,比喻空占职位不做实事白吃饭,如“尸位误国”、“尸位素餐”。

尸在合体字里,大多表“人”义。例如:尺,古代度量以人体为制,尸字下面加一捺,表示从人的手掌根部位到肘关节的距离为“一尺”。尼,由尸和匕两个字组合而成,小篆作,尸、匕都是人字的变形,两人相依,表示亲近,所以尼是昵的本字。佛教里的“尼姑”,是梵语比丘尼(Bhiksu-ni)汉语音译的省称(尼)加上汉语女性的称呼(姑)的合成词。尾,人后面的毛,原本表示人的衣着的修饰物,后引申表示动物的尾巴。尿,从人体排泄出来的水。屋,人至而止,即人的居所。

户,甲、金、篆都是象形字,象一扇门之形(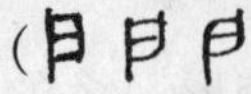)。门有两扇,一扇门就是“半门”,所以《说文解字》说“半门为户”。引申为“室”、“家”。例如,《老子·四十七章》:“不出户,知天下。”“不出户”即在室内。以户为偏旁的合体字,大都与“门”、“室”、“家”有关。例如:扁,匾的本字,即门庭、亭斋的匾额;扇,本义“扉”,即用竹苇等编制的门;房,屋子;启,取“开门”义,本义为“开”。

彳 亍 行

彳,象形字,象股、胫、足三属相连之形,即抬腿迈步,本义为“小步”(《说文句读》)。明代《正字通》作了另一种释义:“左步为彳,右步为亍,合则为行。凡行,彳先,亍必随之。”古代学者还有一种解释:彳为“起行”,亍是反彳(小篆彳作,亍作),义为“止步”。彳音 chì,亍音 chù,彳亍,走走停停,义为“慢步”。

从上述析义可知,彳、亍、行作为合体字的偏旁,都表示“行走”。例如:役,戍边;往,去;征,远行;徐,慢行;徒,步行;徙,迁移;德,行得正;街,四通大路;衢,四通八达;衔,马勒口,作用是控制马的行止。

阝(在左) 阝(在右) 卩

两个阝,作为合体字的偏旁,形体完全一样,用作左偏旁的,俗称“左耳”，用作右偏旁的，俗称“右耳”。其实，它们都与“耳”不相干。左耳是“阜”字的变形，右耳是“邑”字的变形。左耳、右耳在字典里都是部首，在合体字里都充当表义的角色，要了解它们的造字作用，必须恢复它们的原本形体。

阝(在左)，是阜字的变形。阜，本义为“土山”，引申为多(堆积如山)，如“物阜民丰”。以“阜”为部首的字，大多与“土山”有关系。例如：阿，大土山；阻，山势陡峻险要难通，引申为隔断、停止、恃仗等义；降，本义“下”，即从高处退下，引申为落(降落)、临(光降)、后(以降)、屈伏和屈服(降伏、降敌)等义；陡，崖壁峭绝；陟，登山；陛，最高阶；陨，自高而下；际，两峰相会处，引申为边(边际)、相接之时(春夏之际)、机会等义。

阝(在右)，是邑的变形。邑，甲骨文作[illegible]，金文作[illegible]，小篆作[illegible]，都是会意字，从口从人。口，表示封疆四界，口人合体，会意为人聚居之地。邑，本义为诸侯的封地、大夫的采地(cài dì)。后来，国都、地方区域、县也称作“邑”。以邑为部首的合体字，大多与古代邦国、地域、姓氏(古人以地名为姓)有关系。例如：邦，国家；邱、邵、郊、邯、祁、郅、郜、郎、郝、郢、鄂、邹、邬、邓等，都是古代国名、地名；邻，本是周时地方行政区域中的基层组织(五乡为邻)，引申为亲近、邻居、连界之国等义；郭，外城；郊，城外；邸，古时诸侯在京城的宅第。

卩，俗称单耳，其实也与耳不相干。关于卩字的含义，古代有两种解释：一说是象形字，即人，象人跪地之形；一说是古节字，《玉篇》：“卩，瑞信也，今作节。”“瑞信”，即符节。古代符节一分为二，其一半留在朝廷，另一半由地方行政长官执持，朝廷派员巡视地方，持朝廷之节作为信符。卩还有个变形：㔾。卩和㔾都充当偏旁，有的表示“人”，有的表示“符节”。例如：印，本义为“执政者的图章”，后泛指图章；引申为留下痕迹，特指文字或图画等留在纸上或器物上。即和却的偏旁中，卩都表示“人”。“即”表示人面对饭锅吃饭，引申为“正在或将要发生”。“却”表示“人去”，引申为后退、推辞、去掉。

六

检索采、孚、觅，应该查什么部首？应该查爪部。因为，爫是爪的变形。爪，甲骨文作[illegible]，是指事字，在手(ㄋ)上加二画，表示手指甲。金文作，小篆作，也是象形字，象禽爪之形，泛指动物（包括人）的手足。在古代，爪还作动词用，义同“抓”，读音也作 zhuā。

了解了上面的知识，就比较容易辨析采、孚、觅等字的含义。采，会意字，从爪（手）从木，把手伸到树上，会意为“摘取”。孚是孵的本字。上面是“爫”，即禽爪，下面的“子”，即禽卵，禽孵卵，须经常用爪翻动卵使之均匀受热孵化。觅，会意字，从手（爪）从眼（见），手眼并用，含义是“寻求”。

贝　页

贝，是貝的简化字。甲骨文作，金文作，都是象形字，象贝壳之形。小篆作，已经演变成线条化的文字符号了。繁体作貝，是小篆的变形。由此可见，贝，就是有壳的软体动物的统称。由于古代用贝壳做货币，贝就成了货币、财富的代名词，于是有了货、财、贡、贫、贪、贵、贱、费、贮、购、贬、贷、贸、资、贾、贿、赂、账、赊、赁、赐、赔、赌等与货币财富有关的文字。

页，贝字上面加一横一撇，形体跟贝有些相似。但页的古文字跟贝的形体区别很大。甲骨文作，金文作，小篆作，都是象形字，像人体但突出头部，所以页字的本义是“头”，读音是 shǒu。后来“页”被假借作量词，改音为 yè。但是，页字作为偏旁，仍表“头”义，偏旁有页的合体字，大多与头有关系。例如：顶（头的最上部），项（颈），顷（本义为“头不正”），须（胡须），颂（本义为“容貌”），烦（本义为“头痛”），顿（叩头）等。

罒

“罒字头”不是四字头，而是网字头。罒，甲骨文作，金文作，小篆作，都是象形字，象网之形。网字头的合体字，大多与网有关系。例如：罩，本义为“捕鱼器”；罨，捕鸟的网；罢，本义为“赦免”；罗，捕鸟的网。羁，本义为“绊系”。

隹　鸟

有人把隹读作“佳”，是错误的。

佳，会意字，从人从圭，人中的圭玉，会意为佳。

隹，象形字，甲骨文作𠃾，是一只鸟的侧面形象。隹，音 zhuī，本义“短尾鸟”。后来，隹不再单独作字，只作合体字的偏旁，仍表示“鸟”的含义。所以，以隹为偏旁的合体字，大多与鸟有关系。例如：小隹为雀；群鸟栖树为雧（集）；雌和雄原是鸟类的性别。隹与鸟同义，所以有些有隹或鸟的合体字，作为偏旁的隹、鸟可以互换。例如：鸡，繁体作雞，也可以写作鷄；难（也是一种鸟），繁体作難，也可以写作鵻。

王

字典里面的“王字旁”，应该读作“玉字旁”。《说文解字》将王和玉作为两个部首：王部，玉部。王部只收了王、闰、皇三个字。王是什么？孔子说：“一贯三为王。”董仲舒解释说：“三者，天地人也。而参通之者，王也。”王就是才通天地人而君临天下的人。所以《白虎通》说王是“天下所归往也”。王，就是国之君主。闰，门中加个王字，寓意是什么呢？闰，《说文解字》定义为“余分之月”。地球公转一周称为一回归年，时间为365天5时48分46秒。夏历把一年定为354天或355天，所余的时间约每三年积累成一个月，加在一年里。这年有13个月，即383天或384天。这样的办法叫做“闰”。《周礼》卷二十六：“闰月，诏王居门，终月。”每逢闰月，王居屋内不出门。据此造出个“门中王”的“闰”字来。皇，会意字，上面的“白”是皇冠的象形符号，下面的“王”即国之君主。君主上古时称为“皇”，秦以后称为“皇帝”。除了闰、皇等少数字外，以“王”为偏旁的合体字均从玉，应该称作“玉字旁”，因为大多跟玉有关系。

月　月　⺼

字典里面的“月字旁”，应该读作“肉字旁”。因为“月字旁”的合体字大多数跟月亮不相干。肉，小篆作𠕎，作为合体字的偏旁，形体演变成⺼。1983年，中国文字改革委员会、国家出版局发布《汉字统一部首表（草案）》，将⺼统一作“月”。《现代汉语词典》里收有“月字旁”的字有180个，除期、望、朦、朝、朔、朗等几个字与“月亮”有关系外，其他“月字旁”的字都跟月亮不相干，而是和生物体（肉）有关系，如脑、胸、肺、肝、脏、腺、胆、胫、腿、脉、胎、脂、脐、肥、胖、腥等，不是指生物体的器官，就是蕴涵生物体的表征或气味。

⺼是“月”（肉）的变形，用在上下结构型合体字的下部，如臂、育、肾、肓、背、肩、胃、脊、膺、臀等。

肉字作为偏旁，还有一个变形：⺼。例如：炙，会意字，从火从肉，火上烤肉，会意为“炮肉”，引申为灼。

辛

辛是汉字的一个部首。关于辛字的本义，古代学者有两种说法：一说是会意字，由屰（古“逆”字）、二（古“上”字）二字组合而成，义为“辛味上扑”。一说是象形字，象剞劂之形。剞劂，一种曲刀，古代用作给罪犯黥额（在额上刺字），故《说文解字》认为，辛作“大罪”解。独立作词，“辛”表“辣味”义。辛酸咸苦甘，辛为“五味”之一。引申为“艰苦”，如“艰辛”、“辛苦”、“千辛万苦”。而作为合体字的偏旁，则多表“大罪”义，所以以辛为偏旁的合体字，大多与“罪”有关系。《现代汉语词典》辛部收字8个，其中辜、辞、辟、辨、辩5个字均与“罪”有关：辜，罪也，“死有余辜”即杀了也不足以赎其罪；辞，本义为“罪人辩解”；辟，死刑；辨，区分两个罪人，本义为“判别”；辩，两个罪人对颂，本义为“解说”。

偏旁部首还有很多。《说文解字》有部首540个，《现代汉语词典》成字的部首有210个。本书挑选了形体相似容易混淆的28组共58个偏旁部首，简略地进行形、声、义辨析，目的是帮助读者辨别偏旁部首，了解它们在合体字上的作用。

7

第七章 汉字的简化与简转繁

一、简体字,简化字,繁体字,传承字

说到汉字的简化,先得解释几个有关的概念:简体字,简化字,繁体字,传承字。

1. 什么叫做简体字

汉字里面有许多字笔画特别多,比如寿字正体写作壽,龟字正体写作龜,笔画繁多,写起来费劲。于是,人们在使用时就创造出了省笔字。省笔字因为形体简单,笔画较少,便与正字同时流行,被称为“俗字”。据文字学家研究,早在南北朝时代,俗字就在民间流行。这种俗字就叫做简体字。

2. 什么叫做简化字

收入《简化字总表》中的简体字,叫做简化字。简化字与简体字的区别在于:简体字是流行于民间,未经整理和改进的形体简易的俗字,它不具有法定性。简化字是在简体字的基础上,经过专家的整理和改进,并由政府主管部门公布的法定简体字。简化字是现代规范汉字,而简体字不是规范汉字。比如“壽”字有上百种写法,其中只有“寿”字收入《简化字总表》,获得法定地位,被称为简化字。其他的写法,都不属于现代规范汉字。

3. 什么叫做繁体字

被简化字替代的那个字,叫做繁体字。比如:“燈”被简化字“灯”替代,“灯”是简化字,“燈”是繁体字。“復”和“複”被“复”替代,“复”是简化字,“復”和“複”是繁体字。繁体字不能在一般出版物中使用。

4. 什么叫做传承字

在现存汉字中,简化字只有2235个,绝大多数汉字形体没有变化,也就是说,没有被“简化”,因此它们都不能叫做“繁体字”,而应称为“传承字”。传承字也属于规范汉字。比如“中华人民共和国”七个字里,“华”“国”两个字是简化字(繁体字分别是“華”、“國”),“中”、“人”、“民”、“共”、“和”五个字形体都没有变化,都没有被“简化”,所以都是传承字,两个简化字和五个传承字都属于规范汉字。

二、汉字的简化

汉字笔画简化,其实古已有之。早在3000多年前的甲骨文和金文中,就出现了"虫、从、启、气、云、众"等简体字,汉代出版的字书《说文解字》里,保留了战国古文字中"么、尔、礼、无"等简体字,汉碑上有"聪、献、准"等简体字,晋代大书法家王羲之的行书作品中有"车、会、将、来、临、马、书、实、张"等简体字。古籍中的通假字,也往往用形体简易的字替代形体繁难的字,如用"谷"代"穀",用"后"代"後",用"荐"代"薦"。宋元明清的白话小说里,用的简体字就更多了。由此可见,汉字简化源远流长,是一种历史潮流。新中国成立后,文字工作委员会顺应历史潮流,立即着手进行汉字简化工作,组织专家学者对古今简体字进行收集、整理、改进,终于在1956年1月31日正式公布《汉字简化方案》。国务院在通过《汉字简化方案》的决定中规定:"简化字应该在全国印刷物和书写的文件上一律通用,除翻印古籍和其他特殊原因的以外,原来的繁体字应该在印刷物上停止使用。"这里说的"特殊原因",主要是指书法艺术以及专供港澳台地区的繁体字出版物。这样一来,简化字就成了法定的规范汉字。

简化字实际上是约定俗成的,《汉字简化方案》里的简化字,绝大多数是在民间流行已久的。

简化字的简化方法主要有如下9种:

(1) 保留原字轮廓,如龟(龜)、娄(婁)、卤(鹵)、齐(齊)。

(2) 保留原字特征部分,省略一部分或大部分,如奋(奮)、务(務)、飞(飛)、开(開)、习(習)、业(業)。

(3) 改换形体简单的偏旁,如辽(遼)、迁(遷)、沟(溝)、硷(鹼)、惊(驚)、护(護)。

(4) 草书楷化,如长(長)、当(當)、东(東)、乐(樂)、练(練)、书(書)、为(爲)、专(專)。

(5) 同音假借,如丑(醜)、冬(鼕)、谷(穀)、后(後)、几(幾)、秋(鞦)、只(隻、祇)、余(餘)。

(6) 利用古字,如虫(蟲)、号(號)、夸(誇)、卷(捲)、体(體)、适

(適)、党(黨)。

(7) 利用古代异体字,如尔(爾)、礼(禮)、万(萬)、无(無)。

(8) 另造新会意字,如尘(塵)、双(雙)、灶(竈)。

(9) 用简单的符号代替繁体的一部分,如邓(鄧)、鸡(鷄)、难(難)、权(權)、罗(羅)、刘(劉)、区(區)、联(聯)。

三、两个《简化字总表》

《汉字简化方案》(以下简称《方案》)公布以后,在推行过程中发现《方案》有不够完善的地方,有必要对《方案》进行调整和补充。1964 年 5 月,中国文字改革委员会编印了《简化字总表》(以下简称《总表》)。《总表》由三个表组成:第一表收简化字 352 个;第二表收简化字 132 个和简化偏旁 14 个;第三表收简化字 1752 个。三表合起来,共收简化字 2236 个。

必须特别注意,三个表各收的字是有区别的。

第一表收的简化字不能类推简化。第一表的简化字一般不能用作别的字的偏旁,即使有个别字能作偏旁使用,也不能类推简化。例如:"儿"是"兒"的简化字,但作为合体字(倪、鲵、霓)偏旁的"兒",不能类推简化作"儿";"习"是"習"的简化字,但作为合体字(摺、榴、熠)偏旁的"習",不能类推简化作"习"。第一表的简化字的偏旁,也不能拿去类推简化。例如:"躍"简化作"跃",不能拿"跃"的简化偏旁"夭"类推简化作"耀"、"曜"、"燿"等字的偏旁"翟";"讓"简化作"让",不能拿"让"的简化偏旁"上"去类推简化作"嚷"、"攘"、"骧"等字的偏旁"襄"。

第二表收的 132 个简化字,可以作为简化偏旁使用,这些字无论单独使用还是作偏旁用,都同样简化。例如:"愛"简化作"爱",以"爱"为偏旁的合体字"噯"、"嬡"、"曖"都可以类推简化作"嗳"、"嫒"、"暧"。但是,已经在第一表中简化了的字,不要根据第二表再去类推简化。如"戰"已在第一表中简化为"战",不要根据第二表"單"类推简化作"单"的规定,再将"戰"简化作"戦"。还有第二表中的一些字的简化方法也不能类推。例如:"轟"简化作"轰"、"聶"简化作"聂",不等于同样结构的字(磊、鑫、森、晶)都可以如此类推简化。

第三表收的是“应用第二表所列简化字和简化偏旁得出来的简化字”。

1986年10月10日，经国务院批准，国家语言文字工作委员会重新发表了《简化字总表》，对原《总表》中的个别字作了调整。新《总表》仍分为三个表：第一表简化字由352个调整为350个；第二表简化字没有增减；第三表简化字由1752个调整为1753个。三个表简化字总数由2236个调整为2235个。

新《总表》的重要调整有如下两个方面：

第一，“叠、覆、像、囉”不再作“迭、复、象、罗”的繁体字处理。也就是说，恢复叠、覆、像、囉四个字，迭、复、象、罗不再是叠、覆、像、囉的简化字。“囉”恢复后，依简化偏旁“罗”类推简化作“啰”。“像”字恢复后，跟“象”字重新分工：象，除表“大象”义外，还表形状、样子、仿效、摹拟等义。像，表相似、如、如同、比照人物等制成的形象等义。

第二，“瞭”字读liǎo（了解）时仍简作“了”，读liào（瞭望）时作“瞭”，不简化作“了”。

四、不可忽视的《总表》脚注

前后两次发表的《总表》都有“脚注”。脚注的内容主要有五个方面：

其一，对字形加以解释，指出容易犯的错误。如“蚕”字“上从天，不从夭”，“缠”字“右从廛，不从厘”，“钅”“第二笔是一短横，中两横，竖折不出头”。

其二，说明某些字的笔画笔顺。如“庄”字“六笔，土的右旁无点”，“长”字“四笔，笔顺是丿一乚㇏”。

其三，说明容易和哪些简化字形体混淆。如“尝”，“不是賞的简化字，賞的简化字是赏”。

其四，因简化造成与另一字同形的情况时，说明另一字的不同读音。例如：“葉”简化作“叶”，“叶韵”的“叶”读“xié”；“籲”简化作“吁”，“喘吁吁”、“长吁短叹”的“吁”读“xū”。

其五，说明有些字在哪些特殊情况下不简化。例如：“夥”简化作“伙”，但作多解的“夥”，不简化；“徵”简化作“征”，但“宫商角徵羽”的

“徵”读“zhǐ”，不简化；“餘”简化作“余”，但“餘年未多”的“餘”，不简化；“藉”简化作“借”，但“慰藉”、“蕴藉”、“狼藉(jí)”的“藉”，不简化。

掌握汉字简化字规范，不可忽视上述脚注。

五、简转繁必须对应准确

专供港澳台的出版物，有些要恢复使用繁体字，因而发生“简化字转为繁体字”(简称“简转繁”)的问题。简转繁很容易转换错误。常见转换错误有如下三种情况：

1. “一简对多繁”转换对应错误

简化字里有一批字是一简对多繁的。例如：“发”是“發、髮”两个繁体字的简化字；“复”是“復、複”两个繁体字的简化字；“系”是传承字，又是“係、繫”两个繁体字的简化字；丑、斗、术、谷、后、几、姜、曲、里、仆等字都是传承字，同时又分别是“醜、鬥、術、穀、後、幾、薑、麯、裏、僕”的简化字。由于“一简对多繁”，简转繁时就必须对应准确，对应错了就成了别字。

2. 新字与古字同形造成转换错误

简化字里有些字是利用古字的，这就造成新字与古字同形，转繁时也存在对应的问题。例如：“价”、“價”古时是不同的字，“价”音 jiè，义为“传话的人，传递东西的人”；“价”还可作助词用，如“不价”、“别价”、“成天价”。现在借“价”作“價”的简化字，“价”就成了“一形二字”：作为“價”的简化字“价”转繁时须转换为“價”，而作为古字的“价”却不可转换成“價”。类似的简化字不少，如胜(勝)、厂(廠)、适(適)、体(體)、宁(寧)、党(黨)等，转繁时容易出错。

3. 通假字造成转换错误

通假字在古代属于有条件的通用字，因音义相通或有相通的部分而“通用”，但形体并不相同。如沉沈、范範、回迴、夹裌、捆綑、乃迺、升昇、朱硃、云雲等，极易造成简繁转换错误，如果将表“说”义的“云”转繁作“雲”，将作为姓氏的“范”转繁为“範”，则让人无法理解。

综上所述，简转繁必须十分谨慎，做到字字对应准确。

六、一对多的简化字转繁对应

一对二、一对多和利用古字的简化字，大约有 88 组。下面依据《现代汉语词典》、《辞海》、《汉语大字典》分别对应列词，并作简析。

B

卜(蔔)

卜，传承字，本音 bǔ，本义为“占卜”，引申为预料、选择等义。常用词有：卜卦，卜辞，问卜，预卜，未卜，卜居，卜邻。

卜(蔔)，音 bo，常用词有“萝卜”。转繁时应作“蘿蔔”。

布(佈)

布，传承字，本义为“用棉、麻等织成的可做衣被的材料”。以布作为词素的词都跟布有关，如“棉布”、“布匹”、“布头”、“布鞋”。古时官宦穿“锦衣”，平民穿“布衣”，因而“布衣”成了平民的代称。布由经纬交织而成，构成特殊的纹理，这种纹理叫做“布纹”，如“布纹纸”。

布(佈)，本义为“宣告、公开”，引申为散布、分布、布置等义。常用词有：发布，宣布，公布，布告，开诚布公，布置，布局，布防，布设，布控，布菜，布雷，布景，布施，布网等。转繁时应作“佈”。

别(彆)

别，传承字，本音 bié，本义为“分离”，常用词有：离别，告别，临别，别人，别有用心，别具匠心，别致。

别(彆)，音 biè，本义为“改变别人的习性或意见”。常用词有：别扭，别嘴，别不过。转繁时应作“彆”。

体(體)

体，古字，本音 bèn，同“笨”，义为“粗壮”，古代抬棺的人叫做“体夫”。这个“体”跟作为“體”的简化字的“体”不相干。

体(體)，音 tǐ，本义为“身体”，引申为物体、亲身、体育、体制、体裁等义。常用词有：身体，人体，物体，体验，体会，体察，体育，体制，体裁等。转繁时应作“體”。

表(錶)

表,传承字,本义为"外衣",即衣的外层。引申为外表、外面、显示、榜样、表册等义。常用词有:表面,表里,表示,表露,表现,表达,表述,表演,表率,表扬,表彰,表册,表格等。

表(錶),义为"计时的器具"。常用词有:钟表,手表,秒表,电子表。转繁时应作"錶"。

古代测日影的标杆叫做"圭表",现代测量某种量的器具也叫做"表",如"温度表"、"电表"、"水表"、"煤气表",这类"表"都是"显示"的意思,所以不能转作"錶"。

板(闆)

板,传承字,本义为"片木",即锯成片状的木材,后泛指片状的较硬的物体,如木板、钢板、玻璃板、门板。常用作形容词,如板着脸、呆板、快板、慢板、板结(地面变硬)等。

板(闆),即"老板"。转繁时应作"闆"。

摆(擺,襬)

摆是"擺"的简化字,是草书楷化,本义为"安放、排列",引申为显示、炫耀、摇动、陈述、脱离等义。常用词有:摆放,摆开,摆布,摆列,摆设,摆阔,摆弄,摆门面,摆谱,摆架子,摆动,摆渡,摆事实,摆脱等。钟表或精密仪器上用来控制摆动频率的机械装置也叫做"摆",与此相关的词有:钟摆,摆轴,摆轮,摆钟。还有疟疾俗称"打摆子"。转繁时应作"擺"。

摆(襬),本义为"长袍、上衣、衬衫等的最下端部分",如衣摆、下摆、前摆、后摆。转繁时应作"襬"。

C

才(纔)

才,传承字,义为"人的资质"。常用词有:才分,才能,才华,才气,才识,才智,才略,才艺,才子,人才,天才,鬼才,怪才,奇才等。

才(纔),副词,表示"以前不久"、"只有……然后怎样"等义。常用词有:刚才,才走,才会,才明白。转繁时应作"纔"。"只有认真细致、一丝不苟,才能保证编校质量"中的"才能",和"施展校对才能"中的"才能”,不是同义词。前一个“才能”是“纔能”的简化字,转繁时应作“纔能”;后一个“才能”指人的资质,不可转作“纔能”。

丑(醜)

丑,传承字,本义为“地支的第二位”。戏曲角色行当,扮演滑稽人物,鼻梁上抹白粉,称为“丑角”,有“文丑”、“武丑”、“丑旦”之分。

丑(醜),本义为“不好看”,引申为叫人厌恶或瞧不起。常用词有:美丑,丑态,丑行,丑闻,丑剧,丑化,丑恶,丑话,丑类等。转繁时应作“醜”。

戏曲角色行当的“丑”,与“美丑”不相干,不可将“丑角”转作“醜角”。

冲(沖,衝)

冲,沖的俗字。沖,本义为“涌摇”,别义为“(水流)冲击”、“直上”、“山区的平地”、“用水或酒浇注调制”、“重要的地方”等。常用的词有:冲冲,冲天,冲腾,冲洗,冲刷,冲凉,冲茶,冲剂,冲服,冲淡,山冲,冲积,首当其冲等。“冲”还是会计用语,收支账目互相抵消称为“冲账”。“冲”还是旧时星相概念。旧时星相士谓日辰、五行、生肖等相抵触者为“冲”,相忌者为“冲克”。如“子午相冲”、“酉卯相冲”。又谓破解不祥,如“冲喜”。上述“冲”字转繁时,一般应作“沖”。如果是引文则应核对原文,因为在古汉语里冲与沖是通用的,并无严格的规范用法。

冲(衝),本义为“交通要道”,如“要冲”。别义为“冲击”、“碰撞”、“向着”、“朝着”、“争执”、“争斗”及“文艺作品中人物矛盾冲突”等。常用词有:冲击,冲动,冲压,冲突,冲撞,冲锋等。“冲”还是天文学名词。太阳系中,除水星和金星外,某一个行星(如火星、木星、土星)运行到与地球、太阳成一条直线而地球正处在这个行星与太阳之间的位置时,叫做“冲”。转繁时应作“衝”。

出(齣)

出,传承字,本义为“从里面到外面”,引申为来到、超出、书刊编印等义。常用词有:出来,出门,出发,出国,出席,出轨,出格,出色,出主意,出名,出处,出版,出品,出台,出售,出租等。

出(齣),量词,传奇故事的一个大段落,戏曲的一个独立剧目,都叫做“一出”。转繁时应作“齣”。

D

斗(鬥)

斗,传承字,量词,容量单位,10 升等于 1 斗。斗作名词用时表示量粮食的器具,多为方形,斗口略大于斗底。形状像斗的东西,极小的屋,也以“斗”命名,如漏斗、烟斗、斗车、斗拱、北斗星、南斗星、斗室等。

斗(鬥),本义为“两人相搏”,引申为比赛争胜、意气相争、矛盾冲突等义。常用词有:战斗,械斗,拳斗,斗殴,斗争,斗智,斗气,斗士,斗志等。转繁时应作“鬥”。鬥又作“鬭”。

冬(鼕)

冬,一年中的第四季。常用词大都与冬季有关,如冬天、隆冬、冬眠、冬虫夏草、冬至、冬笋、冬菇、冬青、冬衣、冬泳等。

冬(鼕),象声词,形容敲鼓或敲门等的声音。转繁时应作“鼕”。

丁冬,象声词,属于同音假借,不必转作“鼕”。

淀(澱)

淀,传承字,本义为“浅水”,多指浅水湖泊,如“白洋淀”。

淀(澱),义为“沉积”。常用词有:沉淀,积淀。淀和澱,在古汉语里是通用词,淀同澱,澱也同淀,可以转繁作“澱”,也可以不转繁,但全书必须统一。

当(當,噹)

当,“當”的俗字,今作“當”的简化字。有二音二义:一音 dāng,义为“对着”、“向着”。引申为相称、应该、正在、担任、承受、掌管等义。常用词有:当面,当众,当街,当今,当代,当初,当场,充当,当选,当之无愧,当家,当政,当权,独当一面,当局,当仁不让,当事人,当务之急,当先,当心,当中等。又音 dàng,义为“合宜”、“合适”、“抵得上”、“作为”、“以为”。引申为典当。常用词有:恰当,妥当,得当,失当,当做,以一当十,安步当车,当真,典当,当铺,当票。转繁时应作“當”。

当(噹),象声词,撞击金属器物的声音,如“当啷”、“丁丁当当”。转繁时应作“噹”。

党(黨)

党,古字,古代族名和姓氏,古有“党项”族,是羌人的一支,北宋时曾建立大夏封建政权。作为族名、姓氏不可转作“黨”。

党(黨),本是上古时代地方组织名称,有“二百五十家为一党”、“五百家为一党”多说。后指“朋辈”(朋党),又演变成“政党”。还指由私人利害关系结成的集团,如“结党营私”、“死党”;引申为亲族(父党、母党、妻党)、偏袒(党同伐异)。转繁时应作“黨”。

E

恶(惡,噁)

恶是“惡”的简化字,是草书楷化,音 è,本义为“很坏的行为”、“犯罪的事情”,如“作恶”、“罪大恶极”、“恶贯满盈”、“惩恶扬善”、“疾恶如仇”。引申为凶狠、凶猛、坏、恶劣等义。常用词有:恶霸,恶魔,恶煞,恶毒,恶棍,恶战,恶斗,恶习,恶意,恶浊,恶气,恶果,恶俗,恶性,恶作剧。恶,又音 wù,义为“讨厌”、“憎恨”,如“厌恶”、“深恶痛绝”。恶转繁时应作“惡”。

恶(噁),音 ě,本义为“有要呕吐的感觉”,即“恶心”。“恶心”还有别义:一为“令人感到厌恶”;一为“使人难堪”(方言)。转繁时应作“噁”。

F

发(發,髮)

发是“發”的简化字,是草书楷化,本义为“射”,如“发射”、“百发百中”。引申为送出、交付、散开、扩大、产生、表达等义。常用词有:发出,发送,发付,发放,发还,发车,发轫,发散,挥发,蒸发,发掘,发现,奋发,发达,发表,发动,发展,发财,发迹,发端,发刊,发稿,发酵,发霉,发落,发誓等。转繁时应作“發”。

发(髮),音 fà,义为“头发”。与头发有关的词,常用词有:毛发,须发,白发,金发,理发,发胶,发廊,发卡,发型,发指。转繁时应作“髮”。

范(範)

范,传承字,本指一种草本植物的名称,后作姓氏、地名。不可转繁作“範”。

范(範),本义为“模型”、“模子”,引申为典范、法则、模范、类型、限制。常用词有:典范,模范,规范,示范,范文,范例,范围,范畴,防范等。转繁时应作“範”。

复(復,複)

复是“復”和“複”的简化字,是一形二字。

复(復),本义为“转过去或转回来”,引申为回答、恢复、再、又等义。常用词有:反复,往复,翻来复去,答复,复信,复电,收复,恢复,复原,复婚,报复,复辟,复古,复归,复活,复苏,复兴,年复一年,复壮等。转繁时应作“復”。

复(複),本义为“夹衣”,引申为重复、繁复。常用词有:重复,复姓,复制,复印,复习,复数,复分解,复合,复式,复句,复方,复种,复眼,复辅音,复韵母,复本,复查,复本位制,复线,繁复,复杂等。转繁时应作“複”。

G

干(乾,幹)

干,传承字,本音 gān,本指“盾”,如“干戈”。引申为冒犯、牵连、追求等义。常用词有:干犯,干扰,干连,干涉,干系,干预,相干,与你无干。“干”还是“天干”。甲、乙、丙、丁、戊、己、庚、辛、壬、癸,合称“天干”;子、丑、寅、卯、辰、巳、午、未、申、酉、戌、亥,合称“地支”。古人用十天干与十二地支相配,共配成六十组,用来纪年,称作“干支纪年”。

干(乾),音 gān,本义为“没有水分或水分很少”,引申为空虚、只具形式、徒然等义。常用词有:干旱,干燥,干涸,干裂,干枯,干巴,干瘪,干货,干粮,干菜,干草,干柴,干果,干杯,干笑,外强中干等。转繁时应作“乾”。

干(幹),音 gàn,本义为“事物的主体或重要部分”,又假借表“做”、“从事”、“担任”、“才干”等义。常用词有:骨干,树干,干道,干线,干渠,干流,干部,干事,能干,干才,才干,干练等。转繁时应作“幹”。

干是一形三字,转繁时要注意对应准确。尤其要注意,“干”是传承字,不要见到“干”就转繁作“乾”或“幹”。

谷(穀)

谷,传承字,本义为“两山或两块高地中间有出口的狭长地带”。常用词有:山谷,河谷,谷地,深谷,谷底,谷风,虚怀若谷。谷,还是姓氏。

谷(穀),本义为“谷子”,即粟。引申为泛指谷类作物。常用词有:五谷杂粮,谷草,谷物以及二十四节气中的“谷雨”。转繁时应作“穀”。

刮(颳)

刮,传承字,本义为“用刀等贴着物体的表面清除物体表面的某些东西”。引申为在物体表面涂抹,掠夺。常用词有:刮刀,刮削,刮胡子,刮垢磨光,刮泥子,搜刮,刮地皮等。还形容为用新眼光看人看事,如“刮目相看”。

刮(颳),本义为“风吹”,如“刮风”。转繁时应作“颳”。

H

汇(匯,彙)

汇是“匯”的简化字,本义是“堤”。后假借表“两水会合”义,引申为会聚。常用词有:汇合,百川所汇,汇成巨流,汇集,汇拢,汇演,汇展,汇总等。通过邮局、银行把款子从甲地划拨到乙地,叫做“汇款”,由此产生许多新词,如“电汇”、“汇兑”、“汇费”、“汇率”、“汇价”、“外汇”、“创汇”、“换汇”等。转繁时应作“匯”。

汇(彙),义为“聚集,聚合”,如“词汇”、“总汇”、“汇报”、“汇刊”、“汇编”。转繁时应作“彙”。

合(閤)

合,传承字,本义为“闭”、“合拢”。引申为结合到一起、全、相符、共计、应当等义。常用词有:闭合,合拢,合龙,合力,合作,合办,合营,合股,合唱,合并,合成,合璧,合度,合法,合格,合计,合适,合该等。

合(閤),义为“全”,如“合家”。转繁时应作“閤”。

后(後)

后,传承字,本义为“人君”,即国君。《楚辞·离骚》:“昔三后之纯粹兮,固众芳之所在。”“三后”指禹、汤、文王。后,也指诸侯。古代称天子为“元后”,称诸侯为“群后”。后来,“后”成了皇帝嫡妻的称谓,于是有了“皇后”这个词。后，还是姓氏。

后（後），本义为“在背面的（指空间，跟‘前’相对）”。引申为次序（跟“前、先”相对）、未来的（指时间，跟“以前”相对）、子孙（指辈分，跟“前辈”相对）等义。常用词有：后门，后院，后面，后来，后会，后备，后方，后顾，后果，后患，后悔，后继，后生，后代等。转繁时应作“後”。

胡（鬍）

胡，传承字，本义为“兽颔下垂肉”。现代汉语已不用此义，而用作副词，表示“任意乱来”，如“胡来”、“胡说”、“胡闹”、“胡搅”、“胡作非为”。在古文里，常用疑问词，表示“为什么，何故”，如“胡不归？”（为什么不回来？）。胡，还是古代对北方和西方少数民族的泛称，如“胡人”、“五胡”。来自北方和西方少数民族地区乃至国外的东西，古代都泛称“胡某”，如“胡琴”、“胡笳”、“胡桃”、“胡椒”、“胡萝卜”、“胡豆”。

胡（鬍），义为“胡须”。转繁时应作“鬍”。

回（迴）

回，传承字，本义为“从别处到原处”，引申为掉转、答复、躲开、扭转等义。常用词有：回来，回家，回乡，回头，回转，回访，回答，回复，回电，回忆，回潮，回流，回荡，回跌，回落，回迁，回笼，回炉，回马枪，回天等。用作量词，表示“次数”，如“来了一回”、“另一回事”；也表示“评书的段落，章回小说的一章”之义。回，还是少数民族的名称，如“回族”、“回纥”、“回民”。回，也是姓氏。

回（迴），义为“曲折环绕”。常用词有：回旋，巡回，迂回，回廊，回形针，峰回路转等。引申为躲避，如“回避”。转繁时应作“迴”。

伙（夥）

伙，传承字，本义为“伙食”。常用词有：伙食，伙房，包伙。

伙（夥），本义为“多”，引申为同伴、由同伴组成的集体、共同、联合等义，作量词用表示“人群”。常用词有：伙伴，伙计，大伙儿，合伙，一伙人，伙办，伙同等。转繁时应作“夥”。

获（獲，穫）

获是“獲”和“穫”的简化字，是一形二字。

获（獲），本义为“捉住，擒住”，引申为得到。常用词有：捕获，俘获，获得，获致，获取，获准，获悉，获胜，获利，获奖，获罪，获释，获救，不劳而获等。转繁时应作“獲”。

获(穫)，本义为“收割”，如“收获”。转繁时应作“穫”。

J

几(幾)

几，传承字，音 jī，本义为“矮小的桌子”。常用词有：几案，茶几，窗明几净。

几(幾)，有二音二义：一音 jī，义为“近乎”，如“几乎”。一音 jǐ，义为“询问数目”，引申为大于一而小于十的不定的数目、反问表示未曾等义。常用词有：几多，几许，几何，几经，几时，几曾，十几，几十。“几何”还是几何学的简称，与此相关联的词还有：几何体，几何图形。转繁时应作“幾”。

家(傢)

家，传承字，本义为“家庭”，引申为家庭的住所，如“回家”、“老家”；又借指“掌握某种专门学识或从事某种专门活动的人”，如“专家”、“画家”、“数学家”、“出版家”；还借指“经营某种行业的人家或具有某种身份的人”，如“农家”、“渔家”、“东家”、“行家”；还借指“相对各方中的一方”，如“上家”、“下家”、“公家”。饲养的禽畜叫做“家禽”、“家畜”、“家兔”、“家鸽”。作量词用表示家庭或企业，如“一家人家”、“一家工厂”。

家(傢)，义为“家什”、“家具”、“家伙”。“家什”、“家具”、“家伙”与“傢什”、“傢具”、“傢伙”是同义词，不必转繁作“傢”。

价(價)

价，传承字，音 jiè。古代有地位有身份的人家，宾客来访，先由下人传话，传话的下人被称为“价”。后来把派出送口信或书信的人也叫做“价”。价作助词用，读轻声·jie，用在否定副词后面加强语气，如“不价”、“别价”。也用作某些副词后面的后缀，如“成天价”、“整天价”。这个“价”跟“價”不相干，不可“转繁”作“價”。

价(價)，音 jià，本义为“价格，价值”。常用词有：价格，价值，价目，物价，等价等。又作化合价的简称，如“氢是一价的元素”。转繁时应作“價”。

硷(礆,鹼)

硷是“礆”的类推简化字,又是“鹼”的简化字,是一形二字。

硷(礆),义同碱。

硷(鹼),本义为“盐卤”,同碱。

“硷”转繁,可转作“礆”或“鹼”。

姜(薑)

姜,传承字,姓氏。

姜(薑),一种多年生草本植物的名称,俗称“生姜”。转繁时应作“薑”。

借(藉)

借,传承字,本义为“借贷”。常用词有:借贷,假借,借方,借花献佛,借题发挥,借代,借喻,借问,借光,借重,借鉴等。

借(藉),义为“假托”、“依凭”、“假使”。常用词有:借故,借口,凭借,借助,借使等。转繁时应作“藉”。

卷(捲)

卷,传承字,音 juàn,本义为“书本”,引申为文件、卷子,又作“全书的一部分”。常用词有:卷帙,卷轴,卷次,试卷,答卷,卷宗,阅卷,第一卷等。

卷(捲),音 juǎn,动词,本义为“把东西弯转裹成圆筒形”,引申为一种大的力量把东西撮起、掀起或裹住。常用词有:卷尺,卷帘,卷铺盖,卷舌,卷逃,卷心菜,卷扬机,卷须,龙卷风,卷起千重浪等。作量词表示成卷儿的东西,如“一卷纸”。转繁时应作“捲”。

K

困(睏)

困,传承字,捆的古字,后被后造的“捆”字所取代,改表“艰难”、“窘迫”、“疲乏”、“感到疑惑”等义。常用词有:困难,困苦,贫困,困境,困窘,困惫,困乏,困惑,困守,困扰,困兽犹斗。

困(睏),义为“疲乏想睡”。常用词有:困倦,困觉(jiào)。转繁时应作“睏”。

克(剋)

克,传承字,本义为“能”,如“克勤克俭”、“不克分身”。别义为“约束”、“制服”(如克己、以柔克刚、克制、克服)、“战胜”(如克敌、克复、攻克)、“消化”(如克食、克化)。

克(剋),在“克制”、“战胜”义项上与“克”同义。另有“约定”、“限定”(如克日、克期)、“侵削”(如克扣)、“侵犯”(如犯克、克星)等义。克还表“打、骂”义,如“挨克”、“克了几句”,这个“克”不读“kè”,而读“kēi”。转繁时同义词可不转繁,异义词则应转繁作“剋”。

L

了(瞭)

了,本音 liǎo,本义为“完毕,结束”。常用词有:了结,了账,了断,了当,了局,了却,一了百了,没完没了。放在动词后面,跟“得”、“不”连用,表示“可能或不可能”、“不平凡或大大超过寻常”等义。如“办得了”、“受不了”、“不得了”、“了不起”、“了不得”。还在书面语言中表示“完全(不)”或“一点(也没有)”等义,如“了无兴趣”、“了无惧色”、“了无进展”。

用作助词,音 le,如“下雨了”、“知道了”、“花儿都开了”、“好了”等。

了(瞭),音 liǎo,义为“明白,懂得”。常用词有:了然,了解,明了,了了,了如指掌。转繁时应作“瞭”。

历(歷,曆)

历是“歷”和“曆”的简化字,是一形二字。歷、曆二字同音,在“历法”义项是同义词,但歷比曆的含义宽一些,转繁时要注意二字含义的区别,以求对应准确。

历(歷),含义有四:(1)经历,经过。常用词有:经历,来历,历时,身历其境,历程,历经,历尽,历练,历时,历史,历险等。(2)统指过去的各个或各次。常用词有:历次,历朝,历代,历年,历届等。(3)遍,一个一个地。常用词有:历访,历试,历陈等。(4)历法及历法书、表。常用词有:阳历,阴历,公历,农历,日历,挂历,黄历,万年历,天文历等。历(歷)还是姓氏。

历(曆),含义同“歷”的第四义项。

历字转繁时,表历法及历法书义项的可转繁作“曆”,余均应转繁作“歷”。

卤(鹵,滷)

卤是“鹵”的简化字,本义为“盐碱地”。古指盐,称为“盐卤”。《说文解字注》:“盐,卤也。天生曰卤,人生曰盐。”就是说盐卤在人工熬制之前叫做“卤”,经过人工熬制就成了“盐”。常用词有:卤化,卤素,卤味,卤制,卤质等。卤还有“粗鲁莽撞”义,如“卤莽灭裂”,“卤莽”同“鲁莽”。转繁时应作“鹵”。

卤(滷),义为“盐卤,咸汁”,如“鱼卤”、“肉卤”。用浓汁制作的食品,也以“卤”命名,如“卤鸡”、“卤豆腐”、“卤煮烧饼”。转繁时应作“滷”。

里(裏)

里,传承字,本义为“居所”。引申为民居的区域、街坊,后成为古代户籍管理的一级组织。《周礼·地官·逐人》:“五家为邻,五邻为里。”常用词有:乡里,邻里,里弄,故里等。又作量词用,表示长度的单位,如里程、公里。里还是姓氏。

里(裏),本义为“衣服的内层”,引申为表方位,与“外”相对,读音轻声·li;表方位或时间,附在“这”、“那”、“哪”后边表示地点。常用词有:表里,里面,城里,这里,那里,日里,夜里,里应外合等。由方位引申为内行、行家,如“里手”。转繁时应作“裏”。

腊(臘)

腊,传承字,音 xī,本义为“干肉”。

腊(臘),音 là,本是古代祭祀名称,即在农历十二月里合祭百神,因此农历十二月又叫“腊月”。腊月初八俗称“腊八”,民间在这一天有喝用米、豆、枣等煮成的粥的习俗,这种粥因此叫做“腊八粥”。冬季腌制的肉类叫做“腊肉”。转繁时应作“臘”。

M

弥(彌,瀰)

弥是“彌”的简化字,又是“瀰”的简化字,前者是草书楷化,后者是同音假借。

弥(瀰),本义为"遍,满",引申为遮掩、更加等义。常用词有:弥漫,弥天,弥蒙,弥散,弥补,弥缝,欲盖弥彰,弥足珍贵,弥月,弥留等。转繁时应作"瀰"。

弥(瀰),本义为"水满的样子"。"瀰漫"、"瀰濛"同"弥漫"、"弥蒙",所以可不必转繁。

霉(黴)

霉,传承字,义为"东西因霉菌的作用而变质",如"霉烂"、"霉气"。黄梅天、梅雨又分别称作黄霉天、霉雨。

霉(黴),义为"霉菌"。古文里有"黴黑"一词,形容颜色发黑。转繁时应作"黴"。

蒙(濛,矇)

蒙,传承字,正音 méng,本是一种草本植物名称,即菟丝子。后作"裹"解,引申为遮盖、遭受、蒙昧等义。常用词有:蒙头盖脑,蒙蔽,蒙受,蒙难,启蒙,蒙学,蒙师,蒙冤。蒙还是姓氏。蒙字有两个异读音:mēng,měng。读 mēng,义为"昏迷,神志不清",如"头发蒙"、"蒙头转向";读 Měng,是我国一个少数民族的族名。

蒙(濛),形容细雨,如"雨蒙蒙"。转繁时应作"濛"。

蒙(矇),音 méng,本义为"眼睛失明",引申为将睡或刚醒时,两眼半开半闭,看东西模糊,如"蒙眬"。转繁时"蒙眬"应作"矇眬"。又引申为欺骗、胡乱猜测,音 mēng,如"蒙人"、"瞎蒙"。此义项蒙与矇同义,不必转繁作"矇"。

面(麵)

面,本义为"脸",引申为向着、朝着、当面、物体的表面、纺织品的正面、部位或方面等义。常用词有:面目,面貌,面色,面容,面具,面相,面子,情面,面对,面谈,面试,面授,面临,表面,外面,布面,面巾,面纱,正面,反面,方面,全面,片面,多面,侧面等。面还是几何学名词。

面(麵),本义为"粮食磨成的粉",如"豆面"、"小米面"、"玉米面"。又特指"小麦面粉做成面条",如"切面"、"挂面"、"汤面"。也指面食及做面食的工具,如"面包"、"面点"、"面筋"、"面案"。还用以形容某些不脆的瓜果,如"面瓜"、"这苹果太面"。转繁时应作"麵"。

Contemporary Publication

蔑(衊)

蔑,本义为"小"、"轻",如"蔑视"、"蔑称"。引申为无,如"蔑以复加"。

蔑(衊),义为"败坏别人的名誉",如"诬蔑"。转繁时"诬蔑"应作"诬衊"。

P

辟(闢)

辟,传承字,是个多义词,有"君主"、"极刑"、"排除"等义。表"君主"、"排除"义,读 bì,如"复辟"、"辟邪";表"极刑"义,读 pì,如"大辟"(死刑)。

辟(闢),义为"开辟",引申为透彻,如"开辟"、"独辟蹊径"、"精辟"。又引申为驳斥,如"辟谣"。转繁时应作"闢"。

仆(僕)

仆,传承字,音 pū,本义为"向前跌倒",如"前仆后继"。

仆(僕),本义为"奴仆",如"仆人"、"男仆"、"女仆"、"仆从"、"仆役"。叠用表示"劳累",如"风尘仆仆"。转繁时应作"僕"。

朴(樸)

朴,本音 pò,本义为"木皮",中草药有"厚朴"(　种树皮,很厚,故名)。有一种榆科落叶乔木叫做"朴树",木材可制器具。古代一种窄长有短把的刀叫做"朴刀",这个"朴"读 pō。朴,还是姓氏,读音为 Piáo。

朴(樸),音 pǔ,义为"朴实,质朴",如"朴素"、"俭朴"、"诚朴"、"朴陋"、"朴直"、"朴质"等。转繁时应作"樸"。

Q

千(韆)

千,数词,十百为千。常用以比喻"很多",如"万紫千红"、"千军万马"、"千方百计"、"差之毫厘,谬以千里"、"千钧一发"、"千古奇闻"、"千夫所指"、"千奇百怪"、"千秋万代"等。

千(韆),鞦韆,同音假借简化作"秋千"。转繁时应作"鞦韆"。

纤(縴,纖)

纤是“縴”和“纖”的简化字,縴、纖二字形、声、义都不相同,转繁时应注意对应准确。

纤(縴),音 qiàn,本义为“拉船用的绳子”,即“纤绳”。用绳子拉船叫做“拉纤”,拉纤的人叫做“纤夫”。“拉纤”别义为“房地产交易的中介活动”,从事中介活动的人叫做“纤手”。转繁时应作“縴”。

纤(纖),音 xiān,义为“细小”。常用词有:纤微,纤细,纤小,纤毫,纤尘,纤长,纤巧,纤弱,纤维等。转繁时应作“纖”。

曲(麯)

曲,传承字,音 qū,本义为“弯曲(跟‘直’相对)”,引申为使弯曲、弯曲的地方、不公正,不合理等。常用词有:弯曲,曲尺,曲面,曲线,曲折,曲轴,曲肱而枕,曲突徙薪,委曲求全,曲意逢迎,曲径通幽,河曲,是非曲直,曲解等。曲,又音 qǔ,韵文文学的一种,广义指秦汉以来各种可以入乐的乐曲,如北曲、南曲、戏曲、散曲以及后来的歌曲。常用词有:曲调,作曲,曲目,曲艺,曲子,曲谱,歌曲,高歌一曲,曲高和寡等。

曲(麯),含有大量能发酵的活微生物或其酶类的发酵剂或酶制剂,如“酒曲”、“曲霉”。转繁时应作“麯”。

秋(鞦)

秋,传承字,四季中第三季。常用词有:初秋,深秋,金秋,秋游,秋风,秋雨,秋分,秋高气爽,秋色宜人。秋常作“一年”的代词,如“千秋万代”、“一日不见,如隔三秋”。又指某个时期(多指不好的),如“多事之秋”、“危急存亡之秋”。秋季是农作物成熟的季节,因而有了“秋收”、“麦秋”、“大秋”、“秋粮”等词。“秋波”比喻美女的眼睛或眼神,如“暗送秋波”。

秋(“鞦”的简化字),鞦韆,同音假借简化作“秋千”。转繁时应作“鞦韆”。

签(簽,籤)

签,是“簽”的简化字,又是“籤”的简化字,前者属于草书楷化,后者属于同音假借。

签(簽),本义为“在文件上亲笔署名或画押”,如“签名”、“签字”、

"签到"、"签署"、"签发"、"签收"、"签订"、"签约"等。引申为用简单的文字拟具意见,如"签呈"、"签注"。古代官府交给差役拘捕犯人的凭证也称作"签",如"朱签"、"火签"。由此引申出现代的"签证"。

签(籤),《说文解字》释义为"验"。对于这个"验",后代文字学家解释为"记识"。古代诗文中有"书籤"一词,意思就是"记识"。不过,后世多用作称呼"在竹片上刻写文字的卜具"。清·朱骏声《说文通训定声》说:"今俗谓神示占验之文曰籤。"现代寺庙里仍有抽签问卜的活动。这个"签"转繁时应作"籤"。

术(術)

术,传承字,本音 zhú,几种药用草本植物的名称,如"白术"、"莪术"、"苍术"。

术(術),音 shù,本义为"邑中通道",即城镇的主干大道。西晋文学家左思的名作《蜀都赋》有"亦有甲第,当衢向术",是说豪门大宅坐落在大道边上,大门朝着大道。由"道路"引申为道理、学问、方法、技艺、心计等义。常用词有:算术,学术,技术,心术,术科,术士,术语等。转繁时应作"術"。

舍(捨)

舍,传承字,本音 shè,本义为"房屋",如"宿舍"、"校舍"、"旅舍"。用作谦辞,表示"自己的家",如"舍间"、"寒舍"、"敝舍";对别人称"自己的辈分低的或同辈年幼的亲属",如"舍弟"、"舍侄"、"舍亲"。在古代"舍"还是量词,三十里为一舍,如"退避三舍"。

舍(捨),音 shě,本义为"放弃",引申为施舍。常用词有:舍弃,四舍五入,舍近求远,舍本逐末,舍不得,难舍难分,舍己为公,舍生取义,舍生忘死,舍己救人等。转繁时应作"捨"。

沈(瀋)

沈,古国名,西周分封的诸侯国,在今河南平舆北。还是姓氏。

沈(瀋),本义为"汁",古文有"墨瀋未干"句,"墨瀋"即墨汁。后作地名,辽宁省会原作"瀋阳市",后简化为"沈阳市"。转繁时应作"瀋"。

松(鬆)

松,树名,如"马尾松"、"油松"、"白皮松",统称"松树"。有"松"字的词大都跟松树有关系，如"松球"、"松子"、"松脂"、"松针"、"松仁"、"松香"、"松墙"、"松节油"、"松花蛋(因蛋白上有像松针的花纹而得名)"等。

松(鬆)，本义为"头发散乱"，引申为松散(跟'紧'相对)、使松散、不坚实、不紧密、解开、放开以及用鱼、虾、猪肉、牛肉等做成的绒状或碎末状的食品等义。常用词有：蓬松，松散，松弛，松劲，松绑，松紧，松软，松手，松心，松口，松松垮垮，鱼松，肉松等。转繁时应作"鬆"。

苏(蘇，囌)

苏是"蘇"的简化字，又是"囌"的简化字。前者是草书楷化，后者是同音假借。

苏(蘇)，植物名，即"紫苏"。又指穗状饰物，如"流苏"。同音假借表示"醒过来"、"病体复原"之义，如"苏醒"、"复苏"。还是地名、姓氏。江苏省简称"苏"。转繁时应作"蘇"。

苏(囌)，方言为噜苏("啰唆")。转繁时"噜苏"应作"嚕囌"。

适(適)

适，古字，本作"逬"，隶变成"适"。音 kuò，义为"疾速"。古时用于人名，春秋时有"南宫适"。这个"适"不可转繁为"適"。

适(適)，音 shì，本义为"去，往"，引申为出嫁、归向、适合、恰好、舒服等义。常用词有：适人，适当，适合，适度，适量，适时，适宜，适才，适应，适用，适口，适可而止，舒适，适意，适值，适得其反等。转繁时应作"適"。

T

台(臺，檯，颱)

台，传承字，又是臺，檯，颱的简化字，系一形四字，转繁时要对应准确。

台，古字，音 yí。《说文解字》释义为"说"，即"悦"，古文字学家认为是古"怡"字，多见于铭文。后作敬词，改音 tái，用来称呼对方或与对方有关的行为。如"台候"、"台颜"、"台爱"、"台鉴"、"兄台"、"台甫"。还是地名、山名，如"台州"(今浙江临海，唐代称台州，因天台山而得名)、"台安"、"台州湾"等。作为地名、山名的"台"读 tāi。

台(臺)，音 tái，义为"高而平的建筑物"，引申为公共场所高于地面的设备、搁置器物的底座以及像台一样的东西。常用词有：亭台，塔台，瞭望台，台灯，台地，井台，台阶，戏台，台柱，台词，台风（戏剧演员在舞台上表现出来的风度）等。可作量词用，如“一台戏”、“一台电冰箱”。也作地名，如“台湾”。转繁时应作“臺”。

台（檯），桌子。如“写字台”、“台球”、“台面”、“台盘”、“球台”。转繁时应作“檯”。

台（颱），台风。转繁时“台风”应作“颱风”。

坛（壇，罎）

坛是“壇”的简化字，本义为“古代举行祭祀、誓师等大典用的台”，如“天坛”、“地坛”、“登坛拜将”。引申为用土堆成的台，如“花坛”。还指文艺界、体育界，如“文坛”、“体坛”。转繁时应作“壇”。

坛（罎），口小腹大的陶器，如“坛子”、“酒坛”、“坛坛罐罐”。转繁时应作“罎”。

团（團，糰）

团是“團”的简化字，是草书的变体，本义为“圆形的”，引申为把东西揉成球形、成球形的东西、会聚、工作或活动的集体，还是青少年的政治组织和军队的编制单位。常用词有：团圆（形容浑圆，又指亲人团聚或剧情的圆满结局），团扇，纸团儿，团粒，团聚，团结，团拜，团队，团伙，团体，儿童团，共青团等。转繁时应作“團”。

团（糰），用米或粉做成的球形食品，如“汤团”、“糯米团”。转繁时应作“糰”。

涂（塗）

涂，传承字，姓氏。

涂（塗），本义为“泥”，引申为粉饰、乱写乱画、抹去。常用词有：涂炭，海涂，涂饰，涂脂抹粉，涂写，涂鸦，涂改，涂料。转繁时应作“塗”。

W

万（萬）

万，古字。《玉篇》：“万，萬俗字，十千也。”万，还是复姓用字。古代用“万”作复姓的有二：一为三字姓“万纽于”，“万”音 wàn；另一为复姓

“万俟”，“万”音 mò。这两个作姓氏的“万”，不可转繁作“萬”。

万(萬)，本系数词，即十个千。引申为很多、极、很、绝对。常用词有：万般，万代，万方，万分，万古，万年，万世，万事，万千，万贯，万籁，万水千山，万死不辞，万紫千红，万不得已，万有引力，万马齐喑等。转繁时应作“萬”。

X

系(係，繫)

系是传承字，又是“係”和“繫”的简化字，是一形三字。

系，本义为“联缀”、“连接”，如“维系”、“成败系于此举”。引申为系统，如“系统”、“系列”、“派系”、“谱系”、“直系”、“旁系”。又引申为牵挂(系恋，系念)、拘禁(系狱)。高校的学系和某些学科的分类也称作“系”，如中文系、物理系。此外，还有逻辑学的名词“系词”，地质学的名词“寒武系”等。

系(係)，义同“是”，如“鲁迅系浙江绍兴人”、“纯系无稽之谈”。转繁时应作“係”。也有“联缀”、“连接”义，如“联系”、“关系”，这两个词中的“系”转繁时应作“係”。

系(繫)，音 jì，义为“打结，扣”，如“系鞋带”、“系领带”。转繁时应作“繫”。也有“联结”、“连接”、“牵挂”、“拘禁”等义，表示这些义项时，音义均与“系”同，所以不必转繁。

叶(葉)

叶，古字，本音 xié，义为“调和”、“和谐”，同“协”。《新唐书·李逢吉传》：“逢吉与李程同执政，不叶。”“不叶”即不协调、不和谐。叶还是诗韵之一：叶韵。后被假借作“葉”的简化字，读音变作 yè。表“调和”、“和谐”义的“叶”和表诗韵的“叶”，不可转繁为“葉”。

咸(鹹)

咸，传承字，本义为“全，都”，如“老少咸宜”。

咸(鹹)，义为“像盐那样的味道”，如“咸盐”、“咸菜”、“咸水湖”。转繁时应作“鹹”。

须(鬚)

须,"胡须"的本字,后被假借表示"要,应"等义,如"必须"、"须要"、"务须"、"须知",本义被新造字"鬚"替代。汉字简化后,又将"鬚"废除,重新起用"须"。这样一来,形成了一形二字。转繁时"胡须"应作"鬍鬚"。

旋(鏇)

旋,传承字,音 xuán,本义为"周旋",如"旋转"、"旋绕"、"盘旋"、"旋涡"、"旋风"(螺旋状运动的风)。引申为返回、归来(旋里、凯旋)和音乐的"旋律"。作副词,表示时间,相当于"随即"、"很快地",如"旋即"、"旋踵"。

旋(鏇),音 xuàn,义为"用车床或用刀子旋转切削",如"旋车轴"、"旋床"(旋转切削的车床)、"旋子"(多义名词:一种金属器具;温酒时盛热水的器具;武术的一种动作)。转繁时应作"鏇"。

向(嚮)

向,本义为"朝北的窗户",后引申为方向、对着、将近、接近等义。作介词,表示"动作的方向"。常用词有:方向,志向,向背,导向,向上,向着,相向,向导,向迩,向来等。

向(嚮),义为"趋向,归向",如"向往"。转繁时"向往"应作"嚮往"。

Y

云(雲)

云,传承字,本义为"说",如"人云亦云"、"不知所云"。在古汉语里,"云"还有"为,是"等义,如《后汉书·袁术传》:"虽云匹夫,霸王可也。"叠用表示"如此,这样",如古文里常见的"……云云"。作助词用,如"岁云暮矣",无义。

云(雲),义为"在空中悬浮的由水滴、冰晶聚集形成的物体",即天上的云。与天上的云有关的词很多,常用词有:云雾,云朵,云雨,云烟,云彩,云层,云海,云鬓,云翳,云蒸霞蔚,云锦,云雀,云图,云母,云锣等。引申为比喻极高、聚集、行踪无定等义,常用词有:云霄,云汉,云梯,云集,云游,云泥之别(高低差别悬殊,犹如天上地下)等。云(雲)还是地名和姓氏，常用词有：云南，云蒙，云贵高原，云腿（云南特产火腿）。转繁时应作“雲”。

余（餘）

余，传承字，义为“我”。还是姓氏。

余（餘），本义为“剩下”，引申为大数或度量单位等后面的零头和某种事情、情况以外或以后的时间。常用词有：余粮，余力，余暇，余热，余波，余悸，余地，余音，余味，余兴，余震，业余，茶余饭后等。转繁时应作“餘”。

郁（鬱）

郁，古地名。汉代有郁夷县，在今陕西陇县西。也是植物名，如“郁金香”。还是姓氏。

郁（鬱），有三个义项：（1）香气。如“馥郁”、“郁烈”。（2）茂盛。如“郁郁葱葱”。（3）忧愁、气愤等在心中积聚，得不到释放。如“忧郁”、“郁愤”、“郁结”、“郁积”、“郁闷”、“抑郁”等。转繁时应作“鬱”。

Z

脏（臟，髒）

脏是“臟”的简化字，又是“髒”的简化字，是一形二字。

脏（臟），义为“内脏”，如“心脏”、“肾脏”、“脏腑”。转繁时应作“臟”。

脏（髒），义为“不干净，有污垢”，如“肮脏”（不干净，又比喻卑鄙）、“脏话”（下流的话）、“脏活”。转繁时应作“髒”。

折（摺）

折，传承字，音 zhé，本义为“断”，引申为弯曲、反转、损失、折扣、折服等义。常用词有：骨折，转折，曲折，百折不挠，折尺，折扣，折服，折合，折旧，折躯，折算，折中，损兵折将，折子戏，折叠等。表“经济亏损”或“长条状物断了”时，音 shé，如“折本”、“折秤”、“折耗”、“桌子腿折了”。

折（摺），音 zhé，义为“折叠”，古代臣子向皇帝的呈文叫做“折子”，现代银行存款凭证叫做“存折”。转繁时应作“摺”。

征(徵)

征,传承字,本义为“走远路”,如“长征”、“征途”、“征程”、“征讨”。

征(徵),本义为“召,求,搜集”,别义为“证明,验证”、“表露出来的迹象”。常用词有:征召,征兵,应征入伍,征募,征稿,征文,征调,征求,征集,征聘,征引,旁征博引,信而有征,文献足征,征兆,征候,象征,特征等。转繁时应作“徵”。“徵”还是古代五音(宫商角徵羽)之一,这个“徵”音 zhǐ,没有简化,不可写作“征”。

只(隻,衹)

只,古字,《说文解字》说它是“语已词”,在古代书面语言里用在句末,表示终结、感叹或限止。后来被假借作副词,表示“仅”、“就”、“本来”等义。如“钟山只隔数重山”(王安石《泊船瓜州》,“只隔”即仅隔)、“只缘身在此山中”(苏轼《题西林壁》,“只缘”即就因为)、“只合远接,接驾不早,妾该万死”(马致远《汉宫秋》,“只合”即本该)。这个“只”又作“衹”,实际上是异形词。清代文字学家段玉裁在《说文解字注》中说:“宋人诗,用只为衹字,但也。今人仍之。”现在“只”是“衹”的简化字,实际上是废“衹”用“只”。只、衹原本通用,可以不必转繁。

只(隻),跟“只”的本义无关,其含义有二:(1)量词,如“一只鸡”;(2)单独的,如“只身”、“片纸只字”、“只言片语”、“独具只眼”。转繁时应作“隻”。

致(緻)

致,传承字,本义为“送达”,引申为达到、表达、招引、归还、尽等义。常用词有:致函,致电,致词,致贺,致意,致富,学以致用,致病,致使,致命,专心致志,致力,以致等。还表“情趣”义,如“兴致”、“景致”、“别致”、“错落有致”。

致(緻),义为“精密”,如“细致”、“精致”、“工致”。转繁时应作“緻”。

制(製)

制,传承字,本义为“取”,如“出奇制胜”、“制冷”。引申为拟订、规定、约束、限定、制度等义。常用词有:制定,因地制宜,制约,压制,限制,控制,制止,管制,节制,制服,制空权,制海权,制高点,制度,所有制,民主集中制等。

制(製),义为“制造”,如“制造”、“制图”、“制作”、“制剂”、“制革”、“制版”、“炮制”、“缝制”。转繁时应作“製”。

钟(鐘,鍾)

钟,是“鐘”和“鍾”的简化字,是一形二字。

钟(鐘),本义为“击乐器”,如“铜钟”、“编钟”、“石钟”、“钟鼎”、“钟乳石”。又是一种计时器,并由此引申为“时间”,如“闹钟”、“座钟”、“钟表”、“钟点”。转繁时应作“鐘”。

钟(鍾),义为“专注”,如“钟情”、“钟爱”。还是姓氏。转繁时应作“鍾”。

种(種)

种,传承字,姓氏,音 Chóng。不可转繁作“種”。

种(種),本义为“植物的种子”,音 zhǒng,引申为物种、品种。常用词有:种子,种蛋,种畜,种禽,种仁,人种,种族,种群,品种,种差,种姓等。用作量词,表示“种类”,叠用(种种)表示“各种各样”。转繁时应作“種”。

朱(硃)

朱,传承字,本义有两说:一说是“株的本字”;一说是“赤心木,松柏属”。后世“朱”只是“赤心木”的引申义:朱色。意即朱红,比较鲜艳的红色,如“朱笔”、“朱墨”、“朱漆”、“朱门”、“朱雀”、“朱鹮”、“朱文”。

朱(硃),有种无机化合物,红色或棕红色,无毒,叫做“朱砂”。中医入药,也用作颜料,又称“辰砂”或“丹砂”。转繁时“朱砂”应作“硃砂”。

准(準)

古代字书《玉篇》认为:准是準的俗字。但后世准、準有了分工,汉字简化时废除了“準”而用“准”。转繁时还得回到它们原来的分工。

准,义为“允许”,如“准许”、“准予”。引申为依照(准此)、比照(如准将、准平原、准晶体、准战争)。

准(準),本义为“水平”,如“水准”。引申为标准、准确、一定等义。常用词有:准绳,准则,准点,准话,准时,准信,准能,瞄准,准星,准备等。转繁时应作“準”。

筑(築)

筑,古字,古代击弦乐器,像筝,有十三根弦,用竹尺敲击。《战国策·燕策三》:"既祖取道,高渐离击筑,荆轲和歌,为变徵之声。"这个"筑"不可转繁为"築"。

筑(築),义为"建筑"、"修建",如"建筑"、"筑路"、"筑堤"、"构筑"。转繁时应作"築"。

中编 汉字辨析

著名语言学家吕叔湘先生说过："如果一个字只有一种写法，一个读音，一个意义，就很容易把不同的字区别开，可惜世界上没有这种文字，汉字尤其做不到。"

汉字是以意音结合为特征的特殊文字，不能直接由音表义，而且还有一字多形、一字多音、一字多义、多字同音、多字同义以及形似、音近、义近等等的复杂情况，这就使得汉字识读和使用十分困难。

事物总是一分为二的，汉字的特殊结构也给我们提供了识读用的便利。本书在上编"汉字的结构"中讲过：汉字的结构有三个要素，即形、声、义；汉字结构的各种形式，都表现为形、声、义结合的方式。形、声、义结合的方式有一个明显的规律，那就是清代文字学家段玉裁概括的两句话：音生于义，义著于形。这两句话是什么意思呢？"音生于义"是说汉字的读音是由它的含义决定的；"义著于形"是说汉字的含义是由形体表示的。这是因为，汉字的结构的基本元件是象形字，而象形字是"象物之形"的文字符号，是以形表义的。汉字又是先有语言概念而后造字的，它们的读音是由概念（含义）决定的。可以列出这样一个公式来表示形、声、义的内在联系：

$$\text{形}\xrightarrow{\text{表示}}\text{义}\xrightarrow{\text{决定}}\text{音}$$

这条规律告诉我们一个识读用汉字的方法：审形，明义，知音。就是说，识读用汉字要从审形入手，通过审形来明义，通过明义而知音。

本编主旨在于：通过典型字例的正误辨析，运用"审形，明义，知音"的方法，找到它的正确读音和正确含义，帮助读者纠正习惯性的错读、错用。

第一章

多音字错读

汉字里面有不少多音字，同一个字，在不同的词语或不同的语境里读音不同，有的字甚至有五六个读音，如下表：

<table>
<tr><td>cháng</td><td rowspan="2">长</td><td>长短
长于　擅长
长物(多余，剩余)</td></tr>
<tr><td rowspan="2">zhǎng</td><td>长幼
首长
生长　增长(长大长高)</td></tr>
<tr><td rowspan="2">涨</td><td>涨水　涨价　高涨(增高)
钱涨出来了(增多)</td></tr>
<tr><td>zhàng</td><td>豆子泡涨了　(增大)</td></tr>
</table>

一字多音，有5种类型：

(1) 声母不同。例如：

秘　秘密　秘书　秘闻(mì)
　　秘鲁(国名)　便秘(bì)

系　系统　系列　联系(xì)
　　系鞋带　系蝴蝶结(jì)

(2) 韵母不同。例如：

薄　厚薄(báo)
　　薄弱　薄利　日薄西山　如履薄冰(bó)

大　大小　大度　大夫(古代官职)　大王(古代对国君、诸侯的尊称，垄断某种经济事业的财阀，高手)(dà)
　　大夫(医生)　大王(强盗首领)　大城(河北地名)(dài)

(3) 声调不同。例如：

泡　泡沫　泡菜　泡影(pào)
　　泡子(小湖)　泡桐(落叶乔木)　泡货(体积大、分量小的物品)　发泡(虚而松软)(pāo)

难　困难　难道　难怪(nán)
　　难友　非难　问难　发难(nàn)

(4) 声韵调两项或三项不同。例如：

吓　恐吓　恫吓(hè)

　　惊吓　吓唬(xià)

壳　脑壳　蛋壳(ké)

　　地壳　金蝉脱壳(qiào)

(5) 专用于姓氏或地名的异读音。例如：

姓氏　仇(Qiú)　种(Chóng)　盖(Gě)　蔚(Yù)

地名　鸭绿(lù)江　铅(yán)山县　牟(mù)平县

遇到多音字,如果只知其一,不知其二,就会读错音。

本章所列例字[1],都是容易读错的多音字。下面按照本编的宗旨,从形、声、义的结合上逐一辨析。

大

(甲) (金) (篆)

大,象形字,是人的正面形象符号,因而在许多合体字里表示"人"。例如:天(人的头顶),央(人居其中),夾(今简化作"夹",一人左右各夹一人)。后借作表示跟"小"相对的概念。又引申出程度深(大红大紫)、彻底(大彻大悟)、超过(大你五岁)、很(大喜大悲)、重要(重大)、了不起(自大)等义。

大字有三个读音:dà,dài,tài。

宋代以后称医生为"大夫",河北省有个"大城县",有一种草木植物叫做"大黄",这三个"大"都不读 dà,而应读 dài。

成书于东汉的字书《说文解字》里,没有"太"字,说明太字是东汉以后造的字。汉代以前的古籍中,用"大"代"太"。例如:《易》中的"大极",《春秋》中的"大子",《尚书》中的"大誓",《史记》、《汉书》中的"大上皇"和"大后",其中的"大"都是"太",不能读 dà,而应读 tài。

---

〔1〕 所列例字,按笔画(从少到多)排序,相同笔画的按"横、竖、撇、点、折"排序,全书下同。

里的“太”含义接近。例如：柳宗元《捕蛇者说》里的“蒋氏大戚”(很悲伤),《资治通鉴》“赤壁之战”里的“权大悦”(非常高兴)。这两个句子里的“大”,含义与现代汉语里的“太”接近,但不读 tài,仍读 dà。

与“大”有关的词,容易错读的主要是“大王”和“大夫”。“大王”有两种读音,表示两种概念：古代诸侯国的国君称作“大王”,这个“大”读 dà;落草为寇的强盗也称“大王”,这个“大”读 dài。“大夫”也是两种读音表示两种概念：古代朝廷的官员分为三级,一级称为“卿”,二级称为“大夫”,三级称为“士”,二级官员的称谓“大夫”中的“大”读作 dà;宋代以后的医生也称为“大夫”,这个“大夫”中的“大”读作 dài。

与

与(篆)　與(繁)

与,会意字,由“一”和“勺”组合而成,表示端一勺东西给人,会意为“给”。“赠与”、“交与”、“与人方便”中的“与”均为本义。与,只有三画,好写好认,不知为什么后来变成十三画的繁体“與”,现在的简化字实际上是还原。

与,后来演变成多音多义字。除本音 yǔ 外,还有两个异读音：yú,yù。读音不同,含义各异。本义及其直接引申义,如交往(相与)、跟(与虎谋皮)、等待(岁不我与)、在一起(生死与共)、随着(与日俱增)等,都读本音。做连词用,如“伟大与渺小”、“与其”,也读 yǔ。读 yú,是语气词,同“欤”,是古汉语的用法,表示疑问。如《孟子 · 告子》:“为是其智弗若与?”译成现代语言,就是:“这是因为他的智力不如人吗?”第三个读音 yù,人们不大注意。读这个音,含义是“参加”,常用词有“参与”、“与会”、“与闻”。人们读惯了 yǔ,要改读 yù,反而觉得别扭,常常错读作 yǔ。现在,“参与”这个词使用频率比较高,如“重在参与”、“参与意识”,错读的情况也就在讲话中和广播、电视上经常出现。

切

（篆）

切，形声字，从刀七声，音 qiē。左边的声符是“七”，不是“土”，不可写成“切”。

切，本义为“以刀断物”。切除、切割、切削的“切”都是本义。由“断开”引申为隔断，如“切断”。

切割某物，称作“切某”；切割之后的某物，也称作“切某”，动词变成名词。例如：用刀将面皮切成面条，称作“切面”，是动词；切成的面条也称作“切面”，变成名词。为了显微观察研究而把生物体的组织切成薄片，称作“切片”，是动词；切成的薄片，也称作“切片”，变成名词。

几何学上称直线与圆、直线与球、圆与圆、平面与球或球与球只有一个交点叫做“切”，其直线叫做“切线”，平面叫做“切面”，点叫做“切点”。这里的“切”是几何学术语，与“以刀断物”无关。

以刀断物为“切”，反之，两物磨合也叫“切”。这个含义引申出符合、恰当（如切实、切合、切当、切题、切中），贴近、接近（如切身、切近、切己），深、极（如切肤、切齿、切要），急迫（如迫切、急切、殷切），务必（如切记、切忌、切勿、切切）等义。切字在表这些义项时，不读 qiē，而应读 qiè。

见

（甲） （金） （篆） 見（繁）

见，会意字，从目从人。这个字造得十分独特，运用了夸张的手法，人小眼大，把眼睛突出出来，表示“注目”的意思，造字本义就是“看到”。“看到”就是人的目光与外界物接触，由此引申出接触、遇到等义。“冰见热就化”，不是说冰看到热就化，而是说冰一接触热就化。

见字还有许多引申义，如会面（会见）、对事物的认识和看法（意见，见解，见地，见识）、比喻经历各种事情（见世面）、显示（见长）、发生（见效）等。

见字有个异读音：xiàn。读这个音时，含义同“现”。“现”是后造字，

Contemporary Publication

最早见于宋代字书《集韵》，释义为“玉光”。后来重修的《广韵》改释为“露”。所以，古代诗文常用“见”代“现”。例如，著名古代诗歌《敕勒歌》：“天苍苍，野茫茫，风吹草低见牛羊。”歌中的“见”，含义不是“看到”，而是“显露”。再如“图穷匕首见”、“读书百遍，其义自见”中的“见”，含义也不是“看到”，而是“显露”。杜甫《茅屋为秋风所破歌》：“呜呼，何时眼前突兀见此屋，吾庐独破受冻死亦足！”诗中的“见”，也不是“看到”，而是“出现”。《汉书·外戚传·史皇孙王夫人》：“我果见行，当之柳宿。”“见行”不是“看到走”，而是“现在就出发”。《史记·项羽本纪》：“今岁饥民贫，士卒食芋菽，军无见粮。”“见粮”不是“看到粮”，而是“现成的粮食”。这些“见”字，含义同“现”，都应读 xiàn，读作 jiàn 是错误的。现在恐怕读错音、误解义的人不在少数。

术

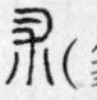(篆) 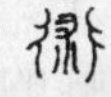(篆) 術(繁)

术字是一形二字：术和術的简化字。

术，本字是象形字，上部像穗，下部像秆，左右像垂叶，象秫之形。秫即高粱，北方农民称高粱为“秫”，称高粱秆为“秫秸”(shú jiē)。《说文解字》：“秫，稷之黏者，或省禾。”可见，术就是秫的本字。秫字出现后，术被假借作为菊科术属草本植物的泛称，有白术、苍术、莪术等数种。作为这种植物的名称，“术”不再读 shú 而改读 zhú。白术、苍术、莪术，根皆可入药，在中医药方上经常见到。南宋时进犯中原的金兀术的“术”，也应读 zhú。术还是姓氏，今山东省章丘县有术姓，自云金丞相术虎高琪之后。作为姓氏，术也读 zhú。

術，形声字，从行术声，音 shù。行是術字的形符，是表义的，说明这个字跟行走有关，它的本义是“邑中通道”，即城镇的主干大道。西晋文学家左思的名作《蜀都赋》说：“亦有甲第，当衢向術。”“甲第”指豪门大宅，衢和術都是大路。“当衢向術”是说豪门大宅坐落在大路边上，大门朝向大道。这里的“術”用的就是本义。由“邑中通道”引申为泛指道路、街道。又引申为途径、学问、方法、策略、技艺、心计等义，如“学術”、“战術”、“技術”、“心術”。

1964 年，中国文字改革委员会编印的《简化字总表》，将“術”简化作“术”。这个“术”实际上是假借，即借“术”代“術”。这样一来，一“术”二用，既是本字，又做“術”的简化字，一形二字。本字仍读 zhú，作为“術”的简化字读 shù。

可

（篆）

可，有两个读音，一为 kě，一为 kè，后一个读音为异读音，是特殊条件下的读音。

可，会意兼形声字。《说文解字》：“可，从口从丂，丂亦声，肎也。”从字形上分析，可字由“口”和“丂”两个符号组成，表示口舒气发出的声音。那么，《说文解字》为什么说它就是肎字呢？肎，肯的本字。小篆肯（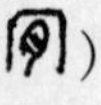）是会意字：上部的“冂”是“冎”的省笔，冎即剐，是分解的意思；下部是“肉”（变形为“月”）；冎肉组合，表示“附着在骨上的肉，有待于剐净”。把肉与骨分解，叫做“解剖”，解剖要正中筋骨结合处的空隙，因而引申为正中要害，恰到好处。我们常说的“中肯”（zhòng kěn）就是这个意思。恰到好处，与合宜意思接近，所以“肯”又有“合宜”之义。“合宜”的事当然可以肯定，于是有了“首肯”这个词。说“可，肯也”，就是说可字与肯字在“合宜”、“肯定”这些义项上相通。由此可知，可字的本义是“适可”、“许可”。

可字的引申义很多，主要的有：① 能，如“可以”；② 适合，适宜，如意，如“可口”、“可身”、“可心”；③ 值得，如“可爱”、“可读”、“可圈可点”、“可疑”；④ 堪，令人，如“可歌可泣”、“可喜”、“可叹”、“可惜”、“可怜”、“可恶”；⑤ 约，在文言文里常用作“约”，如“年可二八”。此外，还常作副词，表示语气，如表示转折（她年小志可不小！）、表示强调（你可来了！）、加强疑问（这事她可愿意？）、加强反问（可谁知道呢？）。

可字一般不会误读，容易误读的是“可”的异读音 kè。“可汗”是古代鲜卑、突厥、回纥、蒙古等民族最高统治者称谓的音译，应读 kè hán，读作 kě hàn 是错误的。

轧

（篆）　軋（繁）

轧，形声字，从车乙（楷书将乙讹变为乚）声，但不读“乙”。

轧字有两个读音：

① yà，含义是“辗压”。这是轧字的本音本义。常说的“轧路”、“轧棉花”、“车轧死了人”，都是“辗压”的意思，都应读 yà。由“辗压”引申为排挤打击，于是有了“倾轧”一词，用以形容排挤打击不同派系的人，如“勾心斗角，互相倾轧”。

② zhá，钢铁厂有种机器，能把钢坯压制成一定形状的钢材，叫做“轧钢机”。“轧钢机”的“轧”，虽然含义也是“辗压”，但不读 yà，而读 zhá。

常见的错误是将“轧路”、“轧棉花”、“倾轧”的“轧”读作 zhá。

艾

（篆）

“自怨自艾”是个常用的成语。但是，不少人并未掌握“艾”字的正确读音和含义。经常听到人们将“自怨自艾”读作 zì yuàn zì ài，理解为“自己埋怨，自己悔恨”。应当说，这样的读音是错误的，理解是不完整的。为什么这样说呢？这得从“艾”的本义本音说起。

艾，会意兼形声字，从草从乂，乂亦声。从草，表示跟草有关。从乂表示什么意思呢？乂，音 yì，含义是“治理”、“安定”。草乂合体，会意为“治理草”。乂又兼声符，故艾音 yì。由“治理草”引申为泛指治理，又引申为安定、收获。《穀梁传》里说：“一年不艾，而百姓饥。”“不艾”即没有收成。《史记》里有“天下艾定”句，《汉书》里有“海内艾定”句，“艾定”就是安定。由“治理”又引申出改正。由此可知，“自怨自艾”中的“艾”，含义不是“悔恨”而是“改正”。“自怨自艾”出自《孟子·万章》：“太甲悔过，自怨自艾。”意思是：太甲（商朝第五代国王）不但悔恨自己的过错，而且自觉改正自己的错误。这才是“自怨自艾”的完整含义。

艾字后来成为一种能治病的草的名字，也取它的“治理”义；但读音变了，不读本音而读 ài。艾草可做止血剂内服，做成“艾绒”可供“灸法”（将艾绒卷燃烧熏烤相关穴位）治病用。成语“方兴未艾”的“艾”，即取“燃烧”义，表示正在发展。直译是：刚刚兴起，正在发展。比喻事物处在兴起发展阶段。

艾，菊科多年生草本植物，《本草图经》说它“茎类蒿而叶背白”，实际上叶背是灰白色。因此，古文里将灰白色称作“艾”。人须发白谓之“老”，故古代称年高者为“艾”。例如，《简子·致士》：“耆艾而信，可以为师。”人面皙白谓之美，故古代又称美女为“艾”。例如，《孟子·万章》：“人少则慕父母，知好色则慕艾。”古汉语里有“少艾”一词，“少艾”即美女。

由上述可知，“艾”实际上是一形二字，二字形同，但音义皆异。

乐

（甲） （金） （篆） 樂（繁）

乐字的甲骨文是象形字，像是在木架上安丝弦，说明它是一种乐器。金文和小篆是会意字，在丝乐器中间加上象征鼓的符号“”。繁体字是由小篆直接演化而成的。乐字里有鼓有丝，象征五声八音。五声是古代的五个乐音（宫商角徵羽），八音是古代的八种乐器（金石丝竹匏土革木），所以五声八音是音乐的总称。可见乐字的造字本义就是“音乐”，包括乐音和乐器。现在通用的简化字是以“樂”的草书为基础改造而成的。

乐是个多音多义字。

乐字的本义是“音乐”，本音读 yuè。“乐器”、“乐谱”、“乐理”、“乐章”、“乐队”等词，都直接与音乐有关，故这些词中的“乐”都表本义，都读本音。

弹唱和欣赏音乐，都是令人愉快的事情，于是，“乐”就有了“快乐”的引申义。但是，这个“乐”不读 yuè，而应读 lè。凡是与“快乐”有关的词，词中的“乐”都读 lè，如“快乐”、“欢乐”、“乐趣”、“乐观”、“乐园”、“乐意”等。

“乐”字作为姓氏，有两个读音：Yuè，Lè。同一个“乐”字，由于读音不同，而成为两个不同的姓氏。

乐字的上述二音二义，大家都知道。乐字还有两音两义，因为是古代汉语的词，《现代汉语词典》没有标注，所以许多人不知道。

其一读 yào，含义是“喜爱，喜好”。孔子有句名言：“知者乐水，仁者乐山。”这两个“乐”，都是“喜爱”的意思，都应读 yào。为什么“知者乐水”而“仁者乐山”呢？这“水”这“山”虽然是自然物，却是“知（智）者”和“仁者”的理想和追求的象征。水是流动的，长流不息，汇涓为海，是智者追求的象征。山是沉静的，巍峨雄伟，岿然独立，是仁者理想的象征。如果将这两个“乐”读作 yuè 或 lè，“知者乐水，仁者乐山”就不知是什么意思了。

其二读 liáo，是“疗”的通假字。古代诗文里经常出现“乐饥”这个词，可不能读作 lè jī，那就成了“乐意挨饿”了。“乐饥”应该读作 liáo jī，意思是“解除饥饿”。清人顾光敏《孙侍读一致》：“纵放意于山水，山水果可乐饥。”放意于山水，可以解除饥饿。不过，诗中说的“饥”指的是“精神饥饿”，放意于山水，是一种精神享受。

处

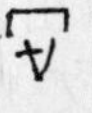（甲） 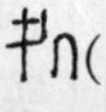（篆①） 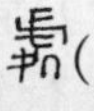（篆②） 處（繁）

甲骨文与篆①，都是会意字。甲骨文上几下止，篆①左夊右几。止，即趾；夊，音 suī，本义为慢慢走；止、夊在这里都代表脚。几，小桌子，在这里代表居室。脚在“几”前停住，会意为“居住”，这就是处字的本义。篆②是形声字，在“处”上加了声符“虍”（hū），含义仍是“居住”。“穴居野处”中的“处”即本义。引申为置身在（某地、某时或某种状态），如“处身”、“身处闹市”、“处变不惊”、“设身处地”。又引申为与人交往，如“相处”、“处得来”。又引申为处置、安排、盘算、办理、惩办等义，如“处理”、“论处”、“处心积虑”、“处分”、“处罚”、“处决”。繁体“處”是由篆②演变而成的，简化字是草书的一种写法，是篆①的变形。

不少人将处字读作 chù，其实，处字的本音是 chǔ，chù 是异读音，只有在表示“地方、事物的方面或部分、机关的部门”的含义时才读 chù，如“处所”、“处处”、“大处小处”、“办事处”、“处长”。

有一句成语：“静如处子，动如脱兔。”是说静的时候像大家闺秀那样娴静，动的时候又像脱笼的兔子那样快捷。这句成语中的“处子”，是指还没有出嫁的女孩子。古代大户人家的女孩子，深居闺房，大门不出，二门不迈，所以称为“处子”。这个“处子”的“处”，应该读本音 chǔ，读作 chù 是错误的。

行

（甲） （金） （篆）

行是个常用字，小学一年级课本里就有这个字，注音为 xíng。

行字的甲骨文是象形字，多像十字路口呀。金文是甲骨文的变形。所以，有的文字学家认为“行”的本义是“道路”。《诗·豳风·七月》中的“遵彼微行”的“行”，就是道路，“遵彼微行”即“沿着那条小路”。但这个“行”不读 xíng，而应读 háng。

行字的小篆是会意字，由彳（chì）、亍（chù）二字组合而成。这个“行”才读 xíng，义为“行走”。

行字的义项，大都是上述二义引申出来的。由“道路”引申出排列（行列）、辈分（排行）、行业（三百六十行）等义。由“行走”引申出路程（行程）、旅游（出行）、流动（流行）、流通（行销）、实施（实行）等义。“道路”的引申义都读 háng，“行走”的引申义都读 xíng。

行字的这两个常读音、常用义，大家都知道，一般不会读错用错。

行字还有两个异读音：héng，hàng。读 héng，只用于“道行”一词。“道行”本指出家人修行（xíng）的功夫，后比喻人的技能本领。例如，《红楼梦》一百一回：“这位散花菩萨根底不浅，道行非常，生在西天大树园中。”现代人写的历史小说和历史剧中，也常出现“道行”这个词。

读 hàng，古、今含义不同。古代汉语里的“行行”（hàng hàng）一词，含义是“刚强的样子”。《论语·先进》：“子路，行行如也。”形容子路很刚强。现代汉语里有“树行（hàng）子”一词，指的是“排列成行的树木”或“小树林”。

行字的这两个异读音知道的人不多，因此不少人将“道行”错读作 dào xíng，把“树行子”错读作 shù háng · zi。

Contemporary Publication

价

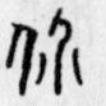（篆）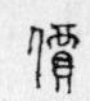（篆）　價（繁）

价是一形二字，是传承字，又是價的简化字。价与價，原本是两个音义都不同的字，價是常用字，价是非常用字，因而价作为價的简化字后，价字的本音本义反倒被人们遗忘了。

价，形声字，从人介声，音 jiè。关于价字的含义，古代学者的认识不一致。东汉学者许慎认为：价，善也。南宋学者朱熹认为：价，大也。“大”指大德，德行高，与“善”的意思接近。也有的学者认为：价，甲也。“甲”指盔甲。《诗·大雅·板》有“价人维藩”句。依据上述三种释义，这句话可作三种解释：① 善人是国家安全的屏藩；② 大德之人是国家安全的屏藩；③ 掌握军事的卿士（披甲之人）是国家安全的屏藩。应当说，三种解释都有道理。

价字还有“中介”和“奴仆”的含义。古代有地位、有身份的人家，宾客来访，先要由下人传话，这传话的下人叫做“价”。地位不同、身份不同的人家，用“价”的数量不同，有七价、五价、三价之分。“价”多就形成接力传话，显得十分气派。后来把派去传口信、送书信的下人也叫做“价”。发信人把派出送信的称作“小价”、“贱价”，是谦辞，表示自谦；而受信人将对方派来送信的称作“贵价”、“尊价”，是敬辞，表示对发信人的尊敬。这里的“贱价”、“贵价”跟“价格贵贱”不相干。传话、送信的下人都是仆人，因而古代常称仆人为“价”。古文里常见“价妇”一词，“价妇”就是女仆。如果望文生义地将“价妇”解释为“有价值的女人”，那就会贻笑大方了。

血

（甲）（篆）

血，指事字。在“皿”的象形字上加注表示“血”的符号。古代祭祀时用牲畜的血做祭品。

血有两个读音：一读 xiě；一读 xuè。因为两个读音的含义相同，所以容易混淆。为了避免混淆,大家要掌握不同读音的规律:单用以及形容流出的鲜血,读 xiě,如“鲜血”、“羊血”、“血淋淋”。用于复音词及成语均读 xuè,如“血红”、“血浆”、“血债”、“血汗”、“血管”、“血泪”、“血压”、“血战”、“血统”、“呕心沥血”、“狗血喷头”等。

“血债要用血来还。”前一个“血”(“血债”是复音词)读 xuè,后一个“血”(单用)读 xiě。“他一出血就很难止住,可能是血癌的症候。”前一个“血”(单用)读 xiě,后一个“血”(“血癌”是复音词)读 xuè。

血字还有 4 个引申义:① 涂,染,如“兵不血刃”,“血刃”即用刀杀人,刀上粘血。② 泪水,如“泣血”、“饮血”中的“血”都是泪水。唐人顾况《伤子》诗云:“老夫哭爱子,日暮千行血”。“千行血”即千行泪。③ 比喻刚强热烈,如“血性青年”、“血性汉子”。④ 比喻热情,如“满腔热血”、“热血沸腾”。表此①②③义项的“血”,读 xiě,表④义项的“血”读 xuè。

似

(金) (篆)

似,会意字,从人从以。以,甲骨文写作,金文写,小篆写作。对这个字的甲骨文和金文,古代学者有不同解释。有的认为是“私”的本字,理由是“自营为私”(自己只顾自己)。也有的认为是“始”的本字,理由是“象物上端之形”。对小篆“”,学者们认为是倒写的“已”字。已作“止”解,倒过来,表示“不已”,就是还要进行下去,于是引申出“用”的含义。“以牙还牙”就是“用牙还牙”。“以身作则”就是“用自己的行动做出榜样”。“用”是一种有目的的行为,有个连词叫“以致”,就是连接因果的。于是,以字又有了“因”的含义。以字的这一含义与“人”组合,产生了“相类”的意思。所以,似字的本义就是“像”。

似字是个常用字,音 sì,大家都不会读错音。但是,似与的组成“似的”,似字的读音就变了,不读 sì 而读 shì。

“似的”(shì · de)是一种特殊助词,叫做比况助词,附着在名词性、助词性、形容词性词语后面表示比喻。例如:“苹果似的脸儿。”

“似的”的结构是固定的,无论用在什么词性词语后面,都是“似的”,不可写作“似地”。

Contemporary Publication

尽

（甲）　（金）　（篆）　盡（繁）　儘（繁）

尽是盡、儘两个字的简化字。盡和儘在隶变以前是一个字，后来分化成为音义都不相同的两个字。现代汉字简化时，两个字又变成一个字，但从音义上讲，“尽”是一形二字，仍是音义都不相同的两个字。

盡字的甲骨文是会意字，下面是器皿，上面是手持木棒之形（），象征洗涤器皿，会意为“器中空”（器皿里没有东西）。金文、小篆形体相似，都是由甲骨文演变而成的。不同的是“皿”上“”变形为“”，含义仍是“器中空”。引申义为：完全（取之不尽、用尽力气），死亡（自尽、同归于尽），全部（尽收眼底、竭尽、尽瘁、尽心尽力、人尽其才），竭力做到（尽职、尽忠），所有（尽人皆知、尽其所有），达到极点（尽头、山穷水尽、无尽）等。这个“盡”，读 jìn。

盡字还有一个引申义：极限。例如：表示力求达到极限（尽量、尽可能），表示某个范围的极限（尽早、尽快），表示力求提前（尽先、尽早），表示方位之最（尽前头、尽北边），表示没有条件限制（尽管）。这个“盡”，隶变时形体变了，写作“儘”，读音也变了，读作 jǐn。这样，盡、儘就成了两个音义都不相同的字。

从上述辨析可知：“尽”是盡和儘两个字共同的简化字，作为“盡”的简化字（表示“盡”的含义）读 jìn；作为“儘”的简化字（表示“儘”的含义）读 jǐn。常见的错误是：盡、儘不分，都读作 jìn。

否

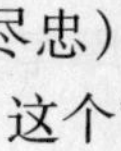（金）　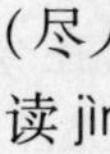（篆）

否，小学生都认得，读 fǒu，跟“是”对立，相当于口语中的“不”。我们的祖先用“会意”的方法造这个字，从不从口，表示“说不”。在书面语言中，表示“不同意”。

但是，成语“否极泰来”、“臧否人物”中的“否”，却不读 fǒu，也不当

“不”讲。在这里，否，读 pǐ，义为坏、恶。“否（pǐ）极泰来”是说坏的到了尽头，好的就来了。否与泰，一个表示“坏”，一个表示“好”，是一对矛盾。但是，矛盾是可以转化的，坏事是可以变成好事的，“否极泰来”讲的就是这个“物极必反”的道理。“臧否人物”中的“臧”，读 zāng，义为好、善；“否”，读 pǐ，义为坏、恶。“臧否人物”直译是“人物的好坏善恶”，作为成语表示的意思是：评论褒贬人物。

龟

（甲） （金） （篆） 龜（繁）

龟，甲骨文、金文、小篆都是象形字，象乌龟之形。

龟，有三个读音：① guī。爬行动物。② jūn。皮肤因寒冷干燥而破裂，称“龟裂”。田地因干旱而开裂，也称“龟裂”。“龟裂”读作 jūn liè，不可误读作 guī liè。③ qiū。汉代西域有国名“龟兹”，在今新疆库车县一带。龟兹二字均为异读音，读作 Qiūcí，不可误读作 guī zī。

把“龟裂”读作 guī liè，把“龟兹”读作 guī zī，是常见的误读。这是因为人们不知道龟字还有两个异读音。

系

（甲） （甲） （金） （篆） 係（繁） 繫（繁）

系是会意字，上面是爪（即手），下面是几束丝，手抓着丝束，会意为“悬挂”。《荀子·劝学篇》：“南方有鸟焉，名曰蒙鸠。以羽为巢，而编以发（草），系之苇苕（芦苇的嫩条）。”这句话中的“系”，就是“悬挂”。现代书面语言中的“系念”，也是取“悬挂”义，“系念”就是“悬念”或“挂念”。系，音 xì。

由“悬挂”引申为拴绑（系缚）和相继、连接等义。相关联的成组成套的事物叫做“系列”；同类事物按一定关系组成整体叫做“系统”，作为整体的“系统”的各个组成部分叫做“系”，如学术上的科目、大学里的专业。这些含义都是由“相继”、“连接”引申出来的。在书面语言中，“系”还可做判断词“是”用，如说某某先生“系清华大学的著名教授”。也因此，有些语法书把“是”称作“系词”。

在汉字简化以前，有系、繫、係三个字，同音，在“连接”、“拴绑”意义上通用。但“世系”、“系列”、“系统”只能用“系”，当“是”用时只能用“係”。汉字简化后，係、繫二字都废除了，所以系字就还承担着係、繫二字的任务。

作为“繫”的简化字的系，表示“打结”，如“系鞋带”、“系领带”。繫有两个读音：一读 xì，含义是连接、牵挂（把东西捆好）、往上提或向下放、拴绑、拘禁等，如“维系”、“系念”、“系上来”、“系缚”、“系狱”等；另一读 jì，含义即上面说的“打结”。所以，“系鞋带”、“系领带”的“系”，不可读 xì，而应读 jì。

角

（甲） （金） （篆）

角，象形字，像兽角的形状，音 jiǎo。本义就是兽角。引申为形状像角的东西、物体两个边沿相接的地方等义，如“角尺”、“角钢”、“角落”、“角度”等。

有角的兽类，争斗时用角作武器，因而有了“角斗”这个词，又引申为竞争、竞赛、表演等义。与上述引申义有关的词，如“角逐”、“角力”、“角色”等，要读异读音 jué。常见将“角色”错读成 jiǎo sè。

识

（金） （篆） 識（繁）

识，金文是会意字，从音从戈（古代兵器）。音通言，把言刻在戈上会意为“记住”。古代学者认为，戠是识的本字。后来演变为小篆时，在左旁加“言”，但含义未变。现在，識简化作识，变成形声字。

近代学者杨树达在《积微居小学述林》一书中，专门解释了识字。他认为，识字有三义：记识，认识，知识；记识是本义，认识、知识是引申义。他的观点与金文“识”的造字本义相符。

记识，有两个含义，一是记住，一是记号。这个“识”，读 zhì，与志

(誌)同义。

中学语文课本里,有孔子的两句名言:"小子识之,苛政猛于虎也。"(《礼记》)"默而识之,学而不厌,诲人不倦,何有于我哉!"(《论语》)这两句名言中的"识"字,都是"记住"。"小子识之"就是"你们记住","默而识之"就是"记在心里"。所以,两个识字都应读 zhì。

如今有个很时兴的词叫"标识"。为了防范假冒,名牌产品纷纷制作"标识",于是"标识"这个词频频出现在报纸和电视屏幕上。"标识"就是防伪的特殊记号。所以,这个"识"字也应读 zhì。遗憾的是,播音员常常把"标识(zhì)"错念成"标 shí"。由于电视的传播效应,许多人跟着错读,产生了误导。

同"标识"相仿佛,还有字画上的"款识",图书正文后面的"附识",以及成语"广闻博识",这三个"识"字,都是"记"的意思,都应读 zhì。

识(zhì)字的引申义认识、知识的"识",读 shí。这两个词是常用词,小学语文课本中就有,大家都认得,但对"识"字的本义本音反而陌生了。

纶

(篆) 綸(繁)

纶,形声字,从丝侖声。有二音二义:① 音 lún,古代的一种青丝带子。秦汉时代官员佩戴这种青丝带子,叫做"纶绶"。现代的某些合成纤维,也称作"纶",如"涤纶"、"腈纶"。② 音 guān,古代配有青丝带的头巾,又叫"纶巾"。《三国演义》形容诸葛亮的打扮,总是用"羽扇纶巾"。由于《三国演义》和历代文人的渲染,"羽扇纶巾"成了诸葛亮特有的形象设计。人们谈到诸葛亮,很自然地联想到他的"羽扇纶巾"。苏东坡《念奴娇·赤壁怀古》中这样描写周瑜从容指挥赤壁之战:"羽扇纶巾谈笑间,强虏灰飞烟灭。"羽扇纶巾,指周瑜身着的是便装而不是戎服,形容其姿态潇洒,谈笑之间就使曹操兵败赤壁。但是,不少人将"纶巾"(guān jīn)错读作 lún jīn。

Contemporary Publication

阿

阿（金） 阿（篆）

阿是个常用字，但有两个读音，所以容易读错。

阿是形声字，从阜（左阝）可声，正音为 ē，本义“大土山”。在古代汉语里，引申为山坡、山的弯曲处。《穆天子传》：“天子猎于钘山之西阿。”“西阿”即西坡。南齐文人孔稚珪的《北山移文》：“山阿寂寥，千载谁赏？”句中“山阿”即山的弯曲处。又由“山的弯曲处”引申为泛指弯曲处。阿字的这些古义，在现代书面语言里偶尔也会见到，如“崇阿”（高山），“山阿”（山坡或山的弯曲处）。

谈到“阿”的读音，自然想到“阿房宫”，这三个字里有两个字人们常读错。“阿房宫”正确的读音是：ē páng gōng，不少人错读成 ā fáng gōng。“阿房”为什么要读作 ē páng 呢？阿房宫是秦始皇三十五年（公元前 212 年）开工建造的，还没有竣工，秦就亡了，所以没有正式命名。因为先建的前殿称作“阿房”（ē páng），后人就将这座尚未建成的建筑称作“阿房宫”。据唐代学者司马贞考证，前殿称作“阿房”，“此以其形名宫也，言其宫四阿旁广也”。“四阿”即四周，面积，“旁广”，即空间宽阔高大。据《史记·秦始皇本纪》说：阿房殿“东西五百步，南北五十丈，上可以坐万人，下可以建五丈旗”。一个殿堂，可以容纳上万人，可以竖起五丈高的旗杆，它的高大雄伟可以想见。所以，司马贞说：“四阿旁广也。”在古汉语里，旁房通用，“阿房宫”实际上是“阿旁宫”，所以，“阿房”要读作 ē páng。这里涉及“旁”字。旁，本义为“广大”，本编第六章“成语同音字错用”的“旁征博引”条将会详释。

现代汉语里常用的“阿谀奉承”、“阿附权贵”、“阿其所好”、“刚直不阿”等短语中的“阿”，是由“弯曲处”引申出来的，表示“迎合”、“偏袒”的意思。所以，这些短语中的“阿”，也应读 ē。

阿字有个异读音：ā。作前缀，用在称呼、姓名前面，如“阿爹”、“阿婆”、“阿大”等。也作助词，表示赞叹、疑问的语气，或用在句子中间表示停顿。这个“阿”同“啊”。

阿作为译音字，只象声记音，跟本义不相干。由于阿字有 ē、ā 两个读音,作为译音字,有的象 ē 声,有的象 ā 声。"阿堵"(当"这个"讲)的"阿",读 ē,其他的读 ā。

丧

(篆)　喪(繁)

丧,会意字,由哭(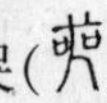)亡()二字组合而成。亡,也是会意字,从人从,表示人隐藏起来了,本义为"逃逸"。"逃亡"、"亡羊补牢"中的"亡",都是"逃逸"的意思。由"逃"引申为失,由"失"引申为死。因死人而悲伤哭泣,所以丧字的本义是"死了人"。

跟死人有关的事物,如"丧事"、"丧服"、"丧葬"、"丧钟"。丧,读 sāng。

丧,还有一音一义:音 sàng,义为"失去"。如"丧失"、"丧志"、"丧气"、"丧魂落魄"、"丧心病狂"等。

呱

(篆)

呱是大家都熟悉的象声词,"呱呱叫"、"呱嗒"、"呱唧"在口头语言中使用频率很高。

但是,"呱"也是个多音字,恐怕知道的人不多。

呱,形声字,从口瓜声,本义为"小儿啼哭声",音 gū。最早见于《诗·大雅·生民》:"鸟乃去矣,后稷呱矣。"这句诗讲的是关于后稷的传说。后稷是周部族的始祖,相传他妈妈姜嫄路过荒野,踩了巨人的足迹,心里一动,便怀了孕,后来生下一个男婴。姜嫄以为不祥,便把婴儿抛弃在巷子里,牛马走过都避开弃婴。姜嫄又把婴儿抛弃在沟渠冰上,鸟儿飞来展翅护着弃婴。这使姜嫄好生奇怪,以为婴儿是神,便把他抱回家了。这个婴儿两度被弃,故取名为"弃"。弃长大后,喜好农耕,帝尧发现了,就命他为农师,带领百姓耕种百谷。弃因此得了一个号:后稷。"后稷呱矣"句中的"呱",就是婴儿啼哭声,所以应该读作 gū。成语"呱呱坠地"

Contemporary Publication

中的“呱呱”是婴儿出生时的哭声，也应该读作 gū gū，读成 guā guā 是错误的。

guā 是呱字的异读音，是口头语言的读音，前面列举的“呱呱叫”、“呱嗒”、“呱唧”，都是口头语言，都读 guā。

北方方言称闲聊为“拉呱儿”，这个“呱”读 guǎ。

和

（金）（篆）

和，形声字，从口禾声，本义为“声相应”。意思是和谐地跟着唱，如“一唱一和”、“一唱百和”。它本来读 hè。经常听到有人将“唱和”的“和”（hè）读作 hé，这是不正确的。

由“跟着唱”引申出依照别人的诗词的题材和体裁，或用别人的诗词的韵作诗填词，叫做“奉和”。毛泽东的《浣溪沙》，是用柳亚子的词韵填的词，所以他把词的题目叫做《和柳亚子先生》。毛泽东还有一首七律，是用郭沫若的同一题材和体裁写的，所以诗的题目叫做《和郭沫若同志》。“奉和”的“和”，也应读 hè。

和字是个多音字，除读 hè 外，还有 hé、huó、huò、hú 四个读音。

读 hé 时，义为平和、和缓，还作“连带”讲，如“和衣而睡”。和字还作介词（表示相关、比较）、连词（表示跟、与）用，也读 hé，这个读音使用频率高，所以不会读错。

读 huó 时，含义是在面粉、米粉等粉状物中加水搅拌揉弄，或将水泥和石子加水搀和在一起搅拌，如“和面”、“和泥”。

读 huò 时，表示挑拨，无原则地调和或折中，如“和弄”、“和稀泥”。

还有一个读音：hú。是打麻将的术语，表示取得胜利，称作“和（hú）了”。同样是“和了”，在象棋术语中表示双方不胜不败，但这个“和了”的“和”应读 hé。

氓

(篆)

毛泽东《七律·和郭沫若同志》诗云:“僧是愚氓犹可训,妖为鬼蜮必成灾。”诗句中的“氓”,不是“流氓”,而是“普通百姓”。

氓,会意字,从亡从民,音 méng,本义“外乡人”。古代称土生土长的本地人为“民”;而称外乡来的人为“氓”。《周礼》记载:古时将王畿(jī,国都附近地区)划分为两大地区,王城以外城郊以内为一个地区,分设“六乡”,城郊以外为另一地区,分设“六遂”。“六乡”的居民被称为“国人”(城里人),“六遂”居民被称为“氓”(乡下人)。氓有个异体字,写作“甿”,显然指的是种田人。所以,氓,也指农民。《诗·卫风·氓》有诗云:“氓之蚩蚩,抱布贸丝。”描写的是农贸市场的情景:抱着布匹的农民,笑嘻嘻地以布换丝。这个“氓”指的就是农民。《徐霞客游记》里说“有村氓数十家,俱网罟(gǔ,用网捕鱼)为业。”“村氓”指的是渔民。

实际上,民、氓是同义词,都是指“普通百姓”(俗称“老百姓”)。古文有“氓俗”、“群氓”二词,“氓俗”即民俗,“群氓”即百姓。

氓有个异读音:máng。本指无业游民,所以叫做“流氓”。后来,“流氓”这个词的含义改变了,变成“不务正业,为非作歹”的人。

所以,读书看报时,看到“氓”字,要作具体分析:哪个是指“老百姓”,哪个是指“不务正业,为非作歹”的人。看到“村氓”就以为是“村里的流氓”,看到“群氓”就以为是“一群流氓”,那就曲解文义了。

沿

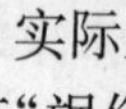(篆)

沿,形声字,从水㕣声,音 yán。沿,从水,本义“顺水下行”。引申为顺着(如沿途、沿街)、照旧(如沿袭、沿用)、靠近(如沿海、沿岸)、事物发展变化的历程(沿革)等义。

“河沿”、“井沿”、“炕沿”的“沿”,北方方言读 yàn,因此,有些字典把 yàn 作为“沿”的异读音。《普通话异读词审音表》规定:沿,读 yán,不再读 yàn，北方人要注意沿字读音的规范。

泊

（篆）

泊是形声字，从水白声，音 bó，本义是“船舶停靠”，“停泊”即本义。船舶停的位置叫“泊位”。由“船舶停靠”引申为人停留，如“漂泊”。又由“停留”引申为恬（tián）静，如“淡泊”。“淡泊”还有一义，即“不追求名利”，是由“恬静”引申出来的，如“淡泊名利”、“淡泊明志”。上述词语中的“泊”，都应读 bó，但不少人错读作 pō。

pō 是泊字的异读音，义为“湖”，如“罗布泊”、“梁山泊”。泊还用作形容流血牺牲，如“倒在血泊之中”。

泥

（篆）

泥，形声字，从水尼声，音 ní。《说文解字》认为：泥是河的名称。古代有两条河都叫“泥水”：一条在甘肃，即今东河及其下游马连河；另一条在湖南，即今汨（mǐ）水。

泥，古音有五：① ní，② nì，③ nǐ，④ niè，⑤ nìng。现代汉语里只用①②两个读音。

读 ní，义为“含水的半固体状的土”，即俗语“泥巴”，或“像泥巴的东西”，如“印泥”、“蒜泥”、“枣泥”。

读 nì，义为“用土、灰等涂抹墙或器物”，如“泥墙”、“泥炉子”。用作泥墙或泥器物的灰料叫做“泥子”。做动词用，“泥”有“封闭”义，因而引申为不知从实际出发加以变通，如“拘泥”。成语“泥古不化”，意思是死守古制旧法不知道变通。“拘泥”和“泥古不化”中的“泥”读 nì，常被错读作 ní。

③④⑤三个读音，读古文时会碰到，不要看到“泥”就以为是“泥（ní）巴”或“泥（nì）子”。例如：

《诗经》有两句诗“维叶泥泥”（《诗·大雅·行苇》）、“零露泥泥”

(《诗·小雅·蓼萧》)。头句诗中的“泥泥”指“草茂柔泽”,后句诗中的“泥泥”指“露浓”,都是“多”的意思。这两个“泥泥”,都应读作 nǐ nǐ。

《大戴礼上·曾子制言》:“蓬生麻中,不扶自直;白沙在泥,与之俱黑。”“白沙在泥”为什么会“与之俱黑”呢?原来这里说的“泥”,不是普通的“泥土”,而是可做染料的黑矾,白沙混在黑矾(泥)里,自然“与之俱黑”。这个“泥”字不读 ní,而应读 niè。

读 nìng 的“泥”,是古地名,叫做“泥(nìng)母”,在今山东省金乡县东南。

了解“泥”字的这三个古音古义,读古义时就不会出错。

拾

(篆)

拾是个会意字,从手从合,手与物合,会意为“捡取”,音 shí。拾字的这个读音和含义,小学生都知道,因为“拾金不昧”这句成语是家喻户晓的。由“捡拾”引申为收捡、整理,如“拾掇”、“收拾”。

但是,“拾级而上”这句熟语中的“拾”,却不读 shí,而应读 shè;含义也不是捡拾、收捡、整理,而是形容轻步。“拾级而上”的意思是“轻步登阶而上”。这个“拾”读错的人不少。

契

(篆)

契是会意字,从㓞从大。㓞,用刀在木上刻符记事。㓞大合体,会意为“重要文书”。古时的盟约就称作“契”。现代的合同、证券也称作“契”,如“契约”、“契据”。契约一式两份,引申为相合,如“契合”、“默契”。情意相投的朋友,称为“契友”。

契,音 qì,这是大家都知道的。但是,契字还有两个读音,知道的人就不多了。

中国历史上有个传说人物,叫做“契”,曾协助大禹治水,被禹帝任命为司徒,并被封于商。大禹治完水,舜将帝位禅(shàn)让给他。但是,大禹后来破坏了“禅让”制度，而将王位传给了儿子，建立了夏朝，开创了“父传子”的王位世袭制。契的后代起来造反，推翻了夏朝，建立了商朝。这个“契”，不读 qì，而应读 xiè。许多人把“契”xiè 错读作 qì。

古代汉语里有个词叫“契阔”，《诗经》、《后汉书》、《魏书》里都用了这个词。曹操的名诗《短歌行》，有“契阔谈宴，心念旧恩”的诗句。“契阔”的“契”，既不读 qì，也不读 xiè，而是读 qiè。“契阔”这个词是个多义词，有时表“劳苦”义，有时表“聚散”义。杜甫诗《自京赴奉先县咏怀五百句》有“白首甘契阔”句，“契阔”即辛苦。曹操诗里的“契阔”，表示的是“聚散”义。“契阔谈宴，心念旧恩”的意思是：老友久别重逢，自然欢宴畅谈，大家都怀念过去的交情。

在古汉语里，契还常作“锲”的通假字，如《吕氏春秋·察今》：“其剑自舟中坠于水，遽契其舟。”著名的成语“刻舟求剑”即出于此。这个“契”，是“锲”的通假字，音、义均与“锲”同，但跟“契”的本义无关。

咽

（篆）

在毛泽东的词《忆秦娥·娄山关》中，有“喇叭声咽”句，句中的“咽”字，常有人误读作 yān。

咽，形声兼会意字，从口从因，因亦声。本义为“喉咙”。“因”，可作“由”解，“由”即通达，所以咽从口从因。喉咙又称咽喉。咽喉的位置，上通口腔，下通气管、食道，是呼吸、饮食、言语的通道。

咽，有三个读音：

咽喉的“咽”读 yān。

咽用作动词表示吞食，如“细嚼慢咽”、“狼吞虎咽”。这个“咽”，不读 yān，而读 yàn。

咽喉常用作形容要隘，如“咽喉要道”，因此，咽又有“堵塞”的意思。“哽咽”、“呜咽”、“悲咽”，都是悲伤过度哭不出声的意思。上例《忆秦娥·娄山关》词中的“喇叭声咽”，表现的是一种凄清情味。这个“咽”，既不读 yān，也不读 yàn，而读 yè。

胖

(篆)

胖字读什么音？大家会不假思索地回答：pàng！对不对呢？只对了三分之一。因为胖字有三个读音：① pàng，② pàn，③ pán。

胖是会意兼形声字，从肉从半，半亦声，本音 pàn，本义为“牲畜半体肉”(《说文解字》)。后世学者还有另外的解释，有的说是“夹肌肉”(现代叫做里脊)，有的说是“肉片”。这些解释都同古代的祭祀有关。最早祭祀活动用半边牛羊，这半边肉就称作“胖”。可能后来祭祀改用“夹肌肉”，改用“肉片”，还称作“胖”。这说明，胖字的本义跟“肥胖”不相干。胖字这个古音古义，现代汉语已经不用了。

古代汉语里的“胖”，还有一个读音：pán，含义是“舒适”。有句成语叫“心广体胖”，出自《礼记·大学》，意思是心胸开阔舒适。这句成语里的“心”和“体”，指的是心胸；“广”，指的是宽阔；“胖”，指的是舒适。心胸宽阔，烦恼就少，所以安泰舒适。现代有些人不了解这句成语的真正含义，错误地理解为“心里宽广，身体就胖”，所以把本应读 pán 的“胖”读成 pàng。

唐代以前，形容脂肪多叫“肥”。《论语·雍也》：“赤之适齐也，乘肥马，衣轻裘。”《汉书·陈平传》：“人或谓平：‘贫何食而肥若是？’”唐代张志和的《渔歌子》：“西塞山前白鹭飞，桃花流水鳜鱼肥。”马肥，人肥，鱼肥，都用“肥”而不用“胖”。《汉语大字典》里把胖作肥讲，引用书证最早的是元代马致远的曲《要孩儿·借马》。这说明把“胖”读作 pàng 并作“肥”讲，可能是元代前后的事。

现代的胖子，你说他“胖”，他可以接受；但如果说“你真肥呀”，他就会生气。所以，用“肥”来形容人是不礼貌的。

便

(篆)

便，会意字，由人和更两个字组合而成，音 biàn。人不顺适希望改变

（更），人更合体，表示“顺适”的意思。方便、便利，都是“顺适”的意思。由“方便”引申为随意，如“随便”、“便走”（随意行走）、“便服”（区别于礼服）。由“随便”又引申为非正式、简单，如“便饭”、“便条”、“便衣”（军警为执行特殊任务而不穿军警制服）。人们称排泄屎尿为“方便”，于是就有了“大便”、“小便”、“便所”、“便池”等词。

便还有三个异读音：一读 pián，一读 biàn，一读 biān。如“便宜”一词，“便宜”是个多音多义词：表示“价格低”（便宜）、“不应得的利益”（占便宜），读 pián；而表示“经过特许可以根据实际情况办事”的“便宜行事”，这个“便”读 biàn。便字叠用，形容肥胖，如“大腹便便”，“便便”读 pián pián。另一个读音 biān，只用于古地名，今湖南省永兴县在汉代称作“便”（biān）。

埋

（甲）（篆）

埋，甲骨文是会意字，将牛埋于地下。小篆是形声字，从草貍声。有人会问：貍，不是貍猫、海貍吗？不错。貍，现在简化作狸，音 lí。但是，在古汉语里，貍又读 mái，通“埋”。《说文解字》里只有“貍”字，没有“埋”字，说明“埋”是后造字。可能是“貍”一形二字容易混淆，又造了一个“薶”。隶变时，薶变形为埋。

埋字有两个读音：一个读 mái；一个读 mán。表示“盖住”、“隐藏”、“低”义，如“埋藏”、“埋伏”、“埋名”、“埋设”、“埋头”等，均读 mái，只有“埋怨”一词是个例外，“埋怨”的“埋”不读 mái，而应读 mán。“埋怨”这个词是宋代才出现的，可能是北方人在说“埋怨”时，“埋”字的发音受“怨”字的影响，换了一个鼻韵母，读成“mán 怨”。普通话是以北方方言为基础的，所以现代汉语词典也规定以“mán 怨”作为“埋怨”的标准读音。

莘

（篆）

莘，形声字，从草辛声，音 xīn。莘是一种多年生草本植物，叫做“细莘”，花紫黑色，可作药用。

莘字可叠用，莘莘，形容众多，常用的词如“莘莘学子”。但，莘莘，不读 xīn xīn，而读 shēn shēn。

山东省有个莘县，上海有个莘庄，同是地名，读音却不同。莘县的莘读 shēn，莘庄的莘读 xīn。莘还是姓氏，读 Shēn。

殷

（金） （篆）

殷，会意字，由反身和殳（shū）组合而成，音 yīn。身，小篆写作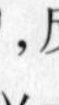，反写成，表示身体旋转。殳，古代一种竹制兵器。持殳旋转，象征舞兴大作。引申为“盛大”。古文中有“殷祭”一词，殷祭就是举行盛大的祭祀活动。由“盛大”引申为富足（殷实）、深厚（殷殷，殷切），又由“深厚”引申为深深的（殷忧）。

殷，还是商朝的另一个国名，商朝中后期迁都于殷（今河南安阳市西北小屯村），改国号为殷。殷是灭夏后建立的王朝，《诗·大雅·荡》里有诗云：“殷鉴不远，在夏后之世。”意思是：殷人的子孙应该以夏的灭亡为鉴，不要重蹈夏的覆辙。殷的末代君主纣（Zhòu），没有吸取夏亡的教训，终于被周推翻。后世遂将“殷鉴”用来泛指可以作为后人鉴戒的前人失败之事。

殷字还有两个异读音：一读 yān，含义为黑红色，如“殷红的血迹”、“殷红的鸡冠子”。有句现代歌词“殷红的热血”，歌词作者显然不明了“殷红”的含义。殷红，黑红色，一般形容已经凝固的血，不能用来形容鲜血。再说，“热血”一词是比喻为正义而献身的热情，更不能用“殷红”来形容。另一读 yǐn，在书面语言中充当象声词，形容远处的雷声，如“雷声殷殷”。殷字的这两个异读音，人们不太注意，因而常常读错音，将 yān hóng 错读作 yīn hóng，将 yǐn yǐn 错读作 yīn yīn。

隽

（篆）

隽，本作雋（《广韵》认为“隽”是“雋”的俗字），会意字，从隹从弓，音 juàn。古代字书认为：雋字由隹弓组合，寓意以弓射隹（鸟），被射之鸟必肥，所以“雋”的本义为“鸟肥”。鸟肥则味美，故“雋”又有“美味”的含义。宋人周去非《岭外代答·象》：“人杀一象，众饱其肉，惟鼻肉最美，烂而纳糟邱片腐之，食物之一雋也。”这句话中的“雋”，含义就是“美味”。但古今文章用“隽”形容食物美味的不多，而用得多的是形容言论、诗文“意味深长”。例如，黄庭坚《奉和王世弼寄上七兄先生用其韵》：“吟哦口垂涎，嚼味有余隽。”又如，清人吴衡照《莲子居词话》：“所录名篇隽句，生香活色，绝少俗韵。”古代文人将“隽”的“美”和“永”的“长”组合成“隽永”一词，用来形容优美的诗文意味深长、耐人寻味。“隽永”这个词，现在仍常见于文论和书评中，但不少人将它错读作 jùn yǒng。

隽字有个异读音：jùn。读此音时，通“俊”，义为“才智出众”、“才德过人”。《汉书·礼乐志》：“至武帝即位，进用英隽，议立明堂，制礼服，以兴太平。”清·袁于令《西楼记·病晤》：“久慕隽才，兼得妙楷，今幸一晤，如渴遇浆。”“英隽”，才智出众；“隽才”，才德过人。表此义的词有：隽良，隽拔，隽誉等。这些词里的“隽”均可换作“俊”。

在科举时代，人们还用“隽”比喻考中。例如，欧阳修《送徐生之渑池》：“名高场屋已得隽，也有龙门今复登。”鲁迅在《阿 Q 正传》里也用了“隽”字的此义：“赵太爷因此也骤然大阔，远过于他儿子初隽秀才的时候。”“得隽”、“初隽”的“隽”读 jùn。

渐

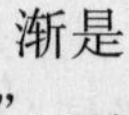（篆） 漸（繁）

渐是个多音多义字，它本音 jiàn，原是水名。古代有两条河都名“渐”：一条是渐江，今名浙江；一条是渐水，今沅水上游，后改名澹水。渐

字不做水名则另有别义：

① 逐步（逐渐）。

② 次序（渐次）。

③ 慢慢地（渐变）。

④ 副词，表示程度或数量的逐步增减（渐渐）。作为副词，在古汉语里还表示时间，相当于“正当”、“随即”、“不久”。宋代柳永的《迎新春》：“渐天如水，素月当午。”渐，正当。他的《八声甘州》：“渐霜风凄紧，关河冷落，残照当楼。”渐，随即。

⑤ 在古汉语里，渐字还当“疏导”、“征兆”讲。《史记·越王勾践世家》：“太史公曰：‘禹之功大矣，渐九川，定九州，至于今诸夏艾（yì）。’”渐九川，疏导九川。东汉王充《论衡》：“雨颇留，湛之兆也，旸（yáng，晴天）颇久，旱之渐也。”旱之渐，旱的征兆。

渐字还有三个异读音，含义也各不相同：

① jiān。含义是：流入，沾湿，淹没，滋润，习染。《书·禹贡》里说的“东渐于海”，渐即流入。《诗·卫风·氓》里说的“淇水汤汤，渐车帷裳”，渐即沾湿。《淮南子·人间》里说的“水决九江而渐荆州”，渐即淹没。《墨子·尚贤》里说的“雨露之所渐”，渐即滋润。《史记·货殖列传》里说的“俗之渐民”，渐即习染。现代汉语仍然使用渐的“流入”、“习染”义，如“东渐于海”、“欧风东渐”，前句中的“东渐”即向东流入，后句中的“东渐”即习染、影响东方。这两个“东渐”的“渐”，都应读 jiān，而不能读 jiàn。还有，击筑送别荆轲去刺秦王的高渐离，应读“高 jiān 离”。

② qián，通潜。

③ chán，通巉（山势高险的样子）。

古音②③现代已不使用，①仍使用。

容易读错的就是：该读 jiān 时而读作 jiàn。

宿

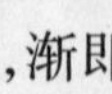（甲） 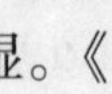（金） 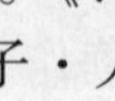（篆）

宿字的甲骨文和金文是会意字，表示“人卧在室内席上”。小篆是形声字，从宀佰声，佰是“夙”的古字，含义与甲骨文、金文相同，都是“夜间

Contemporary Publication

休息”的意思。“夜宿”、“露宿”、“住宿”的“宿”都是本义。夜间休息的地方叫做“宿舍”。宿,音 sù。

宿字还有“旧有的”、“一向的”、“年老的”、“久经其事”等引申义。例如:“宿仇”(旧有的仇恨),“宿敌”(一向对抗的敌人),“宿诺”(多年以前的诺言),“宿愿”(一向怀有的愿望),“宿根”(多年生草本植物的根),“宿将”(久经沙场的老将),“宿疾”(拖延多年难以治愈的病)等。

宿字还有两个异读音:

① xiǔ。用作量词,表示一夜,如“住了一宿”。

② xiù。天文学名词。我国古代天文学家把天上某些恒星的集合体叫做“宿”,如“牛宿”、“斗宿”、“心宿”。古代天文学上总共有 28 个恒星的集合体,统称“二十八宿”。

这两个异读音,尤其是 xiù 这个异读音,知道的人不多,所以读错的人也多。

骑

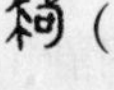(金) (篆) 騎(繁)

骑,形声字,从马奇声,音 qí,本义为“跨马”(《说文解字》)。由跨马引申为泛指“跨坐”,如“骑虎难下”。在古汉语里,骑字作动词,读 qí;但作名词、量词不读此音,而读 jì。例如骑的马(坐骑)、骑兵(铁骑、轻骑)、车马(千乘万骑)、马的量词“一骑”(一匹)等词中作名词或量词用的“骑”,均读 jì。由“骑兵”引申为侍从。如《韩非子·说林下》“公孙弘断发而为越王骑”,“为越王骑”不是做越王的坐骑,而是做越王的侍从。这个“骑”也读 jì。现代汉语废弃了这个异读音,统读 qí(见《普通话异读词审音表》)。但阅读古文时,仍要注意“骑”字的词性,凡是用作名词、量词的,一律读 jì。《战国策·赵策二》:“赵地方三千里,带甲数十万,车千乘,骑万匹。”句中的“骑”,指战马。《史记·项羽本纪》:“沛公旦日从百余骑来见项王。”句中的“骑”,指骑兵。白居易《卖炭翁》:“翩翩两骑来是谁,黄衣使者白衫儿。”诗句中的“两骑”,指二人二马。上引三句中的“骑”都是名词,故均应读 jì。坐骑,铁骑,轻骑,这些词在现代汉语里仍然使用,但读音不必按古汉语读音,统一读为 qí。

靓

（甲） 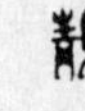（篆）

不知从什么时候开始，“靓”字忽然时髦了起来，“靓女”、“靓仔”、“靓丽的风景线”等，经常出现在媒体上。

退回十年八载，或许认得“靓”字的人很少。因为，它是个古老的字，甲骨文里就有这个字。靓，形声字，从见青声，音 jìng，本义为“召”（《说文解字》）。后来，“靓”被“请”替代了，人们又赋予它新的含义为“妆饰”。明代《正字通》释义说：“靓，饰也。粉白黛黑谓之靓妆。”《后汉书·南匈奴传》曾用“靓”来形容王昭君的妆饰：“昭君丰容靓饰，光明汉宫。”由“妆饰”引申为娴静。元代贡师泰《拟古二首》：“意态闲且靓，气若兰蕙芳。”闲通娴，“闲且靓”，即娴雅文静。

广东方言将“靓”读作 liàng，并且赋予“漂亮”的含义。改革开放后，方言竟迅速流传全国，原本是古代书面语言的词，反倒成了现代口头语言中的时髦词。

但是，读古文时，不要忘了：靓，音 jìng，含义为“妆饰”或“娴静”。

期

（金） （篆）

期，是形声字，从月（金文从日）其声，音 qī，本义为“约会”。曹丕《秋胡行》：“朝与佳人期，日夕殊不来。”“朝与佳人期”，就是与佳人约定早晨相会。

由“约会”引申为预定的时日，如“定期”、“过期”、“假期”。“不期而遇”，即事先没有约会而偶然相遇。由此又引申为限定的时间，如“以×个月为期”。由“限定的时间”引申为限度，如苏轼《渔父四首》中的“酒无多少醉为期”，就是不管喝了多少酒以醉为限度。由“预定的时间”还引申为预料，如“预期”。又引申为要求，如“期望”、“期待”、“期许”。作为量词，用于分期（有定期地分为多次）的事物，如“上学期，下学期”、“黄埔×期”、刊物“×期”等。

期字的上述读音与含义，一般不会错读错用。容易错读的是表示周年、整月的“期年”、“期月”，这个“期”不读 qī，而应读 jī。

提

（篆）

提是形声字，从手是声，音 tí，义为“悬持”，即把东西悬空拿着，如“提篮”、“提灯”、“提心吊胆”等。从本义引申出升高（提高）、取出（提取）、谈到（重提）、搀扶（提携）、指点（提醒）、往前移（提前）等义。

“提”的读音，除 tí 外，还有三个：① dī，② dǐ，③ shí。②③两个读音见于古汉语，现代汉语已经不用了。① dī 的读音现代仍用，如“提防”（dī · fang）、“提溜”（dī · liu），错读作 tí · fang、tí · liu 的很多。

落

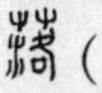（篆）

落是形声字，从草洛声，音 luò，本义为“草木凋零”。草木凋零的表现是“草衰叶落”。落的其他义项都是由“衰”和“落”引申出来的。由“落”引申出下降（降落）、使下降（落旗）、摔下来（落马）、掉在后面（落伍、落选）。由“衰”引申出衰败、飘零、不热闹，如“衰落”、“破落”、“零落”、“冷落”等。

落字还有三个异读音，常被读错。落字在不同词语里读音不同：“落落大方”、“落落寡合”的“落落”读 luòluò；“大大落落”的“落落”读 luōluō；“落下了”、“落在后面”的“落”读 là；“落不是”、“落价”、“落汗”、“不落忍”的“落”读 lào。

鹄

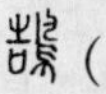（篆）

鹄字，笔者在少年时代就认得，知道它就是天鹅。还是蒙学的时候，老师就给我们讲了与鹄有关的两个故事。一个是陈胜立志的故事。陈胜

是秦末农民起义的领袖，有人嘲笑他不务正业，他叹息说："嗟乎！燕雀安知鸿鹄之志哉！"（《史记·陈涉世家》）另一个是孟子告诫人们学习要专心致志的故事，他将学习围棋的两个人作比较，其中一人十分专心，而另一人："一心以为有鸿鹄将至，思援弓缴而射之，虽与之俱学，弗若之矣。"（《孟子·告子上》）这两个故事我一直牢记在心。但是，不知是老师念错了还是我听错了，我一直将"鸿鹄"错读作 hóng gǔ，后来一次翻字典，偶然发现应该念作 hóng hú。

鹄是形声字，以"告"为声符，但既不读 gào，也不读 gǔ，而读 hú。鹄即天鹅，因为天鹅飞得高飞得远，所以人们常用以比喻志向远大。天鹅站立时，总是高昂着头，所以人们又用"鹄立"比喻高瞻远瞩，用"鹄望"比喻盼望等待。

话又得说回来，将"鸿鹄"、"鹄立"、"鹄望"的"鹄"读作 gǔ 是错误的；但"中鹄"、"鹄的"的"鹄"确实读 gǔ，如果读成 hú 也是错误的。gǔ 是鹄的异读音，只限"箭靶"这个含义。"中鹄"即射中箭靶，"鹄的"即靶心。

遗

（金） （篆） 遗（繁）

毛泽东的《念奴娇·昆仑》词曰："安得倚天抽宝剑，把汝裁成三截？一截遗欧，一截赠美，一截还东国。太平世界，环球同此凉热。"词中的"遗欧"的"遗"，不少人错读作 yí。这个"遗"作"赠与"解，应该读作 wèi。

遗，形声字，从辵（辶）贵声，音 yí，本义为"亡"（《说文解字》），即"丢失"。"路不拾遗"的"遗"即本义。由"丢失"引申为漏掉（拾遗补阙）、留下（不遗余力，遗训）、忘记（遗忘）、落（遗落）、剩余（遗毒）等义。

"赠与"是"留下"的引申义，但读音变作 wèi。所以，"一截遗欧"应读作"一截 wèi 欧"。

"遗赠"一词该读 yí zèng 还是该读 wèi zèng？这要作具体分析。古汉语中的"遗赠"，遗与赠同义，同义反复组成双音词。这个"遗"是"赠与"的意思，应该读 wèi。现代汉语中的"遗赠"是偏正词，意思是"（死后）留赠"。这个"遗"的含义是"留下"，应该读 yí。

综上所述，遗是个多音字，表“丢失”、“留下”义时读 yí，表“赠与”义时读 wèi。

属

（篆）　屬（繁）

属，是形声兼会意字，本音 zhǔ，本义为“连接”。这只需析形，便可明白。

属，小篆与繁体都是由尾和蜀两个字组合而成的。尾字好理解，有尾必有首，首尾连接才是完整的物体。蜀，甲骨文写作，大头屈体，是象形字，表示一种昆虫。这种虫，以葵叶为食，又称“葵蜀”。葵蜀行走，先屈后伸，一屈一伸，也有连续之义。所以，尾蜀合体，会意为“连接”。属字的本义，古汉语里常用。例如，《徐霞客游记 · 粤西游日记四》：“中有土岗南北横属。”“横属”即“横向连接”。又如，苏轼《再论积欠六事四事劄子（zhá · zi）》：“累岁灾伤，流殍（piǎo，饿死的人）相属。”“相属”即“一个挨着一个”。由“连接”引申出跟随。《史记 · 项羽本纪》：“项王渡淮，骑能属者百余人耳。”“属者”即“跟随的人”。又引申为专注、注目、嘱咐等义。如“属目”（注目）、“属意”（专注）、“属望”（期望）。范仲淹《岳阳楼记》：“属予作文以记之。”“属予”即“嘱咐我”。

瞩、嘱都是后造字，在没有造出瞩、嘱二字时，属同时承担瞩、嘱的词义。所以，古代属同瞩、嘱。在现代汉语书面语言中，还经常用“属”表连接义和表瞩、嘱义。如表示连接义的“前后相属”，表示注目义的“众人属目”。书法家为人题字时常写的上款“某某先生属”的“属”，即表嘱义。

属（zhǔ）的“跟随”义，引申出从属、隶属、亲属、种属、属性等义。如“属员”、“归属”、“金属”、“猫属动物”、“稻属植物”等等。这个“属”，不读 zhǔ，而读 shǔ。

综上可知：凡是表“连接”、“跟随”义的“属”字，或可以换作“瞩”、“嘱”的“属”字，读 zhǔ；凡是表“从属”、“亲属”、“种属”等由“跟随”引申出来的词义的“属”，读 shǔ。

禁

（篆）

禁是形声字，从示林声。《说文解字》："禁，吉凶之忌也。"即为趋吉避凶而言行有所戒止。"禁止"、"禁忌"是禁字的本义。

引申义只有一项，即忍受、承受。如"禁不起"、"弱不禁风"、"禁受考验"、"不禁"等。禁字的本义和引申义读音不同。本义读 jìn，引申义读 jīn，引申义的 jīn 常被误读作 jìn。

解

（金） （篆）

解，音 jiě，会意字。由角刀牛三字组合而成。用角刀分割牛，会意为"剖"，"解剖"就是本义。解剖就是将肢体分开，因而有了分开、分散等引申义，如"瓦解"、"解散"。由"分开"又引申为分析、除去、取消等义，如"解析"、"解除"、"解约"。"解析"的目的是使人明白，"不解"就是不明白。解除束缚的结果，是人身自由、思想开放、推翻压迫，这些就是"解放"一词的含义。

解是个多音多义字，除上述读音和含义外，还有：

① jiè。押送财物或犯人称作"解送"，古时解送犯人的人叫"解差"。中国银行的汇款单上有一栏：介付行。这个"介付行"应作"解付行"，即代为付款给收款人的银行。为什么叫"解付行"？这与"解送"有关。这笔款子将会通过一定的方式送到代付银行，套用"解送"这个词，所以叫"解付行"。"解"常被人们错写作"介"，"介付"的错误可能正是由此造成的。

② xiè。本指武术的架势，叫"解数"。后泛指手段、本事，常说的"使出浑身解数"，即此义。解还是姓氏，也读 Xiè。

Contemporary Publication

塞

（甲） （金） （篆）

塞是会意字。甲骨文是从宀从工工从廾，表示把许多东西塞进屋子里。金文将宀换作穴，表示把许多东西塞进洞穴里。小篆又将金文的穴改为宀，但在下面加个“土”字，表示塞完东西再用土封住。所以，塞字的本义是“把东西放进有空隙的地方”，直接引申义是“堵”，如“塞车”、“瓶塞”等。表示本义及其直接引申义，读 sāi。

塞，还引申为可做屏障的险要地方，读 sài，如“塞外”、“要塞”、“边塞”等。

在书面语言里，同样表“堵塞”义的“闭塞”、“闭目塞听”的“塞”，和表示“不负责任敷衍了事”的“敷衍塞责”的“塞”，既不读 sāi，也不读 sài，而应读 sè。

数

（篆）　數（繁）

数是会意字，由娄、攴二字组合而成。娄，本义为“中空”，在这里表示“专心”（无杂念）；攴，本义“轻击”；娄、攴合体，表示“一边用手指轻敲，一边专心数数”。可见，“数”是动词，本义是“计算”，引申为查点、列举。数，音 shǔ，如“数得着”、“数一数二”、“数说”等。

数字还有四个异音异义：

① shù。用作名词，如“数目”、“数词”、“数位”、“数值”、“数字”等。“数数”，第一个“数”是动词，读 shǔ，第二个“数”是名词，读 shù。

② shuò。作“屡次”讲，如“频数”、“数见不鲜”。

③ cù。当“细密”讲，只见于古文，如《孟子·梁惠王上》中的“数罟（gǔ）不入洿（wū）池”的“数罟（cù gǔ）”，就是“细密的鱼网”。

④ sù。《红楼梦》中“手里捏着数珠儿”的“数（sù）珠儿”即念佛珠串。

③④两音两义，现代汉语已经不用了，但《孟子》和《红楼梦》都是古

代的经典著作，掌握这两音两义还是必要的。

裨

（金） （篆）

裨，会意兼形声字，从衣从卑，卑亦声。卑，有“较次”义，衣卑合体，意思是做衣服布料不足另找一块布料增补，造字含义是“增益”。“裨益”、“无裨于事”中的“裨”都是本义。裨字还有别义：辅佐的，副手，如“偏裨”、“裨将”。裨字的两个含义，读音不相同：表“增益”义时读 bì；表“辅佐的”、“副手”义时读 pí。

辟

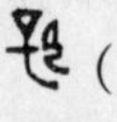（甲） （金） （篆）

（金） （篆） 闢（繁）

辟是一形二字，它是辟字，又是闢的简化字，一个字形充当两个音义不同的字。

辟，音 bì。它的甲骨文和金文都是会意字，小篆由金文演化而成，形体变样了。甲骨文左边是曲刀的象形，右边是跪着的人的形象。曲刀是古代的一种刑具，是用来给罪犯额上刺字的，作为合体字的偏旁，它成了“罪”的指代符号，“罪”与“人”组合成字，表示“法”的含义。法是统治阶级意志的体现，因此，“辟”又是“统治”、“统治者”的代名词。古代常称皇帝或国君为“辟”，称帝王召见并授与官职为“辟举”，称众官吏为“群辟”，称恢复被推翻了的王朝为“复辟”。“复辟”这个词现代汉语仍然使用。由“统治”引申为治理，又由“治理”引申为排除，现代汉语里的“辟邪”，就是避免或驱除邪祟的意思。又引申为退避，如“辟易数里”（退避数里）。“辟谷”是方士道家修炼的方法，即不吃五谷。这个“辟”是“避免”的引申义“不要”。

辟有个异读音：pì，含义是法律，法。古代法律将死刑称作“大辟”。

闢，音 pì。它的金文是会意字，双手推门，会意为“开”。小篆改作形声字，从门辟声，但含义未变。在古文中，闢、辟通用，1964 年中国文字改革委员会发布《简化字总表》，废除了闢，以辟代闢，辟从此成了闢的简化字。

作为闢的简化字的“辟”（pì）与原来的“辟”（bì）是两个不同的字。辟（闢），本义为“开”。“开辟”即本义。由“开辟”引申为深入透彻，如“精辟”（见解深刻透彻）、“鞭辟入里”（透彻地说明问题，击中要害）。又引申为批驳，如“辟谣”（说明真相，驳斥谣言）。

在书面语言中，“辟”字由于形体相同，不存在错用的问题；常见的错误是错读，即 bì、pì 不分。

魄

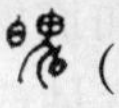（篆）

魄是形声字，从鬼白声，音 pò，本指依附于人的身体而存在的精神，即迷信人说的“魂魄”。后引申为人的精神、气质、神色，如“气魄”、“体魄”、“魄力”。

魄字还有两个异读音：① bó，是象声词。唐代诗人陆龟蒙《春思二首》之一：“竹外麦烟愁漠漠，短翅啼禽飞魄魄。”“魄魄”读作 bó bó。② tuò。“落魄”是大家熟悉的词，人们用“丧魂落魄”形容非常恐惧的样子，用“家贫落魄”形容贫困失意，用“落魄江湖”形容放浪不羁。但是，很少有人知道，这三个含义不同的“落魄”，读音并不相同。“丧魂落魄”的“魄”读 pò，“家贫落魄”和“落魄江湖”的“魄”读 tuò。后两个“落魄”也可以写作“落拓”或“落托”。

谲

（篆）

谲是形声字，从言矞声。矞字有三个读音：① yù，义为“象征祥瑞的彩云”；② xù，义为“惊飞”，这是古义；③ jué，义为“欺诈”。在现代汉语里，谲读 jué。

橘、鹬、谲三个字，都以“矞”为声符，但读音不同：橘，读 jú；鹬，读

yù;谲,读 jué。这三个字里头,橘是常用字,所以,人们往往见到矞旁的字就读 jú。

关于谲字的含义,《新华字典》只释一义:欺诈。显然是不完全的。因为在书面语言中常见的“奇谲”、“怪谲”就不是“欺诈”的意思,而是“奇特、怪异”的意思。《红楼梦》第五回:“惟嫡孙宝玉一人,禀性乖张,性情怪谲。”“性情怪谲”就是性情怪异。如果理解为“性情欺诈”,那就冤枉了贾宝玉。《现代汉语词典》比《新华字典》多释一义:“奇特,怪异。”但也不完全。在现代汉语书面语言里,有“风云诡谲”这个短语,其中的“诡谲”,既不是“欺诈”,也不是“奇特,怪异”,而是“变化”。“风云诡谲”比喻政治或经济形势变幻莫测。所以,“谲”字还有第三义项:变化。

在古汉语里,“谲”还有一义:隐约其辞而不直言。用通俗的语言来表示,就是“拐弯抹角地说,委婉地陈述”。《诗·大序》:“主文而谲谏,言之者无罪,闻之者足以戒。”经过毛泽东的倡导,“言者无罪,闻者足戒”成了批评与自我批评的一条原则。恐怕很少有人知道,古人在讲“言者无罪,闻者足戒”时有个前提:谲谏。用现代语言来说,就是批评要讲方式,使对方能够接受。

磅

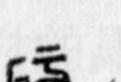(篆)

现代人都知道,磅音 bàng,是重量单位,1 磅 =453.59 克。以磅为单位的秤叫做磅秤,用磅秤称重量叫做过磅。这个“磅”是英制重量单位 pound 的音译。

其实,磅是个很古老的汉字,远在战国时代,文学家宋玉就在他的《笛赋》里用了这个字:“其处磅唐千仞,绝谿凌阜,隆崛万丈,磐石双起。”“磅唐”是形容词,形容周围广大。这个“磅”,不读 bàng,而读 páng。在古汉语里,磅还用作象声词,象石声、水声、鼓声、雷声。现代汉语仍旧沿用的“磅礴”一词,原意是“充满”、“扩展”。《庄子·逍遥游》:“之人也,之德也,将磅薄万物以为一。”这个“磅薄”用的就是“充满”义,全句的意思是:神人之德是包容万物而为一体的。后世多用“磅礴”形容广大无边。文天祥《正气歌》:“是气所磅礴,凛烈万古存。”诗中的“磅礴”就是形容正气广大无边,万古长存。

“磅礴”的正确读音是:páng bó。不少人读作 bàng bó,是错误的。

澄

小篆无此字,说明它是汉以后造的字。

澄是形声字,从水登声,音 chéng,本义为“水静而清明”,如“澄澈”(清澈透明)、“澄碧”(清澈明净)。引申为使清明,如“澄清”(使水清明)。又引申为比喻弄清事实,如“澄清事实”。又引申为比喻使政治清明。郭沫若诗作《怀念董老》:“创党开天澄广宇,新民建国启先河。”“澄广宇”意思就是:推翻反动统治,建立民主政治。由“水静”引申为心静。西晋文学家陆机在《文赋》中说:“罄澄心以凝思。”罄(qìng),本义是“器中空”,这里作“彻底”讲,“罄澄心”就是进入心境清静状态,没有丝毫杂念。陆机在这句话里告诉我们:写文章要聚精会神地思考。

澄字还有异读音 dèng。用过滤的方法得到豆沙,叫做“澄沙”。用沉淀的方法使液体变清,叫做“澄清”。

“澄清”一词,有两种含义,含义不同,读音也不同:表示使水清明,或比喻弄清事实,使政治清明,读“chéng 清”;表示使杂质沉淀而致水清,读“dèng 清”。

燕

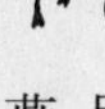(甲) 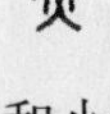(篆)

燕,甲骨文和小篆都是象形字,本义为“玄鸟”(《说文解字注》),即燕子。

关于燕字的部首归类,许多字典、词典把它归入“火”(灬)部,其实它跟“火”毫不相干。燕是个象形字,象燕子之形。《说文解字》这样形容燕子的形态:“籋口,布翄,枝尾。”段玉裁注曰:“籋口,故以廿象之;布翄,故以北象之;枝尾,故以火象之。”就是说,在燕字里,廿、北、火都是象形符号:廿象燕衔泥之形,两侧的丬、匕象翅之形,下面的火象剪尾之形。

燕,有两个读音:yàn,yān。

古代燕国,建都蓟(在今北京市西南),是西周召公奭(shì)后裔的封地。到战国时,燕成了北方强国,疆域扩展到今河北北部和辽河流域,与秦、韩、魏、赵、齐、楚并称七雄。东晋时,鲜卑族慕容氏在今河北、山东、辽宁一带先后建立了四个燕国,史称前燕、后燕、西燕、南燕。其时,汉人冯跋乘后燕内乱,据昌黎自主,国名也叫燕,史称北燕。所以,历史上称河北为古燕地。作为古代国名的“燕”读 Yān 不读 Yàn。

毛泽东词《浪淘沙·北戴河》有“大雨落幽燕”句,句中的“幽燕”指北戴河。幽,即古幽州;燕,即古燕国。北戴河地处河北北部,为古燕国和古幽州的地域。所以,这个“燕”是地名,亦应读 Yān,读 Yàn 是错误的。

缴

(篆)

缴,音 jiǎo,含义为“交纳”、“被迫交出”,这是大家都知道的。

其实,缴的形符是丝,说明它与丝有关系,本义是用生丝做成的细绳,本音 zhuó。古时射鸟用的箭,在箭尾系根丝绳,这根丝绳就叫做“缴”(zhuó)。《孟子·告子上》中有一名句:“一心以为有鸿鹄将至,思援弓缴而射之。”这里的“缴”用的就是本义,“弓缴”即系有丝绳的箭,所以应读作“弓 zhuó”,读成“弓 jiǎo”就错了。

“交纳”当是缴的假借义。

藏

(金) 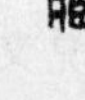(篆)

藏是形声字,从草臧声,音 cáng,本义为“隐匿”,即“躲藏”。引申为不外露,如“藏锋”(不露锋芒)、“藏富”(不露富有)。由“隐藏”引申为保存,如“收藏”、“储藏”、“珍藏”、“藏书”等等。

储藏的“藏”,读 cáng,而储藏大量东西的地方,如“宝藏”、“府藏”、“库藏”的“藏”,却不读 cáng,而要读 zàng。大量经书的总汇,等于“储藏大量经书的地方”,所以也称作“藏”,如佛经总汇《大藏经》,这个“藏”也读 zàng。佛教经典有经、律、论,统称“三藏”,精通经、律、论的高僧被称作“三藏法师”,唐代高僧玄奘是历史上最著名的“三藏法师”,所以史称“唐三藏”。“三藏”的“藏”，也读 zàng。此外，“藏族”、“西藏”的“藏”，也读 zàng。

在文章里碰到藏字，先要弄清楚它的词义，如果是“躲藏”、“收藏”这类意思，就读 cáng；如果是与“储藏的地方”有关的词义，就应读 zàng。掌握了这个规律，一般就不会读错音。

蹊

（篆）

蹊是形声兼会意字，由足奚二字组合而成，奚还是声符。足，表示路途；奚是古代奴隶的名称，此处取其“小”（奴隶主视奴隶为小人）义；足奚合体，会意为“小路”，音 xī。用得多的词是“蹊径”，本义小路。成语“独辟蹊径”，比喻不重复别人的独创精神。

还有个常用词：蹊跷。它有两个含义：一是表示“奇怪”，如“这事有些蹊跷”；一是表示“另有使人惊疑的原因”，如“内中必有蹊跷”。“蹊跷”的“蹊”，不读 xī，而读 qī。“蹊跷”也可说成“跷蹊”，读 qiāo · qi，含义不变。

颤

（金）　（篆）

颤是形声字，从页亶声。页是头的本字，所以颤字与头有关系，本义为“头摇不定”。引申为短促而频繁的振动和发抖。表“短促而频繁的振动”义的词，读 chàn，如“颤动”、“颤抖”、“颤音”、“颤悠”等；表“发抖”义的词，读 zhàn，如“颤栗”、“打颤”。“颤栗”与“战栗”同音同义。

露

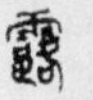（篆）

露是形声字，从雨路声，音 lù。因为是常用字，小学生都认识它。但露字还有个异读音 lòu，恐怕人们不大注意。

露从雨，与古代人对它的认识有关。《诗经》郑笺注："露者，天所以润万物。"晚出的《玉篇》对这句话加以进一步发挥，说："露，天之津液下所润万物也。"其实，露并不是从天而降的津液，而是接近地面的空气温度降到接近0℃时，使所含水汽达到饱和后形成的水珠。

露附着地表的小草上，于是就有"在室外"、"无遮盖"的含义，如"露天"、"露宿"等。又由此引申为显现，如"露头"、"露骨"、"暴露"、"揭露"、"披露"、"吐露"等。

由暴露引申出泄漏（如露底、露风、露马脚、露馅儿）、公开出现（露面）、显出（露相、露拙、露富）、显示本领（露一手）、种子出苗（露苗）、言谈中显出无知（露怯）等义项。这些义项的"露"，不读lù，而应读lòu。由于人们不大注意异读音，读错的人不在少数。

附 1

容易读错的姓氏

姓　氏	正确读音	错误读音
仇	Qiú	chóu
员	Yún	yuán
朴	Piáo	pǔ
郤	Xì	què
郄	Qiè	xì
贲	Bēn	pēn
查	Zhā	chá
郝	Hǎo	hè
郦	Lì	lí
种	Chóng	zhǒng
昝	Zǎn	jiù
郴	Chēn	bīn
晁	Cháo	zhào
龚	Gōng	gǒng
谌	Chén	shèn
盖	Gě	gài
铫	Yáo	táo
笪	Dá	dān

续表

姓　　氏	正确读音	错误读音
尉迟	Yù Chí	wèi chí
祭	Zhài	jì
葛	Gě	gé
解	Xiè	jiě
睢	Suī	jū
蔚	Yù	wèi
翟	Zhái	zhuó
缪	Miào	miù
臧	Zāng	zàng
燕	Yān	yàn
瞿	Qú	jù

附 2

容易读错的古今国名地名

名　　称	正确读音	错误读音
天台山(浙江)	tāi	tái
丽水(浙江)	Lí	lì
吐谷浑(古代少数民族)	yù	gǔ
并(太原市简称)	Bīng	bìng
牟平县(山东)	Mù	móu
龟兹(古代西域国名)	Qiū Cí	guī zī
柏林(德国)	Bó	bǎi
济南市(山东)	Jǐ	jì
虎跑泉(杭州西湖)	páo	pǎo
闽侯县(福建)	hóu	hóu
掖县(山东)	Yè	yē
蚌埠	Bèng	bàng
浚县(河南)	Xùn	jùn
铅山县(江西)	Yán	qiān
尉迟(新疆)	Yù	wèi
尉犁(新疆)	Yù	wèi
鸭绿江	lù	lǜ
厦门(福建)	Xià	shà

续表

名　　称	正确读音	错误读音
绿林山（湖北）	Lù	lǜ
番禺（广东）	Pān	fān
筠连县（四川）	Jūn	yún
歙县（安徽）	Shè	xī
燕京（北京为古燕京）	Yān	yàn
瀑河（河北）	Bào	pù
蔚县（河北）	Yù	wèi
泌阳县（河南）	Bì	mì
荥阳县（河南）	Xíng	yíng
荥经县（四川）	Yíng	xíng

2

第二章

形声字误读

汉字里面形声字占90%以上。形声字有声符，有不少字只要认识声符就可以准确地读出音来。例如，萤、茔、莹、萦、营、蓥六个字的声符都是“艹”。艹，繁体写作“熒”，是“熒”（荧的繁体）的省笔，音 yíng，所以六个字都读 yíng。但是，这个“规律”只对 1/4 左右的形声字起作用，大约 3/4 的形声字的读音跟声符的读音不完全相同，所以“长字认一截，扁字认一边”往往会造成错读。例如，同是“艹”字头的茕、荦、荣，都不读 yīng；茕读 qióng，荦读 luò，荣读 róng。

为什么多数形声字不能根据声符来读音呢？这是因为：第一，汉字的古今读音不完全相同；第二，有些形声字的声符，只表近似音；第三，有些形声字是多音字；第四，有些形声字的声符是省笔，如不知原字就难以准确读音。

可见，识读形声字，也要“审形，明义，知音”。

本章所列例字，都是容易读错的形声字，我们将从形、声、义的结合上逐一解说。

忡

（篆）

忡，形声字，从心中声，但既不读“中”，也不读“仲”或“肿”，而读 chōng。忡字的含义是“忧貌”（《说文解字》），即“忧愁的样子”。《现代汉语词典》释义为“忧虑不安”。在古文里有单独使用的例子，如《诗·邶（Bèi，古国名）风·击鼓》：“不我以归，忧心有忡。”现代汉语不单独使用，而以叠用形容忧愁的样子，如“忧心忡忡”。

枢

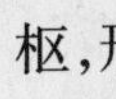（篆）　樞（繁）

枢，形声兼会意字，从木从区，区亦声。但不读 qū，而是读 shū。区，繁体写作區，会意字，从匸从品。匸，音 xī，义为“挟藏”；品，众多物品；匸品合体，将物品藏起来，会意为藏匿。区字的本义未见使用，但作为合体字的偏旁，多表“藏匿”之义。例如：呕，从口内吐出；沤，将物浸入水中；

抠,生闷气。“区”在“柩”字中也表“藏匿”义。枢,本义为“户枢”,即承门轴的门臼。门臼是藏门轴的。由门臼引申为中心环节或关键部分,如“中枢”、“枢纽”。

怙

(篆)

成语“怙恶不悛”的“怙”,常被人们错读作 gǔ。

怙,形声字,从心古声,但不读 gǔ,而是读 hù,本义为“依靠”、“仗恃”。《左传·宣公十五年》中说的“怙其俊才”,即依靠出众的才智。柳宗元《封建论》中说的“怙势作威”,即仗恃权势作威作福。在家里,最可依靠者莫过于父母,所以古文里常把“怙”作为父母的代名词。白居易《寄乌江十五兄文》:“孩失其怙,幼丧所亲,旁无弟兄,藐然一身。”“失其怙”即失去父母。有些古文以“怙”代父,以“恃”代母,称父死为“失怙”,母死为“失恃”。

“怙恶不悛”中的“怙”,用“仗恃”的引申义“坚持”,“怙恶”义为“坚持作恶”。

栉

(篆) 櫛(繁)

“鳞次栉比”和“栉风沐雨”是两个常用的成语。“鳞次栉比”形容建筑物密集。“栉风沐雨”形容奔波劳碌。两句成语中都有“栉”字,不少人对它的含义不很清楚,更多的人将它误读作“节”。

栉是櫛的简化字,原本是由“木”和“節”组成的会意字。木字无需解释,節是竹字头,本义为竹根的节,在栉字里表“坚硬”义。“栉”就是用坚硬的木材制成的梳子。古代的梳子有两种:一种梳齿比较疏,叫做“梳”;一种梳齿比较密,叫做“比”(后来改称“篦”),梳和比统称为“栉”。栉,不读“节”,而应读 zhì。

栉就是“梳子”。“栉比”比喻建筑物像梳齿一样排列。“栉风”的“栉”是动词,直译是“风梳头”,“栉风沐雨”比喻不避风雨。

荦

荦（篆） 犖（繁）

𫇦字头的字，大多读 yíng，如荧、营、萤、莹、茔、萦、蓥，因此，不少人以为"荦"字也是"𫇦"字头，将它误读作 yíng。

荦，形声字，表义的形符是牛，所以字典、词典将荦字归入"牛"部，表示它跟牛有关系，本义为"驳牛"，即毛色不纯的牛。荦字的声符不是荧，而是"劳"（省力），应该读 luò。人们不知底里，因而误读作 yíng。杂色牛，毛色差别明显，因而引申出"明显"这个含义。常用的词语"荦荦大端"，含义就是"明显"，意思是"明显的要点或主要的项目"。古代汉语里还由"明显"引申为光明磊落，如韩愈《代张籍与李浙东书》："惟阁下心事荦荦，与俗辈不同。"称赞李的为人光明磊落。

挟

挟（篆） 挾（繁）

挟是常用字，"挟持"、"挟制"、"挟嫌"等词经常出现在人们的口头或书面语言中。

形声字，从手夹声，但不读 jiá，而是读 xié。人们习惯"扁字认一边"，加上"挟持"有"夹着"的意思，常将它错读作 jiá。

有两句很有名的成语："挟太山以超北海"，"挟天子以令诸侯"。常听有人将这两句成语错读成"夹太山以超北海"，"夹天子以令诸侯"。由于读错了音，致使两句成语让人不知所云。"挟太山以超北海"中的"挟"，义为"挟持"，挟持泰山跨越北海，比喻做根本做不到的事情。"挟天子以令诸侯"中的"挟"，义为"挟制"，意思是"把皇帝控制起来，而用皇帝的名义发号施令"，比喻假借某种名义迫使人们听从。

挟字原本还有一个读音：jiā。读这个音时，挟与"夹"同义，汉字简化时，将这个"挟"字废除了。所以，现在挟字只有一读音 xié。但是，古汉语里表"夹取"义的"挟"，仍然读 jiā。例如，《庄子·骈拇》中的"挟策读书"，"挟"义为"持"；"挟策"即拿着简策，这个"挟"仍读 jiā。

轴

軸（篆）　軸（繁）

轴是形声字，从车由声，音 zhóu，本义为“车轴”，即支撑车轮转动的木制或金属圆杆。其他机械中作旋转运动的轮子也是围绕轴的。由此引申为中心、枢纽等义。

文艺演出有个常用词，叫做“压轴戏”。不少人将“压轴”读作 yā zhóu，并且以为“压轴戏”即最后一个节目。这都是错误的。“压轴”的“轴”不读 zhóu，而应读 zhòu。“压轴戏”是整个演出的“轴心”，是令人注目的节目，但不是最后一个节目，而是倒数第二个节目。最后一个节目叫做“压台戏”。

殄

殄（篆）

殄，形声字，从歹㐱声。以㐱为声符的字，大多读的原音 zhěn，如诊、轸、畛、疹，或近似音 zhēn，如珍、胗。但是，殄字的读音特别，既不读 zhěn，也不读 zhēn，而是读 tiǎn。表义的形符是歹，表示与死亡有关，含义为“灭绝”，如“暴殄天物”（任意糟蹋东西）。

俟

俟（篆）

俟，形声字，从人矣声，但不读“矣”，而是读 sì。

据《说文解字》，俟的本义是“大”，有《诗经》“伾伾（pī pī，有力气的样子）俟俟（sì sì，大）”为证。但是，俟的本义早就不用了，而用假借义：等待。《老残游记》：“俟索子查明，本府回明了抚台，仍旧还你。”“俟索子查明”即等待办案的人查明。

俟与万组成复姓“万俟”，读作 Mòqí。南宋有个奸臣叫做万俟卨（Mòqí xiè），帮助秦桧害死岳飞。

皈

皈，同归，当“返回”讲。宋代诗人杨万里《晚皈再渡西桥》：“皈近西桥东复东，蓼花近路舞西风。”诗题及诗句中的“皈”，都是“返回”的意思。

佛教、道教取“皈”字的“反白”义（白有光明圣洁之义，反白即迷途知返，归附佛门或道家），创造了“皈依”一词，表示心身向往，终生归附。

皈，音 guī，读作 fǎn 或 pàn 都是错误的。

炽

（篆）　熾（繁）

炽是熾的简化字，形声字，从火戠声，音 chì。

以“戠”（简化为“只”）为声符的字很多，如织、职、轵、帜、枳、识等，织读 zhī，职读 zhí，轵、枳读 zhǐ，帜、识（表“记”、“记号”义）读 zhì，声调虽然不同，但声母、韵母都相同，因此，人们就“举一反三”，把“炽”读作 zhí 或 zhì。这都是错误的。

炽字从火，义为“旺盛”、“热烈”，在书面语言中写错、用错的很少，但在口头语言中读错的不少。

浃

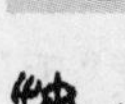（篆）　浹（繁）

浃，形声字，从水夹声，音 jiā。夹字有三个读音：① jiā，② jiá，③ gā。人们习惯读②音 jiá，所以将“浃”错读作 jiá。

在现代汉语里，浃字只有一义：透，遍及。最著名的例子是成语“汗流浃背”。这句成语古人多用于形容极度惶恐或非常惭愧（见中编第六章“成语同音字错用”“汗流夹（浃）背”条）。现代的人们用它形容浑身大汗，跟成语原本的含义相距甚远。

在古汉语里，浃字还有“通达”、“融洽”的含义。《荀子·解蔽》：“其所以贯理焉，虽亿万已不足以浃万物之变，与愚者若一。”句子中的“浃”即“通达”。《徐霞客游记·滇游日记十三》：“又东一里，入野愚静室，是为大静室，浃谈半晌。”“浃谈”即谈得很融洽。

莞

（篆）

莞，形声字，本是草名，音 guān，一种莎草科多年生草本植物，因为茎可制席，故俗称“席子草”。在古文里常作席的代名词，如《诗·小雅·斯干》：“下莞上簟（diàn，竹席），乃安斯寝。”莞即蒲席。

广东有个地名叫做东莞，这个莞读 guǎn。

莞，还有个异读音：wǎn。用于“莞尔”一词，形容会心地微笑。如“莞尔一笑”、“相视莞尔”。要注意“会心地微笑”这个限制词，不是任何笑容都可以用“莞尔”来形容的，比如不能说“他莞尔地笑了”或“他莞尔大笑起来”。

耄　耋

（篆）　（甲）（篆）

耄和耋，都是形声字。表义的形符都是“老”，都与年老有关，都指八九十岁的高龄老人，所以两字常连用，如“耄耋之年”。由于“耄耋”的声符是“毛至”，所以不少人误读作 máo zhì。

耄，小篆从老蒿声，隶变改蒿为毛；但耄既不读“蒿”，也不读“毛”，而是读 mào。耋，甲骨文和小篆都是从老至声；但不读“至”，而是读 dié。

桔

（篆）

桔，形声字，从木吉声，但不读“吉”，而是读 jié，很多人把“桔”当作“橘”的简化字，所以橘子上市时，满街是“桔子×元一斤”的标价牌。其实，橘字并未简化作“桔”。

桔，又叫桔梗，一种多年生草本植物，根可入药。

古代利用杠杆作用制造的汲水工具，在井旁树上或木架上挂一杠杆，

Contemporary Publication

一端吊水桶，一端坠石块，一起一落，汲水省力。这种汲水工具叫做桔槔(jié gāo)，简称“桔”。因为“桔”能吊水，所以古文里把“桔”当“吊”用。

悛

（篆）

悛，也是形声字，从心俊（省亻）声，但不读“俊”，而是读 quān。本义为“停止”，引申为改正、悔改。

“怙恶不悛”的意思是：坚持作恶，死不悔改。

悛字叠用，是“恂”的通假字，含义是“诚实”、“恭顺”。不读 quān quān，而读 xún xún。

倥　偬

（篆）　（篆）

“倥偬”一词，在古汉语里有两个含义：一是“事务繁多，急迫匆忙”；一是“穷困”。现代汉语只用它的第一义，多用于形容“军务繁忙紧迫”，如“贺龙元帅一生戎马倥偬”。也可用于形容人事繁杂忙碌，如“人事倥偬”。

“倥偬”是书面语，口头语很少这样说，所以不少人会用不会读，往往用“扁字认一边”的方法，读作“空匆”。这是错误的，正确的读音是：kǒng zǒng。

倥在“倥侗”这个词里，可以按它的偏旁读音。“倥侗”读作 kōng tóng，意思是“像小孩子一样天真无知”。

笄

（篆）　笄（繁）

笄，形声字，从竹幵声。声符幵音 jiān，但笄字不读 jiān，而读它的近似音：jī。幵字极为少用，许多人不认识，往往同“并”混淆，因而将笄误读作“并”。

笄是古代固定发髻用的簪(zān)子。古时女子年满十五岁就算成年,必须把头发绾起来,戴上簪子。因此,女子成年称作"及笄"。

浣

(篆)

浣,形声字,从水完声,但不读"完",而是读 huàn。常听有人错读作 wǎn,可能是受到"皖"字的影响。

浣,从水,表明与水有关,本义为"洗"。浣衣即洗衣,浣纱即洗纱。浣衣、浣纱是古代书面语言。

烨　　晔

(篆)　燁(繁)　　(篆)　曄(繁)

烨、晔二字,音同义也同,都音 yè,本义都是"光"。叠用作"烨烨"、"晔晔",意思也一样,都是"光盛"。"光盛",即光辉灿烂、光彩夺目的意思。古文里,常用"烨"或"晔"来形容光泽、光辉、明美。例如,《卖柑者言》:"杭有卖果者,善藏柑……出之烨然,玉质而金色。""烨然"就是形容柑的表皮光泽。《两地赋》:"兰茝发色,晔晔猗猗。""晔晔猗猗"就是形容兰茝(香草)美茂的样子。

《辞海》未收"晔"字,把它作为"烨"的异体字。《辞源》则相反,未收"烨"字,把它作为"晔"的异体字。

其实,烨、晔是音同义同而形异的两个字。国家语言文字工作委员会发布的《简化字总表》,烨、晔也是两个字。

晔,会意字,从日从華(华)。华,作"草木茂盛"解。晔,取华的"盛"义,会意"光盛"。

烨,形声兼会意字,从火从曄,曄亦声。曄是晔的繁体字,在这里,它既是声符,又是意符,所以烨、晔二字同音同义。

在现代汉语里,这两个字用得很少,常被误读为 huá。这是因为不懂得"晔"是会意字,偏旁"华"是义符而不是声符;更不懂得"烨"是形声字,声符是"晔",而不是"华"。

赧

（篆）

赧不是常用字，但国家语言文字工作委员会、中华人民共和国新闻出版署发布的《现代汉语通用字表》（共收字 7000 个）中有它，说明它在现代汉语里面还有生命力。因为“赧”的偏旁之一是“赤”，且含义与“红”有关，所以许多人将它误读作“赤”。赧字的正确读音是 nǎn。

赧是会意字，从小篆可以看出，它由“赤”与“𠬝”组合而成。赤即红色，𠬝（音 niǎn）即柔皮；赤𠬝合体，会意“皮红”。赧的本义是“因羞愧而脸红”，后泛指脸红。李白《秋浦歌十七首》之十四：“赧郎明月夜，歌曲动寒川。”这个“赧郎”就是脸色红润的年轻人。但是，在多数情况下，赧字仍表“因羞愧而脸红”这个本义。例如：常用的“赧然一笑”，就是形容难为情的样子；“赧颜汗下”，就是形容因害羞而脸红的样子。

酝　　　酿

（篆）　　醞　釀（繁）

常常听到人们说：“这事先 wēn rǎng 一下。”这句话中的 wēn rǎng，说的就是“酝酿”二字，但读错了音。酝，音 yùn；酿，音 niàng。“酝酿”的正确读音是 yùn niàng，读作 wēn rǎng 是错误的。

这两个字的错读，是想当然造成的。

酝，繁体写作醞，声符“昷”与温、瘟的声符相同；酿，繁体写作釀，声符“襄”与嚷、壤、攘的声符相同；温、瘟、嚷、壤、攘都是常用字，人们想当然地以为，凡以昷为声符的字都读 wēn，凡以襄为声符的字都读 rǎng，因此将酝酿（yùn niàng）错读作 wēn rǎng。

酝和酿，都是形声字，形符都是“酉”（即酒，参见本章酵字条），本义都是“制酒”。酝酿就是造酒发酵的过程，通常称作“酿酒”或“酿造”。后来，“酝酿”被用作比喻做准备工作。例如，选举之前先协商产生候选人，制定计划之前先作调查研究，讨论问题之前先作发言准备，协商、调查研究或准备发言的过程，就称作“酝酿”。

笞

（篆）

笞，形声字，声符是“台”，因而容易错读作“台”。笞字的正确读音是 chī，本系古代的五刑之一（古代五刑：笞、杖、徒、流、死），即“用鞭、杖或竹板打”。后泛指“鞭打”。现代常用词有“鞭笞”。

涸

（金） 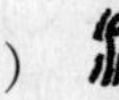（篆）

涸是会意字，由水和固二字组合而成，意思是“水失去了”。河水干涸了，口头语言用“干枯”来形容，加之枯、固音近，所以人们往往把“干涸”读作 gān kū，这是错误的。涸，音 hé，“干涸”应读作 gān hé。

“干涸”是常用词，多用于书面语言，跟口头语言“干枯”同义，即河水或井水枯竭了。

有句成语“涸辙之鲋（fù 鲫鱼）”，出自《庄子·外物》：“庄周家贫，故往贷粟于监河侯。监河侯曰：‘诺。我将得邑金，将贷子三百金，可乎？’庄周忿然作色曰：‘周昨来，有中道而呼者。周顾视车辙中，有鲋鱼焉。周问之曰：‘鲋鱼来！子何为者邪？’对曰：‘我，东海之波臣也。君岂有斗升之水而活我哉？’周曰：‘诺。我且南游吴越之土，激西江之水而迎子，可乎？’鲋鱼忿然作色曰：‘吾失我常与，我无所处。吾得斗升之水然活耳，君乃言此，曾不如早索我于枯鱼之肆。’”这段文字虽然是古文，但不难懂。庄周急于借粮（贷粟）充饥，监河侯却说等我拿到一笔税款就借给你三百金。庄周十分气愤，就以困在车辙里的鲫鱼为例，批评监河侯，本来只需“斗升之水”就可以救活他，却许诺去吴越之地引“西江之水”来迎接他，这不是见死不救吗！宋人有感说：“涸鳞怅望一杯水，安用西江浩渺之波澜。”后人用“涸辙之鲋”比喻处在困境中急待救助的人。“涸辙”一词单用，比喻穷困的处境。

阋

（篆）　鬩（繁）

“兄弟阋于墙，外御其务。”这是《诗·小雅·常棣》上的名句，意思是：兄弟之间虽然在家里争吵不休，但一旦有事还能一致对外。后世多用“兄弟阋于墙”来比喻内部不和。阋字含义明确，用错的人不多，但读错的人不少，人们看到“门里有个兒”，自然联想到倪、鲵、霓，于是跟着这些字音将“阋”误读作 ní。

阋是会意字，本来写作鬩，由鬥（斗）和兒组合而成，斗即争吵，兒是儿的繁体字，本义为“小儿”，斗兒合体，会意为“争吵不休”。“阋于墙”即在家里争吵不休。

兒，正音 ér，有一个异读音 ní，义为“弱小”。兒在阋字里只充当表义的角色而不表音，所以不能读 ní。阋字的正确读音是 xì。

阈

（篆）　閾（繁）

阈，形声兼会意字，本义“门槛（kǎn）”。它原本是个文言词。《左传》里有句名言：“床笫（zǐ）之言不逾阈。”意思是：小夫妻在卧室里说的悄悄话，是不能传出房门的。《左传·僖公二十二年》还说：“妇人送迎不出门，见兄弟不逾阈。”意思是：妇女送客迎客不出大门，会见兄弟不能跨过门槛。这是古代妇女的行为准则。

由于“阈”起着把门里门外隔开的作用，便引申出界限、范围等义，现代科学家把它用作科学术语，如“视阈”、“听阈”、“痛阈”、“分辨阈”、“理解阈”等，表示范围或界限的概念，于是变成了现代词。

这个字过去很少用，人们对它陌生，难以准确地读音。

或，是阈的声符，但是不能读“或”，而要读 yù。为什么不读“或”呢？这还得解析一下“或”字。

或，甲骨文写作，金文写作，小篆写作，都是会意字。甲骨文右边是“戈”，戈是兵器；左边是口，口表示区域；持戈守卫区域，会意为

"邦"。金文在"口"下加"人"字的变形(),小篆将"人"讹变作"一",意思都是人持戈守卫区域。因此,有的文字学家认为它是"国"(繁体写作國)的本字,有的文字学家认为它是"域"的本字。两说都有道理,因为在古汉语里,邦、国、域差不多是一个概念。成语"多难兴邦",这个"邦"就是国。唐代文人骆宾王《为徐敬业讨武曌(zhào,武则天创造的会意字)檄》中说:"请看今日之域中,竟是谁家之天下。"句子里的"域中"就是"国内"。这样一来,或字本身就存在两个读音:guó,yù。"或"在"阈"中,既表域音又表域义,所以,阈读 yù。这应该是比较合理的解释。

斐

(篆)

斐,形声字,从文非声,但不读"非",而应读 fěi。

斐字的本义是"五色相错",多用以形容文章的文采,即文辞华美。常用的"斐然"一词,就是"有文采的样子"。成语"斐然成章",意思是文辞华美而能成章法。

"五色相错",有色彩鲜明的意思,因而引申为显著。形容某人工作成绩显著,也用"斐然"来表达,如"成绩斐然"、"斐然可观"。

斐字可以叠用。"斐斐"也是形容词,形容有文采的样子,也可用以形容轻淡的样子。古诗有"斐斐气幂(mì,覆盖)岫(xiù,山)"的名句,用"斐斐"来形容轻淡的气雾。

太平洋上有个岛国,英文名称是 Fiji,中文音译为"斐济"。

斐还是个古老的姓氏,春秋时代就有这个姓氏,可能斐姓人稀少,《百家姓》没有列出。作为姓氏,"斐"读音为 Fěi。

喟

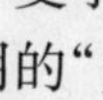(篆)

喟,形声字,从口胃声,但不读"胃",而是读 kuì。

喟字的含义是"叹气",常用的词有"喟叹"、"感喟"、"喟然"等。"喟叹"、"感喟",都是"因感慨而叹气";"喟然"是形容"叹气声"的。

晷

（篆）

晷,形声字,从日咎声。咎音 jiù,晷以咎为声符,但不读“咎”而是读 guǐ。

晷,是古代测日影以定时刻的仪器,通称“日晷”。这种仪器是一石制或铜制圆盘,盘上有二十四时的刻度,圆心有一垂直金属长针,太阳东起西落,长针的投影随之换变角度、长度,古代天文家根据日影的角度、长度来测定时刻。因为“日晷”是根据日影测时的,所以“晷”又是日光、日影、光阴(时间)的代名词。在古文里,晷字有的指“日光”,有的指“日影”,有的指“光阴”(时间),有的指“日晷”,要根据它的语境作出判断。例如,韩愈《进学解》:“焚膏油以继晷。”这个“晷”指白天,“焚膏油”即点灯,天黑了点灯继续学习,“焚膏油以继晷”即“夜以继日”。又如,晋代文人潘尼《赠陆机出为吴王郎中令》:“寸晷惟宝,岂无玙璠(yú fán,美玉)。”这个“晷”指光阴(时间),“寸晷惟宝”即“每寸光阴都是宝”。

啻

（篆）

啻,这个字不少人读作“帝”,显然是上了“长字认一截”的当。

啻,形声字,从口帝声,但不读“帝”,而是读 chì。啻是文言副词,作“但、止、只、仅”讲,与“不”、“何”组成“不啻”、“何啻”等词,现代汉语书面语言仍然使用。“不啻”即“不只”或“不仅”,“何啻”用反问的语气表示“不止”。例如:“今日之浦东与昔日之浦东,不啻天壤之别。”“今日之浦东与昔日之浦东,何啻天壤之别。”前句用肯定的口气,后句用反问口气,意思相同。

愎

（篆）

愎,形声字,从心复声,但不读“复”,而读 bì。本义为“固执”。古文中的“愎谏”一词,愎谏即固执己见,拒绝他人意见。成语“刚愎自用”,意思是“固执任性,自以为是”。

缄

(金) (篆)

文人写信,习惯在信封右下角写上两个字:某(姓氏)缄。人们对某事保持沉默,在书面语言中常用“缄口”、“缄默”来形容。可见,缄是个常用字。但是,许多人会用不会读,往往错读作 xián,上了“扁字认一边”的当。

缄是个形声字,声符是“咸”,但不读“咸”,而是读 jiān。从丝,说明与丝有关系,它是束缚筴笥(cè sì)的绳子。筴笥是古代读书人装书的竹制箱子。筴与策通用,是古代书写材料,即竹简,在这里是书的代名词;笥,古代盛衣物的方形竹器,样子像现代的小箱子;筴笥合起来就是竹制书箱。竹箱装满了书,盖上箱盖后,还须用绳子缚好,才能挑起外出。

缄的这种作用,被引申为封、闭,在信封右下写上“某缄”,表示该信件是写信人亲自封的口,说明写信人对这封信的重视,含有一种敬意。由书信封口引申为闭口不言。“缄口”、“缄默”就是闭口不言。

酵

酵,形声字,从酉孝声。因为声符是孝,人们习惯“扁字认一边”,将它读作 xiào。酵,音 jiào,读 xiào 是错误的。

《说文解字》里没有“酵”字,酵字在古代字书里最早见于《玉篇》,《玉篇》成书于南朝梁、陈之间(约公元550年前后),据此推断,当是三国以后造的字。

酵字的形符是酉。酉,甲骨文写作,是酒坛的象形,即古酒字。以“酉”为形符的字,大多与酒有关系。酵,《玉篇》释义为“酒母”,酒母现在叫做“酵母”,也叫“酵母菌”,是真菌的一种,酿酒、制酱、发面等都利用它引起化学变化。利用酵母菌引起化学变化,叫做“发酵”。

Contemporary Publication

蓓

蓓（篆）

蓓，形声字，从草倍声，音 bèi，义为“蓓蕾”，即含苞待放的花骨朵儿。在古汉语里，“蓓蕾”常省作“蓓”。例如，宋代诗人黄庭坚的《戏咏腊梅》：“金蓓锁春寒，恼人香未展。”“金蓓”即金色的蓓蕾。

蓓字倒是应当“扁字认一边”读“倍”（bèi），不知为什么，许多人硬要把它误读作“陪”（péi）。

蜃

蜃（篆）

蜃是形声字，从虫辰声，但不读“辰”，而是读 shèn，人们往往“长字认一截”，误读作 chén。

蜃，本指大蛤蜊。古人缺乏科学知识，认为大蛤蜊是雉变的。《国语 · 鲁语九》：“雀入于海为蛤，雉入于淮为蜃。”又说蜃是蛟的一种，“状亦似蛇而大，有角如龙状”（《本草纲目 · 鳞部 · 蛟龙》），呼出来的气形成“海市蜃楼”。其实，海市蜃楼是大气中由于光线的折射作用而形成的一种自然现象。当空气各层的密度有较大的差异时，远处的光线通过密度不同的空气层就发生折射或全反射，于是在空中出现远处物体的影像。作为成语，“海市蜃楼”比喻虚幻的事物。

嗔

嗔（篆）

嗔，形声字，声符是“真”，但不读“真”，而是读 chēn。嗔的含义有二：① 生气。茅盾《蚀 · 幻灭》：“静觉得那小眼珠发出的闪闪的光，似喜又似嗔，很捉摸不定。”“似喜又似嗔”即“好像是高兴又好像是生气”。② 责怪。《红楼梦》第三十二回：“恐怕你的林妹妹听见，又嗔我赞了宝姐姐了。”“嗔我”即“责怪我”。

在古汉语里,嗔字还有个异读音:tián,含义是“盛气”。常叠用“嗔嗔”(tián tián),表示“众多,盛大”,同“阗”。

跻

(金) (篆) 躋(繁)

跻,形声字。表义的形符是“足”,义为“登”、“上升”。在现代书面语言中,与“跻”有关的词用得最多的是“跻身”,如“跻身十强”、“跻身世界先进行列”。

跻字表音的声符是“齐”,但不读“齐”,也与以“齐”为声符的“挤”(jǐ)、济(jì)的读音不同,应该读 jī。不少人将它错读作 jǐ。

“跻身”的含义是“使自己上升到某个位置”。由于错读作 jǐ,不少人误以为跻、挤同义,因而将“跻身”误解作“挤进到某个位置”。

畸

(篆)

畸,形声字,从田奇声,但不是读 qí,而是读 jī。

畸,本指不方正不规则的田,所以从田。我国周代实行一种叫做“井田”的土地制度,以九百亩田为单位,划分为方方正正的九大块,形如“井”字,每块一百亩,四周的八家各分耕一大块,中央的一大块作为公田,由八家共同义务耕作。零星的小块田地,不方不正,不能按“井”字形划分,这类田就称作“畸”。因为“畸”是零星、孤立的田,就引申出“畸零”这个概念。“畸零”有两个含义:一是零头、余数;另一是孤单。明代学者宋濂说:“文人多畸孤。”“畸孤”就是孤单、孤独。

现代汉语里常用的“畸形”、“畸变”、“畸轻畸重”,都是由“不正”引申出来的,都是“不正常”的意思。

畸字常被错读作 qí,是“扁字认一边”造成的,必须改正过来,读 jī,不然,“畸形”就会变成“奇形”。

不过话又得说回来,在特定语境里,畸也读作 qí,这是畸字的异读音,含义作“特殊”讲。鲁迅《南腔北调集·捣鬼心传》:“然而造化的本领是有限的，他无论怎么怪，怎么畸，总有一个限制。”这个“畸”就应读作 qí，作“特殊”讲。

龃　龉

（篆）　（篆）

龃，形声字，从齿虘（cuó）声，本义为“齿不平正”，即牙齿长得凹凸歪斜。龉，形声字，从齿吾声，本义为“齿不相合”，即牙齿上下不亲合。

这两个字很少单独使用，而是组成“龃龉”一词。龃龉，本义牙齿上下不对应。有三个比喻义：① 双方意见抵触不合。白居易的《连理》：“谁能坐自苦，龃龉于其中。”“龃龉”，抵触不合。② 不相聚，别离。王安石《酬冲兄见别》：“两地尘沙今龃龉，二年风月共婆娑。”“龃龉”，别离。③ 道路不平坦。《徐霞客游记·滇游日记三》：“始甚峻，一里，转西渐宽，于是皆车道平拓，无龃龉之虑矣。”“龃龉”，路不平坦。现代汉语只用“双方意见抵触不合”这个比喻义。例如，茅盾的《蚀》：“我和她的龃龉，大半也由于我固执好胜，而她也不肯示弱。”双方坚持已见而互不相让，就会发生“龃龉”。

龃龉二字都是形声字，声符分别是“虘”、“吾”，但不读“虘吾”，而是读 jǔ yǔ。

觥

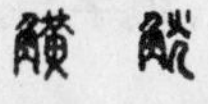（篆）

觥，本作觵，形声字，从角黄声。觥是觵的俗字，后来俗字变成正字，原来的正字反而不为人们知晓。但是，这个字既不读“黄”，也不是读“光”，而是读 gōng。

觥，从角，说明它与兽角有关。《说文解字》：“觵，兕（sì）牛角可以饮者也。”“兕牛”，雌性犀牛；“可以饮者”，可作饮具的。觥，就是上古时代用犀牛角制作的酒器。到了商代，发明了冶炼青铜，人们就用青铜制作酒器，形状如牛角，依旧叫做“觥”。西周中期以后，人们很少使用这种酒器，“觥”便成了各种酒器的统称。《徐霞客游记·滇游日记四》：“时天色复明，遂举大觥，登骑而去。”举大觥，就是大碗喝酒。成语“觥筹交错”中的“觥”，指酒杯；“筹”，指行酒令用的筹码;觥与筹交错,形容人们相聚饮酒的热烈场面。

觥不是常用字,只在书面语言中偶尔使用,所以不少人不知道它的正确读音,往往依照声符“光”的读音读作“光”或“晃”。其实,觥的读音与“光”相去甚远。

溘

(篆)

溘,会意兼形声字,由水和盍两字组成。小篆盍,从皿从大从一,“大一”像盖,皿上加盖,会意为“覆”。大雨滂沱,形成的内涝,来势很快,所以用水、盍合体表示“忽然、突然”。一个受人尊敬的人去世,人们感到突然,就用“溘然长逝”来形容,表示崇敬和怀念。

溘的声旁“盍”音 hé,所以人们往往以为“溘”也读 hé,结果上了“扁字认一边”的当。溘,不读 hé 而是读 kè。

缜

(篆)

缜,形声字,从丝,说明它与丝有关系,本义是“把麻分成丝”。也有的学者认为,缜字的本义是“将两根麻丝打结连成一根丝”。这两个具体义可以引申出一个共同的抽象义:细致。真字是声符,所以,缜字与真是同一个音节 zhen,只是声调有点差异,真读一声,缜读三声。

这就是说,缜字的标准读音是 zhěn。但是,常听到人们把“缜”读作 shèn,肯定是受到“慎”字的影响的缘故。慎是常用字,有“先入为主”的影响力;缜和慎都以“真”为声符,再加上“缜密”的“细致”义与“慎重”的“小心”义比较接近,这样就难免把两个字的读音混淆了。

踉　跄

(篆)　(篆)　蹌(繁)

踉、跄都是形声字。踉,从足良声,不读“良”,而是读 liàng;跄,从足

仓声，不读“仓”，而是读 qiàng。踉跄二字形符都是“足”，说明与走路有关系。踉，本义为“走路跌跌撞撞的样子”；跄，本义为“走动”。两个字组成“踉跄”一词，形容站立不稳。“踉跄”往往被错读成“良仓”。

在古汉语里，有“跳踉”、“跄跄”等词。“跳踉”的“踉”读 liáng，“跳踉”同“跳梁”，本义为“蹦蹦跳跳”，但多用作比喻上窜下跳、兴风作浪的小人。“跳梁小丑”在现代汉语里仍然使用。“跄跄”应读作 qiāng qiāng，含义有二：① 起舞的样子。晋·阮修《大鹏赞》：“跄跄大鹏，诞自北溟。”② 形容行路合乎礼节。《诗·大雅·公刘》：“跄跄济济，俾筵俾几。”汉·郑玄注云：“跄跄济济，士大夫之威仪也。”

锲

𨫩（篆）

“锲而不舍”是常用的成语，在广播、电视里频频出现，但多数人把“锲”错读作 qì，也是上“扁字认一边”的当。

锲，音 qiè。这个字本义是“镰”（割草的弯刀），后来改义为“雕刻”。“锲而不舍”出自《荀子·劝学》：“锲而舍之，朽木不折；锲而不舍，金石可镂。”意思是：刻几下就不刻了，即使是朽木也不能折断；如果坚持雕刻，即使是金石也能镂空。比喻学习要持之以恒，才能有所成就。

箧

𥱼（篆）　篋（繁）

箧，会意兼形声字，从竹从匚从夹，夹亦声。从竹，表示与竹有关；从匚，表示藏物；从夹，表示手持。竹匚夹合体，会意为“竹制小箱子”，如“书箧”。箧是藏物的箱子，因而引申为收藏，古代诗文中“诗箧”、“文章箧”、“珠玑箧”中的“箧”，含义就是“收藏”。箧，声符是“夹”，但不能“扁字认一边”读作“夹”，它的正确读音是 qiè。

箴

箴（篆）

箴，形声字，声符是“咸”，但不读“咸”，而是读 zhēn。如果“长字认一截”，也会读错字。

箴，从竹，说明与竹有关系，它是竹制的针。人类在石器时代，缝衣的工具是用竹或骨制作的，用竹制作的缝衣工具就叫做“箴”。后来，人类发明了冶炼金属的技术，就不再使用竹针（箴）了，而改用金属针具，箴字就让位给后造字鍼、针，所以现代人很少有人知道箴是针的本字。

箴不但可以缝衣，还可以治病，我们的祖先很早就发明“针刺治病”，不过那时治病的“针”是用石头磨制的，名叫“箴石”。这样，“箴”就有了新的功能和含义了。后来，“箴”的“治病”义被扩展了，引申为规劝、批评（治心里的病）。古代有些贤明的国王，广开言路，命百官指出他的缺点，称为“箴王阙”。古代有一种文体，是专门规劝、告诫读者的，言简意赅，发人深思。这种文体就叫做“箴言”。现代有人把“箴言”写作“珍言”，其实，“箴言”与“珍言”并不是同一概念，“珍言”没有规劝、告诫的含义。

熠

熠（篆）

熠，形声字，从火習声。现代汉语书面语言常叠用“熠熠”，形容闪光发亮，如“光彩熠熠”。

这个字常被写错和读错。写错，是因为“習”简化作“习”，人们误以为“熠”可以类推简化作“炆”。读错，是因为“熠”的声符是“習”，人们“扁字认一边”而将“熠”误读作 xí。

熠的偏旁“習”没有简化作“习”，“习”是不能做偏旁用的简化字。这是《简化字总表》第一表明文规定了的。

熠，读 yì，不读 xí，“熠熠”应读 yì yì，读作 xí xí 是错误的。

熠字除了形容闪光发亮外，在古汉语里还有两个引申义：① 光明。《文选·何晏〈景福殿〉》里有“熠爚（yì yuè）”这个词，是形容“光明”的。

②鲜明。《诗·豳风·东山》:“仓庚于飞,熠耀其羽。”仓庚,亦作仓鹒,黄莺的别名。“熠耀其羽”形容黄莺的羽毛光彩鲜明。“熠耀”在古文里还指代萤火虫。元稹《江边四十韵》:“断帘飞熠耀,多户网蟏蛸。”诗中的“熠耀”就是萤火虫;“蟏蛸”(xiāo shāo)是蜘蛛的一种。

瞠

(篆)

成语“瞠目结舌”,意思是瞪着眼睛说不出话来,形容受窘或惊呆的样子。这句成语含义明确,一般不会用错。但读错的人不在少数,经常听到有人将“瞠目结舌”错读作“táng 目结舌”

瞠是形声字,声符是“堂”,但不读“堂”,而读 chēng。以“堂”为声符,为什么读 chēng 呢?据专家考证,古代“堂”、“牚”二字通用,而“牚”音 chēng,瞠取“牚”音,所以读 chēng。

踽

(篆)

踽,形声字,从足禹声。《说文解字》:“踽,疏行貌。”即形容一个人走路孤零零的样子。常叠用,如“踽踽独行”。

踽字以禹为声符,但不读“禹”,而是读 jǔ,读“禹”是错误的。

踱

踱,《说文解字》里没有这个字,说明它是东汉以后造的字。关于“踱”字的含义,古今字书解释不一致。《广韵》释义为“跣足蹋地”,即赤着脚踏在地上。《玉篇》释义为“乍前乍却”,即进进退退。《辞海》和《现代汉语词典》都释义为“慢步行走”。这说明,踱字的含义是不断地演变的。

字义演变了,但读音却未变,古往今来都读 duó。踱是形声字,从足度声。度字有两个读音:一读 dù,一读 duó。踱以度的异读音 duó 为声符,读作 dù 是错误的。

蹒

蹒,《说文解字》里没有这个字,说明它是东汉以后造的字。

蹒是形声字,从足㒼声,古读 mán。宋代丁度等编纂的《集韵》释义为“越过”。古文里有“蹒山度水”,就是翻越山峦、渡过河流。

蹒字的古音古义后来都不用了,它与“跚”组成“蹒跚”,读作 pán shān。“蹒跚”这个词,是个多义词:① 跛行貌。意思是:脚腿不灵便,走路缓慢、摇摆的样子。② 行走缓慢貌。蒲松龄《聊斋志异·药僧》:“缩颈蹒跚而归,父母皆不能识。”③ 旋行貌,即旋转的样子,跟“蹁跹”同义。唐代有一篇《述书赋》写道:“婆娑蹒跚,绰约文质。”可不能用上面说的“腿脚不灵便,走路缓慢、摇摆的样子”来解释《述书赋》里的“蹒跚”,这个“蹒跚”含义是“旋转的样子”,不然怎么能用“婆娑”来形容呢?

鹬

(篆) 鷸(繁)

鹬,形声字,从鸟矞声。鹬是一种水鸟,脚长、嘴长,喜在浅水觅食鱼蚌。因成语“鹬蚌相争,渔翁得利”而闻名于世。

“鹬蚌相争,渔翁得利”出自《战国策·燕策二》。

战国时代有位政治家叫苏代,听到赵国准备发兵攻打燕国,就到赵国去见惠王,劝说他放弃攻燕,改与燕国联合,共同对付强大的秦国。苏代对赵惠王说:“我过易水时,看到河蚌刚张开蚌壳,鹬鸟就上去啄食蚌肉,河蚌立刻闭合蚌壳,把鹬鸟的长嘴钳住不放。鹬对蚌说:‘你放了我吧,不然,今天不下雨,明天还不下雨,你就得干渴而死。’蚌说:‘我今天钳住你,明天还钳住你,你也活不成。’两者相持,互不让步。这时,来了一个渔翁,连鹬带蚌都给逮走了。赵国攻打燕国,势必造成赵燕对立,强秦将会渔翁得利。”后人把苏代这番颇有哲理的话提炼成“鹬蚌相争,渔翁得利”,比喻双方相持不下,第三者就会钻空子,从而得到好处。

这句成语在我国几乎家喻户晓,但是,多数人将鹬错读成 jú。其实,这个字倒该“扁字认一边”。鹬的声符是矞,矞的正音为 yù,所以应该读 yù。以“矞”为声符的合体字,除“橘”、“谲”以外,都读 yù,如潏、燏、遹等。

现代出版学丛书

3

第三章

形似字混淆致误

现代的汉字(以楷书为正体)是由甲骨文—金文—小篆—隶书演变而成的。甲骨文、金文、小篆形体相似的字很少,隶变之后,越来越脱离象形,越来越笔画化。现代的楷书字体,只有八种笔画:横、竖、点、撇、捺、折、钩、提。《现代汉语通用字表》又将汉字基本笔画规范成五种:横、竖、撇、点、折。成千上万个字,都由这五种笔画构成,形似的概率就大了。这就是为什么许多汉字形似的原因。

古代文字学家编了一首《篆法皕(bì,即二百)韵歌诀》,一共两百句,其中有些句子说的就是汉字隶变形似多。歌诀说:

奉　奏　春　秦　泰

篆　来　首　不　侔

应　鹿　非　由　广

岳　兵　弗　尽　丘

去　吉　皆　非　土

牛　非　午　出　头

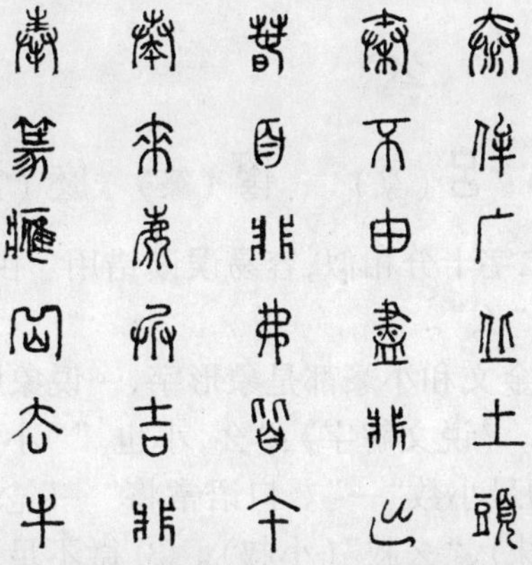

大家把歌诀的两种字体(篆书与楷书)对照一下就明白:篆书变成楷书后,字形变化很大,篆书"奉"、"奏"、"春"、"秦"、"泰"都不是"龹"字头,"应"和"鹿"都与"广"不相干,"岳"和"兵"也不是"丘"字头,"去"和"吉"都与"土"无关,"牛"字并非"午"字出头,这些字形体各异,很容易辨别。可是,隶变之后,尤其是变成楷书之后,形体相似的字多起来了。

形似字容易混淆致误,这条规律的发现者是孔子的学生子夏。有一次,他到晋国去,路过卫国时,听到有人读晋史,说"晋师三豕涉河"。子夏心里纳闷,晋国的军队(晋师)怎么会赶着三头猪(三豕)过河呢?他想了想说:"非也,是己亥也。夫己与三相近,豕与亥相似。"到了晋国一打听,果然是"晋师己亥涉河"。己亥,是甲子纪年,"己亥涉河"说的是晋国军队涉河的年代。这则故事记载在《吕氏春秋》里。宋人周必大在《二老堂诗话》里也记述了一则类似的故事:宣和二年(公元 1120 年),临溪人曾纮读传抄的陶渊明的诗《读山海经》,读到"形夭無(无)千歲(岁),猛志固常在”，觉得上下句文义不贯，怀疑“形夭無千歳”有误。他查阅《山海经》，看到上面有这样的记述：“刑天，兽名，口衔干（盾）戚（像斧的兵器）而舞。”曾纮顿然明白，原来传抄的诗，将“刑天”误作“形夭”，将“舞干戚”误作“無千歳”，五个字全都因为形似而误抄。可见形似字容易混淆致误是一条古老的规律。所以，对于形体近似的字要仔细辨形，找出它们的细微差别，才能正确识用。

本章列例，采取对比的方法，将两个或两个以上的形似又容易混淆致误的字摆在一起，逐一比较辨析。

幺　么

（金）（篆）　（篆）　麽（繁）

幺、么二字十分相似，容易误读错用。由于“么”是常用字，人们往往把“幺”写成“么”。

幺字的金文和小篆都是象形字，一说象胎儿蜷曲在母体之形，一说象初生儿之形。《说文解字》：“幺，小也。”“小”是幺字的本义。引申义有：① 数字中的最小数“一”。口语常将“一”念作“幺”。② 排行最小的，如“幺妹”（小妹）、“幺叔”（小叔）。③ 微不足道，如“幺麽小丑”（微小不足道的小人）。幺，音 yāo。

么，是“麽”的简化字。麽，本作“麼”，本义与“幺”近，义为细小。“幺麽小丑”里的“麽”即取此义。除“幺麽”一词外，麽的本义早失，而成了后缀词（这么、那么、怎么、多么）和助词（与吗、嘛同）。

么，有两个读音：① 用作后缀词，读 · me。② 用作助词，如“来么”、“去么”，读 · ma。

么，是“麽”的简化字。麽在汉字发展过程中失去本义，但在“幺麽小丑”里，仍保持原字原义，读 mó，义为细小，这个“麽”不能简化作“么”。

冈　岗

（篆）　岡（繁）

冈，繁体作岡，是小篆的变形。小篆，形声字，从山网声，音 gāng，

本义为“山脊”（《说文解字》）。通常称较低而平的山脊为“冈”，如“山冈”、“景阳冈”，也泛指小山，如“冈陵”（小山和丘陵）、“冈峦起伏”（连绵起伏的小山）。井冈山因冈上大井小井而得名。

岗，是后造字，《集韵·唐韵》认为：“冈，俗作岗。”就是说，“岗”是“冈”的俗字，音、义皆同。随着汉字的发展演变，冈和岗成了两个音义皆不相同的字。岗，音 gǎng，含义有三：① 低矮的小山或高起的土坡，如“黄土岗儿”、“岗地”（坡度较平缓的丘陵地带的旱田）；② 平面凸起的一长道，如“胸口上肿起一道岗子”；③ 碉堡、哨卡、军警守卫处所及其引申义工作职位，如“岗楼”、“岗卡”、“岗哨”、“岗亭”、“岗位”等。

在现代汉语里，岗字使用频率高于冈字，因此，山冈、冈陵、冈峦常错作山岗、岗陵、岗峦。景阳冈、井冈山也常错作景阳岗、井岗山。

亢　吭

（篆）　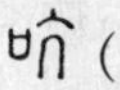（篆）

亢的小篆，是象形字，上部象人之头，下部象人之颈，所以古代字书有的释义为“颈”，有的释义为“喉”。颜师古注《汉书》时说：“亢者，总谓颈耳。”颈的外部叫做“颈”，颈内则为“喉”，所以“亢”既是颈也是喉。《史记·刘敬叔孙通列传》：“夫与人斗，不搤其亢，拊其背，未能全其胜也。”搤，同扼，即用力掐住；搤其亢，即掐住他的喉咙。由“咽喉”引申为要害。《孙子兵法》有“批亢捣虚”之说，“批亢”即攻击要害。亢的本义及“要害”义，读 gāng。人的颈部是身体仅次于头的高部位，因而引申出“高”、“举”等义。《银雀山汉墓竹简孙膑兵法》：“城在渒泽之中，无亢山名谷。”“亢山”即高山。《楚辞·卜居》：“宁与骐骥亢轭乎！”“亢轭”即举轭。由“高”、“举”又引申出“傲”义，成语“不卑不亢”中的“亢”即傲，“不亢”即不傲。“不卑不亢”形容言行自然、得体，既不卑微，也不高傲，这是做人处事应取的态度。含义为“高”、“举”、“傲”的“亢”，不读 gāng，而读 kàng。

吭，会意字，从口从亢，会意为“咽喉”。吭和亢同为“咽喉”，但读音不同：亢读 gāng 或 kàng；吭读 háng。“引吭高歌”，意思就是放开喉咙歌唱。吭字还有一个异读音 kēng，含义是“出声”、“说话”，如“她站在旁边一声不吭。”“不吭”即不出声、不说话。

戉　戊　戍　戌　戎

戉、戊、戍、戌、戎五字，形体相似，极易混淆。

这五个字，都是很古老的字，甲骨文时代就出现了。它们的形体原本很不相同，演变成楷书后才形似的。

戉，甲骨文作，金文作，小篆作。甲、金为象形字，像一把半月斧。小篆为形声字，从戈乚声。乚是亅的反写，读若“厥”。本义为大斧，古代的一种兵器。有学者认为：戉是钺的本字，音 yuè。

戊，甲骨文作，金文作，小篆作。甲、金为象形字，象斧钺之形。有学者认为：戊即矛。《说文解字》根据小篆戊象六甲五龙相拘绞之形，认为本义作“中宫”解。“中宫”即五行中的中央方位，属土。后代有些学者认为这是“傅会之词”，而断定“戊”即古茂字。理由是：戊，从丨从戈，丨，上下通也，天地之气通，故生物茂盛也；戈者，杀伤之象也，盛极即衰。在现代汉语里，戊只有一义，即天干的第五位。“戊戌维新”发生在 1898 年，那年农历为戊戌年，故名。戊，音 wù。戊与戉的区别在于：戊左边是丿，而戉左边是乚。

戍，甲骨文作，金文作，小篆作。都是会意字。左下是“人”，“人”上是“戈”，人荷戈，会意守边，即捍卫国土。戍，音 shù。戍与戊的区别在于：戍左边是人，而戊左边是丿。

戌，甲骨文作，金文作，小篆作。甲、金为象形字，象斧钺之形。小篆为指事字，从戈从人含一；一，指事符号，指被戈刺伤之处。《说文通训定声》认为：戌本义作“恤”解。但此义在古文中也少见。在现代汉语里，戌只有一义，即地支之第十一位。在十二生肖中，戌属犬。戌也作时辰名，午后 7 时至 9 时为戌时。戌，音 xū。戌与戍形体十分相似，区别在于戌左边是一撇一横，而戍左边是人（一撇一点）。

戎，甲骨文作、，金文作、，小篆作。都是会意字。从戈从十，十，古文甲字，所以小篆改十为甲。甲，护身之具；戈，兵器；披甲持戈为戎。本义作“兵”解（《说文徐笺》），泛指军队、军事。“投笔从戎”即从军。“戎马生涯”即军事生涯。戎，音 róng。戎与戌形体十分相似，其区别在于：戌左下一横不出头，戎左下一横出头。

冉　再

（甲）（金）（篆）　（篆）

冉、再二字，音义皆异，但形似，容易混淆致讹。

冉的甲骨文、金文、小篆都是象形字，象人的络腮胡须之形。冉是“髯”的本字，髯字出现后，冉就失去本义，而用引申义。由胡须的飘动引申出柔弱、慢慢地、渐渐地等义。例如，“柔条纷冉冉”（曹植《美女篇》），形容美女的柔弱。再如，“老冉冉其将至兮”（屈原《离骚》），形容人渐渐地衰老了。又如，“太阳冉冉升起”，形容太阳慢慢地升起。

再，会意字。在“冉”（不是冉字，而是“篝”字的下半部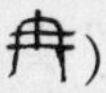）上加一横，表示两物重叠，会意为“一举而二”（《说文解字句读》），即两，两次，第二次。“一而再，再而三”中的“再”即“两次”。“一鼓作气，再而衰，三而竭”中的“再”即第二次。由“两次”引申为重复、继续。杜甫《自京赴奉先县咏怀五百字》：“荣枯咫尺异，惆怅难再述。”“再述”即“重述”。后来，“再”字多作副词用，表示动作相当于“然后”，表示程度相当于“更加”，表示“转折”相当于“却”。

冉、再二字，一笔之差，其义迥异。

耒　来

（甲）（篆）　（甲）（金）（篆）來（繁）

耒、来二字形似，尤其是草书简直是一模一样，是极易混淆的。但追根溯源，这两个字的区别却是很明显的。

耒，起笔原本是一撇，1965 年颁布的《印刷通用汉字字形表》将“耒”的起笔改为一横。

耒，音 lěi，本义为犁柄。古代耕地用的犁叫“耒耜（sì）”，耒是柄，耜是犁头。后来“耒”作为耕地农具的统称，故耕、耘、耖、耙、耧均从耒。

耒字的甲骨文显然是象形字，象犁之形。小篆是会意字，从木从丰，丰象征耒上的曲柄，本义作“手耕曲木”解（《说文解字系传》）。“手耕曲木”即木制犁。隶变后，笔画简化了，下面的“木”字省去了一横，变成

“耒”。

来是來的简化字,也是个古老的字。它的甲骨文、金文、小篆都是象形字,象麦穗之形,是“麦”的本字。麦,繁体作麥,是后造字。有了麦字,來字就被假借作来去的来。

可见,耒、来二字形、声、义原本没有共同之处。

耒字在现代汉语里,早已被“犁”所替代,所以很少单独使用,只作耕、耘、耖、耙、耧等字的部首。耒还是水名,叫“耒水”,是湘江的支流。湖南有个城市,因位于耒水北岸而得名“耒阳”(江北为“阳”,江南为“阴”)。

在书写时,要注意将“耒”与“来”区别开;在读音上,要注意“耒”读lěi,“来”读lái。

圹　塘

壙(篆)　壙(繁)　塘(篆)

圹、塘是两个字,但是,许多人将“圹”误作“塘”的简化字。

圹,繁体作壙,形声字,从土广(廣)声,音kuàng,本义为“堑穴”(《说文解字》),即掘地而成的空穴。由“空穴”引申为墓穴,又引申为空旷,如“打圹”(挖掘墓穴)、“圹埌”(原野空旷辽阔)。

塘,形声字,从土唐声,音táng,本义为“堤”。塘字的本义很多人不知道。《庄子·达生》:“披发行歌而游于塘下。”“塘下”即堤下。现代汉语不再称“塘”为“堤”,唯海堤仍沿用“海塘”名称。浙江下游称作钱塘江,入海口呈喇叭状,海潮倒灌,形成著名的“钱塘潮”。这“钱塘”就是“钱堤”。《钱塘志》:“……立防海塘,募致土石一斛(hú,旧量器,方形,口小底大,容量十斗,一说五斗),与钱一千,来者如云……塘成,因名钱塘。”江也因堤而得名。塘,还是池的称谓。古代池塘,圆形的叫做池,方形的叫做塘,统称塘或池塘。

圯　　圮

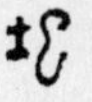(篆)　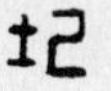(篆)

圯、圮二字形似,又都不常用,人们往往分辨不清楚,遇到“圯梁倾圮”就不知所云了。

圯是形声字,从土巳声,音 yí,义为“土桥”。圯字人们很少使用,但“圯上老人传书”的故事却家喻户晓。故事的主人公就是秦末名士张良。张良不满秦始皇的暴政,曾在博浪沙地方狙击秦始皇,狙击没有成功,亡命下邳(pī,今江苏邳县)。有一天,他独自在“圯上”(土桥上)漫步,一位老人来到他身边,故意将鞋掉落桥下,要张良下桥帮他捡鞋。张良把鞋捡上来,老人伸出双脚,要张良帮他穿上,张良只得跪在桥上帮老人穿鞋。老人笑着离桥而去。一会儿,老人又回来了,对张良说:“你这个孩子可教呵,五天后天一亮,你到这里来会我。”五天后,张良如约而去,老人已经先到。老人不满地说:“同老人约会,为什么后到!”又嘱五天后一早会面。五天后鸡鸣时分,张良就赶到桥上,没想到老人还是先到了。老人又批评他后到,再约五天后一早会见。这一次,张良半夜就赶到桥上。过了一会儿,老人来了,高兴地说:“就该这样!”说着取出一本书递给张良:“读了这本书一定会成为王者师。”老人一转身就不见了。天亮后,张良打丌书一看,原来是《太公兵法》。后来,张良做了反秦起义领袖之一的刘邦的谋士,帮助刘邦推翻了秦王朝。这个具有神话色彩的“圯上老人传书”的故事千古流传,也把“圯”这个字传播开来了。

圮是会意字,从土从己,音 pǐ,本义为“毁”。土、己合体,为什么会意为“毁”呢?这同古代的哲理有关系。古代有句富有哲理的名言:“物必自腐而后虫生,土必质松而后坍毁。”说的都是外因通过内因起作用。“己”在“圮”里,表达的就是“内因”的含义。

说到这里,前面说的“圯梁倾圮”就好理解了,就是桥梁坍毁。

安　按

（甲） （篆） （篆）

安、按二字，一般不会错用，偶有将“安装”错作“按装”。

安的甲骨文和小篆，都是会意字，从宀从女。宀，俗称宝盖，从甲、篆形状可知是房屋的象形，女子坐在深屋里，象征宁静，所以“安”字本义作“宁静”解（《说文解字》）。由“宁静”引申出安全、平和等义。由“安全、平和”又引申为满足、心里平衡（如安分、安心、随遇而安），祥和、健康（如安康、安乐、安适），从容、稳重、慢慢地（如安详、安步当车）。做动词用有“加上”、“装上”、“放置”、“使有着落”等义，如“安装”、“安罪名”、“安插”、“安排”等。由“放置”引申出存、怀之义，如“没安好心”。

在古文中，“安”还作疑问代词，当“哪里”、“怎么”讲，如“安在”、“安得”、“安知”、“安能”，这跟安字的本义无关，是假借义。

按，形声字，从手安声。《说文解字》认为：“按，下也。”段玉裁注释说：“以手抑之使下也。”即用手往下压。它的引申义压住（按兵不动）、抑制（按捺不住）均源于本义。按字没有“装上”的含义。所以“安装”不能写作“按装”。“按语”、“编者按”的“按”，是“案”的通假字，表示作者、编者对有关文章、词句所作的提示、说明或考证。按字还有“考查”、“巡视”、“依据”、“依照”等义，如“按时”、“按图索骥”、“按例”、“巡按”。

讳　韪　违

（篆） （篆） （篆）

讳，形声字，从言韦声，音 huì，义为因有所顾忌而不敢言或不愿说，如“讳言”、“隐讳”。成语“直言不讳”反其义：毫无顾忌地说出来。由“有所顾忌”引申为怕人知道、掩饰隐瞒，如“讳疾忌医”、“讳莫如深”。

韪，形声字，从是韦声，音 wěi，本义为“是”。《汉书·叙传下》：“宰相外戚，昭韪见戒。”张宴注：“韪，是也。明其是者，戒其非也。”现代汉语很少见到单用“韪”字，常见用“不韪”。不韪，即不是、不对。成语“冒天下之大不韪”，“大不韪”即罪大恶极的事。

违,形声字,从辵(辶)韦声,音 wéi,本义作"离"解(《说文解字》)。"久违",分别很久,好久没见面了。离,即舍此他去,故"违"有"背"的意思。由"背"引申出不遵照、不依从("违反"、"违背")、不是出于本意("违心")等义。

两　俩

(金)　(篆)　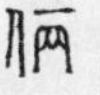(篆)

两,会意字,取左右相对又相等义,故本义为"平分"(《说文解字》)。引申为双方,如两便、两可、两清、两全其美、两相情愿。用作数词,表示"一加一",同二。但两与二用法不同:读数目字和用作小数、分数、序数,用"二"不用"两",如"一、二、三、四"、"零点二"、"三分之二"、"第二、其二、二哥、二弟";在一般量词前,用"两"不用"二",如"两个"、"两件"、"两天"、"两束"、"两株"、"两里"、"两斤"、"两吨"、"两桌"、"两场";在多位数中,百、十、个位用"二"不用"两"(如"二百二十二")。两,作为重量单位,是假借义。

俩,会意兼形声字,由两和人组合而成,《集韵》释义为"巧"。"伎俩"即本义。"伎俩"本义为"小聪明"。文字学家认为,"俩"字里的"两"表示"相合",人两合体,会意为"得心应手"、"心灵手巧"。但是,后来"伎俩"成了贬义词,表示"不正当的手段",如"骗人的伎俩"。

在现代汉语里,"俩"还表"两个"、"两人"义,如"咱俩"、"你们俩"、"五个包子我吃了俩"。这个"俩"容易与"两"混淆。常见的两、俩混淆现象有二:一是读错音,"俩"表"两个"义时,读 liǎ 不读 liǎng;二是把"俩"当"两"字用,在"俩"后加量词,如"俩个"、"俩人"、"俩口"。

抔　杯

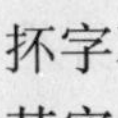(篆)　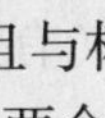(篆)

抔字不常用,且与杯字形似,故常有人以为"抔"是"杯"的错字。

其实,抔、杯是两个不同的字,不仅音义不同,小篆抔、杯二字形体也不相似。

抔，形声字，从手不声，音 póu，义为双手捧物。抔土，即双手捧土。“抔”前加数词即变作量词，如“一抔土”（一捧土）。

杯，也是形声字，从木否（音 pǐ）声 。隶楷将声符“否”省笔作“不”。本义为“木质盛酒器”，即盏。后泛指一切杯盏。

折　拆

𣂺（篆）　𢪸（篆）

折、拆二字仅一点之差，极易混淆致误。但是，这两个字的篆书，形体差别却很大。

折，会意字，从手从斤，斤是古代的斧，手持斧，会意为“断”。

拆，也是会意字，从手从㡿（chì），㡿义为“裂”，手㡿合体，会意为“开”。隶变时将㡿改作“斥”。斥与㡿同音，且也有“使离开”义，如“排斥”。

断，《现代汉语词典》释义为：“（长形的东西）分成两段或几段。”开，《现代汉语词典》释义为：“使关闭着的东西不再关闭。”这两条释义，指明折、拆二字本质的区别。例如，腿骨断了叫“骨折”，开启信封叫“拆开”，两者的区别是明显的。

折、拆二字都是多音多义字，但各自的引申义都是源于本义，所以，只要明白了二字本音本义的区别，就不会混淆致误。

折，本音 zhé，本义为“断”。引申为损失（损兵折将）、弯曲、曲折（百折不挠）、回转（转折，折回）、中断（剧本分为几折）、抵换（折价）。折字还有两个异读音：其一读 zhē，用于“翻转”、“翻过来倒过去”，如“折跟头”、“折腾”。其二读 shé，树枝断了，桌椅腿断了，称作“折（shé）了”。引申为亏损，如“折（shé）本”、“折（shé）秤”、“折（shé）耗”。“损兵折将”的“折”，“做生意折了本”的“折”，同是表“损失”义，但前句形容人员损失，读作 zhé，而后句形容经济损失，读作 shé。

拆，本音 chāi，本义为“开”。引申为毁除（拆除）、揭露（拆穿）、拆散（拆卖）。它有个异读音 cā，只用于方言“拆烂污”（有意把事情弄得难以收拾）。

旷 犷

（篆） 曠（繁） （篆） 獷（繁）

旷，繁体写作曠，形声兼会意字，从日从廣，廣亦声。日，表示光明；廣，广的繁体，本义为“大堂”，即四无障壁的大屋。日廣合体，会意为阔大光明。引申为空而宽阔，如“旷野”、“地旷人稀”；心境开阔，如“旷达”、“心旷神怡”。又引申为超越，如“旷世”、“旷代”；荒废，如“旷工”、“旷日废时”。又引申为久远、遥远，如“道旷”。

犷，形声字，繁体写作獷，从犬廣声。本义指恶犬凶猛的样子，引申为粗野、强悍，如“粗犷”。

旷、犷二字，都以广为声符，但读音不同：旷，音 kuàng；犷，音 guǎng。常见将犷误读作 kuàng。

灸 炙

（篆） （篆）

灸，形声字，从火久声。《说文解字》释义为“灼也”。灼，即烧灼。汉代的豪门虐待奴婢，常用火烧灼奴婢。汉武帝为了禁止烧灼奴婢，专门发出诏书：“敢灸灼奴婢，论如律，免所灸灼者为庶（民）。”“灸灼”即烧灼。

中医用艾绒制成艾条，烧灼或熏熨穴位以治病，这种治病方法叫做“灸法”。灸法通常与针刺治疗配合，统称“针灸疗法”。

炙，会意字，从火从肉。火上烤肉，会意为“炮（bāo）肉”，是一种烹调方法。在古汉语里，炙常充当烧烤的肉食的代名词。古文里的“鱼炙”，可不是“烤鱼”，而是“鱼和肉食”。由烧烤引申为烘干。《徐霞客游记》里有“急入其厨，索火炙衣”，“炙衣”可不是烧烤衣服，而是“烘干湿衣”。

有句成语叫“脍炙人口”，常被错写作“脍灸人口”，就是不知道炙、灸二字含义的区别造成的。脍，本义为“把肉切成薄片”；炙，本义为“炮肉”。但在这句成语里，脍炙表示“美味”。“脍炙人口”比喻优秀诗文或好的事物，受到人们交口称赞。如果作“脍灸人口”，就让人莫名其妙了。

灸,音 jiǔ;炙,音 zhì。二字读音也不同。

汨　汩

(篆)　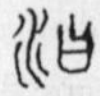(篆)

汨、汩二字,左偏旁都从水,区别在右偏旁:一个是“日”,一是个“曰”。日、曰形似,极易混淆。

日,象形字,象太阳之形。

曰,甲骨文写作ㅂ,金文写作ㅂ,小篆写作ㅂ,都是指事字,口字上面加注指事符号,表示“话从口出”,本义就是“说”。《论语》里的“子曰”,就是“孔子说”。由“说”引申出叫做、称呼、答问等义。

汨,形声字,从水日声,音 mì,是一条河的名称,叫做“汨水”。汨水发源于江西修水,流入湖南与罗水汇合,故名“汨罗江”。汨罗江称不上大江大河,战国楚国大夫屈原因忧国而悲愤投汨罗江而死,汨罗江因此成为历史名河(参见上篇第六章“汉字的偏旁部首”“日曰冃”条)。

汩,会意字,从水从曰,曰有“达”(说就是表达)义,水曰组合,会意为“使水通畅”,所以汩字本义为“治水”。《国语·周语》:“决汩九川,陂鄣九泽,丰殖九薮,汩越九原……”屈原在《楚辞·天问》中说的“不任汩鸿,师何以尚之?”两句中的三个“汩”字,含义都是“治水”。汩,音 gǔ。叠用(汩汩)形容水流动。韩愈《流水》诗云:“汩汩几时休,从春复到秋。”“汩汩”即水流动。由“水流动”引申为人流离。杜甫有诗曰:“汩汩避群盗,悠悠经十年。”“汩汩”即流离失所。在古汉语里,汩字还有别义,如“治理”、“使乱”、“搅”、“淹没”等,因为均不多见,故此处从略。

阻　狙

(篆)　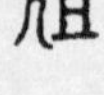(篆)

阻、狙二字形似,而且都可跟“击”组成词,所以容易混淆。

阻,形声字,从阜且(祖本字)声,音 zǔ。阜,义为土山,作为部首变形为左阝。阻,本义为“险”。意思是:山阜陡峻,危而难通。汉人刘歆《甘泉赋》有“高峦峻阻”句。“峻阻”,即险危。引申为阻止。“阻击”,以防御手段阻止敌军增援、逃跑或进攻。

狙，形声字，从犬且声，音 jū，本义为猕猴。《庄子 · 齐物论》："狙公赋芧（xù，橡实），曰：'朝三而暮四。'众狙皆怒。曰：'然则朝四而暮三。'众狙皆悦。"句子中的"狙"即猕猴。后借作"伏伺"。伏伺，伏而候之。"狙击"一词，见于《史记 · 留侯世家》："良与客狙击秦皇帝博浪沙中。"说的是张良在博浪沙伏击秦始皇的故事。狙击即伏击，埋伏伺机袭击。

"阻击"与"狙击"是两个不同的概念，不可混淆。

即　既

（甲）（金）（篆）

（甲）（金）（篆）

即字的甲骨文，左边是"豆"（饭锅），右边像一个面对"豆"而跪坐的人，会意字，含义为"就食"。就食，正在吃饭。金文是甲骨文的变形。小篆左边是"皀"，右边是"卪"（即卩）。皀由"白"和"匕"组成，也是会意字。"白"像包裹的谷物，"匕"像取食的匙，"白"与"匕"组合，会意"谷之馨香也"。卩，即"节"，在这里有"节制饮食"的意思。皀卩组合，会意也是"就食"。

既字的甲骨文，左边是"豆"（饭锅），右边人的形象与"即"不一样，像一个人转身要走的样子，也是会意字，含义为"食毕"。金文是甲文的变形。小篆左边是"皀"，右边是"反欠"（反写的"欠"）。欠，小篆作，而既的右边是，正好相反。"反欠"又写作"旡"。欠，本义为"呵欠"；反欠，即逆气，就是俗话说的"打嗝"，人吃饱了会打嗝，俗称"饱嗝"，这里表示吃饱了，所以含义也是"食毕"。

古人造字，用"就食"表示正在发生或将要发生；用"食毕"表示已经发生。"正在或将要发生"和"已经发生"正是即、既二字的本质区别。即、既二字的含义在表示时间上有明显的差别。"即席讲话"表示正在讲话。"既得利益"表示已经得到的利益。"即使"、"既然"都是连词，都表示假设，但两者假设的前提不同："即使"假设的前提是并未发生的事；"既然"假设的前提是已经发生的事。

即的“接近”、“靠近”、“到”、“达到”等义，既的“尽”、“完”等义，都是各自本义的引申义。

茏　笼

蘢（繁）　籠（繁）

茏、笼都是汉以后造的字，所以小篆没有这两个字。

茏，形声字，从草龙声，音 lóng，本义为“马蓼”。马蓼是一种草，高丈余（《本草》说高四五尺）。因为它高大，所以多用来形容草木茂盛，如“茏葱”、“葱茏”。

笼，形声字，从竹龙声，本音 lóng 即用竹篾制作的笼子，引申为罩住（笼罩）、用手段拉拢人（笼络）、含混（笼统），改音 lǒng。

茏、笼在二字的本义中均读 lóng，形似音同，但含义不同。

苟　拘　枸　佝

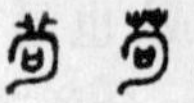（篆）　（篆）　（篆）　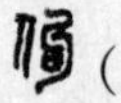（篆）

苟、拘、枸、佝四个字都是合体字，字里面都有“句”字，它们的区别在于部首不同。

苟、苟原本是两个形似字：苟是会意字，从羊（羊字的小篆写作，此处省作）从勹从口。“勹口”意思是“慎言”，“羊”即“祥”。羊、勹、口合体，表示说话谨慎会带来吉祥。“苟”音 jì，又与亟、棘、急同义。苟是形声字，从草句声。句又作勾，“苟”读作 gǒu，本义是一种草的名称。后来，苟、苟二字合并成“苟”，字义也完全变了，主要义项有：① 随便，如“不苟言笑”（不随便谈笑）；② 马虎，如“一丝不苟”（丝毫也不马虎）；③ 只顾眼前，如“苟且”（得过且过）、“苟全”（苟且保全性命）；④ 勉强，如“苟延残喘”（拖着一口没断的气勉强活着）；⑤ 假使、如果，古文里有“苟无其德”（《中庸》）、“苟非其人”（《易》）、“苟志于仁”（《论语》），这些“苟”字都当“假使”、“如果”讲。

拘，会意兼形声字，从手从句，句亦声，音 jū。“句”是文章语气完整的一小段，用句号圈断，有停顿的意思，在此处表“止”义。以手止物，即

“拘”的本义。“拘捕”、“拘禁”的“拘”，都是“拘”的本义。由“止”引申出限制（不拘一格）、顾忌（不拘小节）、谨慎（拘束，拘谨）、不知变通（拘泥，拘执）等义。

枸，形声字，从木句声，音 jǔ，本是佛手柑橘的名称。《诗·小雅·南山有台》：“南山有枸，北山有楰。”这里的“枸”即佛手柑橘。有一种常绿小乔木，叫“枸橼”（jǔ yuán），果实的皮也可入药。有一种落叶灌木叫“枸杞”，这个“枸”音 gǒu，“枸杞”的子实是滋补药。两个读音，分别指三种植物。枸还有“弯曲”义。《荀子·性恶》：“故枸木必将待檃栝烝矫然后直，钝金必将待砻厉然后利。”“枸木”，即弯曲的木，这个“枸”音 gōu。

佝，形声字。古音 kòu，今音 gōu，指背向前向下倾屈。软骨病患者，驼背鸡胸弯腰，故软骨病又称佝偻病。

拙　　绌

（篆）　（篆）

拙、绌二字都是形声字，虽然声符都是“出”，但读音差别很大，拙音 zhuō，绌音 chù。由于形符不同，含义更是有别。

拙，从手，本义为“手不巧”，即粗笨，如“笨拙”、“弄巧成拙”。常用作谦词，如“拙作”、“拙著”。引申为不顺、倒楣，如“心劳日拙”。又引申为穷尽，杜甫《夜客》：“计拙无衣食，途穷仗友生。”“计拙”，即没有生计。

绌，从丝，本义为“深红色”。后假借表“短缺”、“不足”义，本义遂废。《正字通》：“绌，音屈，赢绌，犹盈歉也。”由“短缺”引申为低劣，古文里的“短长优绌”即短长优劣。现代汉语“绌”主要用“不足”义。“相形见绌”意即相比之下显得不如人家。

迥　　逈

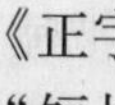（篆）

迥、逈二字形似，容易混淆致讹。

迥，会意字，从辵从同，音 jiǒng。辵（chí），会意字，从彳从止，彳（chì），小步；止，停止。乍行乍止，含有“踟蹰”之意。在现代汉语里，辵不单独作字,只作合体字的部首,起表义作用,表示与行走有关,并简化作“辶”。冋,坰的古字,本义为“野外”,引申为远。迥,取“行”与“远”的合义,会意为“相距遥远”。“迥眺”即远望。“迥路”即远路。“迥然”,形容差得很远。在古汉语里,迥还有“独”的含义。杜甫《秦州诗二十首》之五:“哀鸣思战斗,迥立向苍苍。”“迥立”即独自站立。

迴,形声兼会意字,从辶从回,回亦声,音 huí,本义为“返回”、“掉转”,“巡迴”即此义。在古汉语里,迴还有“旋”义,旋风也称作“迴风”。如《古诗十九首》之十:“迴风动地起,秋草萋已绿。”李白《大鹏赋》:“左迴右旋,倏阴忽明。”迴字今简化作“回”。

垂　唾

(甲) (金) (篆) (篆)

垂字的甲骨文象花叶下垂之形,金文象花甲下垂之形,小篆象枝叶低垂之形,都是象形字,本义为“堕”,音 chuí。如“垂头”、“垂柳”、“垂帘”等。

唾,形声字,从口垂声,音 tuò,本义为“口水”,俗称唾沫。唾,本来是名词,后来也作动词用,指吐唾沫。冲人吐唾沫,常表示对对方鄙视,因此有了“唾骂”、“唾弃”这类贬义词。

垂作为唾的声符,不表义,因而垂、唾二字的含义没有共同之处。但是,人们识字习惯“扁字认一边”,不少人把唾字读成垂。有两句成语分别与垂、唾有关,一句是“垂涎三尺”,一句是“唾手可得”。因为把唾读成垂,所以,这两句成语常被混淆,把“垂涎三尺”错作“唾涎三尺”,把“唾手可得”错作“垂手可得”。

“垂涎三尺”,直译是口水往下淌,比喻贪欲,看到别人好的东西就想得到。错成“唾涎三尺”就解释不通了。

“唾手可得”,直译是得到某件东西就好像往手心上吐口唾沫那么容易,比喻非常容易得到。错成“垂手可得”也解释不通,因为“唾手”是动词,而“垂手”是形容词,形容人体的一种自然状态,等于说不必动手东西就可得到,岂不成了天上掉馅饼。

问题在于,用错的人多了,大家都不以为错,甚至有的工具书上也会

Contemporary Publication

出现此类错误,真让人莫名其妙!

佼　　姣

(篆)　(篆)

佼,形声字,从人交声,本是姣的异体字,所以在古文里,佼、姣通用。《集韵·巧韵》:“姣,好也。或从人。”《论衡·骨相》:“陈平贫而饮食不足,貌体佼好。”佼好,即姣好。

现代汉语的佼与姣,声母韵母相同但声调不同。佼音 jiǎo,姣音 jiāo。两字的含义也不相同:“佼”义为美好,“姣”义为相貌美。由于人们常把“佼”读作 jiāo,使用时往往“佼”、“姣”不分,将“佼佼”错作“姣姣”。

佼佼二字叠用,表示胜过一般水平。

券　　卷

(篆)　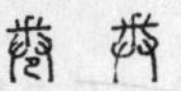(篆)

券、卷二字,形似音近,容易混淆。

券,形声字,从刀𢍏声。𢍏,小篆作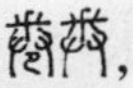,音 juàn,券读𢍏的近似音 quàn。券,本义为“契约”(《说文解字》)。上古时代的契约,用木片制成,一片剖为两半,在分半处用刀刻上特殊题记,类似后世的骑缝印章,以为日后对合核辨的标识。两个半片,左半片称作“左券”(又称“左契”),右半片称作“右券”(又称“右契”)。左券是副券,类似今日之存根,为债务人持有;右券是主券,为债权人所有,是日后催讨债款的凭证。《战国策·韩策三》:“操右契(右券)而为公责(债)德于秦、魏之主。”于彪注:“左契,待合而已;右契,可以责(债)取。”由“契约”引申为凭证。古代帝王颁发的“丹书铁券”,就是一种凭证。现代的“入场券”、“优待券”,也是一种凭证。可以买卖、抵押、转让的有价凭证也叫做“券”,如“债券”、“地券”、“有价证券”等。

卷,也是形声字,从㔾(卩的变形)𢍏声,音 juàn,本义为“膝曲”(《说文解字》)。后变义为“书册”。唐以前,书册为卷轴,古人说的“开卷有益”、“手不释卷”里的“卷”就是书。书画也称作“卷”,如“手卷”、“长卷”、“山水卷”等。引申为公文的分类编次，如“案卷”、“卷宗”。考试、测验的题纸，也叫做“卷”，如“试卷”。卷还可以作为书册的量词。“读书破万卷”的“卷”就是量词，“万卷”形容书的数量多。

券、卷二字都是多音、多义字。

券，又读 xuàn，作名词用，表示建筑物上部的弧形部分，如“拱券”、“打券”。这个“券”不少人错读作 quàn。

卷，又读 juǎn，表示把片状的东西弯转成圆筒形或半圆形（如“把凉席卷起来”、“刀刃卷了”），还表示强力裹挟、带动或掀起（如“狂风卷着巨浪”、“卷起一片尘土”）。用作名词，表示弯转成圆筒形的东西，如“胶卷”、“蛋卷”等。这个“卷”，后被新造字“捲”取代，汉字简化时又废“捲”用“卷”。

沽　估

沽（篆）　估（篆）

成语“待贾而沽”、“沽名钓誉”中的“沽”，常错作“估”，是不知沽、估二字含义所致。

沽，音 gū，古水名。《水经》云：“沽河从塞外来，南过渔阳……与清河合，东入于海。”沽河即今白河，发源于河北省沽源县，流到北京市密云县（古渔阳）与潮河汇合，至通州为潞河，东经天津市大沽口入海。

在古文里，沽通酤，是酤的通假字，作“买”、“卖”、“买卖人”解。

“沽名钓誉”亦作“钓名沽誉”。沽、钓同义，都是“谋取”、“骗取”的意思。“沽名钓誉”，故意做作或用某种手段骗取名誉。

“待贾而沽”语出《论语·子罕》：“子贡曰：‘有美玉于斯，韫（yùn，包含，蕴藏）匵（dú，匣子）而藏诸？求善贾而沽诸？’子曰：‘沽之哉！沽之哉！我待贾者也。”沽，买、卖；贾（gǔ），识货的商人。“待贾而沽”直译为“等待识货的商人来买”。成语用比喻义，旧时常用这句成语比喻等待时机出来做官。一说贾通价（價），读作 jià，因此“待贾而沽”又作“待价而沽”，比喻怀才不遇等待赏识者，现多比喻等待有好的待遇、条件才肯答应任职或做事。

估，形声兼会意字，从人从古，古亦声，音 gū。本义为负责评定物价的人。从人,表示与人有关;从古,古本作“故”解,故即往事成例,这是估价的参考依据。

由“估价”引申为忖度、料量,如“估量”、“估计”。

“估价”与经商关系密切,故“估”也作“经商者之称”。衣肆出售的成衣,叫“估衣”,这个“估”读 gù。估衣多为典当过期未赎之衣,故此业称为“估衣业”。

“估”虽有经商之义,但无“沽”的“谋取”、“骗取”之义,所以,“沽名钓誉”、“待贾而沽”不可写作“估名钓誉”、“待贾而估”。

泻　潟　写　舄

(篆) (篆) (篆)

泻,形声字,从水写声,音 xiè,本义为“水向下倾注”(参见中编第四章“音同字混淆致误”“泄泻”条)。

潟,形声字,从水舄声,音 xì,本义为“碱土”(《广韵·昔韵》),又称“潟卤”,即盐碱地。浅水海湾因湾口被淤积的泥沙封闭形成的湖,涨潮时与海相通,叫做“潟湖”。日本有个地方叫做“新潟”。

泻,繁体作“瀉”,其声符“寫”跟潟字的声符“舄”形体极其相似,所以,瀉、潟二字容易混淆。

写,繁体作寫,形声字,从宀舄声,音 xiě,本义作“置物”解(《说文解字注》),引申为输,如《诗·小雅·由仪》:“既见君子,我心写兮。”又引申为消除,如《诗·邶风·泉水》:“驾言出游,以写我忧。”现代汉语多用其远引申义誊抄、摹画、练习,如“誊写”、“写真”、“写意”、“写照”、“写实”、“写字”、“写作”。

舄,象形字,古音 què。古代文字学家有两种解释:一说像一只喜鹊张开两翼,一说像喜鹊作巢,但都认为是喜鹊的象形字。所以,《说文解字》将舄归入鸟部,认为舄是古鹊字。舄被鹊取代后,改音为 xì,改义为“复履”,即加木底的鞋。后又泛指鞋。舄由喜鹊变成木底鞋,当系假借。

宕 岩

（甲） （篆） 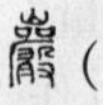（篆） 巖（繁）

宕、岩二字原本不相干，但因为形似，人们常把它们混淆，常见的错误是把“跌宕”（diē dàng）错写作“跌岩”，或错读作 diē yán。

宕，会意字，从宀从石，音 dàng，本义为“石室空洞”。石洞无壁无门，引申为通过、穿过；再引申为放纵、不受拘束；又引申为富有变化。“跌宕”是个常用词，用以形容人物，表示“性格洒脱”或“放荡不羁”，如“跌宕风流”、“跌宕不羁”。用以形容乐曲，表示“音调抑扬顿挫”，如“跌宕起伏”。用以形容文章，“跌宕起伏”表示“文笔富有变化”。

岩，是巖的异体字。巖，形声字，从山严声，音 yán，本义为“厓”（即崖）。现在，巖已被作为岩的异体字而停止使用，岩与崖又明确分工：岩作“岩石”和“岩石突起而成的山峰”解；崖作“山石或高地的陡立的侧面”解。

屈 届

（篆） 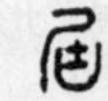（篆）

屈、届二字形似，但音义全不同。

屈，见中编第四章“音同字混淆致误”“屈曲”条。

届，原作“屆”，形声兼会意字。从尸从凷，凷亦声。尸，卧着的人；凷，古块字。人遇土块时则行走不便，故届的本义作“行动不便”解。《诗·小雅·节南山》：“君子如届，俾民心阕。”清代学者俞樾认为，这句话的意思是：“君子所行如不便于民，则上下之情不通而民之心闭矣。”届的古义今已不用，今义为“预定的日期”和“到时候”，如“届时”、“届期”、“届满”。用作量词，与“次”略同，如第×届人民代表大会。

届，音 jiè。使用时注意与“屈”的区别：届，尸下是“由”；屈，尸下是“出”。

玷　沾

（篆）　（篆）

玷、沾二字都是形声字，都以“占”为声符，加上“玷污”、“沾染”含义比较接近，所以容易混淆。

玷与沾声符相同，但读音不同。玷，音 diàn；沾，音 zhān。

玷与沾形符不同；玷从玉，沾从水，所以含义不同。

玷，本义为“白玉的斑点”，引申为使有污点和蒙受耻辱，如“玷污”、“玷辱”。

沾，原本是古河名。山西省境内，古代有两条“沾水”：一条发源于壶关，东流至河南注入淇水，今弓上水库即古沾水上游；另一条即今昔阳县榼溪河，古称“沾水”，汉代还在沾水畔设置沾县，不过，这条沾水以及古沾县的“沾”不读 zhān，而读 diàn。

后世赋予沾“浸湿、浸染、附着、接触、分享”等含义，如“泪沾巾”、“沾染”、“沾边儿”、“沾光”等。沾字叠用，形容轻薄，如“沾沾自喜”。

茸　葺

（篆）　（篆）

茸、葺二字形似，容易混淆。

茸，形声字，从草聪（省笔作耳）声，音 róng。本义为草初生纤细柔软的样子。古代文人常用茸指代柔嫩的草苗。李白有诗云：“庭草滋新茸。”“新茸”，即刚刚出土的草苗。由“纤细柔软”引申为形容小动物的毛发，如“毛茸茸”。“茸茸”也是草丛生的形容词，古代有“春来无处不茸茸”的诗句。雄鹿的角初生时，表面有一层茸毛，所以把鹿角称作“鹿茸”。鹿茸是一种贵重的中药。

葺，形声字，从草咠（音 jī）声，音 qì，本义为用茅草覆盖房顶，引申为泛指修缮房屋，如“修葺”。由“覆盖”引申出重叠。《楚辞》有“鱼葺鳞以自别兮”句，句中的“葺鳞”即鱼鳞重叠。由“修葺”引申出修饰治理。《徐霞客游记》有“修葺《鸡山志》”句，句中的“修葺”即修饰。五代文人李存勗《南郊赦文》有“在任莫思于葺理”句,句中的“葺理”即治理。上述引申义现代不大用了,读古文时却要留心,不要见到“葺”字就以为是修缮房屋。

持　　恃

(篆)　(篆)

持、恃二字形似,单独用一般不会用错,但与“自”组成“自持”、“自恃”,往往容易混淆致讹。

区分“自持”、“自恃”两个词语的含义,还得从“持”与“恃”两个字的含义入手。

持与恃都是形声字,都以“寺”为声符,它们的区别在于表义的形符不同,只有审形才能明了它们各自的含义。

持,从手,本义为“握”(《说文解字》),“持枪”的“持”即本义。由“握”引申为掌握、控制,如“把持”、“持论”;又引申为主管、料理,如“主持”、“持家”;又引申为约束,如“持身”;又引申为谨慎、稳重,如“持重”;又引申为挟制,如“挟持”、“钳持”。由把握之义引申为支持、支撑,如“坚持”、“持久”、“持续”、“保持”;又引申为抗衡、对抗,如“相持”。

恃,从心,本义作“赖”解(《说文解字》),即自觉有所倚仗之意。因为是一种心理感觉,所以从心。恃,只有“倚仗”一义,如“恃才傲物”、“有恃无恐”。

“自持”的“持”读音为 chí,义为“克制”、“把握”;“自持”义为自我克制、把握自己。

“自恃”的“恃”读音 shì,义为“倚仗”;“自恃”主要表示仗着自己的长处、权势、靠山等。

“自持”是不及物的,后面不能带宾语。“自恃”是及物的,后面必须带宾语。

昧　味

(篆)　(篆)

昧与味,一般不会混淆错用,但“三昧”却常常错作“三味”。这是因为昧、味二字形似,加之不少人不知道“三昧”的确切含义所致。

昧,形声字,从日未声,音 mèi。关于它的本义,《说文解字》:“昧,爽且明也。一曰暗也。”又说其义为“明”,又说其义为“暗”,岂不自相矛盾?王筠解释说:并不矛盾,因为“昧爽之时,较日出时言之则为暗,较鸡鸣时言之则为明,本是一义,不须区别”。可见,昧字本义为“日出前天将明而未全明”。引申为昏暗(幽昧)、不开化、不明白(蒙昧、愚昧)、不认识(素昧生平)、隐藏(拾金不昧)、违背(昧心、昧良心)、贪图(昧利忘义)、冒犯(冒昧、昧死)等义。“三昧”是梵语 samādhi 的音译,与昧字的本义及其引申义均无关。“三昧”是佛教术语,《智度论》说:“善心一住处不动,是名三昧。”意思是:心神平静,杂念止息。“三昧”原是佛教的重要修行方法,后被借指事物的诀要,如“深得其中三昧”。

味,也是形声字,从口未声,音 wèi,本义为“物质所具有的能使舌头得到味觉的特性”。如“味道”、“津津有味”。引申为物质所具有的能使鼻子得到某种嗅觉的特性,如“香味”、“臭味”、“气味”。又引申为情调、情趣等义,如“意味”、“玩味”、“体味”。甜酸苦辣咸谓之“五味”,没有“三味”这个词。

侯　候

(甲)　(金)　(篆)　(篆)

侯、候二字,仅一小竖之差,很容易写错。

侯字的甲骨文和金文,都是象形字。厂,像支撑起来的箭靶,像射出的箭(矢)。矢中的,所以侯字的原始含义是“靶”。清代徐灏《说文解字注笺》:“侯制以布之,其中设鹄,以革为之,所射之的也。”《仪礼·乡射礼》有“张侯下纲”句,“张侯”即张布设鹄。古代的“射侯”一词,即射靶。小篆字形与甲骨文、金文略异,一是“矢”的形状有点变化,二是箭靶上多了一个看靶的“人”。后来的楷书,把“人”从靶上移到靶侧,讹变成“亻”,箭靶“厂”简化的“コ”,变作“侯”。

随着时代的发展,侯字的含义不断引申扩大,从“射侯”引申为射侯者,又引申为有本事的人,并借作二等爵位的称谓(公侯伯子男),进而成为国君的称谓。久而久之,侯的本义反而消失了。侯,还是姓氏(音 Hóu)。

候,形声字,从人侯声。最初的楷书写作“候”,后来中间的“亻”省笔作一短竖,变成“候”。这一短竖,是侯、候二字形体区别的标志。《说文解字》:“候,司望也。”即等待的意思。“候车”、“候补”、“候选”、“候审”等,都是等待的意思。引申义有:① 时节,如“时候”、“气候”、“候鸟”;② 情况,如“征候”、“火候”等。

侯、候二字读音不同。侯,音 hóu;候,音 hòu。但作为地名的“闽侯”的“侯”是个例外,音 hòu。

这两个字,还有一个重要区别:“侯”是独体字,可作合体字的偏旁,如猴、喉、瘊、篌;“候”字本身就是合体字,不可以作别的合体字的偏旁。

恬 湉 憩

(篆) 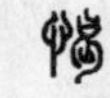(篆)

恬、湉二字,形似音同,憩又写作憇,容易被误作恬、湉的同音字。其实,这三个字的含义区别是很大的,憩与恬、湉并不同音。

恬,会意兼形声字,从心从甜(省甘),甜亦声,读音同“甜”,本义为“安”(《说文解字》)。这个“安”,指人的一种心态:淡泊宁静,身心两适。“恬静”、“恬适”、“恬淡”、“恬然”均为本义。引申为坦然、满不在乎,如“恬不为怪”、“恬不知耻”。

湉,会意兼形声字,从水从恬,恬亦声,读音同“恬”,义为“水靖”(《广韵·添韵》),形容水流平静。左思《吴都赋》有“澶湉漠而无涯”句,“澶湉”即水平静地流淌。

憩,小篆作“愒”,形声字,从心曷声,本义为“息”(《说文解字》)。后又作憇,会意字,心甜合体,会意为“息”。后又改“憇”为“憩”,含义仍然是“息”。今“憩”为规范字,义仍为“息”,即休息,如“小憩”、“同作同憩”。憩，不读 tián，而读 qì。医学有“憩室”一词，指心脏、胃、肠、气管、喉头等器官上因发育异常而形成的囊状或带状物。

奕　弈

（金） （篆） （篆）

奕与弈，形似音同，容易混淆。

奕，会意兼形声字，从大从亦，亦兼声符。亦，小篆写作，是指事字，在“大”（人的正面形象）的两夹肢窝处各加一点，表示“腋”，是腋的本字。后来亦被新造形声字“腋”取代，并被假借在书面语中表“也”义。但，亦在奕字中仍表示“大”，两大相合，会意盛大。这就是“奕”字的本义。

奕字还有三项别义。别义之一：美貌。唐代诗人皮日休《桃花赋》：“或奕偞（xiè，貌美）而作态，或窈窕而骋姿。”“奕偞”，美貌。别义之二：娴熟。《诗·商颂·那》：“庸鼓有斁，万舞有奕。”“有奕”，娴熟。别义之三：精神饱满，如“神采奕奕”。现代汉语只用奕的别义之三。

弈，形声字，从廾（双手）亦声，本义为“围棋”。“对弈”即下围棋。

在古汉语里，奕通弈。清代学者邵瑛在《说文群经正字》中指出：“奕，大也。从大亦声。弈，围棋也。从廾亦声。今经典统作‘奕’。”就是说奕、弈二字形义都不同：奕从大，含义是“大”；弈从廾，含义是“围棋”。但是，古代的经典著作统用“奕”。邵瑛所说是有道理的。例如，《论语·阳货》：“不有博奕（弈）者乎？为之犹贤乎已。”韩愈《画记》：“饮食服用之器，壶矢博奕之具。”“博奕”，即博弈，围棋对抗赛。

弈也通奕。南朝梁文学理论家刘勰《文心雕龙》：“张华短章，弈弈清畅。”王安石《送陈谔》：“朱门弈弈行多渐，归矣无为恶蓬荜。”“弈弈”即奕奕，美貌。

在现代汉语里，奕、弈不再通用。表“精神饱满”义，用奕；表围棋义，用弈。请记住：奕从大，弈从廾。

庠　痒

（篆）　（篆）

庠，形声兼会意字。从广，表示它与房屋有关；从羊（通祥），表示与吉祥福祉有关；广羊合体，本义为礼官养老的处所。后多指学校。古代教学的地方，夏代称作“校”，殷代称作“序”，周代称作“庠”。汉以后，将郡国的学校称作“学”，县道侯国的学校称作“校”，乡的学校称作“庠”。后世将学校称作“庠”或“序庠”，将学生称作“庠生”。用孟子的话说，庠是“教化之宫”，所以，庠又有了“教养”的引申义。庠的声符是“祥”，所以读音是 xiáng，不能读成 yáng 或 yàng。

痒，形声字，从病羊声，音 yáng，本义为“忧思成病”。后泛指病害。《诗·大雅·桑柔》：“降此蟊贼，稼穑卒痒。”这里的“痒”指的是虫害。《说文解字》认为：“痒，疡也。”疡即疥疮。痒有个异读音：yǎng，与“癢”同义，汉字简化时，痒就成了“癢”的简化字。

炮　泡

（篆）　（篆）

炮，会意字，从火从包，音 páo，本义为将生肉连毛一起烧烤。《诗·小雅·瓠叶》：“有兔斯（撕）首，燔（fán，烤）之炮之。”将一只去头的兔子合毛放在火上烤熟。后来演变成一种烹调方法：烧烤。有一道名菜叫做“炮羊肉”，烹调方法与烧烤不同，是在旺火上快速炒肉片。这个“炮”不读 páo，而读 bāo。许多饭店不知“炮”的这个读音，误将“炮羊肉”写成“爆羊肉”。

炮成为重武器的名称，是发明了火药之后的事。最早的“炮”，是一种抛石的机械，将石头抛出杀伤敌人。因为是“抛石”的武器，所以写作“砲”。后来发明了火药，改为在管子（木制或铜制、铁制）里填充火药，引燃火药发射铁弹丸。从此，将“砲”改作“炮”。这个“炮”字是借来的，所以叫做假借字，假借过来，赋予新音新义，跟原本的“炮”字不相干。这个“炮”字，不读 páo，也不读 bāo 而读 pào。

泡，也是会意字，从水从包，音 pào，本义为“浮在水面上的气泡”。水泡是气体在液体中生成的中空的球状气泡，水泡一破，就什么也看不见了，因此人们用“泡影”、“泡汤”比喻落空的事情或破灭的希望。水泡是沤在水中的有机物发酵而生成的，所以人们把蔬菜沤在凉水里制作的带酸味的菜叫做“泡菜”。

泡字还有个异读音：pāo。含义是鼓起而松软的东西，加“豆泡儿”、“眼泡”；也指虚而松软的东西，如“泡枣”、“泡线”；还指体积大而分量小的物品，如“泡货”。有一种落叶乔木叫做“泡桐”，辽宁、内蒙古等地方言，称小湖为“泡子”。“泡桐”、“泡子”的“泡”的正确读音是 pāo，常被错读作 pào。

炮、泡二字作为单字，一般不会用错，但跟“制”组成新词“炮制”、“泡制”，却容易混淆致误。明白了炮、泡二字的含义，就容易区分“炮制”、“泡制”二词的含义。

“炮制”是制作中草药的一种方法，即把生药放在热铁锅里炒，炒至焦黄爆裂。人们借用这个词，形容胡编乱造，于是“炮制”成了贬义词。“炮制”的“炮”，读 páo，将“炮制”（páo zhì）误读作 pào zhì，是常见的错误。因为误读，导致错写，将“炮制”错作“泡制”。

“泡制”是制作泡菜的方法，即将蔬菜洗净泡在凉开水里，加上盐、酒、花椒等，沤到蔬菜变黄发酸。

可见，“炮制”和“泡制”是两码事，读音也不相同。

宣　渲

（甲）　（金）　（篆）

“宣泄”常错作“渲泄”。人们看到“泄”字从水，就想当然地以为“宣”字也应加上三点水。

宣，会意字，从宀从亘。宀，义为深屋；亘，义为（时间上或空间上）延续不断；宀亘合体，会意为“大室”（《说文通训定声》），即宽敞明亮的厅堂。古代天子的正室，因其宽敞又称宣室。由“敞”引申出明白、公开、传布等义。“宣传”、“宣扬”、“宣布”、“宣读”都是公开传布的意思。“宣泄”，本义为“疏导”，是使积水流出去，引申为舒散，即吐露心中的积郁以达到舒散的目的。

渲，形声字，从水宣声，音 xuàn，本是国画的一种画法，即用水墨或淡色颜料涂抹画面，以起烘托效果。由“烘托”引申出比喻夸大，如“渲染”。渲，没有发泄的意思。所以，“宣泄”不可写作“渲泄”。

烁　铄　砾

爍（篆）　爍（繁）　鑠（篆）　鑠（繁）　礫（篆）
礫（繁）

烁、铄、砾三字都是形声字，表音的声符都是乐，形体相似，且烁、铄同音，容易混淆致误。它们的区别在于表义的形符不同，所以辨析这三个字，要从解析形符入手。

烁，形符是火，音 shuò，本义作“光亮”解，多用于形容星光、灯光，如“繁星闪烁”、“灯光烁烁”。“闪烁”形容光亮动摇不定，忽明忽暗。“闪烁”一词还用于形容说话吞吞吐吐，如“闪烁其词”。这是由“动摇不定”引申出来的比喻义。烁字单用多见于古文，有“光彩”、“热”、“烫”等义项。《新唐书·天文志二》：“夜有流星长数丈，光烁如电。”“光烁”即光彩。枚乘《七发》有“燂（qián）烁热暑”句，“燂烁”，热得像火烤一样。李白《感时留别从兄徐王延年从弟延陵》有“海水烁龙龟”句，“烁龙龟”即烫龙龟。由“光彩”引申出照射之义。《徐霞客游记·粤西游日记二》：“其外浅处，紫碧浮映，日光所烁也。”句子里的“烁”即照射。烁字叠用（烁烁），形容光芒灿烂，如“繁星烁烁”。

铄，形符是金，音 shuò，本义为“销金”（《说文解字》）。销金，即将金属熔化。“销金”的结果，固体金属熔化为液体，原来的形态消失了，因而引申出销毁、削弱、诽谤等义。《庄子·胠箧（qū qiè，义为“偷窃”）》：“彼人含其明，则天下不铄矣。”“不铄”即不毁坏。《战国策·秦策五》：“秦先得齐宋，则韩氏铄，韩氏铄则楚孤而受兵也。”句子里的两个“铄”字，都是“削弱”的意思。《元吴氏女·答郑僖书》：“齐眉之案已休，众口之铄不息。”“众口之铄”即众人的诽谤。“销毁”，物体不存在了；“削弱”，力量、势力变弱了。都有“消失”的意思。“诽谤”是“消失”的反义：无中生有。由“熔化”又引申出渗入之义。鲁迅于 1934 年 6 月 9 日在致杨霁云信中指出：“中国的事，大抵是由于外铄的，所以世界无大变动，中国也不见得单独全局变动。”“外铄”即外来渗入。鲁迅以“外铄”一词，深刻地揭示了半封建半殖民地的中国，局势全由列强操纵。“外铄”一词可以上溯至《孟子·告子》：“仁义礼智，非由外铄我也，我固有之也，弗思耳矣。”“非由外铄”即不是缘于外因，是缘于人的天性。

砾，形符是石，音 lì，义为“碎石”，如“瓦砾”（瓦片和碎石，常用来形容废墟）。

在古文里，烁、铄互为通假字，是通用的；在现代汉语里，烁、铄不再通用。

壶　壸

（甲）（金）（篆）（篆）

壶、壸二字仅一笔之差，却音义全异。

壶，甲、金、小篆都是象形字，象盛酒器之形。本义即“盛酒器”，后泛指壶状盛水器皿，音 hú。

壸，小篆是象形字，下部是，像宫中四周墙垣，中间的，像甬道，上部，像宫殿的屋顶，本义作“宫中道”解，引申为内宫的代称，如“宫闱”亦作“壸闱”。壸音 kǔn。由“深宫”引申为深奥，如班固《答宾戏》：“宪先圣之壸奥。”“壸奥”即深奥。

徒　徙

（甲）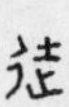（金）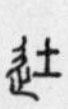（篆）

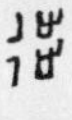（甲）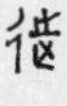（金）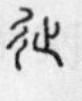（篆）

徒，形声字，小篆从辵土声；隶变后恢复金文的形体，将辵上的彡讹变为彳，将辵下的止与土组合成走，变成了会意字：从彳从走。由甲而金而篆而隶，徒字形体变了，但本义未变，仍作“步行”解。引申为步兵。《左传·隐公九年》：“彼徒我车，惧其侵轶我也。”“彼徒我车”即敌方是步兵而我方是战车。由“步兵”引申为兵卒，又引申为跟从的人。《左传·昭

公四年》:“旦而皆召其徒,无之。”“召其徒”即召集跟从的人。又引申出同一类或同一派别、党羽、门人、弟子等义。《左传·襄公三十年》“岂为我徒”中的“徒”,指的是“党羽”。《孟子·滕文公上》“其徒数十人”中的“徒”,指的是“弟子”。也指“信仰某种宗教的人”,如“信徒”。由“跟从”引申为役使,又引申为服徭役的人,后又泛指奴仆。《荀子·王霸》:“人徒有数。”“人徒”指服徭役的人。古书中常见的“家徒”,指的就是“家奴”。由此又引申出服劳役的犯人和拘禁使服劳役的刑法名称。现代刑法的“徒刑”即源于此。徒字还常用作指某种人(多含贬义)用,如“歹徒”、“暴徒”、“不法之徒”、“好事之徒”、“酒徒”、“游手好闲之徒”。此外,徒字还有“空”的含义,如“徒手”(空手)、“徒有虚名”(空有某种名声)、“徒托空言”(只说空活)、“徒然”、“徒劳”(白费气力)。

徙,音 xǐ,会意字,甲、金均从彳从步,小篆改为从辵从止,楷书是甲金的变形。文字学界对此字的解析基本一致,认为是“有目的的行”(行有所之)。古汉字的“止”有两义:一义为“趾”(脚),一义为“之”(往)。辵表“行”义,之表“往”义,辵之合体,表示“有目的的行”。所以,《说文解字》释义为“迻”(即移)。现代汉语仍用此义,常用词有“迁徙”、“徙居”(搬家)。在古汉语里,有时用“徙”表“趋向”、“避”义,如《礼记》:“使人日徙善远罪而不自知也。”“徙善”即向善。《孔子家语》:“有慎溃氏者,奢侈踰法,及孔子为政,越境而徙。”“越境而徙”即避至境外。“趋向”、“避”都是有目的的,是“有目的的行”的引申义。

现代汉字的徒、徙二字形体相似,且右偏旁的“走”与“疌”同义(古汉语里的“走”义为“疾行”),因而容易混淆错用或错读。

徕　睐

(篆)　徠(繁)　(篆)　睞(繁)

徕、睐二字形似,声符都是来,容易混淆错读错用。

徕,形声字,从彳来声。颜师古认为是古来字(《汉书·礼乐志》注:“徕,古往来字也。”),《说文解字》曰“亦作来”;《玉篇》释义为“劳也”(慰劳)。两种释义都对。徕字有两音两义:一音 lái,义同“来”《楚辞·大招》:“魂魄归徕,无远遥只。”“归徕”即归来。另一音 lài,义为“慰劳”、

“慰勉”。《晋书·刘琨传》:“琨抚循劳徕,甚得物情。”“劳徕”即慰劳。引申为招致(使……来),如“招徕”。

睐,形声字,从目来声,音 lài,本义为“瞳仁不正”。引申为旁视、斜视。曹植《洛神赋》里的“明眸善睐”,描写的就是“旁视”(左顾右盼)。常作“视”的同义词,如“青睐”。“青睐”即“青眼”,跟“白眼”相对,形容正眼看人,表示对对方的喜爱或器重。又引申为眺望。南朝诗人谢灵运《登上戍石鼓山》:“极目睐左阔,回顾眺右狭。”诗句中的“睐”即远眺。

颁　　盼

(篆)　(篆)

颁、盼二字形似,容易混淆。

颁,形声字,从页分声,音 fén,本义为“大头”,如《诗·小雅·鱼藻》:“鱼在在藻,有颁其首。”“颁其首”即“大头貌”。也有的学者认为:“颁”是众的意思,“颁其首”即许多头。页,甲骨文写作,金文写作,小篆写作,都是象形字,象人头部之形,是古首字,音 xié。今用其通假义:书册的一张,音 yè。“书册的一张”本作“叶”,但在民间流行写作“页”,时间久了,俗字变成了正字。但作为合体字的部首,“页”仍表“头”义,用“页”作形旁的字大都与头有关,如项(颈部)、顶(头顶)、须(胡须)、顺(人面上的纹理)、顷(头不正)、顽(头脑反应迟钝)、顿(叩首)等。

颁字古音古义今已不用,而用其通假义:班。班,会意字,从双玉从刀,用刀将玉分开,本义为“分玉”。由“分”引申为发、赐。班的这个引申义后来被“颁”替代。现代汉语中的“颁发”、“颁布”即由此义而来。

盼,会意字,从目从分。分目,眼珠黑白分明,引申为美目。古文里有“盼倩”一词,形容天质秀美,如《文心雕龙·情采》:“夫铅黛所以饰容,盼倩生于淑姿。”由“美目”引申为视,如“左顾右盼”。又由“顾盼”引申为盼望、眷顾。

颁、盼二字,形似但音义皆异。颁,音 bān;盼,音 pàn。

第　第

（金）　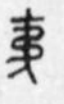（金）　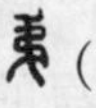（篆）

第、第二字形体相似,第字常用,第字不常用,所以不少人将“第”当作“第”,如将“床第”错念或错写为“床第”。

第与第两个字,形、声、义都不相同。

第,形声字,从竹𠂔声。从竹,说明它与竹有关。《说文解字》说:第是竹编的“床箦(zé)”。箦是什么?是古代的床垫。古代的床垫有木制、竹编两种:用木条拼制的叫做“床板”;用竹编的叫做“床箦”。床板、床箦统称“第”。有的词典说“第”是竹篾编的席,是“床席”,这是不确切的。因为“席”是“用苇篾、竹篾、草等编成的片状物,用来铺炕、床、地或搭棚子等”(《现代汉语词典》),而“第”是床的构件,同“架”构成“床”。所以,古代字书对“第”一般释义为“箦”、“版(板)”、“垫”。而席,古代称作“簟”。《说文·竹部》:“簟,竹席也。”《礼论·内则》说,清晨“敛枕、簟,洒扫室堂及庭,布席”。句中的“敛簟”即卷起竹席,“布席”即陈列坐席。白居易《时热少见客因咏所怀诗》:“露床青篾簟,风架自焦衣。”分明把床与簟区分开了。可见,第与席不同,第是床的组成部分。也因此,古人常将床称作“第”或“床第”。

第的声符是“𠂔”,𠂔音 zǐ,所以,第应读 zǐ,读成“第”是错误的,把“床第”读成“床第”就让人不知所云了。

第,本作弟,金文和小篆只有弟没有第,说明汉代以前没有第字。弟字被假借充当“兄弟”、“子弟”的“弟”,才造了个形声字“第”来替代它。既然第是弟的替代字,要了解第字的含义,就必须剖析“弟”的形声义。

弟字,金文是会意字,由弓和弋组合而成。弓,像以绳束物;弋,即杙(yì),可做木桩的硬木。一捆杙,用途无疑是做木桩用的。木桩排列成行,就有个次序。这么一绕,就绕出“弟”字的本义:次序。古人称次序为“次第”。古代科举考试,考中了叫做“及第”,没考中叫做“不第”或“落第”。所以,“第”又有了“等级”的含义。

古代朝廷为王侯功臣建造大宅院,这种大宅院是地位的象征,所以也称作“第”,建造这种大宅院叫做“治第”。又因此,“第”成了家庭社会地位的代名词，于是产生了“门第”这个词，如“书香门第”、“门第相当”。

“第”作副词用，是文言文的特殊用法。有时表示动作不受条件限制或不必考虑条件，相当于现代汉语的“只管”。例如，《后汉书·贾复传》：“大司马刘公在河北，必能相施，第持我书往。”这个“第”就相当于“只管”，“第持我书往”即“只管拿着我的信去”。有时表示范围，相当于现代汉语的“只”、“仅仅”。例如，林则徐《批美商晾请准贸易禀》：“第该夷一面之词，恐不足据。”这个“第”就相当于“只”、“仅仅”，“第该夷一面之词”即“只凭这个外商一面之词”。

“第”还可作“词缀”，用在整数的数词的前边，表示次序，如第一、第二。这是现代汉语里常用的，就不必多说了。

菅　管

䒦(篆)　䈠(篆)

菅、管二字形似，菅字不常用，人们以为“菅”是“管”的简化字，往往将“管”错写作“菅”，将“菅”错读“管”。

菅、管都是形声字，且都以“官”为声符，它们的区别在于形符不同。

菅，从草，说明跟草有关系，本是一种多年生草本植物的名称，读作jiān。《本草纲目》说：茅有白茅、菅茅、黄茅、香茅、芭茅数种。菅是茅草的一种。古书上记载，菅，茎长二三尺，茎叶可盖屋，根有韧性，经沤制可制绳索。在人们心目中，野草是最微不足道、最无价值的，所以常把最无价值的事物比作“草芥”。菅也是野草，自然也是最无价值的，于是产生了成语“草菅人命”。这句成语出自《大戴礼记·保传》：“其视杀人若芟(shān，割草)草菅然。”意思是：将杀人视同割草。比喻轻视生命，任意残杀。

管，从竹，说明跟竹有关系。据说，“管”是黄帝时代的一种竹制六孔乐器。后世将竹制管状乐器如笛、箫、笙、竽等统称管乐。现代的管乐含义更广，凡由管中空气振动而发音的乐器均称管乐。管乐器的特征是：细长中空。于是，人们将具备“细长中空”特征的物件称作“管”，如管子、钢管、水泥管等。又引申为管状物，如血管、管道、管材、管钳等。古代有一种管状钥匙，叫做“管钥”。朝廷设了一个官职，负责“启闭国门”(皇城的正门),叫做“司门掌管”。顾名思义,“掌管”即掌握管钥。后来,“掌管”的含义逐渐扩大,表示“主持专项事务”(分管)或“总理”(总管)等义。这样一来,“管”又有了“管理”、“管制”、“管教”等含义。

管子中空,从管中看世界,视阈十分狭小,于是人们用“管窥”、“管见”形容见识短浅,或表示自谦。毛笔是用竹管制作的,“管”便成了毛笔的代名词。成语“双管齐下”本指两支笔同时并用,后比喻两方面齐头并进。

停　仃

(篆)　(篆)

“停”错作“仃”极为常见,原因是人们以为“仃”是“停”的简化字。

停字没有简化。停,形声兼会意字,从人从亭,亭亦声。亭,为行人歇息之处,人亭合体,会意为“止”。“停止”、“停留”、“停泊”、“停车”、“停航”、“停战”,都是“停”的本义。引申义有滞留(停滞)、关闭(停业)、完备(停当)、中止(停顿)、放置(停放)。

仃,形声兼会意字,从人从丁,丁亦声。丁,指成年人,因成年人具有独立能力,“仃”取丁的“独”义,本义为“孤独”。常说的“孤苦伶仃”,意思就是“没有依靠,生活困难”。在古文里,“伶仃”也作“零丁。”李密《陈情表》:“零丁孤苦,至于成立。”“零丁孤苦”即“孤苦伶仃”。

停、仃二字,音义皆异。停,音 tíng;仃,音 dīng。仃不是停的简化字。

谒　蔼　霭

(篆)　(篆)　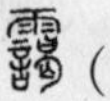(篆)

谒,形声字,从言曷声,音 yè。《说文解字》:“谒,白也。”这个“白”是动词,即现代汉语中的“报告”、“陈述”。古文常用此义。《史记·滑稽列传·西门豹治邺》:“巫妪弟子是女子也,不能白事,烦三老为入白之。”“不能白事”即说不清楚事情,“入白之”即去说清楚。柳宗元《童区寄传》:“虚吏白州,州白大府。”即逐级报告。古人给朋友写信,常用“某白”开头,表示对朋友的尊敬。现代汉语不用谒的“白”义,而用引申义:拜

见。拜见尊长称作“谒见”。

蔼，形声字，从草谒声，但不读“谒”，而是读 ǎi。本义为草木丛生的样子。束皙《补亡诗》：“瞻彼崇丘，其林蔼蔼。”形容的就是草木茂盛。由“茂盛”引申为多、盛。如左思《咏史诗》：“峨峨高门内，蔼蔼皆王侯。”形容人多。僧处默《远烟诗》：“蔼蔼前山上，凝光满薜萝。”形容云盛。在古文中，蔼、霭通用，都形容云气。在现代汉语中，蔼的本义及引申义用得不多，主要用来表示和气，态度好，如“和蔼”。

霭，形声字，从雨谒声，也不读“谒”而读 ǎi，本义为“云貌”。霭还有云气聚集之意，如“山霭”、“林霭”、“暮霭”。

敝　敞

（篆）　（篆）

敝、敞二字形似，容易混淆错用。

敝的小篆是会意字，从㡀从攴。㡀，音 bì。《说文解字》：“㡀，败衣也。”“败衣”即破旧衣衫。攴，小篆作，音 bǔ，现在通称“反文”，其实与“文”无关，是会意字，即手持卜状器杖，会意为“轻击”。有的文字学家认为：攴为扑的本字，后来造了“扑”字，攴就不再单独作字使用而只作合体字的部首起表义作用。凡从攴（攵）的字，都与攴的本义有关。例如：收，从攴从丩（纠合），本义为“捕”；放，从攴方声，本义为“逐”；改，从己从攴，己过自责，会意为“更”；攻，从攴工声，义为进击；孜，从攴从子，勉励少年（子）勤奋学习；教，从攴从孝（上行下效），本义为“长上督导下辈”；等等。敝，破衣再经杖击，自然破败不堪。故“敝”的本义为衣衫破烂。引申为破旧、失去使用价值的东西。如“敝屣（xǐ）”（破鞋）、“敝帚”（破扫帚）。成语“弃之如敝屣”中的“敝屣”，比喻失去使用价值的东西；成语“敝帚自珍”，比喻东西虽然破旧，却格外珍惜。常用作谦词，如自谦称“敝人”、“敝姓”。

在古汉语里，敝通弊，有时作“失败”解，如《左传·僖公十年》：“敝于韩。”即败于韩国。有时作“厉”解，如《后汉书·酷吏传》：“生为恶吏，死为敝鬼。”“敝鬼”即厉鬼。“敝”的这些古义今已不用。

敞的小篆是形声字，从攴尚声。《说文解字》：“敞，平治高土可以望远也。”即将妨碍视线的土堆铲平而使眼界开阔。所以，敞字的本义是“平坦宽阔”。引申为没有遮盖（敞篷车）、张开（敞门）、袒露（敞怀、敞言）、宽绰明亮（敞亮）。

缀　辍

𦃃（篆）　綴（繁）　𨌬（篆）　輟（繁）

缀、辍二字形似，都不常用，容易混淆。

缀，会意字，从丝从叕，叕亦声，音 zhuì。《说文解字注》释义为“合箸”（箸，同著，义为“附着”；“合箸”义为“使密切联结”）。后代学者对此释义有两种解释：其一为“缝合”；其二为“连结”。现代汉语仍用此二义，如“补缀”（缝合）、“连缀”（连结）。引申为装饰。曹枢《七启》：“修以文犀，雕以翠绿，缀以骊龙之珠，错以荆山之玉。”句中的“修”、“雕”、“缀”、“错”都是装饰的意思。又引申为附加。鲁迅《古籍序跋集·〈唐宋传奇集〉序例》：“缀之末简，聊存旧闻。”“缀之末简”即附在书末。因此，“缀”字又有了“附加部分”的含义，如“前缀”、“后缀”。由“连结”又引申出写作（缀字联词）、编辑（缀编）、跟随（缀行）等义。

辍，形声字，从车叕声，但不读 zhuì 而读 chuò。《尔雅》释义为“已也”，《玉篇》释义为“止也”，《增韵》释义为“歇也”。三种释义基本相同，都是“停止”的意思。《三国志·吴书·陆逊传》：“臣闻志行万里者，不中道而辍足。”“辍足”即歇脚，不再前进了。鲁迅《华盖集·忽然想到（十一）》：“各样同盟于是暂别，喊声于是低微，运动于是销沉，刊物于是中辍。”“刊物中辍”即刊物停止出版。此义现代仍常用，如“辍学”（中途停止上学）、“辍演”（停止演出）、“辍笔”（写作或绘画尚未完成而中止）等。

椎　锥　樵　谯

椎、锥、樵、谯四字形似，椎字的异读音同锥，故椎与樵、椎与锥、樵与谯容易混淆错用。

椎，形声字，从木隹声，本音 chuí，本义为“木拳”，即木制敲击工具，同“槌”。作动词用，同“捶”。《李陵答苏武书》：“此陵所以仰天椎心而泣血也！”句中的“椎心”即“捶打胸膛”。椎字还有个异读音 zhuī，义为

“椎骨”(构成脊柱的短骨,中间有孔,脊髓从中穿过)。

锥,形声字,从金隹声,音 zhuī,是有尖头的用来钻孔的金属工具,俗称“锥子”。常用来形容锥状物体,如“冰锥”、“圆锥体”。锥形物体大、小两个截面直径的差与两个截面间距离的比,称为“锥度”。

樵,形声字,从木焦声,音 qiáo,本义为“散木”(不能制器只能作薪,即当柴烧的杂木)。引申为采薪(打柴),如“砍樵”、“樵夫”、“渔樵”。在古汉语里,樵还作动词用,当“采”字用。《诗·小雅》里的“樵彼桑薪”,即采伐桑薪。

谯,形声字,从言焦声,音 qiào。《说文解字》曰:“谯,娆譊也。……古文谯从肖,《周书》曰亦未敢诮公。”其义同“诮”,表示“责问”、“谴责”。如《韩非子·五蠹》:“父母怒之弗为改,乡人谯之弗为动。”“谯”即责怪、责备。“谯”还可以组词为“谯让”,如《汉书·樊哙传》:“是日微樊哙奔入营谯让项羽,沛公几殆。”“谯让”即“谴责”、“责备”。在古代,城门上的瞭望楼叫做“谯楼”,这个“谯”读 qiáo。谯还是姓氏,读 Qiáo。

喜　嘻　嬉

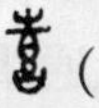(甲)　(金)　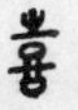(篆)

(篆)　(甲)　(篆)

喜字的甲骨文、金文、小篆形体相似,都是会意字,从壴从口。壴,《说文解字》认为是置放乐器的支架,后来又有人认为是“鼓”的本字。两说都与乐器有关。口,表示歌唱。鼓乐加歌唱,会意为“乐”。喜字的本义即“欢乐”。引申为可庆贺的和爱好,如“喜庆”、“喜事”、“喜爱”、“喜好”等。

嘻,形声字,从口喜声,欢乐的心情表现在面部上,所以本义为“笑”。后借作象声词,表示惊叹、赞叹、哀叹。

嬉,形声字,从女喜声,本义为“玩耍”,如“嬉戏”、“嬉皮笑脸”。

喜、嘻、嬉三字都可以跟笑组成词,但含义有些不同:“喜笑”侧重在内心情感的流露;“嘻笑”侧重在面部表情的显现;“嬉笑”侧重在笑闹欢乐的嘲弄。“喜笑”一般不单用,常见于“喜笑颜开”、“喜笑花生”。“嘻笑”本义为“欢笑”，也用作“强笑”、“嗤笑”。“嬉笑”则有玩耍的意思。

常见将“嬉笑怒骂”错作“嘻笑怒骂”。“嬉笑怒骂”语出黄庭坚《东坡先生真赞》之一：“东坡之酒，赤壁之笛，嬉笑怒骂，皆成文章。”“嬉笑”与“怒骂”组合，带有嘲弄意味。南宋洪迈《容斋随笔》：“嬉笑之怒，甚于裂眦（zì，上下眼睑结合处）；长歌之哀，过于恸哭，此语诚然。”

辑　缉

輯（篆）　緝（篆）

辑、缉二字都是形声字，而且声符都是“咠”，但音、义皆异。

辑，从车咠声。咠音 jí，本义为“附耳相语”，即俗话所说的“咬耳朵”。辑，本义为“车厢”、“车上载人载物的地方”，有“匡而四合”的意思，因而引申为集聚、纂合，编辑之义即由此而来。

缉，从丝，本义为“绩”，即把麻搓捻成线。引申为缝合、理顺等义。《礼仪·丧服》：“斩（丧服谓缞之不缉者曰斩）者何？不缉也。”“不缉”即不缝合。陆游《村居书事诗》：“雨漏日惟支败屋，鼠余时自缉残书。”“缉残书”即整理残书。又引申为搜捕，如“缉拿”、“通缉”、“缉毒”、“缉私”。

古代缉通辑，现代缉、辑不再同音通用。辑音 jí，而缉音 jī。“通缉”常错写作“通辑”。

睢　雎

睢（篆）　雎（篆）

睢、雎二字，形体极似，不仔细辨别，不易看出差别。

睢，会意字，从目从隹，音 suī。隹是象形字，音 zhuī，即短尾鸟，因为它飞得高，须仰目才能看见，目隹合体，表示“仰视”的意思。《汉书·五行志》：“万众睢睢，惊怪连日。”“睢睢”即仰视。在现代汉语里，睢只作姓氏、地名。河南、安徽、江苏三省交界地区有河名“睢水”，沿河有睢县（河南）、睢溪市（安徽）、睢宁县（江苏）。河南商丘市在战国时叫做睢阳，因在睢水之北而得名。

雎，形声字，从隹且声，音 jū。从隹表示与鸟有关。《诗·周南·关雎》:“关关雎鸠,在河之洲。”雎鸠,即鱼鹰。雎字无他义。古人有以“雎”为名者,如著名的战国时曾任秦相的范雎。因雎、睢二字形似,后人常将范雎误作范睢。

暗 黯 谙

暗(篆) 黯(篆) 谙(篆)

暗、黯、谙三字,右旁都是“音”,暗、黯二字还音同义近,所以容易混淆致误。

暗,会意字,从日从音。这个“音”不是“声音”,而是“荫”的通假字。《左传·文公十七年》:“鹿死不择音。”“不择音”即“不择荫”。荫,本义为“遮蔽”。日荫组合,会意为“日无光”,所以“暗”字的本义是“光线不足”。

黯,也是会意字,从黑从音(荫),本义为“深黑”,也泛指黑色。

“光线不足”与“深黑”,都是形容黑暗的,但“黑暗”的程度不同,所以此二字在形容“黑暗”时用法不同,各自的引申义更不相同。

黑与暗、黯都可组成词,但组词的方式及含义不相同。黑与暗组成“黑暗”,既可以形容暗的程度,又可以比喻社会状况的落后和统治势力的腐败。如“黑暗势力”、“黑暗统治”。黑与黯组成“黯黑”(不是黑黯),多用于形容天色昏黑或脸色乌黑,如“黯黑的夜晚”、“天色黯黑”、“脸色黯黑”。

暗有幽深、无光泽,不鲜艳等引申义。白居易《寒食夜》:“无月无灯寒食夜,夜深犹立暗花前。”陆游《游山西村》:“山重水复疑无路,柳暗花明又一村。”苏轼《浣溪沙·咏橘》:“菊暗枯荷一夜霜,新苞绿叶照林光。”上引三首诗中“暗花”、“柳暗”、“菊暗”的三个“暗”字,含义各不相同。“暗花”中的“暗”形容的是“黑夜”;“柳暗”中的“暗”形容的是“柳荫幽深”;“菊暗”形容的是“菊残色败”、“不鲜艳”。此外,暗字还有不光明、不公开、隐蔽等引申义,如“暗算”、“暗杀”、“暗探”、“暗事”、“阴暗心理”、“暗下决心”等。

黯有“昏暗”的引申义,如洪昇《长生殿·觅魂》:“露明星黯,月漏风穿。”“星黯”即星光昏暗,若隐若现。黯字常用以形容内心的苦闷或情绪的低落,如“黯然泪下”、“黯然神伤”、“黯然销魂”。

谙,形声字,从言音声,音 ān。《说文解字》:“谙,悉也。”悉,即熟悉,知晓。如“谙事”、“谙达”、“谙练”、“谙熟”。由“悉”引申为熟记,背诵。古文里形容某人记忆力强,常用“一览便谙”,这个“谙”便是“熟记”。又引申为尝、经受。范仲淹《御街行・秋日怀旧》:“残灯明灭枕头攲(qī,斜靠着),谙尽孤眠滋味。”“谙尽”即“尝够了”。元代文人佚名《张资鸳鸯灯》:“吃了万控持,谙了无限磨难,受了多少忐上忑下。”句子中的“吃了”、“谙了”、“受了”同义,都是“经受了”。谙与暗、黯,既不同音,也不同义。

谬　缪

(篆)　(篆)

谬,形声兼会意字,从言从翏(liù),翏亦声,音 miù。言,说话;翏,本作“高飞”解,有离地甚远的意思。《说文解字》:“谬,狂者之妄言也。”狂人之言,不着边际。魏文帝《典论》:“古人愚谬,岂惟一人哉?”“愚谬”即愚蠢的狂人。引申为差错、错误。《汉书・司马迁传》:“故《易》曰‘差以毫厘,谬以千里’。”谬,即错误,现代汉语作“谬误”。由“差错”引申为过头,如“谬奖”(过奖)。

缪,形声字,从丝翏声。缪,是个多音字,在古汉语里有六个读音:① móu,② mù,③ miù,④ liǎo,⑤ liào,⑥ Miào。在现代汉语里,保留了三个读音,即①③⑥,不同的读音有不同的含义。读①móu,本义为“缠绕”。《说文解字》:“缪,枲(xǐ)之十絜也。”段玉裁注:“枲,麻也;十絜,犹十束也。”十束麻混在一起,表示“缠绕”。由(物质)缠绕引申出(情感)缠绵,如“情意绸缪”。“绸缪”是个多义词,在“情意绸缪”中义为“缠绵”,而在“未雨绸缪”中义为“缠缚”,引申为修缮。“未雨绸缪”出自《诗・豳风・鸱鸮》:“迨(dài,趁着)天之未阴雨,彻彼桑土,绸缪牖(yǒu,木窗)户。”意思是趁着天还没下雨,先把门窗缠缚牢固。“彻桑”,即剥取桑树皮;绸缪,即缠缚牢固。“未雨绸缪”作为成语,比喻事先做好防备工作。读③miù,同谬,义为“错误”,如“纰缪”。古代谬缪通用,现代汉语谬缪不再通用,“谬误”不作“缪误”。读⑥ Miào,是姓氏。

肄　　肆

（甲）　（金）　（篆）　（篆）

肄、肆二字形似，容易混淆。

肄是很古老的字，甲骨文里就有这个字，像一个侧立的人和一只手。金文和小篆都是形声字，从聿（yì）声，音 yì。在古代汉语里，这个字的含义很广，有时表示“劳苦”，有时表示“后裔”，有时表示“查验”，还指树被砍伐后复生的嫩枝。但用得多的，是《说文解字》的释义：习也。即练习，学习。《礼记·曲礼》：“君命大夫与士肄。”《左传·文公四年》：“臣以肄业及之也。”两句中的“肄”含义都是“习”。现代汉语仍然使用这个含义。如肄业，指学业尚未完成，还没有毕业。

肆，形声字，从长聿声，音 sì。本义为“极陈”（《说文解字》）。极陈，即竭力将要陈列的东西尽数陈列出来。引申为陈列的地方，又引申为店铺（买卖器物）、工厂（制造器物）。现代汉语使用的“肆力”（尽力）、“肆虐”（任意残杀或迫害）、“肆意”、“肆无忌惮”（任意妄为），都是“极陈”的引申义。

肄、肆二字音义皆异，使用时要注意它们的区别，准确把握各自的含义。

貌　　藐

（篆）　（篆）

貌，形声兼会意字，从豸（豹字省笔）从皃，皃亦声。皃，小篆作，象形字，上部象人面庞之形，下部是“人”字，突出面庞，表示面貌，是貌的本字。从豸，取豹身斑纹鲜明之意。

貌，本义作“颂仪”解（《说文解字》）。“颂仪”即容仪，如“容貌”。引申为外表形象，如“外貌”。又引申为事物的全部情况，如“全貌”。又引申为表面，如“貌合神离”、“貌似”、“貌相”。古代字书注解常用“貌”字，相当于现代汉语中的“样子”。如注解“犷”字：“恶犬凶貌。”即恶狗凶恶的样子。

藐，形声字，从草貌声。藐，以貌为声符，本音 mò ，本义为“茈草”（一种小草，根可作紫色染料）。但后世只用它的引申义——小，而且读音改为 miǎo，如“藐小”。又引申为轻视，如“藐视”。

在古文里，藐通邈，义为“广阔，遥远”。《楚辞·九章·悲回风》有“藐蔓蔓之不可量兮”句，“藐蔓蔓”即遥远。

《庄子·逍遥游》里写了一个传说：“藐姑射之山，有神人居焉，肌肤若冰雪，绰约若处子，不食五谷，吸风饮露，乘云气，御飞龙，而游乎四海之外；其神凝，使物不疵疠而年谷熟。”“藐姑射之山”，本来的含义是：遥远的姑射山。后代文人却以“藐姑”比喻美女，赋予“藐”以美好义。如张衡《西京赋》：“略藐流眄（miàn），一顾倾城。”“略藐”即美好的面容。

廖　寥

（篆）　（篆）

“寥寥”常错作“廖廖”。一是因为寥廖二字形似，二是不明“寥寥”一词的含义。

廖，形声字，从广翏声。廖字最早是作为名字用的，周文王的儿子名叫“伯廖”。他的后代以“廖”为姓氏。现在，廖字除了作为姓氏以外，没有其他含义，廖，音 Liào。

寥，本作廫，会意兼形声字，从广从膠（今简化作“胶”），膠亦声。广，本义为“造屋”，膠，古时大学的名称。《广韵·肴韵》：“膠，大学也。”广膠合体，表面意思是“大学的屋子”。因其高大宽敞，引申为空旷（如“寥廓”、“寥无人烟”）、稀少（如“寥落”、“寥若晨星”）、静寂（如“寂寥”）等含义。寥字叠用“寥寥”，表示“非常少”，如“寥寥无几”、“寥寥数语”。寥，音 liáo。

褊　偏

（篆）　（篆）

偏是常用字，而褊是非常用字，人们对“褊”字陌生，故而常将“褊狭”

错写作“偏狭”。

褊，形声字，从衣扁声，音 biǎn，本义为“衣小”（《说文解字》），即衣服短小不合身。由衣小引申为狭小，如“土地褊狭”（土地狭小）、“气量褊狭”（气量狭小）、“心胸褊狭”（心胸狭小）。心胸狭小的人，往往性情急躁，是故，褊又有了“急躁”的含义。古文中常见的“褊心”、“性褊”、“褊急”等词，都是性情急躁的意思。

偏，形声字，从人扁声，音 piān，本义为“倾斜，不正”。引申为不公正、不公平。如“偏私”、“偏向”等。成语“不偏不倚”反其义，表示公正无私。又引申为部分、局部、侧旁、片面，如“偏爱”、“偏见”、“偏瘫”等。

固执偏见的人情绪、言词容易过激，因而有了“偏激”这个词。“偏激”与“褊急”含义不同，所以，偏褊二字不能通用。

潸　潸

（篆）　（篆）　濳（繁）

潸、潜二字形似，潜是常用字，所以，潸常被误作“潜”字。

潸是形声兼会意字。潸字声旁“散”是“散”字省笔。散，小篆写作，省去“攴（攵）”，留下“散”，还读 sàn。潸读散的近似音：shān。潸字含义也与“散”有关系。散有“分离”的意思（如“离散”），加上氵，表示“水散”，指泪水散落，所以潸字的含义是“流泪”。潸字常用的词有“潸然”、“潸潸”。潸然，形容流泪的样子，如“潸然泪下”；潸潸，形容泪流不止，唐代诗人元稹（zhěn）有诗说：“分司别兄弟，各各泪潸潸。”

潜字是“濳”的简化字，本是形声字，从水朁声，音 qián，本义为“在水中行走”。由“潜入水下”引申为隐居（潜居）、隐藏（潜藏）、偷偷地进入（潜入）、言外之意（潜台词）、专心不二（潜心）、存在于事物内部（潜力，潜意识）等义。潜字常被错读作 qiǎn。

潸、潜二字音义都不相同，不要混淆了。

履　覆

（篆）　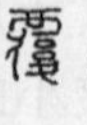（篆）

履是会意字，从尸从彳从夂从舟。尸，表示人体；彳（chì），小步行走；夂（suí），趿拉着鞋行走；彳、夂都与行走有关，在这里表示脚；舟，在这里表示形状，古代的鞋为船形。履，读 lǚ，本义为“鞋”。引申义都与脚步、脚踩有关，如“履险如夷”、“如履薄冰”、“履行诺言”、“履历”等。“履行”、“履历”是“脚步”的引申义实践、经历。

履与覆，形体相似，容易混淆。如果探寻二字形体本源，就很容易区别开。履是会意字，而覆是形声字，从襾復声，读 fù（见中编第五章“义近字混淆致误”“复覆”条），履、覆二字小篆形体完全不同。问题出在小篆演变成楷书后，履字的形体变化很大，下半部变成了“復”。所以，识别和书写履、覆二字时要注意上半部的区别。

薄　簿

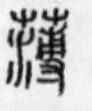（篆）　（篆）

薄，形声兼会意字，从草从溥，溥亦声。溥，义为“广大，普遍”。故薄本义为“草丛生”。在古汉语里，树丛生叫做“林”，草丛生叫做“薄”。刘安《招隐士》：“丛薄深林兮人上栗。”曹植《七启》：“搜林索隐，探薄穷阻。”两个句子里的“薄”都是草丛生。

随着汉字的演变发展，“薄”的本义渐失，而表“不厚”义，如“薄冰”、“薄板”等。由“不厚”引申为稀淡（薄雾），土地贫瘠（薄地），不厚道、不庄重（如轻薄、刻薄），命运不济（薄命），轻视（如薄技、鄙薄、菲薄），品行不好（如薄德、薄行、薄情），减轻、减少（如薄赋、薄收、薄利）。薄的不厚义，读 báo，而引申义读 bó。有一种可作药用的多年生草本植物叫“薄荷”，这个“薄”读 bò。

簿，形声字，从竹溥声，音 bù。本义是书写的本子。因为在发明造纸术之前，竹片是主要书写材料，所以“簿”从竹。由记事本引申为文书，如“簿牒”、“簿书”。古代臣子朝见皇帝时，手持的朝笏（hù）。笏，即手版，又称簿。《集韵·姥韵》:“簿,笏也。”《三国志·蜀书·秦宓(mì)传》:“宓以簿击颊。”裴松之注云:“簿,手版也。”秦宓不是用记事簿击颊,而是用笏击颊。

薄、簿二字音义皆异,但形似,易错用。

藉　借　籍

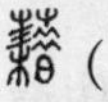(篆)　(篆)　(篆)

藉,有两个读音:一读 jiè,与“借”同音;一读 jí,与“籍”同音。藉,有时与“借”同义,有时又与“籍”同义。所以,藉与借、籍容易混淆。

藉,形声字,从草耤声,音 jiè。本义为“古代祭祀用的垫子”。引申为垫子。孟浩然《还山贻谌法师》:“平石藉琴砚,落泉洒衣巾。”“藉琴砚”即垫琴砚。又引申为坐卧。孙绰《游天台山赋》:“藉萋萋之纤草。”即坐在萋萋纤草上面。清人纪昀《阅微草堂笔记》:“眼花藉柳,实惬人心。”这个藉当“卧”讲。藉与耤是古今字。古时天子假借民力耕耨之田叫做耤。由于耤是藉的古字,所以藉又有“假借”的含义,如“藉口”、“藉端”。又由“假借”引申出假设义。《史记·秦始皇本纪》:“藉使子婴有庸主之才,仅得中佐,山东虽乱,秦之地可全而有,宗庙之祀未当绝也。”“藉使”即“假使”。藉的“假借”义,现代汉语简化为“借”,如“藉口”、“藉端”、“藉使”简化作“借口”、“借端”、“借使”。但表示“安慰”义的“慰藉”,表示“含蓄”义的“蕴藉”,两处的“藉”都没有简化作“借”,不能把“慰藉”、“蕴藉”写成“慰借”、“蕴借”。

藉字读 jí 时,有“践踏”、“凌辱”的含义。《吕氏春秋·孝行》:“杀夫子者无罪,藉夫子者不禁。”这个“藉”即“侮辱”。现代汉语中的“狼藉”一词,含有“践踏”的意思,如“杯盘狼藉”,形容乱七八糟。又如“声名狼藉”,形容人的名誉极坏。这个“藉”也不能简化作“借”。

籍,形声字,从竹耤声,本义为“簿册”,“书籍”即本义。登记户口的簿册叫“户籍”,由此引申为祖先居住的地方,如“籍贯”、“祖籍”。古汉语藉、籍常通用。现代汉语藉、籍一般不再通用,但“狼藉”与“狼籍”通用。

膺　赝

（篆）

膺，形声字，从肉（月）鹰（省去鸟）声。《说文解字》："膺，匈也。"匈，胸的本字。"义愤填膺"即义愤填胸。由胸引申为承当、承受，如"荣膺勋章"。

赝，是汉以后造的形声字，从贝雁声，义为伪造，如"赝品"（伪造的文物）、"赝本"（假托名人手笔的书画）、"赝币"（伪造的货币）。因为伪造的都是值钱的东西，所以以"贝"做表义的形符。

膺，音 yīng；赝，音 yàn。二字形似，但声、义都不相同。

擘　擎

（篆）　（篆）

某报标题：商业巨擎。"擎"是别字，应作"巨擘"。

擎，形声字，从手敬声，音 qíng，义为"持高"。通常说的"高擎"即本义，意思是高高举起，有庄严的意味。"巨"与"擎"不能组成词。

擘，也是形声字，从手辟声。有两音两义：一音 bāi，义为"剖"、"裂"，同"掰"。张衡《西京赋》："剖析毫厘，擘肌分理。"句子中的"擘"即剖。另一音 bò，义为"拇指"。由"拇指"引申为杰出。"商界巨擘"即商界杰出人物。又引申为筹划、布置，如"擘画经营"、"有待擘画"。"擘画"也作"擘划"。

籁　簌

（篆）　籟（繁）

籁、簌二字形似，又都是非常用字，故常见混淆错读错用。

籁，形声字，从竹赖声，音 lài，《说文解字》释义为"三孔龠（yào）"。三孔龠是古代的一种三孔（一说六孔）竹制管乐。也有的古书称箫为籁，如王安石《白纡山》诗："峯峦张锦绣，草木吹竽籁。"注家认为诗句中的

“籁”即箫。引申为从孔穴里发出的声音。《康熙字典》:“凡孔窍机括皆曰籁。”又引申为风声、雨声、鸟噪虫鸣等一切自然界的声音。北魏郦道元《水经注·沅水》:“上则风籁空传,下则泉响不断。”“风籁”即风声。北宋王禹偁《村行》:“万壑有声含晚籁。”“晚籁”即夜晚的声音,包括风声、虫声、鸟声。《庄子·齐物论》:“汝闻人籁而未闻地籁,汝闻地籁而未闻天籁夫!”李白《赠僧崖公》:“一风鼓群有,万籁各自鸣。”“地籁”、“天籁”指的是自然界的声音;“万籁”指的是一切声音;“万籁俱寂”即什么声音都听不见了。

簌,形声字,从竹敇声,音 sù,本义为“筛”(《集韵》)。此义古今罕用。在古文里,有时用以形容“茂密”。如唐代诗人元稹《连昌宫词》:“更有墙头千叶桃,风吹落花红簌簌。”“簌簌”即茂密。在现代汉语里,簌字多叠用(簌簌),是象声词,通常用于形容风吹树叶的声音,也可用以形容眼泪纷纷落下,是夸张的修辞手法。

4

第四章

音同字混淆致误

现代汉语里同音字特别多。著名语言学家吕叔湘先生做过统计：普通话里有字的音节 1200 多个，一般字典、词典收字约 10000 个，平均一个音节约担负 8 个字。

同音字多了，就容易在人们脑子里打架，出版物中的错别字，不少就是因为音同混淆致误的。例如，将“向往”错成“响往”，将“川流不息”错成“穿流不息”，将“交代”错成“交待”。

同音字错用的原因是有些人只知其音不明其义。例如，不明了“向”与“响”、“川”与“穿”、“代”与“待”含义的区别。所以，我们在辨析同音字错用时，也得在“审形、明义、知音”上下功夫。

本章跟上章一样，采取对比的方法，将两个或几个容易混淆的同音字摆在一起，逐一比较解析。

川　　穿

（篆）　（篆）

川、穿二字同音，但含义完全不同，一般不会混淆。只有“川流不息”容易错作“穿流不息”是个例外。

川，象形字，本义为“河流”。“川流不息”形容行人车马如同水流连续不断。

穿，会意字，从穴从牙，会意“破”、“透”，如“水滴石穿”、“穿墙而过”。引申为彻底显露，如“看穿心思”、“戳穿阴谋”。由“透”引申为通过（穿针、穿行）、贯串（把珍珠穿成项链）、衣着（穿衣）、交叉（穿插）。穿字没有“连续不断”的意思，所以“川流不息”不可写作“穿流不息”。

尤　　犹

（篆）　（篆）　猶（繁）

尤、犹二字形似音同，“犹如”常错作“尤如”。

尤，甲骨文里就有，是个指事字，手字上加注指事符号“”，表示“不同一般”，即“异”。“尤异”、“尤物”都是本义。“尤其”、“尤为”、“尤有”

的“尤”,是“异”的引申义:甚,更加。物极必反,“尤”过了头便走向反面,变成坏事,所以“尤”又有过失、坏事的引申义。“效尤”即模仿别人做坏事。“怨天尤人”的“尤”作怨恨解,是“过失”的引申义。“尤”无“如同”义,“犹如”不可写作“尤如”。

犹,形声字,从犬酋(简化字作尤)声。从犬,说明它与动物有关系。古代字书都说“犹”是一种动物,有的字书说是“麂”,有的字书说是“鼬”,还有的字书说“犹”和“豫”是性情相似的两种动物,皆进退多疑,因此人们将疑而不决谓之“犹豫”。在现代汉语里,犹主要作“如同”、“尚且”解。“犹如”取“如同”义,“犹可”取“尚且”义。

仆　扑

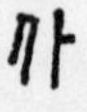(篆) (甲) (金) (篆) 僕(繁)

(金) (篆) 撲(繁)

仆是一形二字。它本是形声字,从人卜声,音 pū,本义为“顿首”。《论衡·儒增》:“当门仆头碎首而死。”“仆头”即顿首。引申为向前倾倒。成语“前仆后继”中的“仆”就是本义。前面倒下了,后面继续前进,形容奋勇向前。

仆又是“僕”的简化字,音 pú。僕是个古老的字,产生于奴隶社会。它的甲骨文是会意字,由、、三个符号组成:是古辛字,含义是“罪人”;是人的象形;是箕字。罪人双手托箕,会意被人使役,即奴仆。金文、小篆是由甲骨文演变而来的,但几个象形符号都变了形,线条化了。所以,僕(仆)字的本义是“奴仆”。

古代把人分为十等:王、公、臣、大夫、士、舆、隶、僚、仆、台。仆排在九等,是最下等的人。古代文人自谦,自称“仆”,如司马迁《报任安书》:“仆虽罢驽,亦尝侧闻长者之遗风矣。”句子中的“仆”,就是司马迁的谦辞,即“我”。古代的仆是最下等人,而作为官名却是上等人,太仆、仆射,都是朝廷大官的称谓。

可能仆是供人奴役的缘故,仆字叠用(仆仆)表示劳累。如“风尘仆仆”,形容旅途劳累。

扑是“撲”的简化字。撲，形声字，从手（金文从戈）菐声，音 pū，本义为“以杖击背”（《说文解字》）。汉代有扑刑，即杖击。引申为打击。《后汉书·荀彧传》有“摧扑大寇”句，摧扑，即打击；大寇，指袁绍。荀彧（yù）是三国时曹操的谋士，袁绍率重兵来犯，而曹兵少，又缺粮，打算退回许昌，荀彧建议“坚营固守待变”，后来终于“摧扑大寇”，大败袁绍。由“打击”又引申为拂、拭、拍，如“清风扑面”、“扑粉”、“扑蝶”。扑还有“向前冲”、“向前扑”的含义，这个含义与“仆”的“向前倾倒”有些接近，所以，“前仆后继”常错作“前扑后继”。

欠　歉

（篆）　（金）　（篆）

欠，指事字，小篆的写法，下面是“人”，上面是象形符号“彡”，表示人昂首吐长气，即俗话说的“打哈欠”。由“头向上”引申为身体的一部分向上移动，如“欠身”、“欠脚儿”。现在欠字常用作表示“不够”，是假借义。

歉，形声字，从欠兼声。本义为“食不果腹”。唐代诗人李商隐《行次西郊作一百韵》：“健儿立霜雪，腹歉衣裳单。”“腹歉”即吃不饱。引申为粮食收成不好。明代诗人尹耕《秋兴四首》：“冬残战士衣仍薄，岁歉孤城廪欲空。”“岁歉”即收成不好的年份。又引申为不足。清代诗人郑珍《江边老叟诗》：“他方难去守坏基，田土虽多歉人力。”“歉人力”即人力不足。又引申为愧疚，即对不住人家的心情。常说的“深表歉意”，即向对方深深地表示愧疚之情。

欠字的“不够”义与歉字的“不足”义实际上是相同的，但在使用上有分工，“歉收”、“歉岁”都用“歉”，而“欠缺”、“欠资”、“欠火候”都用“欠”。欠字无“愧疚”义，所以表示愧疚的“致歉”、“歉意”的“歉”不可写作“欠”。

订　定

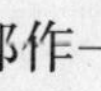（篆）　（金）　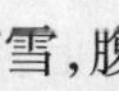（篆）

订、定二字虽然同音，含义区别却很明显，一般不会混淆。但在“约

定”、“预定”等含义上,如“预订—预定”、“订购—定购”、“订单—定单”等词,使用时往往把握不住。

订,会意字,从言从丁。言,议论;丁,古钉字,钉必置平正才能锲入物体;言、丁合体,会意为“平议”(《说文解字》)。平议,就是评议、评定。《论衡·案书》:“两刃相割,利钝乃知;两论相订,是非乃见。”“相订”即比较评议。引申为经过商议而签约,如“签订合同”。又引申为预先约定,如“订报”、“订货”。又引申为改正(文字性错误),如“修订”、“校订”。

定,会意字,从宀从正,房屋盖得正,居住者才安全,会意为“安”,安定、稳定都是本义。有句古话叫“安邦定国”,安与定同义,邦与国同义,意思就是国家安定。

由本义引申出固定的(定式),不变的(定理、定论、定数),必然的(定然),最后的决定(定案)等。

订、定二字本义区别很大,但都有“约定”的引申义,如订货—定货,订单—定单,订购—定购,订婚—定婚。本来,这些词应该用“订”,表示预先约定。后来人们为了强调确定性,常改“订”为“定”。其实是不必要的。但改了也不算错,因为在“约定”意义上,订、定是同义词。

与“约定”相联系的,还有预订—预定、制订—制定、审订—审定等词。使用这些词时,要注意它们之间的细微差别。

预订,意思是预先订购,以得到某种拥有权或使用权。

预定,意思是预先规定或约定。

制订,突出拟订,草拟,创制。

制定,突出确定下来,正式实施。

审订,突出审阅修订。

审定,突出审查认定。

选用哪个词,要从语境出发,不可随意。

央 泱

(甲) (篆) (篆)

“泱泱大国”常错作“央央大国”,这是不明了“泱泱”一词的含义

所致。

央，会意字。《说文解字》："从大在冂之内，大，人也。"大是人正立的形象。冂是坰的古字，坰，音 jiōng，义为"城郊"，在央字里作"界内"解。人居冂中，会意为"中心"，"中央"即本义。引申为终、尽，如"夜未央"（夜未尽）。央字叠用"央央"，读作 yīng yīng。含义有二：一义为"鲜明的样子"，如《诗·小雅·出车》："出车彭彭，旂旐央央。"另一义为"声音和谐"，如《诗·周颂·载见》："龙旂阳阳，和铃央央。"这两个"央央"，音、义均与"泱泱"不同。

泱，形声字，从水央声，音 yāng，泱字叠用，本义为"水面广阔"，如"湖水泱泱"。引申为气势宏大，如"泱泱大国"。

凸　突

凸、突二字同音，且含义接近，所以容易混淆。

凸，象形字，象物向上突出之形，本义为"物高起"（高于周围），与凹（物下陷）相对。引申为向上高出、向外伸出，如"挺胸凸肚"、"凸凹不平"、"凸面镜"、"凸透镜"、"凸角"。

突，会意字，从穴从犬，犬从穴蹿出，会意为"突然跃出"。"突然"即本义。由"突然"引申为意外地（突发、突如其来），急剧地变化、质变（突变）。又引申为超过一般（突出），猛冲、急速攻击、冲破（突击队、突围、突袭、突进），集中力量加快速度（突击）等。

凸的"鼓出来"与突的"超过一般"含义接近，因此，"凸出"与"突出"、"凸起"与"突起"、"凸显"与"突显"、"凸现"与"突现"等词容易混淆错用。这些词音同义近，但具体含义却是有区别的。如：

凸出，鼓出来或高出周围；突出，超过一般或使超过一般。

凸起，高出周围或鼓出来；突起，突然发生或高耸。

凸显，清楚地显露；突显，突然地显露。

凸现，清楚地显现；突现，突然出现或突出地显现。

令 龄

（甲） （篆） 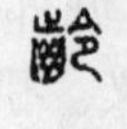（篆） 齡（繁）

令、龄二字错用，常见的是以“令”代“龄”，误以为“令”是“龄”的简化字，如将“年龄”错写成“年令”。

龄，繁体作齡，只将左偏旁“齒”类推简化作“齿”，没有简化作“令”。

“令”，会意字。亼是集合的意思，㔾，音 jié，古代象征权力的符节。人持符节，便可发号施令。《说文解字》：“令，发号也。”这是“令”字的本义。引申义有：① 使，如“令人向往”；② 善、美，如“令终”（保持善名而死）、“善始而令终”（事情圆满结束）、“令闻”（美好的名声）；③ 由美好引申为敬词，如“令尊”、“令郎”、“令嫒”。此外还表时节，如“时令”、“夏令”、“冬令”。古代县官叫做“县令”。

“令”字的本义、引申义和别义，读音均为 lìng，这是正音。还有两个特殊读音：① 古代地名和姓氏“令狐”的“令”，音 Líng。今山西临猗西，春秋时代地名叫做“令狐”。公元前 620 年晋军曾在那里打败秦兵。唐代令狐姓氏有两位名人，一位是令狐德棻，唐初史学家；一位是令狐绹，宣宗时当过宰相。② 现代纸张计量单位“令”，音 lǐng，是英语的音译，无他义。“令”作为量词，误读比较普遍，如将“100 令纸”误读作“100lìng zhǐ”。

“龄”，由“齿”、“令”二字组合而成，是形声字。齿是形符，表意；令是声符，表音。齿，是象形字，象动物口中的上下牙形。牙齿的生长发育与动物的年龄有关，幼牛幼马都是一年生长一齿，所以龄从齿，表示岁数。这是年龄的“龄”字的本义。引申为年限，如“工龄”、“学龄”、“军龄”、“党龄”。

龄字与令字的音（“令狐”的“令”与“龄”同音是特殊的例外）、义均不同，不可以“令”代“龄”。

灰　恢

（篆）　（篆）

灰、恢二字不会混淆，但“灰心”却往往错作“恢心”。所以，得了解“灰心”一词的含义。

灰，会意字，从手从火，本义为“物质经过燃烧后剩下来的粉末”；因其颜色介于黑白之间，暗淡而不鲜明，所以引申为消沉、失望的心理状态。“心灰”就是一种消沉、懊丧的心态。

恢，形声字，从心灰声，本义为“心地宽广”，所以“恢弘”、“恢恢”就是它的本义。引申为变成原来的样子（恢复）。完全没有消沉、失望、懊丧的意思。所以，“心灰”不可错写作“心恢”。

向　响

（甲）　（篆）　（篆）　嚮（繁）　響（繁）

“向往”常错作“响往”，是因为不了解向、响二字的本义。

向，会意字，从宀从口，本义为“朝北的窗户”。古代建屋，门朝南，以迎阳气；为了空气流通，在北面开一窗户。后引申为方位词，即方向。“向往”的“向”，是“嚮”的简化字。嚮，形声字，从向鄉（简化作乡）声，音与“向”同，含义为“趋向”、“归向”。“向往（嚮往）”就是心所趋向的意思。如“向往北京”，就是心里趋向北京。

响，是“響”的简化字。響，形声字，从音鄉（简化作乡）声，音 xiǎng，本义为“回声”。“响应”（回音相应）、“影响”（如影之随形，响之应声）都是本义。引申为发出声音，如“响彻云霄”、“声响”。没有“趋向”的意思，所以“向往”不可写作“响往”。

阱　井

（金）　（篆）　（篆）

阱，会意兼形声字，从阜从井，井亦声。阜，本义为“土山”，这里表示

地面；井，表示地穴；在地上挖的穴，叫做陷阱。陷阱是用来陷捕野兽的。金文阱，井下还埋有矛状物，野兽落入陷阱又遭矛刺，自然逃脱不了。

井，小篆在“井”中加了一点，井，是栏杆的象形，井中一点，表示井穴，这个井就是汲水的井。阱、井同音不同义，陷阱不可写作陷井。

驮　驼

（篆）

驮，会意字，从马从大，音 tuó，本义为“负物”，即马负重。如李白《对酒》：“葡萄酒，金叵(pǒ)罗，吴姬十五细马驮。”

驼，形声字，从马它声，音同驮，一种背上有驼峰的动物的名称，又叫“骆驼”。引申为形容背弯曲，俗称“驼背”。在古汉语里，驼也有“负物”义，所以驮、驼通用。在现代汉语里，驮、驼不再通用，“负物”用驮而不用驼。

苍　沧

（篆）　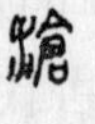（篆）

苍，形声字，从草仓声。《说文解字》：“苍，草色也。”草色，翠绿色。引申为泛指草木的翠绿色，如“苍松翠柏”、“苍山”，后世泛指绿色和蓝色。因为天也是苍色，故称天为“苍天”、“苍穹”。“松”是长寿的象征，故“苍”又用来形容老人，如“苍老”、“白发苍苍”。又借作形容没有旺盛的生命力，形容凄凉，形容空阔、辽远。如“苍白无力”、“苍凉”、“苍茫”、“苍莽”。

沧，形声字，从水仓声。《说文解字》认为，“沧”作“寒”解，指水之寒冷。古文里有用“沧”表示“寒凉”的例子，如《列子·汤问》：“日初出，沧沧凉凉。”后假借形容水色。沧，青绿色，青绿即蓝，这是深水的颜色，故常用以形容海，如“沧海”。

苍、沧二色不同，所以用以形容的对象也不同。“苍山”不可写作“沧山”；“沧海”不可写作“苍海”。

韧　轫

（篆）　韌（繁）　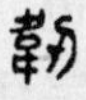（篆）　軔（繁）

韧，形声字，从韦刃声。韦，会意字，从舛从口，篆体的韧字口居中，而将舛拆开置于口之上下。舛拆开后，变成，像两只脚一只朝左、一只朝右，会意为“背”。韦是“违”的本字。后假借作“柔革”，即柔软的皮革。韦柔而刃坚，合起来产生了韧字的含义：柔软而坚固。常用词“韧性”、“韧劲”即用本义。“韧性”有二义：一指顽强持久的精神；二指物体受外力作用时，产生变形却不易折断的性质。“韧劲”，顽强而持久的劲头。

轫，形声字，从车刃声，本义“碍车木也”（《说文解字》）。即锲于车轮下的契形木，作用是使车止住。

报刊上常见“以此为发韧”这样的句子。句子中的“发韧”的“韧”是别字，应作“轫”。

发轫，即拿掉轫（碍车木），使车启动。“发轫”是书面语言中的文言词，本义相当于现代汉语中的“发车”、“启动”。屈原《离骚》：“朝发轫于苍梧兮，夕余至乎县圃。”句中的“发轫”，是“启动”的引申义：启程，出发。但在书面语言中多用其比喻义，比喻新事物或某种局面的开始。

肖　萧

（篆）　（篆）　蕭（繁）

萧，常常错作“肖”，是人们误以为“肖”是“萧”的简化字。其实，“萧”本身就是简化字，萧和肖，是音义都不相同的两个字。

萧，繁体作“蕭”，形声字，从草肅声。肅，简化为“肃”，蕭跟着类推简化“萧”。萧，本是一种蒿类植物。《尔雅·释草》：“萧，荻。”郭璞注：“即蒿。”《诗·王风·采葛》：“彼采萧兮，一日不见，如三秋兮。”孔颖达疏：萧，“今人所谓荻蒿者是也”。“采萧”即收割荻蒿。萧，形如芦苇，生于荒野，古代文人常用它形容冷落、凄清、稀疏，所以有了“萧条”、“萧疏”、“萧瑟”、“萧索”、“萧飒”、“萧森”等词。“萧然”却是个多义词，除形容“寂寞冷落”（满目萧然）、“空虚”（四壁萧然）之外，还形容“洒脱”、“扰动”。

清·顾炎武《广师》:“萧然物外,自得天机,吾不如傅青主。”“萧然物外”形容的就是“洒脱”。《汉书·张汤传》:“及文帝欲事匈奴,北边萧然苦兵。”颜师古注:“萧然犹骚然,扰动之貌也。”还有一个“萧墙”,应该怎么理解?清代文字学家段玉裁在《说文解字注》中说:“萧,古音在三部,音修,亦与肃同音通用……萧墙、萧斧皆训肃。”他认为“萧墙”即“肃墙”。他的观点是有根据的。“萧墙”语出《论语·季氏》,“吾恐季孙之忧,不在颛臾,而在萧墙之内也”。“颛臾(zhuān yú)”,春秋时的一个小国。“萧墙”是什么?何晏《论语集解》引郑玄语曰:“萧之言肃也;墙谓屏也。君臣相见之礼,至屏而加肃敬焉,是以谓之萧墙。”当时,季孙把持鲁国朝政,将伐颛臾,孔子以为季氏之忧不在颛臾,而在内部,即“萧墙”之内。后世因谓内乱为“萧墙之祸”。萧字叠用,是象声词,形容马啸风吼。也有用以形容头发稀疏花白的,如“白发萧萧”。

肖,会意兼形声字,从肉从小,小亦声,音 xiào,本义为“骨肉相似”(《说文解字》)。“肖像”、“惟妙惟肖”的“肖”都是本义。志趣同父亲一样的儿子称作“肖子”,品行不端辱没祖先的子孙称为“不肖子孙”。用十二种动物代表十二地支表示人的出生年称作“生肖”,是“相似”的引申义:相配。由“相似”引申为模仿。清代纪昀的《阅微草堂笔记·泺阳消夏录五》:“以牛角作曲管,肖鹑声吹之。”“肖鹑声”即模仿鹌鹑的叫声。

萧、肖二字声母相同,但声调不同:萧音 xiāo,一声;肖音 xiào,四声。肖有个异读音,跟萧同音,含义是“细微”、“衰微”。《庄子·列御寇》:“达生之情者傀,达于知者肖。”清代学者王念孙解释:“肖与傀正相反,言任天则大,任智则小也。”“肖”义为“小”(细微)。《史记·太史公自序》:“申、吕肖矣,尚父侧微,卒归西伯,文武是师。”句中的“肖”是“衰微”的意思。此系古义,今已不用。

孚　负

(篆)　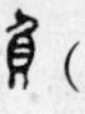(篆)

孚、负二字音近,常被用混。如将“深孚众望”错作“深负众望”,将“不负众望”错作“不孚众望”,一字之差,其义相反,褒义变成贬义。

孚,会意字,从爪从子。“子”即卵,禽类孵卵,以爪翻动其卵,使之均匀受热孵化。由此推断,“孚”当是孵的本字。后来创造了“孵”字,“孚”不再作孵字,而用它的引申义:信。《说文解字注》:“鸡卵之必为鸡,人言之信如是矣。”意思是鸡卵孵化必得鸡,如同人说了话要算数。孚字取鸡卵孵化得鸡之意,引申为信,“诚信曰孚”。孚,使人信服。“深孚众望”,即深为大家信服和敬佩。

负,会意字,上面是人字的变形,下面是贝。贝,是上古时代的货币,后泛指财货。“人守财货则得此财货为用而无虞匮乏”,所以本义作“恃”解(《说文解字》),即“有恃无恐”之意。古文中常见将“负”作“恃”解的句子,如《史记·魏其武安侯列传》:“武安侯负贵而好权,杯酒责望,陷彼两贤。”“负贵”即“恃贵”。现代汉语中的“自负”,也是“自恃”的意思。恃,有“依仗”、“凭借”义,因而有了“负隅”、“负山”等词。但是,随着文字的演变,“负”字更多地作“背”解。所以,有的文字学家认为:“负,从人从贝,会意为背。”如“背负”、“负重”、“负笈”、“负薪”。由“背”引申出:① 担负,如“身负重任”;② 享有,如“久负盛名”;③ 亏欠,如“负债”、“负增长”;④ 违背、背弃,如“负义”、“负约”、“负心”;⑤ 失败;⑥ 小于零的,如“负数”。“不负众望”,意思是没有辜负大家的期望。如错作“不孚众望”,意思就相反了,变成“与大家的期望不相称”。同样,将“深孚众望”错作“深负众望”,意思也相反了,变成“辜负大家的深望”。一字之差,其义相反,这是两个典型例子。

孚、负二字,声母韵母相同,但声调不同,所以读音有别:孚,读 fú,二声;负,读 fù,四声。

坐　座

(篆)　(篆)

坐,会意字,二人对坐在地(土)上。汉代以前,人们习惯席地而坐,坐时两膝着地,臀部压在脚跟上。现在日本人还习惯这种坐姿,是他们的祖先从唐代学过去的,而我们中国人没有继承祖先的这种传统坐姿。这个“坐”字反映了我们祖先的坐姿。

坐,相对于走是静态,因此引申出房屋位置的“坐落”,能确定一个点在空间的位置的“坐标”,固定在一个地方的“坐地”,对别人的成败采取静观态度的“坐观”，对该管的事故意不管的“坐视”等义。

座，是汉代以后造的字，会意字，从广（hǎn）从坐，表示在屋里就坐，含义是“坐具”。“座位”、“座右铭”、“座上客”的“座”，都是坐具的意思，都是名词。由“坐具”引申出器物的托，如“瓶座”、“炉座”。又由器物之托引申为器物的量词，如“一座台灯”、“一座建筑物”。

在古汉语里，“坐”也作名词用，因此，坐、座通用。例如《三国志·魏书·王粲传》：“常车骑填巷，宾客盈坐。”王勃《滕王阁序》：“千里逢迎，高朋满座。”现代汉语对这两个字重新作了规范：坐、座不再通用，“满座”不能写作“满坐”，只有“坐位”和“座位”、“坐次”和“座次”因含义相同可以通用是个例外。

常见的错误是：将“坐落”错作“座落”，将“坐标”错作“座标”，将“满座”错作“满坐”。

沙　砂

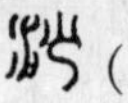（篆）　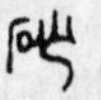（篆）

沙与砂原本是一字二形，都指碎如粟的石粒。一从水，表示它是水流冲击造成的；一从石，表示它是石的碎粒。皆从少，表示沙粒细小。甲骨文小、少同义；发展成小篆，在小下加丿，表示再分，更加细小了，也就“不多”（少）了，此处当用“细小”义。

但在使用上，却一直把沙、砂当成两个字。

沙，比砂含义宽泛一些，它不仅指沙子，还指沙状物，如“豆沙”。沙还表示嗓音不清脆，如“沙哑”。

沙子及与沙子有关的事物通常用“沙”，如“风沙”、“沙暴”、“沙滩”、“沙丘”、“沙荒”、“沙金”等。

用金刚砂细小石粒制作的东西通常用“砂”，如“砂布”、“砂轮”、“砂浆”、“砂纸”、“砂型”等。

Contemporary Publication

陈　成

陳（繁） 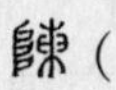（篆）　（甲） （金） （篆）

陈，会意兼形声字，从阜从木申声。本是古国名，国君后人以国为姓，遂作姓氏。陈国居宛丘，在今河南淮阳一带。一说其祖先是太皞，太皞是东夷族的首领，居宛丘，崇尚土德，故陈从阜（土山）；一说其祖先是舜，武王灭纣之后，封舜的后裔于陈，号陈公。

古代陈、阵通用，是故，陈又有“布列”之义（陈列），引申为有条有理地说出（陈述）。《史记·平准书》说：“太仓之粟陈陈相因，充溢露积于外，至腐败不可食。”旧粟没吃完，新粟又堆上来了，这就是“陈陈相因”的原始含义。由此引申为比喻沿袭老一套，因而有了“旧的”、“过去的”的含义，如“陈旧”、“陈腐”、“陈年旧账”、“陈词滥调”。

成，形声兼会意字，其结构有二说。一说“从戊从丁，丁亦声”；戊为中央方位，属土，万物赖土而生长；丁有壮实之义，物必壮实才能成长；戊丁合体，会意为“就”（《说文系传》），“成就”即本义。一说“从戌（古戚字）从丨”：戌为斧钺，表示战争；丨为休止符号；戌丨合体，会意为“休兵言和”。《春秋经传》谓“求和”为“求成”（高鸿缙）。“成”表“和好”义，在古文中常见，如《左传·隐公六年》：“郑伯请成于陈，陈侯不许。”现代汉语已不用此义。现代汉语“成”字的含义，均系“就”的引申义，如“完成”、“成为”、“成全”、“成果”、“生物从生长到成熟”、“现成”等。

陈与成二字读音近似，前者读 chén，后者读 chéng。音虽近似，含义不同，一般不致混淆，唯“成规”常错写作“陈规”。“成规”（如“墨守成规”）的含义是“现成的或久已通行的规则和方法”［参见中编第六章“成语同音字错用”“默（墨）守成规”条］。

纳　衲

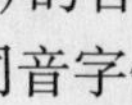（篆）　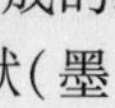（篆）

纳、衲二字形似音同，且在“补缀”上同义，所以容易混淆。

纳，会意兼形声字，从丝从内，内亦声，本义为“入”，包括入和使入。

成语“吐故纳新”原义为“呼吸”：吐，呼出；纳，吸入；后比喻新陈代谢。由“入，使入”引申为收进、放进去、发出，如“出纳”、“纳入”、“纳入正轨”。又引申为引进、接受、取、娶，如“纳谏”、“采纳”、“闭门不纳”、“纳贿”、“纳降”、“纳妾”。又引申为交付、贡献，如“交纳”、“纳税”、“纳贡”。又引申为享受，如安闲地在家居住称作“纳福”，安闲地在树下乘凉称作“纳凉”。

衲，会意兼形声字，从衣从内，内亦声，本义为“补”、“缝缀”，如“衲鞋底”。引申为汇集，如有的图书，因为是用许多不同的版本汇集而成，所以叫做“百衲本”。又引申为拼凑，如和尚穿的袈裟，因为是用许多长方形小布块拼缀制成的，所以叫做“百衲衣”或“衲衣”。“衲衣”因此而成了和尚的代称。梅尧臣《僧可真归因谒范苏州》诗：“野策过寒水，山童护衲衣。”诗句里的山童，“护”的可不是袈裟（衲衣），而是身着袈裟的和尚。老和尚自称“老衲”，也是从“衲衣”演化而来的。

纳，也有“补缀”的含义，在这一点上，纳、衲同义，可以通用。如“衲鞋底”、“补衲”可以写作“纳鞋底”、“补纳”。除此以外，纳、衲二字不能通用。

奋　愤

（金）　（篆）　奮（繁）　（篆）

奋，金文是会意字，从隹从衣从田。隹，即鸟；衣，代表鸟翅；田，指地上。鸟展翅从地上飞起，会意为“振作”。小篆改衣为大，含义与金文相同。“奋”繁体作“奮”，直接由小篆演变而成。

愤，形声字，从心贲声，本义作“懑”解，即心怀盛怒而气不平。“气愤”、“愤世”、“义愤”都是本义。

奋与愤两个字，含义区别很明显，一般不会用错。但，这两个字都可与“发”、“激”组词，如“奋发”、“发愤”、“奋激”、“愤激”。如果分辨不清它们各自的含义，就可能混淆错用。

奋发，含义是兴奋激昂。

发愤，含义是下决心或立志，还可以解释为发泄愤懑。

奋激，含义与“奋发”相同。

愤激,也作激愤,含义是愤懑而激动。

“奋发”不可写作“发奋”、“愤发”。“发愤”不可写作“发奋”。

具 俱

（金） （篆） （篆）

“家具”常错作“家俱”。

具,会意字,双手捧鼎。鼎是古代的炊具,后泛指器具。“家具”即各种家用器具的统称。

俱,形声字,从人具声,本义为“共同”。王安石《游褒禅山记》:“遂与之俱出。”“俱出”即一起出来。由“共同”引申为相同。《西京杂记》:“前生为兄,后生为弟,今虽俱日,亦宜以先生为兄。”说的是:两人同一天出生(俱日,出生日期相同),先出生的为兄,后出生的为弟。作副词用,表示范围,相当于“全”、“都”。例如,杜甫《茅屋为秋风所破歌》中的名句:“安得广厦千万间,大庇天下寒士俱欢颜,风雨不动安如山。”“俱欢颜”即都高兴。可见“俱”与“具”含义不同,二字不可互代。

俱字原本有两个读音:表“共同”、“相同”义,读jū;表“全”、“都”义,读jù。根据《普通话异读词审音表》的规定,现在统一读作jù。俱,作为姓,音Jū。

忠 衷

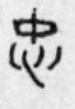（金） 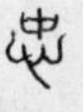（篆） （篆）

忠、衷二字读音相同,但含义区别很大,一般不致混淆错用。唯忠、衷二字与“心”组成“忠心”、“衷心”,容易混淆错用,如常见将“衷心感谢”错作“忠心感谢”。

忠,形声字,从心中声,本义为“内尽心而不欺”(《增韵》),“忠诚”即本义。“忠心”即“忠诚的心”。“衷心”的含义与“忠心”完全不同。

衷,形声字,从衣中声,含义为“里亵衣”(《说文解字》)。什么叫做“里亵衣”?亵衣,平常在家里穿着的衣服,里亵衣,贴身穿的衣服,即内衣。“衷心”一词的表面含义就是“内心”。“言不由衷”、“无动于衷”中

"衷"表示的都是本义。"衷心感谢"的意思是：发自内心的感谢。

鱼　　渔

（甲） （金） 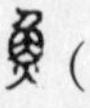（篆）

（甲） （甲） （金） （篆）

鱼的甲骨文和金文都是象形字，象鱼之形。小篆是由甲、金演化而成的，但书写线条化了。鱼与肉，都是食物，故"鱼肉"比喻无力抗拒而任人宰割，如《史记·项羽本纪》："今人方为刀俎（zǔ，砧板），我为鱼肉。"后来比喻用暴力残害别人，如《后汉书·仲长统传》："鱼肉百姓，以盈其欲。"鱼与雁，还是古代书札的别称，如《剪灯余话》："两家阔别，鱼沈（沉）雁杳。""鱼沈雁杳"即音信不通。

渔的甲骨文、金文，都是会意字。甲骨文从手从丝从鱼，或从手从网从鱼，意为"持丝钓鱼"或"持网捕鱼"；金文从手从水从鱼，意为"从水里捉鱼"。小篆"渔"与金文相似，但省去了双手。渔，本义为"捕鱼"。与"捕鱼"相关的词语均用"渔"，如海上集中捕鱼的区域叫"渔场"，捕鱼的船叫"渔船"，停泊渔船的港湾叫"渔港"，以捕鱼为业的人叫"渔民"。唐代诗人张继《枫桥夜泊》诗句"江枫渔火对愁眠"中的"渔火"，即渔船上的灯光。因"捕捞"与"掠夺"含义接近，故"渔"又有掠夺的意思，如"渔利"、"渔夺"。

先秦著作中，鱼、渔通用，如《左传·隐公五年》："春，公将如棠观鱼者。""鱼者"即渔者，捕鱼的人。在汉字发展史上，鱼与渔字义的区别越来越明确，在现代汉语里，鱼与渔是不可互代的。

备　　倍

（甲） （甲） （金） （篆） 備（繁）
（篆）

备、倍二字同音。备有"极其"义，倍有"更加"义，都表示"程度"。所以，这两个字容易混淆，如"备尝"、"备至"、"备受"常错作"倍尝"、"倍

至”、“倍受”。某大报标题也将“备受欢迎”错作“倍受欢迎”。

备字实际上是一形二字：一个“备”含义是“具”；一个“备”含义是“慎”。

备，甲骨文和金文都是象形字，表示“盛矢之器”，义为“具”，即器具。小篆是形声字，从人𤰈（由金文𤰇演变而成）声，含义是“慎”。僃、𤰈原本是两个字，后来，𤰈被僃代替，这样，备就兼二字于一体，同时有“具”和“慎”两个含义。所以说它是一形二字，同一形体而实际上是两个不同的字。

备，繁体写作備，是直接由小篆演化而成的，现行的简化字，是草书的写法，看不出它的原始结构。

备字的两个含义，各有引申义。“具”引申为具有、设备，又引申为完全。“备尝”义为“尝够了”，“备至”义为“极其周到”，“备受”义为“全面受到”，这些含义都是“完全”的意思，“备受欢迎”就是“受到广泛的欢迎”。写成“倍受欢迎”意思就走样了。况且，“艰苦”、“关怀”、“欢迎”的程度，也不好用“倍数”来表示。备的另一含义“慎”，引申出防备、准备等义。

倍，形声字，从人音（呸的本字）声，音 bèi。《说文解字》认为：倍就是背（“背”本作“北”），含义是“反”。古文里常用“倍”表示“反叛”，如《礼记 · 缁（zī）衣》：“信以结之，则民不倍。”“不倍”就是“不反叛”。凭记忆念出读过的诗文，叫做“背诵”，也是从“反”引申出来的，意思是“重复”。所以，古文里常见将“背诵”写作“倍诵”。

在现代汉语里，倍字的本义已由“背”替代，“背叛”不再写作“倍叛”，“背诵”不再写作“倍诵”。“倍”的本义消失后，被假借出去，表示“跟原数相等的数”，如“倍数”、“增加 × 倍”。引申为程度比原来深得多，如“倍加”、“倍增”、“事半功倍”。

倍与备虽然都表示“程度”，但是备表示的是广度，而倍表示的是深度，所以，“备受”、“备至”、“备尝”不能写作“倍受”、“倍至”、“倍尝”。

冽　洌

(篆)　(篆)

冽、洌二字,形似音同,极易混淆。辨析这两个字,要从形符入手。

冽,形符是冫。冫,甲骨文写作,象形字,水结冰,体积增大,突起如棚,所以,冫是冰的本字。小篆在冫旁加水,变成为冰,冫就不再单独作字,只作合体字的偏旁,仍表示“寒冷”,如“冬”、“冷”、“凋”、“冻”、“凌”、“凄”、“凝”等。冽,形声字,从冰列声,本义为“寒”,如“凛冽”(刺骨的寒风)、“风冽”(寒风凛冽)、“冽厉”(寒冷而猛烈)等。

洌,形声字,从水列声。从水,表示与水有关系,本义为“水清”,跟“清”组成“清洌”、“洌清”,含义都是“水清洁净”。古代诗人常用以形容酒清而醇,如欧阳修《醉翁亭记》:“酿泉为酒,泉香而酒洌。”

在古文里,冽、洌通用,而现代汉语冽、洌二字已不再通用。

泄　泻

(篆)　(篆)　瀉(繁)

泄,形声字,从水世声,本义为“溢”(《广雅》),即水满外流。引申为发散(发泄),倾吐(宣泄),漏、露(泄漏、泄露、泄密),把液体或气体排出(泄洪、泄气)。

泻,形声字,从水写声,本义为“水向下倾注”(《集韵》)。

泻、泄二字的含义,都有水外流的意思,但,泻的“水流”快而急,如“流泻”、“一泻千里”,都是形容水流快而急的。生物把体内的废物排出体外,称作“排泄”;而腹泻、上吐下泻,虽然也是“排出体外”,但不能写作“腹泄”、“上吐下泄”。这个例子也说明泄、泻二字含义的区别。

沿　延

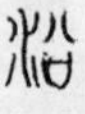(篆)　(篆)

沿,本义为“顺水下行”,引申为顺着、靠近、事物发展的历程等义(参

见中编第一章“多音字错读”“沿”字条)。由“顺着”又引申出“继续依据以往的规矩、方法、样式的含义,常用词有“沿用”、“沿袭”、“沿例”。“沿”字的这个引申义,跟“延”字的“延续”(照原来的样子继续下去)义接近,因而容易混淆错用,常见将“沿用”错写作“延用”,将“延续”错作“沿续”。

延,会意字,从㢟从丿。㢟,会意字,从廴从止。廴,小篆作廴,指事字,上面的彳,义为“小步”,下面拖个尾巴,表示继续,故“廴”含义是“长行”,即连续不断地行走。廴止合体,音 chān,表示“缓步而行”。延,㢟上加丿(“丿”有引义),会意为“长行”。后世多用其引申义“长”。《尔雅·释诂上》:“延,长也。”曹植《洛神赋》:“延颈秀项。”延颈,形容长颈。左思《娇女诗》:“从容好赵舞,延袖像飞翮。”延袖,形容长袖。由“长”引申出向长的方向发展之义,于是有了“延长”、“蔓延”、“绵延”、“延年”、“苟延”等词。又引申为推迟、拖延、耽误、扩展,如“延迟”、“延宕”、“延期”、“延误”、“延伸”、“延续”等。

沿的“依据以往的规矩”和延的“照原来的样子”含义接近,但仔细分析,二者是有差别的,所以不能混淆。

详　祥

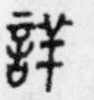(篆)　(篆)

详、祥二字形近音同,容易混淆,“安详”常错写作“安祥”。

详,形声字,从言羊声,本义为“审议”。审议就须细察,由此引申为细密、周备,又引申为从容、稳重。“安详”即从容、稳重的意思。

祥,也是形声字,从示羊声。示,指事字,上面是“二”,古“上”字,指天;下面是“小”,指天上的日、月、星。《说文解字注》:“天垂象见吉凶,所以示人也。”即观天象测吉凶。所以,“示”与神鬼关系密切。如:社,土地神;祀,祭祀;祈,向神求福;秘(本作祕),神鬼之事;祟,地下的神跑到地面上来;祝,祷告。祥,吉利的意思。常说的“不祥之兆”,即不吉利的征兆。由“吉利”引申为善。所以,古代有的文字学家认为:“祥兼福、善二义。”

由上述可见,详、祥虽形似音同,但含义不同。

诡　　鬼

（篆）　（篆）

诡、鬼二字，一般不会混淆，但“诡计”容易错成“鬼计”。

诡，形声字，从言危声，本义为“责”。这个“责”含义有二：一是要求做成某件事或行事达到一定标准；二是批评指摘。《汉书·酷吏传·尹赏》有“诡令立功以自赎”句，“诡令”即“责令”，也即“要求做到”。古书上还有“自诡”一词，“自诡”即“自责”。现代汉语已不用此义，而用“欺诈”、“奸滑”、“奇异”、“狡诈”义，如“诡诈”、“诡异”、“诡谲”、“诡计”。

鬼，会意字。大头人形有阴气（厶，私字，表示阴气），本义为“迷信中的鬼魂”。其引申义中有狡诈、阴险、不光明等义，如“捣鬼”、“鬼点子”、“鬼头鬼脑”、“鬼把戏”、“鬼鬼祟祟”，但跟“诡”字的“欺诈”、“奸滑”义是有区别的，故“诡计”不可写作“鬼计”。

姗　　蹒

（篆）　（篆）

姗，形声字，从女删（省去刂）声。本义为“诽谤”（《说文解字》）。陆游《容斋燕集序》：“遇怒骂姗侮，如风叶之过吾前，候虫之鸣吾旁也。”意思是，对于谩骂诽谤，不去理它，如同风吹树叶飞过面前，候虫噪鸣在身旁。姗字叠用“姗姗”，形容走路缓慢从容的样子。《汉书·孝武李夫人传》：“立而望之，偏何姗姗其来迟！”成语“姗姗来迟”即源于此。

蹒，本义为“跛行貌”，即脚跛行，行走不便的样子，如“蹒跚”。

“姗姗来迟”不可写作“蹒蹒来迟”。

屈　　曲

（篆）　（甲）（金）（篆）

屈、曲二字音同义近，容易混淆。

屈字的小篆是形声兼会意字，从尾从出，出亦声。古人造字时，故意将“尾”中的“毛”写短些，表示“无尾”或“尾短”。下面的“出”字，既表示“行进”的意思，又起表音作用。《说文解字》：“屈，无尾也。”这是什么意思呢？后世文字学家认为，“无尾”指昆虫中有翅无尾的尺蠖蛾。尺蠖蛾的幼虫叫“尺蠖”（chǐ huò），行进时，先将身体向上弯成弧状，然后向前伸直身体，一屈一伸地向前行进。实际上，“屈”从来没有成为尺蠖蛾的名称，而是用尺蠖行进的方式，表示“弯曲”或“使弯曲”，如“屈指”、“屈膝”。这应该是屈字的本义。引申义有：① 屈服、使屈服，如“宁死不屈”。② 委屈、冤枉，如“诉屈”、“屈打成招”。③ 违心服从，如“屈从”。④ 受压迫、受侮辱，如“屈辱”。⑤ 理亏，如“理屈”。⑥ 大材小用，如“屈才”。

曲是象形字，即“不直”。“弯曲”、“曲折”、“曲尺”、“曲背”、“曲径”等，都是本义。由“弯曲”引申为弯曲的地方，如“河曲”；又引申为理不直（是非曲直）和错误地解释别人的原意（曲解）。

曲，在现代汉语里，还作“麯”、“粬”的简化字（参见上篇第七章“汉字的简化与简转繁”“Q·曲（麯）”条），这实际上是同音假借，与本义无关。

作为韵文形式和歌谱的曲（qǔ），也是假借字，与本义无关。

屈、曲二字不但同音，都读 qū，而且都有“弯曲”、“使弯曲”的含义。但是，“屈”并不等同于“不直”，所以在使用时，屈、曲二字是有区别的：“屈指”、“屈膝”不可以写作“曲指”、“曲膝”；“曲折”、“曲直”也不可以写作“屈折”、“屈直”。二字的引申义更不可以互代。

绎　译

繹（篆）　繹（繁）　譯（篆）　譯（繁）

绎，形声字，从丝睪（yì）声，本义作“引丝”解。引丝，即从蚕茧中抽丝。引申为抽出或理出事物的头绪。演绎，一种推理方法，由一般性的前提推到个别性结论。例如：正义的事业是任何敌人也攻不破的（一般性的前提），→我们的事业是正义的事业，→所以，我们的事业是任何敌人也攻不破的（个别性结论）。这种推理叫做演绎推理。“演绎”常错作“演译”，是不明绎、译二字含义的区别所致。

译，形声字，从言睪声。《说文解字》：“译，传译四夷之言者。”就是把外国的语言文字翻译成本国的语言文字。现泛指翻译,把一种语言文字转换成另一种语言文字。译跟“推理”无关。

荧　莹　萤　莹　萦

(篆)　(篆)　(篆)　(篆)　(篆)

荧、茔、萤、莹、萦五字都是形声字,都以𫇦(𤇾的简化,𤇾是营的省笔。一说𤇾是荧的本字,荧的初文作𤆎,象两把火炬交错之形,表示火光,是会意字)为声符,形体相似,又同音,故极易混淆。它们的区别在于形符,形符起着表意的作用。

荧,从火,表示与火有关,本义是烛光,引申为星光、月光、微弱的光亮。王昌龄《送窦七诗》:“清江月色傍林秋,波上荧荧望一舟。”“波上荧荧”即照在水波上的月光。在现代物理学上,把某种物质受光或其他射线照射时所发出的可见光叫做“荧光”;把涂有荧光物质的屏幕叫做荧光屏。

茔,从土,表示与土有关,义为“坟地”,“祖茔”即祖坟。

萤,从虫,表示与昆虫有关,即萤火虫。有一种含氟矿物,叫做“萤石”。

莹,从玉,表示与玉石有关,即莹石。莹石和萤石是两种性质不同的矿物,莹石是一种光洁如玉的石头,故常用以形容光亮透明,如“晶莹”。莹石和萤石是两个专用名词,不要混淆了。

萦,从丝,表示与丝有关,义为“缠绕”。“琐事萦身”,即琐事缠绕而不能脱身。引申义有:① 牵挂,如“萦怀”;② 盘旋往复,如“萦绕”。

荧、茔、萤、莹、萦五个字同音,均读 yíng。

品位　品味

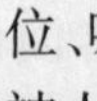(篆)　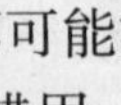(篆)

位、味二字不可能混淆,但二字与“品”组成“品位”、“品味”二词,却常常被人们混淆错用。乍看是未能区别“位”、“味”二字的含义;一深究,原来“品位”、“品味”中的两个“品”字含义就不相同。

品,是个古老的字,甲骨文、金文和小篆分别为：、、,均由三个口字组成。“口”可指代“人”,“一人”又称“一口”,有“老两口”、“小两口”为证。三人为众,三口为品,品、众同义。《说文解字》:“品,众庶也。”众庶,即老百姓。《国语·周语》有“天子千品万官”的句子。“千品”就是千万老百姓。人多了,就会出现各种各样的人,所谓“人以群分”,于是,“品”的含义就由“众庶”引申为种类。《易·乾》:“云行雨施,品物流形。”“品物”即各种各样的物体。由“种类”又引申出等级、官阶,于是有了“品位”这个词。“品位”的含义,本指官吏的等级,后借指矿石中有用元素的含量,以及物品内在质量的等级。通常说的“品位高低”,就是内在质量的高低。“等级”要区分,区分的方法之一就是“尝尝”,于是有了“品味”这个词。这个“品”不是“众”,而是“尝”。“品味”的本义就是“尝尝滋味”。“品味”须仔细体会,于是“品味”又有了“仔细体会”的含义。是故,“品味”又作“体味”。“这是一部品位很高的文学作品,它的深刻内涵,值得人们反复品味。”这句话里,“品位”表示作品的档次,“品味”表示反复体味。

炼　　练

(篆)　煉(繁)　　(篆)　練(繁)

炼、练二字不但音同,而且形似,容易混淆。

这两个字都是形声字,声符都是“柬”,区别在于形符,不同的形符决定着不同的含义。

炼,形符是“火”,本义为“用加热的办法使物质纯净或坚韧”。炼铁、炼钢、炼乳,都是通过高温去掉杂质,提高纯度。从对物质的冶炼提纯,引申出对文字的推敲斟酌,如“炼字”、“炼句”。“锻炼”本义是指对金属的锻造冶炼,借以形容人的强身和提高能力的过程,如锻炼身体、在工作中锻炼提高。

练,形符是“丝”,本义为“把生丝煮熟使之柔软洁白”。由“煮熟”引申出经验多、阅历多之义,如“熟练”、“老练”、“练达”。由“洁白”引申为简明,如“简练”、“洗练”。煮生丝要反复煮,才能达到熟的目的,由此引申为练习、练笔,练习、练笔是反复的过程。

常见的错误是：将“简练”、“洗练”错写作“简炼”、“洗炼”，将“锻炼”、“磨炼”、“锤炼”、“提炼”错写作“锻练”、“磨练”、“锤练”、“提练”。只有分辨清楚炼、练二字各自的含义（包括本义和引申义），才能正确地使用它们，从而准确地表情达意。

炷　柱

炷（篆）　柱（篆）

炷、柱二字的区别是明显的，一般不会混淆错用。但作量词用，常见将“一炷香”错作“一柱香”。

炷，形声字，从火主声，本义为“灯中火主”，俗称灯芯。《乐府》里有首古诗说：“然（燃）灯不下炷，有油哪得明？”有油无炷的灯是点不亮的。因为“炷”在灯中具有重要的作用，所以，炷就成了灯的代名词。邓中夏《过洞庭》：“秋水含落晖，彩霞如赤炷。”诗用“赤炷”形容落日余晖，犹如灯火通明，照红西天浮云。炷还可作动词，相当于“点燃”。例如，《红楼梦》六十二回：“宝玉炷了香，行了礼。”“炷了香”即点燃了香。由灯芯引申为可燃柱状物，又引申为可燃柱状物的量词。“一炷香”就是线香（可燃柱状物）的量词。其他可燃柱状物，如烛、艾绒卷（中医治病用的）等，都可用“炷”作量词。

柱，形声字，从木主声，本义为“承梁之木”，俗称柱子。柱子是房屋的直立构件，是支撑横梁的，因而引申泛指柱状物，如“台柱”、“中流砥柱”、“水柱”。又引申为支撑，如“支柱”、“柱石”。

柱字不可作动词，也不可作可燃柱状物的量词。

迷　谜

迷（篆）　谜（篆）

迷是形声兼会意字，从辵从米，米亦声。辵（chuò），本义为“踟蹰不前”；米，形如交叉路口；站在交叉路口，莫知所往。《说文解字》：“迷，惑也。”即指分辨不清、莫知所往，如“迷路”、“迷途”、“迷津”、“迷航”、“迷失方向”等。引申义有：① 模糊不清，如“迷糊”、“迷离”；② 不知所措，

Contemporary Publication

如“迷惑”、“迷惘”；③ 看不清，如“迷茫”、“迷雾”；④ 醉心于一物一事，如：“迷恋”、“戏迷”、“球迷”、“影迷”、“财迷”、“股迷”；⑤ 比喻一连串捉摸不定的事物，如“迷团”；⑥ 崇拜鬼神，如“迷信”。

谜，形声兼会意字，从言从迷，迷亦声，义为“隐语，暗射事物或文字使人难以猜出”，俗称谜语。有谜字的词语，都与谜语有关，如“谜底”（谜语的答案）、“谜面”（供人做猜谜线索的话）、“谜目”（指示谜底的破解范围）、“灯谜”、“哑谜”（谜语的出题形式）。引申义只有一项，即比喻没弄明白或难以理解的事物，如“飞机失事之谜”、“天池怪兽之谜”等。

迷、谜，音相同，义相关，但不相同。

振　震

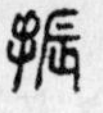（篆）　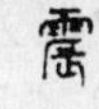（篆）

振、震都是形声兼会意字，且都以“辰”为形符兼声符，故音同义近。

辰，有两种释义：一说“辰”本义为“震也”，乃指“三月阳气动，雷电振，民农事也”，万物化生，百皆震动而言。这是《说文解字》的观点。另一说认为，“辰”是古“蜃”字，蜃，海中大蛤，能伏能动，作为振、震二字的形符，取其“动”义。两说有一个共同点：振、震均从辰，都有“动”的含义。

振，从手；震，从雨。表示二者“动”因不同，“动”的程度也不同。振，义为“摇动”、“挥动”，引申为奋起，如“振作”、“振笔”、“振奋”、“振翅”、“振兴”。震，义为“霹雳”、“威力非常”，如“地震”、“震慑”、“震惊”、“震怒”、“震耳欲聋”、“震古烁今”。

振动、振荡与震动、震荡，很能反映振、震二字含义的区别：振动、振荡，指物体通过一个中心位置，不断作往复运动，如摆的运动。震动、震荡，指激荡、颤动，如“春雷震动山谷”。

值　植　殖

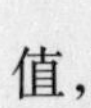（篆）　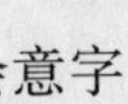（篆）　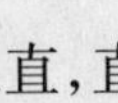（篆）

值，形声兼会意字，从人从直，直亦声。直，表示“正”，人直合体，表

示“人的行为正当”。“值得”表示的就是“值”的本义，意思是所作所为有意义、有价值。由此引申为价值。又引申为恰逢，如“值此危难之际”、“值此盛世”。

植，形声兼会意字。从木从直，说明与木与直有关。上古时代房屋多为单扇门，立直木于门旁，用来关门上锁，这根直木叫做“户植”。由立木引申为栽种，如“植树”；又引申为植物、繁植。

殖，形声字，从歹直声。歹，甲骨文写作，小篆写作。与(骨)相比，上面少了“冂”，下面少了“月”(肉)。这是一种特殊的指事字，将“骨”字去掉一部分，表示“残骨”的含义。歹字的这个原始含义，后来没有使用。歹字单独作词用，表示好的反面，即坏、恶。本属误用，因为用的人多了，便约定俗成而合法了，它的本义反而被人们遗忘。但是，歹作为合体字的形符，仍表示“残骨”这个本义，所以，以“歹”为偏旁的合体字，大多与死亡有关系。如“死”(人讹变为匕)、“殉”(埋葬)、“殃”(致命灾祸)、殊(本义斩首)、殍(饿死)。歹与直合体为殖，义为“埋骸”。死与生相反相成，古人取反义赋予“殖”以“播种”、“垦耕”等新义，于是有了“耕殖”、“垦殖”、“繁殖”、“增殖”等词。

殖，有两个读音，一读 zhí，另一读 shi(轻声)。第二个读音只有一个词：骨殖。“骨殖”常错读作骨 zhí。关于“骨殖”中的“殖”的读音，字典、词典各说不一。例如，《汉语大词典》说应该读 shí，《汉语大字典》认为应该读 shì，《辞海》“殖”条只注一个读音：zhí。1985 年，国家发布的《普通话异读词审音表》规定：“骨殖”(gǔ · shi)的“殖”读 · shi(轻声)。《现代汉语词典》和《现代汉语规范词典》均照这个规定注音 · shi(轻声)。

值、植、殖三字单独使用，一般不会混淆。但，“增值”与“增殖”，“繁植”与“繁殖”却容易混淆。使用这些词的时候，要弄清它们各自的含义。增值，义为“价值增加”或“资产增加”；增殖，义为“生物繁衍”。繁植，义为“植物繁衍”；繁殖，义为“生物繁衍”。现代汉语已经不用“繁植”一词，表“植物繁衍”也用“繁殖”。

还有一个专用名词：“腐殖质”，指已经死去的生物体在土壤中经微生物分解而形成的有机物质。“腐殖质”常错作“腐植质”。

倾　顷

傾(繁)　(篆)　頃(繁)

顷,会意字,从匕从页。页,是“首”(头)的本字;匕,一说即匕首,一说为反人(小篆的写法是反人);页匕合体,会意为“头不正”。清代文字学家段玉裁在《〈说文解字〉注》中说:“匕头角而不正方,故头不正从匕曰顷。引申为凡倾仄不正之称。今则倾行而顷废,专为俄顷、顷亩之用矣。”他既解释了“顷”字的本义,又说明了“顷”字字义的演变。

“顷”的今义(表示极短时刻和作土地面积单位的量词)是假借义,本义为后造的形声字“倾”所替代。

倾,会意兼形声字,从人从顷,顷亦声,从人从顷,表示人身子向前歪着,故本义为“歪,斜”。“倾斜”、“倾侧”即本义。引申为倾塌,如“倾到”、“倾覆”。由“倾塌”又引申为全部、用尽、压倒等义,如“倾巢”、“倾家荡产”、“倾情”、“倾吐”、“倾诉”、“倾谈”、“倾全力”、“倾慕”、“权倾朝野”等。还引申为同一组织不同派系相互排挤,如“倾轧”。上述词语中的“倾”,均不可写作“顷”。

竞　兢　竟

(甲)　(篆)　(金)　(篆)

(金)　(篆)

竞、兢、竟三个字形似,竞、竟又同音,所以容易混淆。

竞(jìng),会意字,甲骨文像二人对话。小篆,上半部是双言,下半部是双人,也是二人对话。《说文解字》:“竞,彊语也。”彊,强的异体字,强语即争着说。因此,竞,有逞强求胜的含义。引申为争、逐。《左传·襄公十年》:“竞,争也。”《张衡·思玄赋》:“鹏鹗竞于贪婪兮,我脩絜以益荣。”注家认为,这个“竞”是逐的意思。现代汉语中的“竞争”、“竞赛”、“竞走”,都是相争相逐、一比高下之意。

兢(jīng),会意字,金文和小篆都是从双兄从双丰。丰,象征草茂;

兄,本义为"滋长";二草并长,令人起敬,故兢字的本义作"敬"解。由敬生畏,引申为小心谨慎,如"战战兢兢"、"兢兢业业"。

竟(jìng),会意字,金文和小篆都是从音从人。人奏乐曲终,会意为"尽"。"未竟"即"未尽",还没有全部实现。"岁竟"即"岁尽",一年终尽了。由尽引申出究(究竟)、终归(有志者事竟成)、全(竟夕难眠,即整夜睡不着)等义。

宵　霄

(篆)　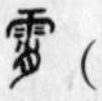(篆)

宵、霄二字音同形似,容易混淆错用。常见有将"通宵"错作"通霄",将"云霄"错作"云宵"的。

宵、霄,均读 xiāo,但含义完全不同。要明了它们含义的区别,还得从审形入手。

宵,形声字,从宀肖声。《说文解字》:"宵,夜也。"为什么表示"夜"的"宵"从"宀"呢？因为"入夜则室内窈冥(幽暗)"。有的文字学家认为,"宵"还是会意字,理由是：宵,从宀从小从月,"月在屋下则渐见其小";月光照进屋内,表示夜至;随着夜渐深,月渐升,月亮显得越来越小。月出、月升、月落,表示一夜。两说意思一样：宵,夜也。农历正月十五旧称上元节,这天夜晚,称作"元宵"。

霄,形声字,从雨肖声,本义为雨霰(xiàn)。霰,成颗粒的雪子,雨霰即雨夹雪子。有的文字学家认为,霄还是会意字,理由是:"霄"中的"肖",是"消"的省笔,取雪子落地即消之意。雨霰从天而降,由此引申为天际,如"霄汉"、"云霄"。古词有"皎皎霄月"句,"霄月"即挂在天穹的月亮。"通宵"错作"通霄",就变成直通天际。

涣　焕

(篆)　(篆)

涣、焕二字都是形声字,而且声符相同,所以同音。二字的区别在于形符不同。

涣，从水，义为“消散”。“涣散”即本义。引申为消除，如“涣然冰释”，形容嫌隙、疑虑、误会完全消除。

焕，从火，本义为“光明，光亮”，如“焕发”，形容光彩四射。由“光彩四射”引申为振作，如“焕发革命精神”；又引申为面貌一新，如“焕然一新”。

袒　坦

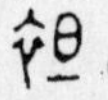（篆）　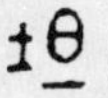（篆）

袒，形声字，从衣旦声，说明跟衣服有关系，本义为“脱去或敞开上衣”，所谓袒胸露背。所以，汉代学者郑玄释义说：“袒，露也。”战国时有个有名的“将相和”的故事，说的是：蔺相如为相，老将军廉颇不服，寻机相辱，相如一再回避。相如身边的人问他为什么如此畏惧廉将军，相如说：秦王之威，我尚且敢于在朝廷叱责他，哪里是怕廉颇！秦国之所以不敢侵犯赵国，是因为有我和廉颇在，我考虑的不是个人的恩怨，而是国家的安危。“廉颇闻之，肉袒负荆，因宾客至蔺相如门谢罪。”（《史记·廉颇蔺相如列传》）“肉袒负荆”，就是光着上身，背负荆条。这是古代请罪的一种方式。古代还有“袒左”“袒右”之说。“袒左”即脱去左袖，露出左臂；“袒右”即脱去右袖，露出右臂。古代行礼，皆袒左，袒右是罪犯受刑标志。西汉刘邦死后，吕后专权，成了吕家天下。吕后死了，太尉周勃对军队下令说：“为吕氏右袒，为刘氏左袒。”军皆左袒。周勃遂率兵杀尽吕党，维护汉朝政权。从此，“袒右”成了拥护反动势力的代名词。由“袒露”引申为显示、表示。古文里常见的“袒怀”一词，就是“显示”或“表白”的意思。

坦，形声字，从土旦声，表示跟土地有关系。古代字书对坦字的含义说法不一。《玉篇》释义为“平”。《易经》上说：“履道坦坦，幽人贞吉。”唐代学者孔颖达解释说：“坦坦，平易之貌。”说的是道路宽广平坦。《说文解字》释义为“安”。韩愈说过“坦乎其无忧”，说的也是“安”。常用的“坦途”一词，就兼有“平”、“安”二义，因“平”而得以“安”。由道路宽广引申为胸襟开阔，孔子说的“君子坦荡荡”，说的就是胸襟开阔。又引申为纯洁、直率，如“坦白”、“坦诚”、“坦率”、“坦陈”。

古代“坦露”、“袒露”同义，但“袒露”没有“坦白”、“坦率”、“坦诚”等的纯洁含义。在现代汉语里，表示裸露含义时，不再用“坦露”，只用“袒露”。关于“坦露”，还有一个择婿的故事。晋代有个郗姓太傅，遣门生到王丞相家求女婿。门生回来说：“王家诸郎亦皆可嘉，闻来觅婿，咸自矜持，唯有一郎在东床上坦腹卧，如不闻。”（《世说新语·雅量》）郗公听了，说：“就他好！”后打听到那个“在东床上坦腹卧”的人乃是王羲之，他被选为女婿。从此，“坦”字成了女婿的代名词。古文里有“令坦”、“贤坦”，指的都是女婿。

峻　竣

（篆）　（篆）

峻、竣都是形声字，而且都以“夋”为声符，所以同音。二字含义的区别，在于起表义作用的形符不同。

峻，从山，本义作“高”解，形容山势陡峭，如“高山峻岭”、“山势峻拔”。由“高”引申为险。扬雄《甘泉赋》有“高峦峻阻”句，“峻阻”即“险阻”。由“险”引申为急。柳宗元《愚溪诗序》：“又峻急多砥石，大舟不可入也。”“峻急”，水流湍急。《晋书·傅玄传》：“天性峻急，不能有所容。”这个“峻急”，是形容性情严厉、急躁。因而又引申为严厉，如“严峻”、“严刑峻法”。

竣，从立，立就是停立不动，所以本义作“止”解。“止”有完毕的意思，故工程完成称作“竣工”，事情做完了称作“竣事”。

萃　粹

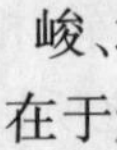（篆）　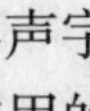（篆）

萃、粹二字同音，但不同义。某汉语词典曾将“荟萃”释义为“（英俊的人物或精美的东西）聚集”（修订再版已将“英俊的人物或精美的东西”删去），使人误以为萃、粹二字同义。其实，萃、粹二字含义根本不同。

萃，从草，本义为“草丛生的样子”，引申为聚集。上引词典将“萃”字释义为“聚集”是对的，错在为“荟萃”释义时，却加上“英俊的人物或精美

Contemporary Publication

的东西”这样的限制语。应当指出：“荟萃”中的“荟”与“萃”同义。荟，本义为“草木繁盛”，引申为汇集。荟萃，同义反复，含义还是聚集，并非特指“英俊的人物或精美的东西”聚集。成语“出类拔萃”中的“类”与“萃”也同义，意为“同类”、“寻常”，“出类拔萃”形容超越寻常。

粹，从米，本义为“米纯而不杂”，如“粹白”（纯白）、“精粹”（精美纯粹）。引申为精华，即事物最重要、最有价值的部分。例如，“国粹”，国家固有文化中的精华；“文粹”，文章精华。

文萃与文粹，不是同义词。文萃，义为文章汇集；文粹，义为文章精华。两词同音，但含义不同。

副 符 付 赋

（篆） （篆） （篆） （金） （篆）

把“名副其实”写作“名符其实”，把“副主任”、“副导演”写作“付主任”、“付导演”，是最常见的用字错误。

副，形声字，从刀畐声。本义为“劈”，即将物体一分为二。与“一分为二”相对的是“合二而一”，由此引申出相称的意思。“名副其实”、“名实相副”，即名与实相称。

“副”还有三个义项：① 居第二位的、辅助正职的。如“副主任”、“副导演”，② 助手。如“副手”、“人副”；③ 附带的。如“副业”、“副产品”。上述三个义项的“副”字，是假借字，本字为“福”，后借“副”代“福”，“福”字遂废。有人不了解“副”字的本义及其引申义，觉得“名副其实”解释不通，以为“副”字用错了，就写作“名符其实”，犯了想当然的错误。

符，形声字，从竹付声。《说文解字》：“符，信也。”汉代用竹片做成符节，长六寸，两片相合，作为信物。朝廷遣使去州府传令，使节持符去，与州府所持符相合，相当于今天使者的身份证书。“符合”、“符号”，都是本义的引申义。符的“符合”义与副的“相称”义接近，但不相同，不可以“符”代“副”。

副、符二字声母、韵母皆同，但声调不同。副，音 fù，四声；符，音 fú，二声。

付，会意字，从人从寸，寸即手。人寸合体，象征人持物予人。《说文解字》："付，予也。"有付的合成词，都与"交给"、"交出"、"拿出"有关，如"交付"、"托付"、"付出"、"支付"、"付印"、"付与"、"付账"等。付字没有"副职"、"助手"的意思，所以，不可将"副主任"、"副导演"写作"付主任"、"付导演"。

付还被错作"傅"的简化字。傅字并没有简化，付、傅是两个不同的字。

付、傅作为姓氏，是两个不同的姓氏。

说到"付与"，必然联想到"赋予"。"付与"和"赋予"，同音同义，都是"交给"的意思。但这两个词在使用时是有区别的。区别何在？还得从剖析"赋"字入手。

赋，形声兼会意字，从贝从武，武亦声。从贝，表示与财货有关；从武，表示强制的意思；贝武合体，会意为"税"。"田赋"、"物赋"、"丁赋"、"贡赋"的"赋"，都是本义。由"缴税"引申出交给，"赋予"就是"交给"。在古代，"赋予"和"付与"是同义词，使用时没有什么区别。《汉书·哀帝记》："皆以赋贫民。""赋贫民"即给与贫民。在现代汉语里，"赋予"在表达"交给"、"给予"意思时，含有庄重、神圣的意味。例如，"这是历史赋予我们的神圣使命。"所以，在使用"付与"和"赋予"时，必须注意句子的含意和语境。

接　截

（篆）　（篆）

接、截二字同音，字义区别较大，不会混淆，但两个字跟"直"分别组成"直接"、"直截"，却容易混淆致误，常见将"直截了当"错写作"直接了当"。

接，形声字，从手妾声，本义作"交"解。《礼记·表记》："君子之接，如水。""君子之接"即"君子之交"。后代文人改为"君子之交淡如水"。"交"即"结交"，由此引申出接触（接近）、连接（接二连三）、接替（接班）、毗连（接壤）等义。"直接"取"接触"义，即直接接触，不经过中间事物。

截，小篆是会意字，从戈从雀，后讹作截。以戈对雀，会意为"断"，即切割使断。截与劈的区别是：劈竖剖，截横断。突然半路杀出，叫“截击”；在水道上截断水流，叫“截流”；形容界限分明，如同割断一样，叫“截然”。“直截”取“截”的引申义：明快。“直截了当”，形容言语、行动简单爽快。

著　着

著字的异读音与“着”同音，在古汉语里通用。“着”是后造字，有的学者认为“着”是“著”的俗字。现代汉语对这两个字的用法进行了规范。《现代汉语词典》在“著”、“着”同音的条里这样表示二字用法的规范：著·zhe，同“着”；著 zhuó，同“着”。就是说，著音·zhe、zhuó 时，与“着”是同义词，在用法上选择用“着”。

著，小篆作𦾔，形声兼会意字，从草从者，者亦声，音 zhù，本义为“明显”。从草，表示“多而常见”；从者，《说文解字》：“者，别事词也。”“别事词”即表示有别于其他事物的词。者字的这个含义，今被“这”取代。草者合体，表示虽然多而常见，但很容易与其他事物区别开，“明显”义即由此而生。常见的“显著”、“昭著”、“卓著”、“著名”、“著称”等词，用的都是本义。在古文里，“著”常单独使用。例如：“惟天下之静者，乃能见微而知著（明显）。”（苏洵《辨奸论》）“揜其不善而著（显扬）其善。”（《礼记·大学》）“此臣素著（著称），狂直于世。”（汉书·朱云传）“伐国不言围邑，此其言围，何也？病郑也，著（表现，显露）郑伯之罪也。”（《穀梁传·僖公六年》）由“表现”引申为撰述、写作，于是出现了“著作”、“著者”、“名著”、“新著”、“译著”、“合著”、“著作权”等词。著字上述读音与含义，跟“着”没有任何联系。

着字在《说文解字》里找不到，但出现在唐诗里，说明它是汉唐年间造的字。着是个多音多义字，有四个读音：① zhuó，② ·zhe，③ zhāo，④ zháo。读音不同，含义有别。

① zhuó 是“着”字的正音。含义有：穿（如衣着、着装），接触、挨上（如附着、着陆、不着边际），使接触（如着笔、着墨、着色、着眼），下落（如着落），注重、致力（如着意、着重、着力）。② ·zhe 是异读音，作助词表示动作正在进行或存在方式。如“打着”、“撑着”、“说着”、“敞着”、“放着”。用在动词或表示程度的形容词后面，则表示祈使。如“你听着”、

“步子迈大着点儿”、“轻着点儿”、“了解变化着的情况”。表示程度深常跟“呢”连用,如“好着呢”、“怪着呢”。加在某些动词后面,使变成介词,如“顺着”、“沿着”、“朝着”、“照着”、“为着”。在读正音 zhuó 及异读音 · zhe 时,着含义同著。③ zhāo,可以作名词用,也可以作动词用。作名词,表示下棋落子或计策,如“一着不慎,全盘皆输”、“支着儿”、“高着儿”、“三十六计,走为上着”。作动词用于应答,表示同意,如“这话着哇”、“着,就这么办”。④ zháo,表示“接触”(如上不着天,下不着地),“感受,受到”(如着风、着凉、着迷、着恼),“燃烧,发光”(如点着了、灯着了、着火)。用在动词后面表示目的或效果(如睡着了、猜着了、管不着)。③④两种着字的特殊用法,着、著不能通用。

敝　弊

(篆)　(篆)

敝、弊同音,容易混淆错用。

敝,本义为“衣衫破烂”,引申为破旧(参见中编第三章“形似字混淆致误”“敝敞”条)。

弊字的小篆是形声字,从犬敝声,本义为“顿仆”(《说文通训定声》)。顿仆,即跌倒。隶变时将下部的犬讹变成廾,从而演变成“弊”。由“顿仆”引申为止、渴、断、罢、疲困。表上述义多见于先秦著作。后来,弊的本义及其引申义被“斃”取代,转而表“害”、“伪”、“毛病”等义,如“除弊”、“作弊”、“舞弊”、“弊病”、“弊端”等。

在古汉语里,敝、弊通用。例如,陆游《寓叹》:“江山霜风透弊袍,区区无奈簿书劳。”“弊袍”即敝袍。《汉书 · 鼂错传》:“陈胜行戍,至于大泽,为天下先倡,天下从之如流水者,秦以威劫而行之之敝也。”“敝”即弊病。在现代汉语里,敝、弊不再通用。

啰　罗

囉(繁)　(篆)　羅(繁)

啰,本来是语助词,用在句末,表示肯定语气。如:“你放心啰!”后与

“唆”组成“啰唆”一词，表示说话繁复。

罗，繁体写作羅，会意字，由网、丝、隹合成，本义是“捕鸟的网”。引申为搜集（罗致）、陈列（罗列）、料理（张罗）等义。罗还是姓氏。啰，繁体写作囉，汉字简化时，曾将囉简化作“罗”。以“罗”代“啰”，使用起来有时很别扭，比如：“老罗罗唆。”所以，1986 年国家语言文字工作委员会重新发布《简化字总表》时，恢复了“囉”字，并且类推简化作“啰”。这样一来，罗和啰又是两个含义不同的字。

崩　迸

（篆）　（篆）

崩，形声字，从山朋声，本义为“山倒塌”，“崩塌”即本义。引申为破裂（崩裂）、完全破坏（崩溃）。

迸，形声字，从辵并声。本义作“散”解（《说文新附》），即分向各方散去。在古汉语里，战败散走者叫做“迸”。《三国志·魏书·钟会传》：“缄制众城，罔罗迸逸。”“罔罗迸逸”即网罗败兵、逃兵。流散也称作迸。《后汉书》：“饥荒之余，人庶流迸。”“流迸”即流散。由“散”引申为飞溅、突然发出，如“迸溅”、“迸发”。

“崩裂”、“迸裂”，都是破裂。但“崩裂”义为猛然分裂，“迸裂”义为裂开而四散飞溅。

崩，音 bēng；迸，音 bèng。二字声调不同，前者一声，后者四声。

混　浑

（篆）　（篆）

混、浑二字，音义有同有异，容易误读错用。

混，形声字，从水昆声，古音读若滚，形容水势之浩荡。后来音义皆变，读 hún，义为“水浊”。由“浑浊”引申为糊涂、不明事理，如“混小子”、“混头混脑”。

混，还有一个读音：hùn。义项有四：① 搀杂，如“混合”；② 蒙混，如“混充”；③ 庸庸碌碌，如“混日子”；④ 界限不清，如“混淆”。上述四义，都是本义的引申义，但读音变了。

因为一字二音，容易误读。常见的误读有：把“混蛋”（hún dàn）误读为 hùn dàn；把混淆（hùn xiáo）误读为 hún xiáo。区别两种读音的方法是释义：在表示浑浊、糊涂这类意思时读 hún；在表示混杂、蒙混、混淆这类意思时读 hùn。

浑，形声字，从水军声，音 hún。《说文解字》：“水浊为浑。”这是“浑”的本义。引申义有：① 糊涂、不明事理，如“浑浑噩噩”、“信口浑说”；② 天然的、朴实厚重，如“浑朴”、“浑厚”；③ 全、满、完整，如“浑身”、“浑然”；④ 很、非常，如“浑圆”、“浑似”。

由上述辨析可知，在表“糊涂，不明事理”时，混、浑二字同音同义，可以通用。

浑字古代有时也读 hùn，如《窦娥冤》：“一身冒雪浑家暖，汝不能诗替汝吟。”“浑家暖”即全家暖。《水浒传》：“林冲的锦衣裙袄都是李小二浑家整治缝补。”“浑家”即妻子。这两例中的“浑”都读 hùn。

宿　夙

（甲）（金）（篆）

宿，本义为“夜间休息”（参见中编第一章“多音字错读”“宿”字条）。

夙的甲骨文是象形字，象一个人跪着捧月之形，表示天快亮了，月亮还挂在天上，早起的人能见到它。金文和小篆都是会意字，从夕从丮。夕，表示天未晓；丮，音 jǐ，执的本字，义为“做事”。夙的本义是“勤奋的人天不亮就起来做事”。成语“夙兴夜寐”，即早起晚睡，形容勤劳。夙，音 sù。

就本义来说，宿，夙二字的区别是明显的，但二字的引申义“旧有的”、“一向的”却是相通的。例如：

宿愿也作夙愿（一向怀有的愿望）。

宿诺也作夙诺（多年以前的诺言）。

夙嫌也作宿嫌（旧有的嫌怨）。

夙敌也作宿敌（一向对抗的敌人）。

夙只有一个读音，而宿却有三个读音，除读 sù 外，还读 xiǔ、xiù。

宿、夙本义不同,只有读 sù 并在“旧有的”、“一向的”这个特定意义上可以通用。

维　　唯　　惟

(篆)　(篆)　(篆)

维、唯、惟三字都是形声字,且声符都是隹,读音相同,在古文中常通用。如作语助词,用于句首或句中,三字通用。王勃《滕王阁序》:“时维九月,序属三秋。”用“维”。《荀子·大略》:“唯其偕矣。”用“唯”。《书·伊训》:“惟元祀十有二月乙丑,伊尹祠于先王。”用“惟”。用作语助词,无论是用“维”、用“唯”还是用“惟”,都没有意义。用作副词,表“只有”、“只是”时,惟、唯通用。表“思考”、“想”时,惟、维通用。

但是,维、唯、惟三字各自的本义是不同的,它们分别可以从表义的形符的不同得到解释。

维从丝,说明跟丝有关系,本义为“系车盖的绳子”。古代布质车盖,四角有四根绳子,叫做“四维”,起维系车盖的作用。由“维系”引申出支持、保护,如“维持”、“维护”、“维修”。

唯从口,说明跟口有关系。本义作“诺”解。诺,即应答,相当于现代汉语中的“是”。如《汉书·韩信传》:“信再拜贺曰:‘唯’。”“唯”可叠用(唯唯),意思是“一味顺从”。从古汉语里,“唯唯”也作“惟惟”,如《荀子·大略》:“惟惟而亡者诽也。”这个“惟惟”音义都与“唯唯”相同。现代汉语中只用“唯唯”,如“唯唯诺诺”。不过,用作此义时,唯读 wěi,不读 wéi。前面说了,“唯”可作副词用,表“单单,只有”义,仍然读 wéi,如“唯一”、“唯独”、“唯我独尊”、“唯命是从”。

惟从心,说明跟思有关系,本义作“凡思”解(《说文解字》)。“凡思”即广泛思考。用“心”旁表示“思”,是因为古人认为“心之官则思”,思考是心的功能。《汉书·邹阳传》:“愿大王详惟之。”(希望大王周详地思考)句子里的“惟”就是本义。但现代汉语里的“思维”作“维”而不作“惟”,纯属约定俗成,跟维字的本义无关。“惟”也有“单单,只有”义,如“惟独”、“惟恐”、“惟利是图”。

在古籍里,表“独”义时唯、惟、维通用。《辞源》指出:“古籍惟、唯、维通用。《左传》作‘唯’,《毛诗》作‘维’,《尚书》作‘惟’。”在现代汉语里,表“单单,只有”义,唯、惟仍通用,属于全等异形词。鉴于“唯一,唯独”使用频率高,且“唯物论”、“唯物辩证法”、“唯物主义”、“唯心主义”等哲学名词,都是专用名词,只能用“唯”,故按照“通用性”原则,表“单单,只有”义,还是以“唯”为规范词形好。

还有,“惟妙惟肖”,古文里也作“维妙维肖”。鉴于“惟”一般作词缀用,故宜以“惟妙惟肖”为规范词形。

幅 辐

(篆) (篆)

幅、辐二字都是形声字,都以“畐”为声符,所以都读 fú。二字含义的区别决定于形符。

幅,从巾(巾是布做的,在合体字里表“布”义),表示与布有关。《说文解字》:“幅,布帛广也。”“布帛广”即布的宽度。“单幅布”、“双幅布”、“宽幅布”里面的“幅”即本义。用作量词,平面物一方叫做一幅,如“半幅布”、“三幅画”。引申为泛指宽度,如“幅度”、“振幅”(物体振动或摇摆所展开的宽度)。又引申为国土面积,如“幅员”。

辐,从车,表示与车有关,本义是车轮中间的直棍或钢条,它们把车毂与轮圈连接起来,支撑着轮圈。《老子》十一章:“三十辐共一毂。”说是古代车轮子有 30 根辐条支撑着轮圈。辐条是由车轮中心向各个方向直线伸展的,因此引申为“辐射”。凡是由中心向各个方向直线伸展的现象,都称作“辐射”,如“热辐射”、“光辐射”、“无线电波辐射”。又引申为稠密,如“人烟辐辏”。

循 徇

(篆) 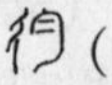(篆)

循、徇二字,形似音近,且循的“依照”义和徇的“依从”义接近,所以容易混淆。

循,形声字,从彳盾声,本义为“行顺”(《说文解字》),即顺道而行。

引申为顺着、沿袭，如“循序”、“因循”。又引申为遵守，如“遵循”、“循规蹈矩”。由“循序”引申为有步骤（循循善诱），事物周而复始地运动（循环）。

徇，也是形声字，小篆徇字从彳匀声，本义为“行示”（《说文解字》），即巡视、宣示。古文里有“徇师”一词，“徇师”即巡视军队。《左传·僖公二十八年》：“杀颠颉以徇于师。”“徇于师”含义与“徇师”不同，不是巡视，而是示众。徇在古文里还有炫耀、谋求等引申义。徇的上述古义今已不用，现代汉语用的是徇的后起义：依从、曲从，如“徇私舞弊”（为了私情而弄虚作假）、“徇私枉法”（为了私情而歪曲甚至破坏法律）、“不徇私情”（不曲从私情）等。

由上述可知，“循”的“依照”义与“徇”的“依从”义，是有本质区别的。

脾 皮

（篆） 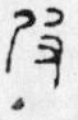（篆）

脾、皮二字虽然同音，含义却不同：脾，是动物的内脏；皮，造字原义是剥皮，所以从又（手），后用引申义，即生物体表面的一层组织。一般这两个字不会错用。但形容人性情不好，生气，该用“发脾气”还是“发皮气”？却会让人举棋不定。正确的是“发脾气”。

形容人生气，为什么与“脾”联系起来称作“发脾气”呢？这同古代人对“脾”的功能的认识有关。在中医理论上，脾与胃是分不开的，胃主受（接受食物），脾主消（消化食物），脾胃必须协调。平常说“脾胃相投”，指的就是两个人性情相投、好恶的习性相同或相似。中医理论还认为，脾与“意”关系密切。“意”，指的是心理、性情、情绪。《黄帝内经注》说：“脾托意，意宁则智无散越。”“意宁”即心理平静，情绪平稳。“意宁”，人就比较理性。反之，意不宁，性情就会不好，情绪就会急躁。而性情（意）是靠脾“托”的，所以人们就把性情急躁称作“脾气不好”，把情绪发作称作“发脾气”。古今字典、词典上都没有“皮气”这个词。

尊　遵

（甲）　（篆）　（篆）

尊，甲骨文即有此字，是会意字，从酉从双手。酉，古酒字；双手捧酒，会意为“酒器”。小篆将甲骨文上面的“酉”改为“酋”，将下面的双手改作“寸”（寸也是手），也是会意字，含义与甲骨文同。以美酒祭祀或待客，有庄重、敬重等义，故引申为尊卑的“尊”。常用作敬辞，如“尊敬”、“尊贵”。

遵，形声字，从辵尊声，“尊”在这里是声符。“遵”字的本义是“循”，即依照。遵照就是依照，但在语气上有敬重的意味。

尊、遵二字，形似音同但义不同，不可以互代。

湎　缅

（篆）　（篆）

湎、缅二字形似音同，容易混淆致误。

湎，会意字，从水从面，本义为“酒形于色”，后作“沉迷于酒”解。《汉书·五行志》：“君湎于酒。”“湎于酒”即沉迷于酒。后泛指沉溺、迷恋、放纵。现代汉语中的“沉湎”，意为沉迷酒色而不能自拔。

缅，形声字，从丝面声，本义为“微丝”，即最细的丝。由丝长引申为远，现代汉语常用的就是这个引申义，如“缅怀”（遥想，追思）。

如果把“沉湎”错作“沉缅”，“缅怀”错作“湎怀”，那就会让人莫名其妙了。

隔　膈

（篆）

隔，形声字，从阜（左阝，土山）鬲声。从阜，说明与山有关系，本义为“障”（《说文解字》），即常说的“阻隔”。引申为遮断使不相通，如“隔绝”。又引申为距离，如“间隔”。两个人思想上有距离，称作“隔膜”；感

情上不沟通，称作“隔阂”。

膈是后造字，小篆没有这个字。它也是形声字，从肉（变形作月）鬲声。从肉，说明与肉体有关系，指人或哺乳动物胸腔与腹腔之间的膜状肌肉，也叫膈膜或横膈膜。膈膜是名词，隔膜既可以是名词（隔阂），也可以是形容词（情意不相通、不通晓），二者含义完全不同。

蓝　篮　兰

（篆）　藍（繁）　（篆）　籃（繁）

（篆）　蘭（繁）

藍、籃、蘭三字音同，藍与籃还形似。但，三字含义完全不同，原本不会混淆。由于这三个字分别简化作蓝、篮、兰，兰字笔画最少，人们往往将“蓝”错写作“兰”。

蓝，形声字，从草监声，本义为“染青草”（又称蓼蓝）。这种草可作蓝色染料，又可提炼成靛青，染出的色比“蓝”更深。成语“青出于蓝而胜于蓝”即源于此，直译就是：青是由蓝提炼的，但青色比蓝色更深。这句成语常用以比喻学生超过老师，一代更比一代强。引申为蓝色、蓝本（著作所根据的底本）、蓝图（比喻建设计划）。蓝，还作为姓氏。有种蔬菜叫“苤蓝”，这个“蓝”不读 lán 而读 la。

篮，形声字，从竹监声，本义为“大篝也”（《说文解字》）。“大篝”即竹笼。后泛指各种提篮。装置在球架上的铁圈及系在铁圈上的网，也叫“篮”，篮球因此而得名。

兰，“蘭”的简化字。蘭，形声字，从草闌（今简化作阑）声，本义为“香草也”（《说文解字》）。后来泽兰、兰草、兰花统称为“兰”。在古汉语里，兰与斓、栏通用。例如，《汉书·王莽传》有“斑兰之衣”和“与牛马同兰”句，“斑兰”即“斑斓”，“与牛马同兰”即“与牛马同栏”。在现代汉语里，兰、斓、栏三字不再通用。

蓬　篷

（篆）　（篆）

蓬，形声字，从草逢声，本是一种菊科多年生草本植物。这种植物，根小但枝繁叶茂，花如柳絮，秋风一起，常被连根拔起，飞舞空中，所以又称“飞蓬”。人们用“蓬”比喻繁荣、旺盛，如“蓬勃”、“蓬茸”。又用以形容松乱，如“蓬松”、“蓬头垢面”。可用作花草的量词，如“一蓬凤尾竹”。用树枝和草做成的门户，称作“蓬门”，如“蓬门荜户”、“蓬荜生辉”（参见中编第六章“成语同音字错用”“蓬璧（荜）生辉”条）。

篷，形声字，从竹逢声，本义为“船篷”，引申为斗篷、帐篷。船帆也称作“篷”。《警世通言》有“拽起满篷”句，“满篷”即“满帆”。

暄　喧

（篆）　（篆）

暄，形声兼会意字，从日从宣，宣亦声，所以读 xuān。宣，有“遍布”的含义（参见中编第三章“形似字混淆致误”“宣渲”条），日宣合体，表示“阳光遍布，和暖宜人”，这就是暄字的本义。《中华字典》认为：“暄，或煖字。”暄是煖字的另一种写法，煖即暖。古书上常见“春日暄和”，“暄和”即暖和。

喧，形声字，从口宣声，读音跟暄字相同。喧字的含义是：大声说话。引申为吵闹，如“喧哗”、“喧嚣”、“喧闹”。

暄、喧二字，一般不会错用。但，“寒暄”常错写作“寒喧”，这是人们不了解“寒暄”的含义，以为“寒暄”就是说话、聊天，而“话从口出”，于是便将“寒暄”错写作“寒喧”。

寒暄，直译就是冷暖。中国人有个习惯，朋友见面，先得问好，问好的内容就包括冷暖，即平常说的问寒问暖。在书面语里，把问好的内容当成动词，“寒暄”便变成了“问好”。

Contemporary Publication

暌　睽

(篆)　(篆)

暌、睽二字，声符相同，不但形似而且音同，音 kuí，容易混淆。辨别暌、睽，只有通过审视形符，了解它们各自的含义。

暌，从日，说明它与日有关系。《韵会》释义为“日入”，即太阳下山。日落月出，日、月很少同时出现在天穹，所以人们用“暌”表“分离”义。“暌违”一词，就是分离、离别的意思。在古文里，暌还作“不合”、“离间”讲。刘勰在《文心雕龙》中，用“文丽义暌”形容文字华丽却未能准确达意。苏轼《续欧阳子朋党论》：“疏者易间，而亲者难暌。”这个“暌”当“离间”讲。

睽，从目，说明与眼睛有关系。《说文解字》释义为“目不相听”。听，作“顺从”讲，“目不相听”即双目不能集中视线。由此引申出不相合，如“睽异”，即(意见)不合。不相合，有分离的意思，所以古人在表“分离”义时，暌、睽通用。在现代汉语里，表分离义一般用“暌”。睽字主要叠用(睽睽)，形容注视，如成语“众目睽睽”。

催　摧

(篆)　(篆)

催、摧二字都是形声字，都以崔为声符，所以形似音同。它们的区别在于表义的形符不同。

催，形声兼会意字，从人从崔，崔亦声。崔，高山。高山压顶，令人急迫。所以，催字的本义是“相迫”(《说文解字》)，即迫使人们迅速行动。孟浩然《归终南山》：“白发催年老，青阳逼岁余。”作者抒发人生恨短岁月无情的感慨。现代汉语里的“催促”、“催办”、“催迫”等词，都是“相迫”的意思。由“相迫”引申为使事物的产生和变化加快，如“催生”、“催奶”、“催眠”、“催化”、“催芽”等。

摧，形声字，从手崔声，本义为“折”(《说文解字》)，即以手折断物体。古代汉语里常见单用“摧”字，如《史记·孔子世家》：“泰山坏乎！哲人萎乎！梁柱摧乎！”又如古诗《焦仲卿》：“今日大风寒，寒风摧树木。”“梁柱摧”、“摧树木”中的“摧”，含义都是“折断”。由“折”引申为挫折，如“摧折”。又引申为毁坏，如“摧毁”。又引申为攻陷，如“摧陷”、“无坚不摧”。

催、摧二字的含义完全不同，不可互代。

障　嶂

（篆）　（篆）

障、嶂二字，都是形声字，声符都是“章”，形符都是山（左阝也是山，土山）。这两个字虽然同音，且都跟山有关系，但含义不相同。

障，义为阻隔、遮蔽，如“障碍”、“屏障”、“障蔽”、“障眼”等。在古文里，“障”还作防范、防止、堤防讲，如《吕氏春秋·上德》：“太华之高，会稽之险，不能障矣。”这个“障”，是“防范”的意思；又如《国语·周语》：“泽不坡障，川无舟梁。”这个“障”即堤防。

嶂，形如屏障一样的险峰，如“层峦叠嶂”。

模　摹　摩

（篆）　（篆）　（篆）

模、摹、摩三字同音，模、摹二字的含义还比较接近，所以容易混淆，必须仔细辨析。

模，形声字，从木莫声。《说文解字》：“模，法也。”“法”就是法式、规范、标准。“模型”、“模范”、“楷模”，都是本义。引申为仿效，如“模仿”、“模拟”。模与棱、模与糊组合，表示不分明、不清楚、不明确，如“模棱两可”、“模糊不清”。

摹，形声字，从手莫声。《说文解字》释义为“规”。在古文里，模的“法”义与摹的“规”义十分接近，所以模、摹常常通用。清代文字学家王念孙说：“摹者，《说文》：‘模，法也’。‘摹，规也’。摹与模通。”现代汉语只用摹的引申义：仿效，如“描摹”、“临摹”、“摹写”、“摹绘”、“摹刻”。

模与摹，都有仿效的含义，因此，“模仿”、“模效”、“模拟”也可写作

“摹仿”、“摹效”、“摹拟”。

摩,形声字,从手麻声。本义为“两手相切摩”,引申为物体与物体紧密接触,如“摩拳擦掌”、“摩挲”、“按摩”。还引申为彼此的利害矛盾冲突,如“摩擦”。再引申为反复推求思索(如“揣摩”)、互相切磋(如“观摩”)。

厮　撕　斯

(篆)　(篆)

厮,《说文解字》未收此字。但,最迟西汉时代已使用此字。《史记·张耳传》有“厮养卒”句。关于“厮”的含义,注家观点不一。有的认为:“厮,贱者也。”有的认为:“析薪为厮,炊烹为养,厮养卒,炊事兵。”“厮”的“贱者”含义,后代沿用。早期白话小说称男仆为“小厮”,对人轻视也称呼“厮”,如“这厮”、“那厮”。

在现代汉语里,“厮”义为“互相”、“相处”(多含贬义),如“厮打”(相互扭打)、“厮杀”(相互拼杀)、“厮混”(同不三不四的人相处)。

撕,本作“斯”,会意字,从其从斤。其,即箕;斤,即斧;用斧剖竹制箕,会意为“剖析”。《诗·陈风·墓门》:“墓门有棘,斧以斯之。”后来,“斯”借作代词,当“这个”、“这里”、“这样”解,如“斯人”、“斯时”、“以致于斯”、“逝者如斯”。“斯”还作语助词(相当于“是”、“就”、“然”)和语气词(表示疑问或感叹)用。于是古人在“斯”旁加个“手”,造了个新字“撕”,表示“斯”字的本义“析”(析,就是劈开、扯裂、分开)。“撕扯”、“撕毁”即此义。

可见,厮、撕、斯三字音同义不同,不可互代。

蜡　腊

(篆)　蠟(繁)　(篆)　臘(繁)

蜡是蠟的简化字。

蜡、蠟二字原本是形、声、义都不相同的。蜡,形声字,从虫昔声,音 qū,是蛆的本字。后被假借,作为年终祭祀的名称,改音为 zhà。古代十二月要举行祭祀活动，这种祭祀活动的名称，夏代叫做“清祀”，殷代叫做“嘉平”，周代叫做“蜡”(zhà)，秦代叫做“臘”。“蜡”字的上述两个古音古义，现在都已不用了，只作为“蠟”的简化字。蠟，形声字，从虫巤声，音là，原指昆虫分泌的油质，如“蜂蜡”。引申为泛指动物、植物、矿物所产生的油质，如“石蜡”。石蜡色白，常用来形容雪景，如毛泽东《沁园春·雪》中的“原驰蜡象”，就是形容雪后原野，如同许多白象在奔跑。

腊，是臘的简化字，从肉巤声，音là。秦代十二月祭祀活动的名称叫做“腊”，因此，秦以后称农历十二月为“腊月”，十二月初八日称作“腊八”，民间习俗在这一天喝“腊八粥”。南方的腊月，家家户户都要腌制鱼肉，这种鱼肉叫做“腊鱼”、“腊肉”，统称“腊味”。

有一种落叶灌木，叶子对生，卵形，开花后才长叶子。由于它在冬季(腊月前后)开花，所以叫做“腊梅”。花色淡黄如蜡，香气浓，所以又称“蜡梅”。

在现代汉语里，蜡、腊二字不能通用。

算 祘

(篆) (篆)

算，会意字，从竹从具。古代计数用的竹制筹码。具，有明确无误之意。《说文解字》：“算，数也。”计数的工具叫算盘，计数的方法叫算术。由“计算”引申为：① 谋划，如“盘算”、“失算”、“老谋深算”；② 表示有效，如“说话算数”；③ 陷害，如“算计”、“暗算”；④ 表示假设，如“就算……”。

祘，筭的本字。筭，本指计数用的筹码，故在古汉语中与“算”通用。在现代汉语中，祘、筭这两个字已不使用。“祘”不是“算”的简化字。

潭 滩

(篆) (篆) 灘(繁)

潭、滩二字音同，使用时容易混淆。

潭，会意兼形声字，从水从覃，覃亦声。覃，音tán，义为“深”(做姓氏，音 Qín）。《汉书·叙传下》：“下帷覃思，论道属书，谠言访对，为世纯儒。”“覃思”即深思。水覃组合，会意为“深渊”。《楚辞·九章·抽思》：“长濑湍流，泝江潭兮。”《论衡·率性》：“百兽率舞，潭鱼出听。”王勃《滕王阁序》：“潦水尽而寒潭清，烟光凝而暮山紫。”上述三个“潭”，指的都是深渊。由“深渊”引申为深邃。故“覃思”又作“潭思”。古代文人尊称对方的住宅，常用“潭府”、“潭第”等词，这里的“潭”是形容词，含义就是“深邃”。

潭，正音 tán。它还有个异读音：xún，含义是“水边”，同“浔”。清代学者王念孙认为：“古者潭浔同声。”《说文解字》解释“浔”字时也说：“旁深也，或作潭。”南朝宋鲍照有诗曰：“轻鸿戏江潭，孤雁集洲沚。”“江潭”即江水之边。

滩，会意兼形声字，从水从难，难亦声。本指水中沙石滩。《水经注·江水二》：“江水又东（径）流头滩，其水并浚激奔暴，鱼鳖所不能游，行者常苦之。”把江中滩之险峻描写得淋漓尽致。古人造字，将水难二字组合，可谓巧思。滩还泛指河、海、湖边低洼处，如“海滩”、“滩地”、“盐滩”、“滩涂”等。潭与滩，都跟水有关系，且都有“水边”之义；但潭水深，滩水浅，“一潭水”指一池水，“一滩水”指泼在地上的水，含义完全不同。

潦　缭　撩

（篆）　（篆）　繚（繁）　（篆）

潦、缭、撩三字形似音同，右旁的声符都是“尞”，所以容易混淆错用。辨析这三个字，要从左偏旁的形符入手。

潦，形声字，形符是水，本义为“雨水大貌”（《说文解字》）。这个字古今读音差别很大。古音有五：① lǎo，② láo，③ lào，④ liáo，⑤ liǎo。读音不同，含义也不同。大雨滂沱称“潦”，大雨落地形成积水也称“潦”。《礼记·曲礼》：“水潦降。”即大雨从天而降。这个“潦”是动词。《孟子·公孙丑上》：“泰山之于丘垤，河海之于行潦，类也。”“行潦”，即道旁流动的雨水。这个“潦”是名词。上引的两个“潦”字，都读 lǎo。大雨成灾，形成内涝，也称“潦”。如《庄子·秋水》：“禹之时，十年九潦，而水弗为加益。”句中的“潦”音义均同“涝”。形容做事草率或书写不工整的

"潦草",古读"了草"。形容颓丧、失意的"潦倒",古读"劳倒"。今辽河古称"潦水",这个"潦"音同"辽"。1985 年国家语言文字工作委员会发布的《普通话异读词审查表》规定:"潦草"、"潦倒"的"潦"都读 liáo。这样一来,现代汉语里的"潦"字,只保留古代的两个读音:① 雨水大、地上积水,称"积潦",读 lǎo;② 潦草、潦倒,读 liáo。

缭,形声字,形符是丝,音 liáo,本义为"缠"(《说文解字》)。苏轼《留题显圣寺》:"只疑归梦西南去,翠竹江村缭白纱。""缭白纱",白纱缠绕。引申为围绕。张衡《西京赋》:"缭垣绵联,四十余里。""缭垣",围绕城墙。又引申为回旋(缭绕)、纷乱(缭乱)。缭还是古代祭祀的名称。古代祭祀有九种,第八种叫做"缭祭",是一种相当隆重的祭祀活动,士大夫们都得参加。

撩,形声字,形符是手,音 liáo,本义为"理",即料理。清代学者王念孙认为:"撩与料声近义同。"现代汉语已不用此义,而用引申义撩拨、拂动,如"撩逗"、"撩动"、"撩惹"。撩也是个多音多义字,它还有四个异音异义:① liǎo,义为"挖掘"。苏轼《申三省起请开湖六条状》:"盖西湖水浅,茭葑壮猛,虽尽力开撩,而三二年间人工不继,则随手葑合,与不开同。""开撩"即挖掘。② lào,义同"捞"。殷夫《"三八"们,小资产阶级的"闲话"》:"……在滚热油锅里撩油条。""撩油条"即捞油条。③ liāo,义为"揭起,掀起"。如"撩裙子"、"撩起帘子"、"把头发撩起"。④ liào,义同"撂",今已作"撂"的异体字处理,不再使用了。

辨　辩

(篆)　(篆)

辨、辩二字都是形声兼会意字。"辡"是二字共同的形符和声符。辡,音 fǎn,由两个"辛"字组成。辛,甲骨文写作,象形字,象一把曲刀之形。有的文字学家认为:"辛,从形象判断,当系古之剞劂(jī jué)。"剞劂,雕刻用的刀,古代常用作黥(qíng)额,即用它在罪犯额上刺字。故《说文通训定声》认为:辛,本义作"大辠(罪)"解。在现代汉语里,辛的"大罪"义已不用,但作为合体字的形符,仍表"大罪"义,所以,与"辛"组成的合体字,大都与"大罪"有关系。例如:辜,本义"罪","死有余辜"说

的就是杀了也不足以赎其罪。“无辜”即无罪。辟，古代的极刑。辞，本义为“罪人辩解”，又称作“讼”。

辨、辩二字结构的区别在于：辨从刀，辩从言。辨，在两个罪人中间加一把刀，表示必须识别区分。辩，在两个罪人中间加个言字，表示两个罪人各自为自己的言行辩解。

根据上述，辨、辩二字含义的区别是：辨，义为“识别”，如“辨别”、“辨识”；辩，义为“解说”，如“辩白”、“辩论”、“辩解”、“申辩”、“辩护”等。

辨、辩与“分”分别组成分辨、分辩，这两个词的含义的区别，要从辨、辩二字的本义中去寻找。分辨，义为“辨别”；分辩，义为“辩解”。

辨正与辩正，都指辨明是非，改正错误，但“辨正”侧重于识别，“辩正”侧重于陈述。

诡辩，指违反逻辑规律作出似是而非的理论，或者无理狡辩，都是借助语言，所以不可写作“诡辨”。

思辨，指思考辨别。哲学上有“思辨哲学”。思辨不可写作“思辩”。

辨证与辩证，都是辨析考证，在这个意义上可以通用。但，“辨证施治”中的“辨证”，是中医术语，意思是根据病人的发病原因、症状、脉象等，全面分析，进行诊治。这个“辨证”不可写作“辩证”。“辩证法”是哲学名词，是关于事物矛盾的运动、发展、变化的一般规律的哲学学说，是与形而上学相对立的世界观和方法论。“辩证法”不可写作“辨证法”。

褶　　折

（篆）　（篆）

褶，会意字，从衣从習。从衣，表示与衣有关；从習，表示重复（習字的本义是一次又一次地飞）；衣習合体，会意为“夹衣”（双层）。《徐霞客游记·滇游日记》说：“至此手无一文，乃以褶袜裙三事，悬于寓外，冀售其一，以为行资。”他打算卖掉夹衣（褶）、袜子和裙子，作为旅游经费。这个“褶”字读 dié。褶字的本义现在很少使用，现代褶字的含义是：衣服经过折叠而缝成或烫成的纹，即俗称“褶子”。这个“褶”字读 zhě。老人皮肤出现的皱纹如褶，故称“褶皱”。“褶皱”还是地质学名词，指由于地壳

运动岩层受到压力而形成的连续弯曲的构造形式。

折，会意字，从手从斤，斤即斧，手持斧砍物，会意为"断"。引申为损失（损兵折将）、弯曲（曲折）、回转（折回）。又引申为早死（夭折）、毁坏（折毁）、失败、失利（挫折）等。折字的"弯曲"义与褶字的"褶皱"义不是同一含义，所以，"褶皱"不可写作"折皱"。

璨　灿

璨（篆）　燦（篆）　燦（繁）

璨、灿二字都是形声字，灿的繁体作"燦"，二字声符相同，都是"粲"。粲，音 càn，所以璨、灿二字同音，都读 càn。决定二字含义区别的是形符。

璨，从玉，本义为"玉光"，引申为泛指光彩鲜明。与"璀"组成形容词"璀璨"，意思是"像珠玉一样光辉灿烂"。可叠用，"璨璨"，本义为"玉光四射"，引申为泛指明亮的样子。单独用只见于古文，如王建《白纻歌》："天河漫漫北斗璨，宫中乌啼知夜半。"这里的"璨"，形容北斗星的明亮。

灿，从火，本义为"耀眼的光"，用于形容阳光、灯光、光泽，如"阳光灿然"、"星光灿烂"。灿字也可叠用，如"黄灿灿的菜花"。

璨、灿二字不能通用。

嚣　啸

囂（金）　囂（篆）　囂（繁）　嘯（篆）　嘯（繁）

嚣，会意字，从四口从页，页即头（参见本章"倾顷"条），众口在头边叫喊，会意为"吵闹"。喧嚣，声音杂乱，不清静。嚣尘，喧嚣多尘。由"嚣尘"演化出成语"甚嚣尘上"，语出《左传·成公十六年》。楚国跟晋国作战，楚王登车窥探敌情，对侍臣说："甚嚣，且尘上矣。"意思是说，晋军喧哗纷乱得很厉害，而且尘土也飞扬起来了。后来用"甚嚣尘上"比喻某种言论十分嚣张。

啸，形声字，从口肃字，本义作"吹声"解。"吹声"即俗话说的"打口哨"。打口哨时撮口发声，其音长而清脆，故有"长啸"一词，如岳飞《满江

Contemporary Publication

红》:“仰天长啸,壮怀激烈。”常用以形容风声、虎叫,如“北风呼啸”、“虎啸”。

嚣,音 xiāo;啸,音 xiào。二字声调不同,前者一声,后者四声;含义各异,不可通用。

躁　燥

(篆)　(篆)

躁,小篆是“走”旁,形声字,从走喿声。草书演变成“躁”。本义作“疾”解。这个“疾”是急速的意思,如“疾飞”、“疾风”。躁,举动疾急的意思,引申为性急,不冷静。急躁,碰到不称心的事就激动不安,或急于达到目的还没有准备好就行动。也用于形容急性子。

燥,形声字,从火喿声,本义为“缺少水分”,如“干燥”。燥没有“急速”的意思,所以,“急躁”不可写作“急燥”。

第五章

义近字混淆致误

汉字里面还有一些字,含义十分接近,在特定的书面语言中甚至可以通用,这时它们则是义近字。“含”与“涵”就是典型的义近字。它们都有“包涵”的意义,在“含义”、“含蓄”两个词中,“含”可以换作“涵”,意义完全一样。但是,这两个字的意义和用法,又是有区别的,如“含苞”、“含恨”、“含蕴”等词,就不能写作“涵苞”、“涵恨”、“涵蕴”;“涵养”、“涵容”、“涵盖”等词,也不能写作“含养”、“含容”、“含盖”。了解它们的同与异,是避免义近字混淆致误的根本办法。

汉语词汇里,有些合成词音同、义近,如权力—权利;有些合成词甚至被认为是“同义词”,如服法—伏法。吕叔湘、朱德熙先生在《语法修辞讲话》中针对这类词特别指出:“意义和用法完全相同的词是不大会有的。其间的区别往往很细微,但这正是我们的语言的丰富与精密的证明。”因此,在使用这类词时,必须辨明两个词词义的细微差别。

这类合成词都是是由两个字构成的,构成的方式大致有三种:第一种是联合式,即把两个意义相近的字连起来构成一个新词,如“丰富”、“丰满”;第二种是主从式,构成新词的两个字里,有一个是主体,另一个是用来修饰或限制主体的,如“权力”、“权利”;第三种是动宾式,一个动词跟一个宾语合组一个词,如“服法”、“伏法”。无论是哪种构词方式,两个音同、义近的合成词里,总有一个字(词素)是不相同的,这个不相同的字,往往决定着两个词含义的差别。所以,区别两个合成词的词义,最好的办法就是着重辨析那两个不同的字。

本章拟将容易混淆的义近字、义近词进行对比辨析。

才　　材

(甲) (金) (篆) (篆)

才,象形字,象草木初生之形。“一”象征土地,“丨”象征草木破土而出。小篆“一”下多了一横,象征草木的根系,含义还是“草木之初”(《说文解字》)。草木初生,表现出旺盛的生命力,因此引申出有作为的含义,于是有了“才能”、“才干”、“才学”、“才思”、“才华”、“才力”、“才具”、“才智”、“人才”、“才子”等词。

在古汉语里,“才”还是“纔”的通假字。李清照《浣溪沙》词云:“眼波才动被人猜。”词中的“才”即“纔”，意思是“以前不久”。现代汉语将“才”作为“纔”的简化字，因此，“才”就成了一形二字。作为“纔”的简化字，才字还有三个引申义：① 表示只是在某种条件下然后怎样（如：“只有……才能……”）；② 表示发生新情况，原本并非如此（如：“经他解释之后，我才明白缘由。”）；③ 对比起来表示数量小、次数少、程度低等（如：“这家工厂创办时，全厂职工才十个人。”）。

材，形声兼会意字，从木从才，才亦声。《说文解字》：“材，木梃也。”木梃，直木，劲直堪用之木。后泛指可供人利用之物。古代有“五材”之说，五材即金、木、皮、玉、土。引申为原料。《左传·隐公五年》：“其材不足以备器用，则君不举也。”句中的“材”即原料。又引申为资质、材具。《礼记·中庸》：“故天之生物，必因其材而笃焉。”“因其材”即根据他资质。现代汉语中还用“因材”一词，如“因材施教”。由“堪用之木”，引申为才智、才德、才识，所以，“人才”、“才德”、“才智”又作“人材”、“材德”、“材智”。但依照现代汉语规范，表此义时用“才”而不用“材”。

分　份

（甲） 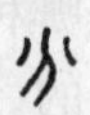（金） （篆） （篆）

分是个古老的字，甲骨文里就有，金文和篆体同它相比变化不大，都是由八和刀组合而成的会意字。有的字典把“分”归入“八”部，因为“八”是“分”的本字。你看，它一撇向左，一捺向右，不是“分”了吗？后来，八字被假借用作数词，遂在“八”下加“刀”造新字，表示以刀剖物使之离析各半。所以，有的字典把“分”归入“刀”部。

由以刀剖物引申出“半”之义。3 月 21 日或 22 日，9 月 23 日或 24 日，日光正射赤道，这两天南、北半球昼夜均分，所以分别称为“春分”、“秋分”。

分与合相对立，因而“分”又有了离散（分离，分裂）、离别（分别，分手）、散布（分布）、部分（分支，分册）等义项。由“部分”又引申出表示分数（几分之几）、表示比率（百分比）。由“分别”又引申出辨别（分辨）、辩白（分辩）、隔离（分隔）、限度（分寸）、界限（分界）。

整体是部分组成的，物质的最小部分（微粒）称作“成分”，由此引申出职责、权力等的限度,如“分内”、“分外”、“安分”、“本分”、“过分”、“非分”、“恰如其分”等。又引申为人与人相处的情感、情义(情分)、人与人遇合的机会(缘分)等含义。“成分”及其引申义,不读 fēn,而应读 fèn。

份是后造字,古代字书认为是会意字,从人从分,表示一个人的文与质配合相宜。《说文解字》和《玉篇》都认为:“份”是“彬”的古字,本义作“文质备”解。什么叫做“文质备”呢?文,指人外露的才华;质,指人内在的品德。“文质备”就是“才德兼备”。但是,“份”的这个本义在古文中也极少见到,流行的是它的假借义:整体的一部分,如“份额”、“股份”等。引申为分摊的部分,如“凑份子”。用作量词表示搭配成组的东西,如“份饭”;表示个人与团体的归属关系,如“这个团体里有我的份儿”;表示报刊、文件的单位,如“一份《人民日报》”、“本合同一式两份”;表示划分的单位,如“省份”、“年份”、“月份”等。

“成分”和“成份”,在表示个人早先的主要经历或职业时,是同义词,但以“成分”为首选。在表示构成事物的各种不同的物质或因素时,只能用“成分”,用“成份”是错误的。

“身分”和“身份”,都表示自身所处的地位,或受人尊重的地位,但以“身份”为首选。

长　常

(甲) (金) (篆) 長(繁) (篆)

长的甲骨文和金文,都是象形字,象人的长发之形,引申为时间与空间的距离,与短相对。对小篆长字,古代文字学家各执一说。有的说,长,正音 cháng,本义为“时间与空间的久远”。理由是:[篆]是形声兼会意字,上面的[篆]是声符,倒写的[篆](亡);下面的形符由[篆](兀)和[篆](化)二字组成,兀(wù),义为“高高地突起”,化即变化,两字合体,会意为“久远”。有的说,长,正音 zhǎng,本义为“生长”。理由是:[篆]是会意字,中间的一代表土地,上面的[篆]象征小苗破土而出,下面的[篆]象征植物根系,[篆](化)象征发育变化。

应当说，两种解释都有道理。从古到今，长字一直有两音两义：读 cháng，义为“久远”；读 zhǎng，义为“生长”。它的引申义也分别源于这两个本义。其实，可以把长（cháng）、长（zhǎng）理解为一形二字，即形体相同而音义皆异的两个不同的字。

由“久远”义引申为长（如长江、长城、长征）、高（身长）、远（如长远、长跑）、大（长风）、辽阔（如长天、长空）、久（如长期、长年累月、长夜）、永远（如长治、长眠、长辞）、专精（如特长、擅长）、两点之间的距离（长度）、多余（长物）等。上述引申义都读 cháng。

由“生长”引申为年龄大的（如长幼、年长）、排行大的（如长子、长兄、长女、长孙）、领导人（如部长、校长、首长）、辈份大的（如长辈、师长）等。上述引申义都读 zhǎng。

常是形声字，从巾尚声，音 cháng，本义作“旗”讲（《说文通训定声》）。古代天子王侯在宅第悬挂旗帜，形如长巾，上绘日月，象征崇高和尊贵，这种旗帜就叫做“常”。常长一丈六尺，是长度单位“寻”（八尺一寻）的一倍，于是“常”也成了长度单位：两寻为一常。“两寻为一常”是公认的尺度，由此“常”又有了“一般、平凡”的含义，如“平常”、“寻常”、“常识”、“常人”等。又引申为一定不变，如“常性”、“常态”、“守常”、“常数”、“常规”等。由“一定不变”又引申为法令、伦理，如“国常”（国家法令）、“伦常”（父母兄弟相处的原则）等。不正常或违反常规的事称作“反常”，很不正常的事称作“非常”。很不正常意味着特殊、特别，所以，“非常”还有“特别”的含义。

长的“久远”义与常的“不变”义很接近，如“细水长流”、“长盛不衰”、“长生不老”与“四季常青”、“常胜将军”、“常备不懈”词义接近。但是，义近不等于义同，它们的区别就在于：长表示的是“久远”，常表示的是“经常”。南朝诗人谢灵运有首诗说：“不怨秋夕长，常苦夏日短。”诗中长、常二字的运用，正确地反映了它们的区别。

Contemporary Publication

汇　会

（篆）　匯（繁）

（甲）　（金）　（篆）　會（繁）

汇是匯的简化字，《说文解字》将它归入匚部。匯，会意字，从匚从淮。匚，音 fāng，盛物器具的象形。凡以匚为形符的字，都与“盛物器具”有关。如匣、匮。匪字的古义也是“盛物器具”。《孟子·滕文公》：“实玄黄于匪。”直译为“把玄黄藏在匪里”。玄黄，黑色和黄色，天地的代名词，所谓“天地玄黄”。《孟子》这句话里的“玄黄”，指丝帛钱币。匪字后来演变成为“篚”，匪的本义就消失了，而被假借表示“否定”义，当“非”讲，如“匪解”、“匪浅”。现代汉语字典、词典把匸（xī，挟藏）并入匚部，如医、区、匿等，其实，这些字与匚无关。匚，本义为“盛物器具”，后引申为围，淮河易泛滥，匚淮合体会意为堤。这是“匯”字的本义。后本义消失而用两水会合之义。匯字今简化作“汇”，就变成“水字旁”了。

会的甲骨文、金文都是象形字，象有盖的器具之形，取“上下相合”之义，所以本义为“合”。小篆是金文的变形，楷书又将小篆下面的（白）变形为“日”，含义没有变。

汇、会二字都有“合”义，在表“合”义时，如“汇合”与“会合”，同音同义，往往可以通用。例如：“会集”与“汇集”，“会聚”与“汇聚”，“会演”与“汇演”，“会合”与“汇合”，都是可以通用的。

但在特定语境里，会、汇又有分工。例如：“会师”、“会面”、“会客”、“会见”，都有“会合”之义，但因为与人的行为有关，所以用“会”而不用“汇”。两军聚集用“会合”，两河聚集则用“汇合”。“汇流”义为水流聚集，所以也用“汇”。现代金融术语“汇价”、“汇率”、“汇兑”、“汇票”、“汇款”都用“汇”不用“会”，是因为用“会”可能产生歧义。会字还有“共同”、“一起”之义，“会考”、“会试”、“会谈”、“会同”、“会晤”、“会诊”等，都是“共同，一起”的意思，汇字没有这个含义，所以也只能用“会”，而不能用“汇”。

汉字简化时，废除了“彙”字，而以“汇”替代，汇又兼彙义。彙，蝟的本字,即刺蝟,今作刺猬。后来演变成"同类者集于一起"。其义项有二:一是"类聚";二是"综合"。"字汇"、"词汇"的"汇"(彙)是"类聚"义;"汇报"、"汇刊"、"汇编"、"汇展"的"汇"(彙)是"综合"义。在这些词里,汇作为"彙"的替代字,与前面说的"汇"、"会"无关。

记　纪

(篆)　(篆)

记,形声字,从言己声,本义为"录言",即用文字把言语记录下来。"记录"即本义。记录在脑子里叫"记忆"。用符号快速记录叫"速记"。描写人和事的作品叫"笔记"、"游记"、"传记"。摘要记录叫"摘记"。用文字叙事叫"记述"、"记叙"。

纪,形声字,从丝己声,本义为"别丝"(《说文解字》)。丝各有一端,将若干丝端合成一束叫做"纪"。由"别丝"引申为丝之绪。由"丝之绪"引申为人伦之道,古代称"三纲五常"为"人纪"。由"人纪"引申为法纪。

在古代,纪通记。《史记·五帝本纪索隐》:"纪者,记也,本其事而记之,故曰本纪。"在现代汉语里,纪只用于"纪念"、"纪年"、"纪元"、"纪传"、"纪要"、"纪实"、"纪行"。其他地方均用"记"。

把事情记下来,叫"记事",但作为一种文体的名称,仍沿习古汉语用法,称作"纪事",如"纪事诗"、"唐诗纪事"、"纪事本末体"等。

决　绝

(篆)　決(繁)　(甲)　(篆)　絶(繁)

决,繁体作決,会意兼形声字,从水从夬,夬亦声。从水,说明与水有关;夬,会意字,小篆写作,由和又组合而成,左有缺口,又即手。手组合,会意为"分决"(《说文解字》),即分开,音 guài;夬水组合,会意为"疏通水道"(《说文解字》:"决,行流也。")。《书·益稷》:"予决九川,距四海。"决九川,即疏通九川。由"疏通"引申为大水冲破或溢出堤岸,如"决口"、"溃决"。由"决口"引申出破裂、决绝之义,如谈判或感情"决裂",关系"决绝"。"决裂"、"决绝"还表示"态度坚决",因而引申出

拿定主意、坚决、确定、分辨、判断、最终等义，于是有了“决定”、“决计”、“决然”、“决心”、“决意”、“决断”、“决策”、“决算”、“决雄雌”、“决战”等词。“决定”是常用词，但有多种含义：① 对如何行动作出主张（如“这件事究竟应该怎么办，最好由大家来决定。”）；② 某事物成为另一事物的前提条件（如“存在决定意识”）；③ 客观规律促使事物一定向某方面发展变化（如“决定性”、“决定因素”）。由“冲破”引申为突破，如“决围”（突破包围）。

绝，甲骨文是指事字，丝束中间加三个指事符号“—”，表示将丝束断开。小篆是会意字，由丝、刀（）、卩（）三字组合而成，表示用刀将丝断成长度相同（卩即节，表示有度）。所以，绝字的本义为“断”，“断绝”、“绝交”、“绝缘”、“隔绝”都是本义。反其义即“不断”，如“络绎不绝”、“不绝于耳”。古诗诗体名称“绝句”中的“绝”，含义也是“断”。律诗有八句，而绝句只有四句，是截取律诗一半而成的，故又称“断句”。由“断绝”引申为净尽、穷尽，如“斩尽杀绝”、“灭绝”。又引申为气息中止，如“气绝”、“昏绝”。由“穷尽”引申出独一无二、极、无后续、完全没有等义，于是有了“空前绝后”、“绝伦”、“绝妙”、“绝顶”、“绝密”、“绝色”、“绝响”、“绝技”、“绝学”、“绝种”、“绝路”、“绝境”、“绝育”、“绝大多数”等词。

决、绝二字虽然同音，含义却区别很大，一般不会混淆错用。但是，作副词时，用在否定词前面，如“决不”、“决不是”、“决没有”、“绝不”、“绝无”、“绝非”，含义却比较接近，因而容易混淆错用。“决不”和“绝不”区别何在？

“决不”含有主观意愿成分，表示坚决否定，不容置疑，不可动摇。如“辱骂决不是战斗”、“对敌人决没有什么仁慈可言”、“我们决不答应”。

“绝不”表示客观上排除其他可能性，从而加强否定。如“绝无仅有”、“绝不再来”、“绝非无中生有”。

使用“决不”和“绝不”时，要抓住二者的上述本质区别：句子的意思含有主观成分用“决不”，而完全是客观的范围、具有排除其他可能性作用则用“绝不”。

“绝对”是常是词，其含义有三：① 跟“相对”相对，表示没有任何条件的，不受任何限制的意思，如“绝对真理”、“绝对服从”；② 只以某一条件为根据，不管其他条件的，如“绝对值”、“绝对高度”；③ 完全，如“绝对正确”。“决”跟“对”不能组词，“绝对”不可错作“决对”。

汲 吸

𣲚（篆） 𠯗（篆）

汲，形声字，从水及声。本义为“引水于井也”（《说文解字》），即从井中取水。引申为泛指打水、取水。

吸，形声字，从口及声。本义作“内（纳）息”解（《说文解字》），即从口鼻吸气入肺。

“汲取”和“吸取”都有“吸收”的意思，但同中有异。“吸取”强调吸收采纳，应用范围宽，如“吸取精华”。“汲取”本指液体或营养的吸收摄取，也指“知识”和“经验教训”的吸收，应用范围比“吸取”窄一些。

汲，音 jí；吸，音 xī。二者读音不同。

妆 装

妝（篆） 妝（繁） 裝（篆） 裝（繁）

妆是妝的简化字。妆，形声字，从女爿（省去木，爿是床的繁体字）声，本义为“女子梳妆打扮”。古代女子脸部美容材料是米粉，所以妆有个异体字“粧”。女子化妆，敷面用粉，描眉用黛（dài，青黑色颜料），所以女子又称为“粉黛”。敷面用的粉，有红白两色，因而“红粉”也成了女子的代名词。由“红粉”又演变成“红妆”。与女子梳妆打扮有关的东西，也以“妆”称呼，如梳妆用的镜匣叫做“妆奁（lián）”，梳妆用的桌子叫做“妆台”，女儿出嫁时娘家陪嫁的衣物叫做“嫁妆”。

装是裝的简化字。裝，形声字，从衣壯（简化作壮）声，本义为“人的衣着”，引申为修饰打扮。

妆与装，虽然都有修饰的含义，但具体含义却是有区别的。

① 妆的修饰义，专指女子梳妆打扮，如“妆饰”；装的修饰义，主要指物的粉饰点缀，如“装饰”。

② 妆的修饰义，是为了使女人漂亮而梳妆打扮，如“化妆”。装有时

指人的打扮，如“化装”，但打扮的目的是为了掩盖本来的面目。演员打扮多是为了改变本来面目，使之符合角色的身份、境遇、年龄等，这种打扮叫做“化装”，跟“化妆”的含义是不同的。

③ 装有穿着义，而妆无穿着义。“化妆”的原义是指女子头部面部的修饰，后扩大到衣着装饰。于是，出现了两对同义词：红装—红妆；卸妆—卸装。前组词指女子身上的装饰，后组词指洗去脸上的脂粉或涂抹。因为是同义词，所以“红装”跟“红妆”通用，“卸妆”跟“卸装”通用。但在使用习惯上，“红装”为首选词；而“卸妆”则专指女子卸除身上的装饰，“卸装”专指演员卸除化装时穿戴涂抹的装饰。

作　　做

（甲） （金） （篆）

作与做，都是常用字，音同，有时候通用，所以使用时让人犯难，不知道该用哪个字。

作，是个古老的字，甲骨文里就有。金文形体与甲骨文相同。实际上都是“乍”。小篆在“乍”旁加了个“人”。《说文解字》：“作，起也。”这是“作”的本义。现代汉语仍在使用的“作息”、“振作”、“枪声大作”、“一鼓作气”中的“作”，都是“起”的意思。

“乍”演变成“作”后，增加了 个含义：“工作”。所以，作字的引申义，分别由“起”与“工作”二义而生出。由“起”引申出振作、发作、动作等义。由“工作”引申出制造、充当、从事、行为等义。随着汉字的演变和发展，乍、作渐渐分离成为两个音义皆异的字。乍，音 zhà，只表“起初”、“忽然”等义。

做是后起字，最早出现在宋、元时代，但含义跟后来的“做”不同，当“即使”、“播弄”、“做作”讲。宋代文人秦观《江城子》：“便做春江都是泪，流不尽，许多愁。”“便做”，即使。卢祖皋《蒲江词·谒金门·春思》：“做弄清明时序，料理春醒情绪。”“做弄”，播弄。米芾的《海岳名言》和元代文人王实甫的《西厢记》里都有“做作”这个词。

做字收入字书，最早见于明代的《字汇》。明末出版的《正字通》释义说：“做，作俗字也。”这说明，在明代，“做”已作为“作”的异体字在民间流传。

上述辨析说明:“作”兼有“起”和“工作”两个含义;“做”是后造字,作为“作”的俗字,只表“工作”及其引申义。

由于历史的原因,“做”虽然是“作”的俗字,但不能完全取代“作”,在表示“工作”及其引申义时,作、做二字有时通用,有时不通用。

著名语言文字学家吕淑湘先生20世纪80年代在《评讲一份通报》一文中专门论述了作、做二字,他说:“古代只有一个‘作’字,是个入声字。后来在说话中变成去声,可是读书音还是入声,就有人造出一个‘做’字来代表说话的去声字音。这种‘文白异读’的现象,现在许多方言里都很普遍。不过,‘做’和‘作’跟别的文言异读字不同之处是:别的字只有一个字形,说话用一个音,读书用另一音;‘做’和‘作’两个字形,说话里边有些从书面里来的字眼,也说‘作’,读书的时候遇到‘做’字可不能读成‘作’。大多数北方方言没有入声,‘做’是去声,‘作’也是去声,完全同音,意思又相同,什么时候写哪一个字,这就麻烦透了。”

吕叔湘先生在作了上述分析之后指出:“区别的办法基本上还是用‘文’和‘白’做标准,但不是绝对的。那么怎么办呢?笔者认为,遇到没有把握的词,宁可写‘作’而不写‘做’。”

吕叔湘先生在90年代主编的《现代汉语八百词》一书中,对做、作二字的用法又作了如下补充:

“语音上二者在普通话里已经没有区别。习惯上,具体东西的制造一般写成‘做’,如‘做桌子,做衣服,做文章’,抽象一点的、书面语言色彩重一点的词语,特别是成语里,一般都写成‘作’,如‘作罢,作废,作对,作怪,作乱,作价,作曲,作文,作战,装模作样,认贼作父’。”

根据吕叔湘先生的辨析,笔者对作、做二字的用法列表进行了比较(表5-1)。

从表5-1及吕叔湘先生的论述中,我们可以找到区分做、作二字用法的一些规律:

第一,区别作、做二字的基本方法,是用“文”与“白”做标准,内容抽象的或书面语言色彩重的词语,一般用“作”;内容具体的或口语色彩重的词语,一般用“做”。成语都用“作”。

表 5-1　作、做二字用法比较

<table>
<tr><th rowspan="2">义　项</th><th colspan="2">作</th><th colspan="2">做</th></tr>
<tr><th>语素</th><th>单音节动词</th><th>语素</th><th>单音节动词</th></tr>
<tr><td>从事
｜
劳作
施行</td><td>作战 作恶 作案
作弊 作孽 作怪
作祟 作梗 作奸
作乱
劳作 日出而作
作法(施行法术)</td><td>作调查 作报告
作动员 作贡献
作处理</td><td>做活 做事 做寿
做操</td><td>做好事 做坏事
做手脚 做生意
做生日 做学问
做早操 做练习</td></tr>
<tr><td>制作
｜
创作
｜
著作
｜
行为
｜
造就</td><td>作茧 作俑 作伪
作嫁 自作自受
写作 创作 作文
作诗 作画 著作
作品 诗作 佳作
做作 作用 操作
作为(所作所为)
作人(造就人才)</td><td></td><td>做法(工作方法)</td><td>做衣裳 做馒头
做衣柜 做记号
做文章</td></tr>
<tr><td>充当
｜
装作
｜
作为</td><td>作工 作官 作主
作客 作伴 作对
作伐 作废 作罢
为虎作伥 认贼作父
作态 装聋作哑
装模作样
作为(表身份)
作为(表成绩)</td><td>作榜样</td><td>做工 做官 做主
做伴 做客 做东
做作 做弄
做人(为人处世)</td><td>做老师 做医生
做媒人 做保姆
做资本 做中人
做挡箭牌
做鬼脸
做榜样</td></tr>
</table>

第二,做单音节动词用,多数用“做”,少数用“作”的,其宾语的含义也比较抽象。但后面带的宾语是动名词时(如调查、报告、动员、处理),一般用“作”。

第三,表“身份”、“成绩”、“行为”等义的“作为”,用“作”不用“做”。

第四,遇到没有把握的词,宁可用“作”不用“做”,但要做到局部(一本书或一篇文章)统一。

依　倚

𠈌（篆）　倚（篆）

依、倚都是形声字，形符都是“人”。

依，衣声，音 yī。倚，奇声，音 yǐ。

《说文解字》：“依，倚也。”“倚，依也。”说明这两个字本义是相同的。依、倚二字本义都是“靠着”、“依赖”，“依靠”、“依赖”也可以写作“倚靠”、“倚赖”。但是，除了这两个词以外，即使是表示“靠着”的意思，两个字也不能通用。例如，“倚门而望”、“倚马可待”、“倚天剑”，都有“靠着”的意思，却不可以把“倚”写作“依”。

依、倚二字本义相同，引申义却不相同。

“依”的引申义主要有：① 傍（bàng）着，如“依傍”。唐代诗人王之涣的名诗《登鹳雀楼》中的名句：“白日依山尽，黄河入海流。”“依山尽”就是傍着山落下去；② 从，附，如“依从”、“依附”；③ 仍旧，如“依然”、“依旧”；④ 模仿，如“依样画葫芦”；⑤ 眷恋，如“依恋”、“依依不舍”。

“倚”的引申义主要有：① 仗着，如“倚势”、“倚老卖老”；② 偏于一边，如“不偏不倚”；③ 依托，如“福兮祸所倚”。

依、倚二字的引申义，虽然都是由本义“靠着”扩展出来的，但表达的意思却不相同，所以，在表示引申义的词里，依、倚不能通用。

此外，依字可以叠用。“依依”，表示轻柔，如《诗 · 小雅 · 采薇》中的“杨柳依依”。“依依”还表示留恋，如唐代诗人王维名诗《渭川田家》中有“相见语依依”。而倚字是不可以叠用的。

的　地　得

的、地、得三个字，本义区别是很大的，但作为结构助词使用，却常会混淆致误。

作为结构助词，的、地、得三字同音，都读 · de，轻声，读成 dí、dì、dé 是错误的。

作为结构助词，它们主要附着在其他语言单位前后，用来表示附加成分和中心语之间的结构关系。它们读音相同，但使用的场合不相同，用错了场合就会破坏正确的语言关系。

它们的使用场合有怎样的不同呢?

的,是连接定语和中心语的结构助词,用在定语后面,是定语的标志。

地,是连接状语和中心语的结构助词,用在状语后面,是状语的标志。

得,是连接补语和中心语的结构助词,用在补语前面,是补语的标志。

什么是定语?定语是名词前面表示领属、性质、数量等的修饰成分。下面举两个例句来说明:

例1 一位性格开朗(定语)的女子(名词,中心语)。

例2 颐和园(定语)的湖光山色(名词,中心语)真美。

例1是描写性定语,它的作用主要是描绘人或事物的性质、状态,使语言更加形象生动。

例2是限制性定语,它的作用主要是给事物分类或划定范围,使语言更加准确严密。

什么是状语?状语是动词或形容词前面的表示状态、程度、时间、处所等的修饰成分。举两个例句来说明:

例1 她勇敢(状语)地走(动词,中心语)上讲台。

例2 天渐渐(状语)地冷(形容词,中心语)起来了。

例1是描写性状语,它的作用主要是描写人物情态的,也可以用来描写动作状态。

例2是限制性状语,它的作用主要是用来表示时间、处所、程度、否定、方式、手段、目的、范围、对象、数量、语气等。

了解了定语和状语的作用,明白了"的"和"地"使用场合的区别,分辨的、地二字的用法就不难了。但是,也存在特殊情况,例如在动词用来做主语、宾语或表语的时候,尤其是在主谓短语里,用"的"还是用"地"就有点问题。著名语言学家吕叔湘、朱德熙合著的《语法修辞讲话》里,列举了三个特殊例句:

例1 还要时时刻刻提高警惕,对反革命进行长期(的、地)斗争。

例2 个别系统和单位只注意孤立(的、地)抓生产而忽视了职工生活。

例3 中国人民解放军的迅速(的、地)转入反攻,使反动派惊惶失措。

吕叔湘、朱德熙给出了如下选择标准："要是你认为这里的动词已经变成名词，就得用'的'，否则就该用'地'。"依据这个标准，例 1 用"的"好一些，因为"斗争"已经变成名词，"的"前的"长期"是限制性定语。例 2、例 3 用"地"好一些。

什么是补语？补语是动词或形容词后面的一种补充成分，用来回答"怎么样"之类的问题。也举三个例句来说明：

例 1　他们玩(动词，中心语)得好自在(补语)。

例 2　这个明星简直红(形容词，中心语)得发紫(补语)。

例 3　他痛(形容词，中心语)得浑身是汗(补语)。

"得"和"地"混淆的可能性很小，"得"和"的"混淆的可能性大一些。因此，吕叔湘、朱德熙在《语法修辞讲话》里特别讲解"的"和"得"的使用区别。书中指出："这个'得'(指作为结构助词的'得')字有两个用处：(一)表示可能性。(二)表示结果或程度。这个'得'也常常被人写做'的'。但是这两个字如果写成一个样子，有可能产生歧义，所以最好分开。"该书列举如下三个例句：

例 1　大家都说写 de 好，刻 de 没有写 de 好。

例 2　大家都说这篇小说写 de 好，非常感动人。

例 3　一定要这样写才写 de 好，不这样写是写不好的。

三个句子里的"写 de 好"，表达的是三种意思，如果都写作"的"或都写作"得"，读者读的时候不容易弄清意思。吕、朱二位先生认为例 1 应该写作"的"，例 2、例 3 应该写作"得"，这样读者容易明白三个句子的不同意思。

采　彩

(甲) (金) (篆) (篆)

采是个古老的字，甲骨文、金文和小篆都是会意字。甲骨文上面是"爪"，代表手，下面是"果树"；伸手摘果，会意为"摘取"。金文和小篆将下面的"果树"简化为"木"(树)。后世用形声的方法造了新字"採"，代替"采"字。1964 年中国文字改革委员会公布的《简化字总表》中，废除"採"而恢复用"采"。

采，被假借表示颜色、神色和文辞华丽。在汉字发展过程中，又创造了彩（表示颜色）、綵（形容丝绸的色泽）、彣（表示文辞华丽）三个字，这样一来，形容颜色的字就有了三个，形容文辞华丽的字就有了两个。

綵、彣二字在汉字简化时被废除了。于是，就剩下采、彩两个同义字。人们由于分不清楚这两个字有什么区别，所以使用时常常混淆致误。

那么，采、彩二字的区别何在呢？

采，偏重神色，形容神色时用"采"。如"神采"、"风采"、"丰采"、"兴高采烈"等，形容的都是神色。形容文辞华丽，讲的也是神韵，所以也用"采"，如"文采"。

彩，偏重形色，形容形色时用"彩"。如"彩带"、"彩球"、"彩霞"、"彩照"、"五彩缤纷"等。由彩色引申出许多不同的义项：如戏剧、舞蹈正式演出之前的化装排练叫"彩排"；因作战负伤流血叫"挂彩"；旧俗定婚时男家送给女家的各色财物叫"彩礼"。

但是，有些词很难定性。例如，"光彩"一词，如果指流光溢彩，则偏于形；如果指光彩照人，则偏于神。再如，"精彩"一词，如果用以形容表演优美，则偏于形；如果用以形容文章出色，则偏于神。又如，"喝彩"一词，由于对象不一样，被叫好的可能是形色，也可能是神色。总之，定性很麻烦。为了使用方便，按照约定俗成的办法，都用"彩"。

采还有一个异读音：cài，只用于"采地"一词。采地又称采邑，是古代诸侯分封给卿大夫的土地。

必须提醒大家：采字不要错写成"釆"（biàn）。采字上面是"爫"，下面是"木"；釆字上面是"丿"，下面是"米"。这两个字形体十分相似，很容易写错（参见上编第六章"汉字的偏旁部首""采釆"条）。

迭　　叠

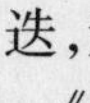（篆）　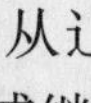（篆）

迭，形声字，从辶失声。《说文解字》："迭，更迭也。""更迭"即轮流更换。《明史·戚继光传》："寇入平原，利车战；在近边，利马战；在边外，利步战。三者迭用，乃可制胜。""迭用"即更替使用。现代汉语多用"更迭"，如"人事更迭"、"朝代更迭"。引申为交互，如谢灵运《石壁精舍还

湖中作》:“芰荷迭映蔚,蒲稗相因依。”鲍照《岁暮悲》:“霜露迭濡润,草木互荣落。”两诗中的“迭”都是“交互”的意思。用作量词,表示“屡次”(迭次),“一次连着一次”(迭出,迭起)。在口头语言中,“迭”还有“了、止”的意思,如“叫苦不迭”、“走不迭”、“忙不迭”、“气喘不迭”等。

叠,金文、小篆都写作“曡”,隶变时将“宜”上的“晶”换作“畾”,草书又将“畾”简化作“叒”。于是,楷书就有了叠、曡、疊三个字形。三日,三田,三又,表示的都是“重复”,所以,叠是会意字,义为“重叠”。如“层峦叠嶂”、“叠床架屋”。

“叠”曾经简化作“迭”,属于同音假借,叠、迭二字含义是完全不同的。1986 年国家语言文字工作委员会重新发表《简化字总表》时宣布:“叠”不再作“迭”的繁体字处理。这就是说,恢复“叠”原字原义,叠、迭依然是两个不同的字。

迭、叠二字都有“重复”的意思,但“叠”表示的是“一层又一层”,而“迭”表示的是“一次又一次”,二者是有本质区别的。

复　覆

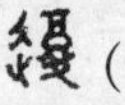(金) 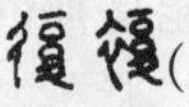(篆) 復 複(繁) (篆)

复,是復和複两个字的简化字。復字的金文是会意兼形声字,从辵从兄从夊畐(省作𠮛)声。辵作“行”解;兄,人的象形;夊,音 suí,义为“缓行”;三字合体,义为“往而仍来”(《说文解字》),即转过去又转过来;畐是声符,表音。小篆去止留彳,又将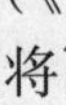改为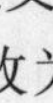,写作。複字的小篆也是会意兼形声,与復相比,只是左边旁“彳”换作“衣”,表示与“衣”有关。《说文解字》:“複,重衣也。”重衣即有里子的衣,俗称“夹衣”。引申为双重的,又引申为重复、繁复。

覆字的小篆是形声字,从襾復声。襾,由三个符号组成。“一”表示天,“冂”“凵”表示上下翻倒,所以,“覆”的本义作“翻倒”解。下半部的“復”是表音的声符。

復、複、覆三字同音,1964 年中国文字改革委员会公布的《简化字总表》中,将三字简化作“复”。后来的实践证明,以“复”代“覆”不尽合理,容易造成歧义。例如,“覆盖”,意思是盖住,如果以“复”代“覆”,写作

Contemporary Publication

“复盖”，意思就变成“再盖一层”。再如，“覆巢”义为鸟巢翻倒，“覆辙”义为翻过车的路，“覆水”义为倒在地上的水；写作“复巢”、“复辙”、“复水”就不知什么意思了。所以，国家语言文字工作委员会 1986 年重新发表《简化字总表》时，又恢复了“覆”字，“覆”不再作“复”的繁体字处理。这样，复、覆又成了两个字。

那么，复、覆二字区别何在呢？

复、覆二字异中有同，在字义非常接近时可以通用。

复，作为“複”字的简化字，有“重复，繁复”的含义，如“复写”、“复印”、“复述”、“复发”。作为“復”的简化字，又有“再，又”的含义，如“反复”、“恢复”、“答复”、“报复”、“复旧”、“复辟”、“复兴”、“复仇”等。复的这些含义，与覆的含义是不同的。

但是，复作为“復”的简化字，还有“转过去又转过来”的含义，这个含义恰好与覆的“翻转”义相同，所以在表示这个含义时，复、覆两个字通用。如“翻来复去”、“反复无常”、“循环往复”、“复信”、“复电”中的“复”，都可以写作“覆”。除此之外，二字是不能通用的。

覆字本义为“翻倒”。如“覆巢”、“覆辙”。引申为完全、彻底，如“覆没”、“覆亡”。这些含义是“复”所不具备的，所以表达这些含义的词，不可用“复”。

由上述可知，复、覆二字大异而小同。

度　渡

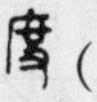（篆）　（篆）

度，不是广字头，它与广（房屋）不相干。《说文解字》把它归于“又”部，认为它是跟手有关的事物或概念。度，会意字，从庶（省灬）从又（手字的变形）。“庶”即庶民，俗称老百姓；“又”即手。庶又合体，直接会意就是“老百姓的手”。这个“手”有重大功能：表示长度。周代长度单位有六：寸、咫、尺、寻、常、仞。这六个长度，都是由“手”做标准的：手掌底部到手腕脉搏处（寸口）的距离为寸；八寸为咫；十寸为尺；两臂伸展，两手中指尖之间的距离（约八尺，一说六尺）为寻；两寻为常为仞（宽度广度的度量单位名称叫常，高度深度的度量单位名称叫仞）。所以，清代文字

学家段玉裁说:“周制寸咫尺寻常仞,皆以人之体为法。”“计量长短的标准”,就是“度”字的原始含义。

由“计量长短的标准”引申为泛指一定的标准,如“尺度”、“刻度”、“角度”、“长度”、“广度”、“深度”、“幅度”、“限度”、“进度”等。又引申为治理国家的规矩,如“法度”、“制度”。

度有由此及彼的含义,所以引申为通过,如“度日”、“度岁”。又引申为超过、跨越。唐代诗人王之涣的绝句“羌笛何须怨杨柳,春风不度玉门关”中的“度”,即超过、跨越。又引申为形容胸怀,如“器度”、“大度”。

用作动词,表示计算、测量、衡量、推测、谋虑,如“忖度”、“揣度”。古文里常见“度之”这个词,有时表示“计算”,有时表示“谋虑”,有时表示“衡量”。成语“以小人之心度君子之腹”中的“度”,就是“衡量”的意思。度作动词用,不能读 dù,而应读 duó。

渡,形声兼会意字,由水和度二字组合而成,取水(河流)、度(通过)合义,本义为“通过河流”。

在古汉语里,度通渡,但渡不通度。原因是“渡”是后造字。现代汉语将度、渡二字的用法作了规范:在表示“由此及彼”意义时,“度”表示“由此时到彼时”(时间),“渡”表示“由此岸到彼岸”(空间)。例如,“度假”、“欢度春节”、“人的一生怎样度过”,都是表示时间的,即“由此时到彼时”,应该用“度”,用“渡”是错的;“渡过长江”、“渡过难关”,都是表示空间的,即“由此岸到彼岸”,应该用“渡”,用“度”是错的。也有特殊的情况,如“过渡时期”、“过渡地带”、“过渡政府”、“过渡金属”,其中有的表示“事物由一个阶段逐渐发展变化到(转入)另一个阶段”,有的表示“由一种状态逐渐发展变化到(转入)另一种状态”,用“过度”都不合适,因为“过度”义为“超过适当的限度”。在这种特殊情况下,要用“过渡”这个词。

炫　　眩

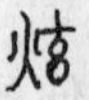(篆)　(篆)

炫、眩二字形似音同,且都可与“目”组成词,所以容易混淆错用。

炫,会意兼形声字,从火从玄,玄亦声。玄,有“幽远”义,火玄合体,含有“火光能及幽远”的意思，所以《玉篇》认为：炫，本义“耀光”。《广韵》则释义为“明也”。都是光焰耀明的意思。常用的“炫耀”一词，本义就是“光焰耀明”。如《楚辞·远游》：“建雄虹之采旄兮，五色杂而炫耀。”

由“光耀”引申为耀眼，由“耀眼”引申为艳丽、夸耀、显示、卖弄等。于是有了“炫目”、“炫美”、“炫弄”、“炫示”、“炫露”、“自炫”、“炫服冶容”、“炫装倩服”、“炫弄技巧”、“炫示才华”、“深藏而不炫露”、“自炫其能”等词。“炫耀”有时用作表示“夸耀”，如“炫耀武力”。“炫耀”过头，就会使人迷惑、困惑，于是有了“炫惑”一词。《北史·魏·江式传》：“世易风移，文字改变，篆形谬错，隶体升真，俗学鄙习，复加虚巧，谈辩之士，又以意说，炫惑于时，难以厘改。”茅盾在《〈呼兰河传〉序》中也用了“炫惑”一词：“可是，仍然有美，即使这美有点病态，也仍然不能不使你炫惑。”

眩，会意兼形声字，从目从玄，玄亦声。玄，有“幽远”义，目玄合体，表示“看不清楚”，所以《说文解字》认为：“眩，目无常主也。”何谓“目无常主”？即两眼昏花，视物摇晃不定。《战国策·燕策三》：“左右即前斩荆轲，秦王目眩良久。”“目眩”即两眼昏花。由“目眩”引申为眩晕，又引申为迷惑、执迷。《汉书·元帝纪》：“俗儒不达时宜，好是古非今，使人眩于名实。”句中的“眩”义为“迷惑”。熟语“眩于名利”中的“眩”，义为“执迷”。

炫、眩二字含义不同，因而跟“目”组词时词序也不同：炫与目组成“炫目”（光耀晃眼）；眩与目组成“目眩”（两眼昏花）。

陨　殒

隕（篆）　隕（繁）　殞（篆）　殞（繁）

陨、殒二字形似音同义近，容易混淆错用。

陨，形声字，从阜（阝）员声。阜，土山，此处比喻高，阜员合体，本义为“从高下也”（《说文解字》）。《尔雅·释诂》释义为“坠也”。《玉篇》释义为“落也”。三书释义相同。

陨常用于形容流星，如《左传·庄公七年》：“四月辛卯，夜，恒星不见，星陨如雨。”行于星际空间的尘粒和固体块，闯入地球大气圈摩擦燃烧而产生的光迹，叫做“流星”。“星陨”即流星。流星体没有烧毁而落在地面上，叫做“陨星”，其中石质或含石质较多的叫做“陨石”，铁质或含铁质较多的叫做“陨铁”。流星体毁灭了的，称作“陨灭”。由“陨灭”引申为死亡。文天祥《癸亥上皇帝书》：“坐受斧钺，九陨无悔。”“九陨”即九死。又引申为失去，如“陨失”。又引申为毁坏。《淮南子·览冥》：“庶女叫天，雷电下击，景公台陨，支体伤折，海水大出。”《史通·外篇·疑古》：“世济其美，不陨其名。”“台陨”、“陨名”的“陨”，都是毁坏的意思。在古文里，也有用“陨”形容其他物体坠落的，如祢衡《鹦鹉赋》：“音声悽以激扬，容貌惨以憔悴，闻之者悲伤，见之者陨泪。”“陨泪”即落泪。

殒，形声字，从歹员声。歹，作为合体字的形符大多表示“死亡”（参见中编第四章“音同字混淆致误”“值植殖”条）。因此，殒字的本义即“死亡”，如“殒命”、“殒身”。在“毁灭”义上，“殒灭”通“陨灭”。在古文里，在“坠落”义上，殒、陨也通用。但现代汉语里“陨落”不再作“殒落”。

消　销

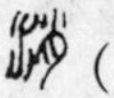（篆）　（篆）

消、销二字都是形声字，声符都是“肖”，所以同音：xiāo。它们的区别在于表义的形符不同。消，从水，本义作“尽”解（《说文解字》），即水流干涸（hé）无余的意思。“消失”即“消”的本义。销，从金，本义为“熔化金属”。固体化作液体，原来的形态消失了，所以也有“消失”之义。

由于音同义近，消、销二字在古文里通用。例如，张祜《悲纳铁》：“谁谓今来正耕垦，却销农器作戈矛。”白居易《答友问》：“置铁在洪炉，铁消易如雪。”同是“熔铁”，张祜用“销”而白居易用“消”。陆游《秋夜怀吴中》：“巴酒不能消客恨，蜀巫空解报国期。”《后汉书·五行志》：“日色赤黄，中有黑气如飞鹊，数月乃销。”同是“除去”，陆游用“消”而《后汉书》用“销”。《警世通言·白娘子永镇雷峰塔》：“小事何消挂怀。”冯延巳《金错刀》：“只销几觉懵腾睡，身外功名任有无。”同是“须”义，《警世通言》用“消”而冯延巳用“销”。秋瑾《黄海舟中日人索句并见日俄战争地图》：“浊酒难销忧国泪，救时应仗出群才。”曹植《感节赋》：“登高墉以永望，冀消日以忘忧。”同是“排遣，打发”，秋瑾用“销”而曹植用“消”。晏殊《菩萨蛮》：“销得曲中夸，世间无此花。”柳永《凤栖梧》：“衣带渐宽终不悔，为伊消得人憔悴。”同是“值得”，晏殊用“销得”而柳永用“消得”。宋江《念奴娇》：“神仙体态，薄幸如何销得。”辛弃疾《摸鱼儿》：“更能消几番风雨，匆匆春又归去。”同是“禁受”，宋江用“销”而辛弃疾用“消”。

在现代汉语里，消、销通用的范围大大缩小了，只在具有“消失”、“除去”义项时通用，如“取消”、“消歇”，也作“取销”、“销歇”；“撤销”、“销魂”，也作“撤消”、“消魂”。但在使用习惯上，现代汉语把“取消”、“消歇”、“撤销”、“销魂”作为首选词。

“消声器”中的“消声”与“销声匿迹”中的“销声”字异音同，都有“声音消失”的意思，但具体含义却不相同。“消声”义为降低或消除气流噪声；“销声”义为不再露面。

“消除”与“销毁”都有“使不存在”的意思。但，“消除”用于除去不利的事物（如“消除隐患”、“消除误会”）；“销毁”用于毁掉物资（如“销毁黄色读物”、“销毁化学武器”）。

“消息”一词出自《易经》。《易经》以乾为阳、坤为阴。乾卦、坤卦各有六爻（yáo，组成八卦的长短横道叫做爻，“—”为阳爻，“- -”为阴爻），乾六爻为息，坤六爻为消。乾卦六爻：“上九：亢龙有悔。”“上九”是乾卦最高、最后一爻。“亢”是极高又干燥的意思。龙飞到既高且干燥的极高处，既不能上升，又不能下降，进退两难，以致倒楣，所以说“亢龙有悔”。这个卦说的是物极必反、盛极必衰的自然法则。坤卦六爻：“上六：龙战于野，其血玄黄。”“上六”是坤卦的最高位，说的是阴极则反阳，阴阳相争，犹如天地相争，故流的血是黑黄色。也是讲物极必反的自然法则。所以，“消息”一词的本义是“一消一长，一进一退”。《易经》曰：“日中则昃（zè，太阳偏西），月盈则食，天地盈虚，与时消息。”“消息”即消长。“消息”有“生灭盛衰”之义，所以引申为音信，取人事顺逆吉凶讯息之义。

舐　舔

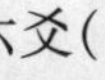（篆）　（篆）

舐、舔是同义字，都是“用舌头接触或取东西”的意思。但二字读音

不同,用法也不同。

舐,小篆是会意字,从舌从易,表示“以舌取食”(《说文解字》)之义。隶变后成了形声字,从舌氏声,音 shì。《史记·吴王濞列传》:“舐糠及米。”“舐糠”即“食糠”。后来多用“以舌舔物”义,如“老牛舐犊”、“吮痈舐痔”、“舐犊情深”等。

舔是后造的形声字,从舌忝声,音 tiǎn,含义就是“用舌头接触或取东西”。

琅　朗

(篆)　(篆)

琅,形声字,从玉良声,音 láng,是一种光泽如珠的玉石,一作“琅玕(gān)”。成语“琳琅满目”,说的就是美玉很多,比喻优美珍贵的东西很多。

琅琅,象声词,即金石相击的声音,多用以形容读书声。

朗,形声字,从月良声,音 lǎng,形容明亮。如“明朗”、“朗月”。

朗朗,也是象声词,形容清晰响亮的声音。韩愈《奉使常山早次太原》有“朗朗闻街鼓”句。也可用作形容读书声。但,“朗朗”还形容明亮,如“朗朗乾坤”,所以形容读书声还是用“琅琅”为好。

粘　黏

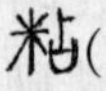(篆)　(篆)

粘、黏原本是同字异形。《集韵》:“黏,《说文》:‘相着也。’或从米。”《玉篇》也认为“粘与黏同”。从字形结构分析,二字都是形声字,声符均为“占”,形符虽一为“米”一为“黍”,但二者性质相同,都是做黏合材料的粮食,所以形虽异,义却同。但是,粘字有两个读音:zhān,nián。而黏字只有一个读音:nián。粘读 zhān 时是动词,含义是“用黏性的东西使物连接。”如“粘连”、“粘贴”;读 nián 时是形容词,形容某物所具有的性能(黏性)。粘、黏二字,在古汉语里通用时均读 nián。1955 年中国文字改革委员会发布的《第一批异体字整理表》,将“黏”作为“粘”的异体字

予以淘汰。1988年国家语言文字工作委员会发布的《现代汉语通用字表》重新确认"黏"为规范字。从此,粘、黏二字有了新的分工:粘,音zhān,表"使连接"义,如"粘连";黏,音nián,表"具有使连接的性能"义,如"黏结"、"黏合"、"黏附"、"黏膜"、"黏土"、"黏液"等。"这种胶水具有很强的黏性,可以把断裂的瓷砖粘连起来。"上句中的"黏性"表性能,下句中的"粘连"表使连接。

粘,还是姓氏,音Nián。

添　　填

塡(篆)

添、填二字读音近似,且都有"补充"的意思。"添补"与"填补"的含义更是接近,所以容易混淆错用。

添,形声字,从水忝声,音tiān,本义为"益"(《玉篇》)。这个"益",意思是"增加使满足",即增益。"增添"、"添彩"、"添仓"、"如虎添翼"等词中的"添"均为本义。由"增益"引申为增加,如"添人"、"添水"、"添乱"、"添枝加叶"、"添油加醋"等。又引申为生育,如"添丁"、"添口"。清代佚名《只因鬼子闹中原》:"男无伦,女行奸,鬼子不是人所添。""不是人所添"即不是人生父母养的。

填,形声字,从土真声,音tián,本义为"塞"(《说文解字》)。塞,以物和土充实空虚处。是故,填有了"补充"的含义,如"填充"、"填料"、"填塞"等。又引申为填补空出的或空着的,如"填空"(填补空出的或空着的位置、职务)、"填写"(在印好的表格、单据空白处,按照项目、格式写上应写的文字或数字)、"填报"(填写报表)、"填词"(按照词的格律选字用韵作词)、"填房"(女子嫁给死了妻子的男人)等。

"添补"和"填补"含义接近,但内涵不同:"添补"用于增置衣裳、用具;"填补"用于补足空缺或缺欠,如"填补空白"、"填补缺额"。

象 像 相

（甲） （金） 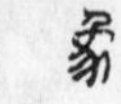（篆） （篆） （篆）

象、像二字原本音同义近，1964 年国务院公布的《汉字简化方案》中，将“像”简化作“象”，从此，“像”成了“象”的繁体字而被停止使用。1986 年 10 月，国家语言文字工作委员会在重新发布的《简化字总表》中宣布：“像”不再作“象”的繁体字处理。这就是说，“象”不再是“像”的简化字，象、像仍然是两个不同的字。

但是，“象”作为“像”的简化字，已经使用 20 年了，恢复了“像”字，人们反而象、像难分，造成使用上的混乱。因而，有必要从形义上将象、像二字重新区别开来。

从字源上讲，“象”早于“像”问世。殷商时代的甲骨文里就有象字，是象形字，突出象的长鼻，造字本义即“象”。《说文解字》：“象者，南越大兽之名。”南越又称南粤，在今广东、广西一带，象是两广一带一种大兽的名称。现在，两广已经没有象了。“像”字是春秋时代才出现的，形声字，从人象声。在“像”没有出现之前，“像”这个概念已经出现在人们的语言之中，于是，古人借“象”来表达“像”的概念。《韩非子·解老》：“人希见生象也，而得死象之骨，按其图以想其生也，故诸人之所以意想者皆谓之‘象’也。”后来，“像”字造出来了，人们习惯难改，往往象像通用。在古籍中，甚至以“象”释“像”，以“像”释“象”。《易经》上说：“象也者，像也。”李白《古风五十九首》之三：“额鼻象五岳，扬波喷云雷。”“象五岳”即“像五岳”。

在现代汉语里，象、像二字是有分工的：

象，表形状、仿效、摹拟等义。如“天象”、“气象”、“景象”、“印象”、“表象”、“象形”、“象声”、“抽象”、“象征”等。

像，表相似、人物形象的摹写或雕塑、如同等义。如“好像”、“肖像”、“塑像”、“画像”等。

“想象”这个词，各种字典、词典用字是不一致的。《现代汉语词典》肯定“想像”也作“想象”，但以“想像”为首选。《辞海》和《汉语大字典》都只有“想象”词条。从理据上分析，用“想象”更合理一些。按照《现代汉语词典》的解释，“想象”的含义有三：① 对于不在眼前的事物，在记忆表象的基础上想出它的具体形象；② 对于从未见过的事物，在知觉材料的基础上经过加工创造新的形象；③ 设想。三个释义，都与“形象”有关，“想象”是头脑里出现的意想的形象。《现代汉语词典》第5版改为“想象”也作“想像”，以“想象”为首选。

与“像”音义接近的，还有个“相”字。《现代汉语词典》把“相”归于“木”部，而《汉语大字典》将“相”归于“目”部。从字源上讲，归于“目”部是对的，因为“相”与眼睛关系密切。《说文解字》：“相，省视也。”“省视”就是察看。察看与“木”有什么关系呢？《说文解字注》引用《易经》的一句话作答：“《易》曰地可观者莫可观于木。”木，即树。上古时代植被保护得好，举目望去都是绿树，所以《易经》说地上可以看到的大都是树。

由“察看”引申出：① 形容相貌，如“福相”、“贵相”、“穷相”；② 形容脸色，如“慌张相”、“凶相”、“哭相”；③ 形容真假，如“真相”、“假相”；④ 形容人的外貌姿态，如“长相”、“坐相”；⑤ 形容物的外观，如“月相”；⑥ 人的面部的样子，如“相貌”。

把人的“相貌”复制下来，称作“照相”，与照相相关的“相片”、“相册”、“照相机”、“洗相纸”都用“相”。但以某人为主体的画像或照片，却称作“肖像”、“画像”，而不能写作“肖相”、“画相”。这可能是约定俗成的缘故，没有什么特别的道理。

“相”的“相互”义，也是由“像”的本义“相似”引申出来的。单方面“看”，称作“相面”；双方互看称作“相见”。由此引申出相互义，产生一系列新词，如“相识”、“相似”、“相通”、“相同”、“相当”、“相等”、“相距”、“相好”、“相安”、“相持”、“相称”、“相符”、“相仿”、“相对”、“相反”、“相辅相成”、“相得益彰”、“相濡以沫”、“相形见绌”等。相的“相互”义，不读 xiàng，而读 xiāng。由“相互”又引申出帮助，如《论语·宪问》：“管仲相桓公。”“相桓公”即帮助桓公。后来把帮助国君治理国家的人，称作“相”或“宰相”。这个“相”仍读 xiàng。

辞　　词

（金）（篆）　辭（繁）　（篆）　詞（繁）

辞，繁体作辭，会意字，从𤔔从辛。𤔔，音 luàn，作“治理”解。辛的甲骨文，本义作“大辠（罪）”解（参见中编第四章“音同字混淆致误”“辨辩”条）。小篆辛是会意字，从二（上）从屰（逆），会意为“辣味”，取辣逆上扑鼻之意。辛酸咸苦甘，谓之五味。葱韭蒜姜芥，谓之五辛。辛与苦组成词，义为艰；辛与酸组成词，义为悲。在现代汉语里，辛的“大罪”义已不用，而用其“辣味”义。但，辛作为合体字的形符，仍作“大罪”解。辞，从辛，故与“罪人”有关，本义作“讼”解。讼，即辩解。罪人辩解，法官断案，谓之“诉讼”。诉讼一作辞讼，辞讼里的“辞”保留了古义。

在汉字发展进程中，辞的本义渐失而用引申义言语。如“言辞”、“文辞”。

词，形声字。《说文解字》：“词，意内而言外也。”段玉裁注解说：“言者，文字之声也；词者，文字形义之合也。”言，即说，只有文字的音；而词，同时表达文字的形与义。《辞源》说得更明白一些：“词，语言音义独立的最小单位。”

从含义上讲，辞与词，音义皆同。《现代汉语词典》在“辞”条里特别提醒读者注意：“在很多合成词里，辞也作词。”这句话里有个限制词——很多，也就是说不是全部。但哪些合成词里的辞可作词，哪些不可作词，未作进一步交代。笔者将《现代汉语词典》、《辞源》、《辞海》对照了一下，发现：辞典、辞章、辞赋、辞人、辞藻、辞讼等合成词中的“辞”均可作“词”；但修辞（包括修辞学、修辞格）的“辞”不可作“词”。在使用习惯上，文字方面的词典，可作辞典；百科知识、散文、诗词等辞典，一般不作“词典”，因为“辞”的含义比“词”要宽一些。字典、词典等工具书，统称“辞书”，不可作“词书”。

嘈　　喿

（篆）　（金）（篆）

嘈，形声字，从口曹声，音 cáo，本义为“喧杂”。常用的“嘈杂”一词即此义。“嘈杂”一词，出自《抱朴子·刺骄》：“或曲宴密集，管弦嘈杂。”意思是众声喧杂，莫辨音律。“嘈杂”一词今仍常用，形容城市的喧杂。

噪，会意字，从口从喿。金文和小篆均作“喿”，树上三口，会意为“群鸟争鸣”。王嘉《拾遗记·鲁僖公》：“晋文公焚林以求介之推，有白鸦逩烟而噪。”王维《酬诸公见过》：“雀噪荒村，鸡鸣空馆。”说的都是鸟鸣。引申为喧哗、吵闹，如“聒噪”、“鼓噪”、“噪音”等。又引申为（名声）广为传扬，如“声名大噪”。

察　　查

（篆）　（篆）

察，形声字，从宀祭声，音 chá，《说文通训定声》释义为“复审”，即反复推究然后审定。引申义为仔细看（察看）、检验（察验）、调查（察访）、明鉴（洞察、明察）等。

对查字的音义，古代文字学家观点不一致。有的认为查是柤的俗字，音 zhā，本义为“门槛”。有的认为查是楂的异体字，音 chá，义为“浮木，木筏”。其实两说都是对的，因为古代查、柤、楂通用。随着汉字的演变，查、柤、楂渐渐分了家，查的原义失去，改为表示“推究”（查究）、“察访”（调查）、“翻检”（查检）等义。查字的这些含义，跟察字的含义非常接近。例如：“察访”与“调查”同义，“检查”与“细察”同义。

察、查与“检”分别组成“检察”、“检查”，与“考”分别组成“考察”、“考查”。但“检察”与“检查”，“考察”与“考查”，含义是完全不同的。

检察，查验、审核之义，专指司法机关审查被检举者的犯罪事实，决定是否起诉、逮捕。人民检察院履行这种职能，它是国家司法机关。

检查，含义是“为了发现问题而用心查看”，或“对工作中的失误进行检讨”，或“翻检查考书籍或文件”。

检察员是国家司法人员，其职责是执行检察任务。

检查员是具体行业具体事项的业务人员，如质量检查员。

考察，含义是“实地调查”，或“仔细地细察”。

考查，含义是“用一定的标准来检查衡量”。

暴　曝　爆

（篆）　（篆）　（篆）

暴，小篆有两个写法：其一是会意字，由日、出、双手、米组合而成，表示日出时双手捧米，会意为“晒”。这个字后来演变成“曝”（pù），如“曝晒”、“一曝十寒”。由“晒”引申为露在外头（曝露）、显露（曝光）。其二也是会意字，由日、出、双手、夲组合而成。夲，音 tāo，义为“进疾”（快速前进）。日出时甩开双手疾行，所以本义为“疾”。由“疾”引申出不能自制（暴虐，暴戾）、极端（暴怒）、突然发作（山洪暴发、暴发户）等义。这个字后来演变为“暴”。

曝、暴二字原本音义皆异，但古人常以“暴”代“曝”，“曝露”、“曝晒”、“曝光”、“一曝十寒”常写作“暴露”、“暴晒”、“暴光”、“一暴十寒”，但读音不变，仍读 pù，而不读 bào。1985 年 12 月，国家语言文字工作委员会等部委发布的《普通话异读词审音表》规定：曝（pù）只用于“一曝十寒”，“曝露”、“曝晒”、“曝光”的“曝”字都写作“暴”，而且读 bào 不再读 pù。这个规定成了现代汉语暴、曝二字的使用规范。

爆是后造字，形声兼会意，从火从暴，暴还是声符。暴字有“突然发作”义，再加上“火”，自然更加猛烈，所以，爆字的含义是“猛然破裂或迸出”。

暴、爆二字容易区别，但这两个字跟“发”分别组成“暴发”、“爆发”，却容易混淆。暴发、爆发二词的区别，在于“暴”、“爆”二字含义不同。暴发，义为“突然发作”；爆发，义为“猛烈而突然”。山洪突发叫做“山洪暴发”，以不正当手段陡然致富或得势叫做“暴发户”。“火山爆发”、“爆冷门”、“爆破”、“爆发了一阵掌声”，其来势甚为“猛烈”，所以均用“爆”。

不肖　不孝

肖，本义为“骨肉相似”（参见中编第四章“音同字混淆致误”“肖肃”

Contemporary Publication

条)，意思是“后代子孙与先辈形貌酷似，志趣相同”，“不肖”反其意：不似先辈。但在用法上，通常称品行不端、辱没祖先的子孙为“不肖子孙”。孝，本义为“善事父母”，俗称“孝顺”。在中国传统道德里，善事父母之道称作“孝道”，善事父母之人称作“孝子”。“不孝”反其意：“不善事父母”，即不孝顺。旧时为父母办丧事，儿子自称“不孝”。这个“不孝”不一定是真的不孝顺。

反应　　反映

应，繁体作應，从心鹰(省去鸟)声，本义作“合”解(《说文通训定声》)。成语“得心应手”的“应”，就是“合”的意思。心与手合，心里怎么想，手就能怎么做，常用以比喻运用自如。“合”与“配”义近，故而又有“配”的含义。杜甫《赠花卿》：“此曲只应天上有，人间能得几回闻。”“只应”即“只配”。“合”、“配”都是双方的事，因而引申出答对(应对)、回声(响应)、允许(应允)、对付(应接)等义。“反应”的“应”义为“回响”，即事情所引起的回响。引申为有机体受到体内或体外的刺激而引起的相应的活动。

映，形声字，从日央声，本义作“明”解(《玉篇》)，指光线照射而显出物体的形象。引申为照射(映照)、衬托(映带)。“反映”含义有二：一为“反照”，比喻把客观事物的实质表现出来，如“这部小说反映了现实生活”；一为“告诉”，即把情况、意见等告诉上级或有关部门。

心情　　心绪

心，心脏的简称，是人和高等动物身体内推动血液循环的器官。古人认为：“心之官则思。”因此，在汉语里，心也指思想的器官，于是有了“心思”、“心得”、“用心”、“心机”等词。由“思想的器官”引申为思想、情感，于是有了“心情”、“心绪”、“心境”、“心潮”等词。“心情”和“心绪”，指的都是“思想、情感”状态，其差别在于“情”和“绪”二字的含义不同：情，含义之一是“状态”，心情即指情感状态，如“心情舒畅”、“心情沮丧”；绪，本指“丝的头”，比喻事情的开端，如“头绪”。复杂的事情，不易理出头绪，就用“千头万绪”来形容。所以，绪往往与紊乱联系在一起。心绪，含义虽然也是“心情”，但在用法上多就不安定和紊乱而言，如“心绪不字”（心情不安定）、“心绪乱如麻”（心情烦乱得如同一团乱麻）等。

以至　以致　导致

至、致二字的区别是明显的：至，本义为“到”；致，本义为“给与”，引申为达到，如“学以致用”。

这两个字与“以”组成“以至”（“以至于”）、“以致”，都是连词，都用在下半句的开头，表示由前半句而形成的结果，所以容易混淆致误。以至（以至于）、以致的区别在于：表示的内涵不同。

“以至”表示的是前半句所说的动作、情况的程度很深而形成结果，如“事态发展迅猛，以至很多人都感到意外”。“以至于”与“以至”相同。

“以致”表示的是下文由上述原因所形成的结果，即表示上半句与下半句是一种直接的因果关系，而且多指不好的结果，如“他没有认真地备考，以致高考名落孙山”。

同“以致”类似有个“导致”，含义为“引起”，它表示的上下文也有因果关系。例如：“由于没有处理好小的矛盾，导致双方关系破裂。”“导致”不可写作“导至”。

布置　部署

（篆）　（篆）

“布署”与“部署”同义。有的词典将“部署”释义为“布置”。但，在现代汉语里，这两个词分别在不同的语境里使用，通常不可互换。

布，小篆写作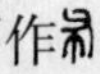，形声字，从巾父声，本义为“丝，麻，棉织物”。引申为陈列，如“布阵”、“布防”等。又引申为分散，如“散布”。“布置”即分布、陈列、安置。

部，小篆写作，形声字，从邑（变形为右阝）音声。邑，古代国家、都城、区域，以邑为形符的字，都与古代的国家、都城、区域有关。部，本义指“汉时天水郡之地”，引申为总领、统率，如“率部”。又引申为管辖、治理，古文中有“分民而部之”句，“部之”即管辖、治理。由此义又引申出门类，如古籍分为经、史、子、集等部。由“门类”引申出安排、布置之义，如“部署”。

另，“署”与“置”也同义，均从网（讹变为罒），都有“安排，处置”之义。

在现代汉语里，布置、部署虽然同义，但使用时却有区别：“布置”所安排、处置的事要小一些，具体一些，如“布置会场”、“布置展品”；“部署”所安排、处置的事要大一些，宏观一些，如“战略部署”、“战役部署”。因此，“布置”不可写作“部置”，“部署”也不可写作“布署”。

必须　必需

（金） （篆） 鬚（繁） （篆）

“必须”和“必需”都是常用词，且音同义近，极易混淆错用。

区分“必须”和“必需”的意义和用法，要从辨析“须”、“需”二字入手。

须是指事字，从页从彡。页是象形字，本义是“头”，是“首”的本字（参见中编第四章“音同字混淆致误”“顷”条），后借作量词，改音为 yè，但在合体字中作偏旁仍表“头”义；彡是毛的象形符号；在象形字旁边加注象形符号，表示长在两颊和嘴边的毛，即“胡须”。后来造了个“鬚”字代替须，而将须假借表示“要”、“应”等义，如“必须”、“须要”、“务须”、“须知”等。汉字简化后，“鬚”被废除，恢复了“须”字的本义。于是，“须”有了本义和假借义两个含义，成了一形二字。

需是形声字，从雨而声，音 xū，本义为“少待”，因为遇雨暂止少待。《易经》里有“需于郊”句，“需于郊”，即在郊外少待。后来，需字的本义渐渐不用了，而被假借用以表达“给用”，又引申为必不可少，便出现了“需用”、“需求”、“必需”、“需要”等词。

“必需”、“需要”与“必须”、“须要”含义接近，它们的区别在于前者是“必不可少”之义，后者是“一定要”之义。例如，“教师必须诲人不倦。”“教师是教育工作必需的人才。”这两句话分别用了“必须”、“必需”，前句中的“必须”表达的是“一定要”，后句中的“必需”表达的是“必不可少”。又如，“教育儿童须要耐心。”“四化建设需要一支强大的科技队伍。”这两句话分别用了“须要”和“需要”，前句中的“须要”表达的是“一定要”，后句中的“需要”表达的是“必不可少”。

权力 权利

权,權的简化字。权字的含义,古代字书上都认为是"秤锤"。秤锤俗称秤砣。古代的杆秤,用一根木棍制作,秤杆头部上安秤毫,下安秤钩,杆身镶有计量秤星,测量物体重量时,用秤钩钩起物体,用手提起秤毫或用扁担穿过秤毫抬起物体,这时秤杆会向上翘,测重者便将秤砣套在秤杆上,把翘起的秤杆压下来,然后徐徐移动秤砣,使秤杆保持水平状况,系秤砣的绳子压住的秤星所表示的重量即物体的重量。俗话说:"秤砣虽小压千斤。"小小的秤砣,在测重时却起着决定性作用。所以,这个秤砣就成了秤的代名词。《孟子·梁惠王上》:"权,然后知轻重,度,然后知长短。"后来,这个"秤砣"演变成"政治上的强制力量"。于是有"权柄"、"权位"、"权欲"、"权势"、"权贵"等词。"权力"和"权利"也是由"权"衍生出来的词,它们的区别在于"力"和"利"的含义不同。力,在这里作"力量"解。"权力"的含义就是前面说的"政治上的强制力量"。利,在这里作"利益"解。"权利"的含义是"公民和法人依法行使的权力和享受的利益"。

合龙 合拢

"合龙"的含义是:修筑堤坝或修建桥梁,从两端施工,最后在中间接合。这里的"龙",可以理解为"一个整体",合龙,即接合成一个整体。

拢,形声字,从手龙声,义为"闭合"。例如:"她笑得合不拢嘴。""合不拢"即闭合不了。由"闭合"引申出靠近、到达(如"拢岸")、总合(如"拢共")、使不松散或不离开(如"收拢")等义。"合拢",就是合在一起,无"接合成一体"的含义。"合拢"常用,"合龙"不常用,"合拢"很少错作"合龙",而"合龙"常错作"合拢"。"合龙"的"龙",读音 lóng,"合拢"的"拢",读音为 lǒng,二者含义不同,读音也不一。

价值 价格

价,"價"的简化字。價,会意字,《说文解字》:"價,物直也,从人贾。"本义为"买卖"(参见中编第一章"多音字误读""价"条)。"价值"、"价格"二词都与"买卖"有关。"价值"的含义是"体现在商品里的社会必要劳动”。引申为用途或积极作用,如”人生价值”、“借鉴价值”。“价格”的含义是“商品价值的货币表现”。吕叔湘、朱德熙在《语法修辞讲话》中指出:“‘价值’的意思比较抽象,说一件事物‘有价值’,等于说它有用处,有重要性,或有意义。对于商品,我们只说‘价钱’或‘价格’,不说‘价值’。”

产生　发生

产,繁体作“産”,形声字,从生彦(省去彡)声,本义作“出生”解。产,有从已有事物中生出新的事物的意思。如人或动物的幼体从母体分离出来叫做“产”。

发,繁体作“發”,形声字,从弓癹(pō)声,本义作“射发”解,即开弓射箭的意思。成语“引而不发”中的“发”即本义。由“射”引申为出,如“发声”;又由“出”引申为生,如“发芽”。

产生、发生二词的区别就在于“产”与“发”字义不同。产生,义为“从已有事物中生出新的事物”;发生,义为“原来没有的事出现了”。例如:“从委员中选举产生常务委员”;“煤矿发生瓦斯爆炸事故”。前句的意思是“从已有事物中生出新的事物”,“常务委员”是从“委员”中“生出”的,所以用“产生”;后句的意思是“原来没有的事出现了”,所以用“发生”。

交纳　缴纳

交、缴二字,都是“付出”的意思;纳,是接受的意思,所以,交纳、缴纳二词词义非常接近。但“缴”有“强制”的意思,“缴纳”是“履行义务或被强制交纳”;“交”没有“强制”的意思。所以,什么地方该用“交纳”,什么地方该用“缴纳”,要分析语义,实在分不清楚时就用“交纳”。这就是说,“交纳”可以替代“缴纳”(如“缴纳营业税”可以写作“交纳营业税”),但“缴纳”不可替代“交纳”(如“交纳团费”是自觉履行团员义务,不可写作“缴纳团费”)。

交换　交流

交是象形字,是“大”的变形,象人两腿相交之形,所以《说文解字》曰:“交,交胫也。”“交叉”为本义。引申为转给(交活、交代)、连接(交界、春夏之交)、来往(交往、结交)、友谊(交友、至交、绝交)、同时发生(交加、交集)、互相(交换、交流)等等。可见“交换”和“交流”是同义词,都是“相互”的意思。但是,“换”和“流”并不是同义词,所以“交换”和“交流”二词的具体内涵还是有细微差别的。换,形声字,从手奂声,本义为“易”。交换即互易,双方各拿出自己的给对方。如“交换纪念品”、“交换场地”、“交换意见”。流,形声字,从水㐬声,本义为“水流”。交流本指河水交错流淌,如“河港交流”。其引申义也有“互易”的意思,如“交流经验”、“文化交流”、“物资交流”等。交换和交流“互易”的对象有明显的区别。

关心　　关怀　　关注

關(金)　關(篆)　關(繁)

关,金文写作關,小篆写作關,繁体写作關。形声兼会意字,从门从𢇍,𢇍亦声。𢇍,音 guān,是织绢的梭子,取其“横贯”之义。“关,以木横持门户也。”(《说文解字》)即门闩(shuān)。引申为泛指门户、出入口、城门、要塞等,又引申为控制(把关),又由“控制”引申为牵系、关心,即内心牵系,常放在心上。

关怀、关注,都是“关心”的意思,但表现不同。关怀的“怀”,含有“心里存有”义,关怀表示“在意,操心”;关注的“注”有“视线集中”义,表示“重视”。

利害　　厉害

“利害”与“厉害”之间的差别,关键在于“利”和“厉”二字的含义不同。

利,是个古老的字,甲骨文里就有,是会意字,由禾、土、刀三个独体字组合而成。金文和小篆均删去“土”,保留“禾刀”。用刀割禾,会意为什么呢?有两种解释:一说“收割稻谷,会意为‘赢’”;另一说“用刀割禾,会意为‘锐利’”。两说都有道理。收获当然就是赢得;收获也检验刀是否锐利。现代汉语的“利”字仍有此二义:利益,锐利。利字的别义,都是从这两个本义引申出来的。和“利益”相对的是“损害”,于是有了“利害”这个词。人们做事要趋利避害，所以必须考虑“利害得失”。社会公德倡导利人，反对损人利己，因此，为了国家利益和公众利益，又要求人们“不计利害”。正确处理利害，是做人的要义。

厉，繁体作“厲”，形声字，从厂萬声，本义为“磨刀石”。磨刀石有粗细两种，古人称粗的为“砥”，细的为“厉”。后来，“厉”被新造字“砺”所取代，改表他义。于是有了“祸乱”、“瘟疫”、“恶鬼”、“猛烈”、“严格”、“严肃”等义。“厉”在现代汉语里，主要表“猛烈”、“严格”、“严肃”三义。如“雷厉风行”、“声色俱厉”、“厉行”、“厉声”、“厉害”等。“厉害”一词有三个含义：① 表示难以对付或难以忍受，如“天热得厉害”；② 形容剧烈，凶猛，如“心跳得厉害”；③ 严厉，如“新来的老师很厉害”。

含义　　含意

“含义”与“含意”实际上是同义词，都指“包含”。但两个词在使用时是有区别的：

含义，词句等所包含的意义，如字的含义、词的含义、概念的含义、成语的含义等等。

含意，诗文等含有的思想、意味。如“这篇文章含意深刻”。

启示　　启事

“启示”与“启事”是两个常用词。由于这两个词读音相同且含义接近，因而极易混淆错用。常见该用“启事”的地方却错用“启示”，如“招工启示”、“征稿启示”。

要弄清楚它们的区别，必须从分析启、示、事三字的字形字义入手。

启，甲骨文写作，金文写作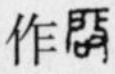，小篆写作，演变成楷书写作啓或啟。启，是简化字。

甲骨文是会意字，从户（一扇门为户）从又（即手），用手推开一扇门，会意为“开”。金文和小篆将甲骨文讹变成，又在下面加个口，成了会意兼形声字。甲骨文的“户又”在这里既表义（开），又表音，跟“口”组合，表示“教”，即通过教育开导，开启人的智慧。所以，“户又”与“啟”原本是两个字：“户又”义为“开”，“啟”义为“教”。后来啟字流行，户又字渐废，啟就兼有两个字的含义，它的引申义也分别源于“开”、“教”二义。现在，啟字

也不用了,简化作“启”,但含义未变。

人们寄出重要信件,怕被不相干的人看了,就在信封上写上“某某亲启”,这个“启”就是“开”的意思,“亲启”就是“亲自拆开信封”。由拆开信封引申出打开封存的东西(启封),又引申出开始(启行、启程)、开口(启齿)之义。人们常说的“启蒙”、“启发”、“启迪”都与“教育”有关系。“启蒙”即开启蒙昧,使初学者得到入门知识;“启发”即阐明事理,使人引起联想而有所领悟;“启迪”即通过开导,使人得到启发。

示,甲骨文写作,金文写作,小篆写作,都是会意字,从二从川。二是古“上”字,在这里表示“天”;川代表日、月、星;二者合起来,表示“天垂象,见吉凶”。上古人缺乏天文知识,把天上日、月、星辰的变化与人间的吉凶祸福对应起来,这就是所谓“天垂象,见吉凶”。所以,示字含有告、指、显、表、昭等义,于是有了“告示”、“指示”、“显示”、“表示”、“昭示”等词。

事,甲骨文写作,金文写作,小篆写作,甲骨文、金文都是会意字,上面的,象征“旗帜”,中间的,象征“简册”,下面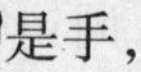是手,一个人手里拿着简册站在旗帜下,表示奉命记事。所以,《说文解字》认为:事就是职,而职的本字是识,读音 zhì,本义为“记事”(参见中编第一章“多音字错读”“识”条)。在古文字里,事、史、吏是一个字,所以事字含有三字之义。《韩非子·五蠹》:“无功而受事,无爵而显荣。”“受事”即当官为吏。《红楼梦》第九回:“什么《诗经》古文,一概不用虚应故事。”“故事”即典故,过去的事,当然是史了。后来事、史、吏分家了,事就专表“事情”、“事业”、“从事”等义。

把启、示、事三个字各自的含义弄明白了,“启示”、“启事”二词词义的区别就自然清楚了。

启示,是启发指示,使人有所领悟的意思。

启事,是向公众说明某事的意思。前面说的“招工启事”、“征稿启事”,是向公众说明招工或征稿的有关事宜的,所以必须用“启事”而不能用“启示”。

服法　伏法

服,甲骨文、金文、小篆的左偏旁都是“舟”,右偏旁都有“手”,舟手合体，会意为“行舟”。但是，服字的这个本义，古书上也极少见。古往今来，服字的含义用得多的有：①衣，如“衣服”、“服装”；② 职事，如“服务”、“服侍”、“服役”；③ 吃，如“服药”、“服毒”；④ 承认、听从，如“心服口服”、“服从”、“信服”。

伏，会意字，从人从犬，本义为“司”（通“伺”），即伺候。引申为埋伏，又引申为仆倒（脸朝地倒下）。

“服法”中的“服”，义为“承认”、“服从”。“服法”即承认罪行，服从判决。“伏法”中的“伏”，义为“仆倒”。“伏法”即执行死刑。

质疑　　置疑

质疑与置疑，是两个常用的词语，读音近似，又都有“疑”字，故而易混淆错用。要明了两者含义的区别，必须从辨析质、置二字入手。

质，会意字，金文、小篆和繁体，都是从斦从贝。斦（音 yín），即二斤。斤，古斧字。二斤即两斧。两斧砍物，此起彼落，有“两相等比”义。贝，财货。斦贝合体，会意为“以物相赘”（《说文解字》），即以货换物，价值相当。由此引申出本体、诚信、对证、淳朴等义，如“本质”、“性质”、“品质”、“质地”、“人质”、“对质”、“质朴”等。由“对质”又引申出提出、责问等义，如“质疑”（提出疑问）、“质问”（依据事实问明是非，责问）。

置，会意字，从网从直。网，法网；直，刚直、正直。如果“网”了刚直、正直之人则应当释放。这就是“置”字的本义。《国语·郑语》：“袌（póu）人袌姁有狱，而以为入于王，王遂置之。”“置之”即赦免释放。由赦免释放引申出免除、废弃等义。古文里的“置租赋”即免除租赋，“置本求末”即弃本求末。又引申为停下、安放、设立、备办、表示等义，如“搁置”、“安置”、“置放”、“设置”、“购置”、“置办”、“置若罔闻”、“置之度外”、“置之不理”、“赞叹不置”、“不置可否”等。“置疑”的“置”有“设立”义，置疑即设疑、怀疑。置疑常用于否定式，如“毋庸置疑”（无需怀疑）、“无可置疑”（没有什么可怀疑的）。

饱满　丰满　丰富

豐(甲)　豐(金)　豐(篆)

饱满、丰满都有“充足”的意思,但具体含义是有区别的,其区别就在于饱与丰二字的含义不同。

饱,形声字,从食包声,本义为“满足了食量”,即常说的“吃饱了”。由“吃饱”引申为充满(饱含)、最大限度(饱和)、丰富(饱学)、充足(饱满)等。

丰,是豐的简化字,甲骨文写作豐,金文写作豐,小篆写作豐,都是指事字,表示“丰满”的意思。引申为厚(丰厚)、收成好(丰收)、美好(丰采、丰姿、丰韵)等。

饱满和丰满都有“充足”的意思。但饱满是形容植物子实颗粒充实(如“颗粒饱满”),或形容人的精神充足(如“精神饱满”);丰满是形容人(主要是女人)的体态,表示“胖得匀称”。

丰富、丰满二词,都是两个同义字联合构成的新词,因此,含义非常接近。但在用法上,“丰富”用于形容物质财富多或学识经验多等,如“物产丰富”、“学识丰富”、“丰富多彩”。

学历　学力

学历、学力二词,都有一个“学”字,都跟学习、学问有关系。二词的差别在于“历”和“力”的含义不同。历是“歷”的简化字,本义为“经历”。学历,直译为“学习的经历”,通常以最后取得什么学位文凭来表示,如“大学本科学历”(最后取得大学本科毕业文凭)。学力与学历的不同之点在于:“学力”取“力量”的引申义,学识水平;“学力”不是取得什么学位,而是“在学问上实际达到的程度”。比如,有的人没有上过大学,却经过自学而掌握了相当的学问,其实际学识水平达到或超过大学本科毕业水平,我们说他具备大学本科以上的学力。

面世　问世　应市

面世、问世、应市,都有产品与世人见面的意思,但各自的含义和用法不完全相同。

面世，指精神产品与世人见面，也指物质产品与世人见面，如“更新换代产品即将面世”。

问世，专指著作等出版物跟读者见面。一般物质产品面世，不可使用“问世”这个词。

应市，指商品适应市场需求而上市出售。

界限　界线

界限，不同事物的分界，如“划清界限”、“界限分明”。

界线，两个地区的分界线。

“界线”可以替代“界限”，表示不同事物的分界，“划清界限”、“界限分明”可作“划清界线”、“界线分明”；但“界限”不可替代“界线”，表示不同的地区的分界线，如“跨越界线”、“标出界线”不可作“跨越界限”、“标出界限”。

胜地　圣地

（甲）　勝（繁）　（篆）　聖（繁）

胜地与圣地二词同音，且都是令人向往的地方，所以容易混淆错用。要区分胜地与圣地，还得从区分胜、圣二字入手。

胜，繁体写作勝，是会意字，由朕和力二字组合而成。朕，人称代词。秦以前指“我”或“我的”，自秦始皇起专用作皇帝的自称。朕力合体，会意为“任”（《说文解字》），即能够承担。“胜任”一词就是“胜”的本义。还有一说，朕字的甲骨文写作，左边是舟（不是月），右边是双手持斧，表示船身木条接合不严，必须修理。《周礼·冬官》：“视其朕，欲其直也。”这句话里的朕，就是两物接合的间隙，即俗话说的“缝”。朕字加个力，表示“使缝密合”，引申为胜任。两说都肯定“胜”的本义为“胜任”。

由“胜任”引申为超过，如“略胜一筹”。又引申为击败对方，如“胜利”、“战胜”。又引申为优美的景物或境界。这就是“胜地”的由来。胜地指的是风景优美的地方。

圣，小篆作“”，也是会意字，由耳、口、人、土四字组合而成，会意为

“通”(《说文解字》)。这个“通”意思是“通达”,对人情事理都很明白。为什么耳、口、人、土四字组合会意为“通”呢?我们可以给圣字画一幅表意图:一个人站在地上竖起耳朵听别人讲话。中国有句古话:“兼听则明。”耳顺才能成为明白人。所以,《白虎通》说:“闻声知情,故曰圣也。”《孟子·公孙丑》记述了一段孔子同他的学生子贡关于“圣”的对话:“‘圣则吾不能,我学不厌而教不倦也。’子贡曰:‘学不厌,智也;教不倦,仁也。仁且智,夫子既圣矣乎。’”这就是我国传统的圣贤观。

圣,在中国传统文化中,是“精通”、“深明”、“至高无比”的代名词。圣人是至高无比的人,圣地是神圣而崇高的地方。我们说延安是革命圣地,是因为它在中国现代革命史上具有崇高的地位。

胜地,指的是风景优美的地方;圣地,指的是神圣而崇高的地方,二者不是同义词。

监察　检察

(甲) (金) (篆) 監(繁)

(篆) 檢(繁)

监的甲骨文是象形字,象一个人俯视皿中物之形。金文有了现代监字的雏形。是皿,皿上一横象征水,再上面是“人”和“目”,会意为“皿中盛水当镜子”。小篆显然是由金文演变而成的。甲、金、篆三个监字,造字的意图是一致的:临皿俯视。可以解释为“审视”或“从旁察看”。这是“监”的本义。由“从旁察看”引申为监视,又引申为监管、监狱(监管罪犯的处所)。监,音 jiān。

检是“檢”的简化字,是形声字,从木佥声,音 jiǎn,含义与“木”有关。古代官府的重要文书,盛在木制函中,然后加封、标签,以便保密。这种盛文书的木函,就叫做“检”。《后汉书·祭祀志》:“尚书令奉玉牒检,皇帝以寸二分玺亲封之。”句中的“检”,就是盛文书的木函。木函封好后要标签,“标签”也叫做“检”。《后汉书·公孙瓒传》里有“施检”一词,施检即标签。由“标签”引申为法、轨,所以古文里检、法、轨通用。古文里的“定检”即“定法”,“越检”即“越轨”。检字的上述古义,在现代汉语里已经不用了。检字的今义为:考查,验证,约束,反省。这些义项都是从“检”的古义引申出来的。

监、检跟“察”分别组成“监察”、“检察”,这两个词容易混淆,必须分辨清楚。

监察,监督、审视之义,指监督各级国家机关和机关工作人员的工作,检举违法失职的机关或工作人员。国务院监察部履行这种职能。

检察,查验、审核之义,特指国家法律监督机关依法定程序进行的法律监督活动。人民检察院行使检察、批准逮捕、受理案件的侦查、提起公诉的职责。

监察部是政府监督部门;检察院是国家司法机关。

通信　通讯

信,会意字,从人从言,会意为“诚”。人言为信,人说话算数,反映了中国传统的道德观念。由“诚”引申为确实(如信史)、可靠(如信用、信赖、信任、信托),又引申为崇奉(如信教、信仰)、凭据(如信物、印信)。人们用文字或电波互通消息,互致问候,叫“通信”,互通消息的载体,叫“书信”。

讯,形声字,从言卂声,本义作“问”解(《说文解字》),“问讯”即为本义。用文字或电波互致问候,也叫“通讯”。

从情理上讲,“通信”与“通讯”音近义同,应当通用。但在习惯上,人们互通消息称作“通信”;但通信双方的收信地址,却称作“通讯处”,记载通讯地址的簿册叫“通讯录”。新闻媒体报道消息的文章,现代汉语称作“通讯”,旧时也称作“通信”。采访和编辑新闻供媒体使用的宣传机构,称作“通讯社”,应邀给新闻媒体反映情况、报道新闻的人,称为“通讯员”。

与“通讯员”音近的“通信员”,其职责不同于“通讯员”,是担负递送公文等联络任务的。军队有专门通信联络的兵种,叫“通信兵”。

通信还有一种含义,即利用电波、光波等信号传递文字、图像等。根据信号方式的不同,可分为模拟通信、数字通信等。这一“通信”不能与“通讯”混淆。

“电讯”与“电信”,是两种不同的概念。用电话、电报或无线电设备等传递的消息，叫“电讯”；而利用这种传送信息的通信方式却叫“电信”，经营这种通信业务的，叫“电信局”。

为何意思相同却有的用“通讯”、“电信”，有的却用“通信”、“电讯”？这恐怕是约定俗成的缘故。

截止　截至

“截止”、“截至”都是动词，都有“到（某个时间）为止”的意思。但是，二者的词性和含义是不同的。

从词性说，“截止”是不及物动词，不能带宾语。表时间的词语一般都用在“截止”的前面，如“到×日截止”。而“截至”是及物动词，要带宾语。表时间的词语都用在“截至”的后面，如“截至×日”。要让“截止”出现在时间词语前面，必须后面加名词性词语，如“截止”后加“期”、“日期”、“期限”。

从含义说，“截止”的“止”有“终止”、“结束”义；“截至”虽然也表示“到××为止”，但这个“止”不是“终止”、“结束”，而只是“告一段落”。如“截至×日，报到人数××”，表示报到尚未终结，还有人陆续来报到。

常见的错误是，将“截至×日”错作“截止×日”。也有的人将“截至”写作“截止到”，意思是对的，但啰唆了。

霎时　刹那

（篆）

霎，音 shà。刹，音 chà。此二字形音都不同，本不应混淆。但是，霎时、刹那，都表示时间极短，所以使用时也可能混淆错用。

霎，会意字，从雨从妾。妾，小老婆，此处取其“小”义，跟雨合体，会意为“小雨”。但是，这个字的本义因为很少使用而被人们遗忘，常见用以形容风雨声。表示极短时间的“霎时”、“霎时间”，当是从“小”引申出来的。

刹，是汉以后造的字，成书于南朝的字书《玉篇》，第一次收入“刹”字，释义为“柱”。这个“柱”不是一般的柱子。那么，是什么呢？有两种说法：一说是佛塔上藏舍利（shè lì）的石柱；一说是佛塔顶部的装饰物，

Contemporary Publication

又叫“相轮”。两种说法都跟佛塔有关系，所以，刹又指佛塔。

刹，还是梵(fàn)文(印度古代的一种文字)“kṣetra”(刹多罗)的音译省称。kṣetra在梵文中是“佛地”的意思，所以，佛教寺庙也称作“刹”。刹那，是梵文“kṣaṇa”的音译。佛经有“一念中有九十刹那”之说，表示时间极短，唐代高僧玄奘在《大唐西域记》里把这个词引进中国。

霎时与刹那，前者是本土话，后者是外来语，意思完全相同，但“霎时”不可写作“刹时”，“刹那”也不可写作“霎那”。

现代出版学丛书

6

第六章

成语同音字错用

出版物中的错别字，还有一种类型，即成语中错用了同音字。例如，常见将“出奇制胜”错作“出奇致胜”，将“攻城略地”错作“攻城掠地”，将“走投无路”错作“走头无路”。

问题还在于，明明用错了字，却自以为是对的。例如，把“走投无路”理解为“走到头无路可走”，所以写作“走头无路”。

成语的特征之一，是结构的稳定性，一般四个字一句，言简意赅，不能随意改字。

鉴于成语错用同音字的情况相当普遍，出现频率非常高，所以有必要单立一章，对常见的成语中错用的同音字，进行逐一辨析。

以下括号内的字是正确的，括号前的字是错用的。

大名顶顶（鼎鼎）

鼎、顶二字同音，但含义不同。

鼎，古代煮东西用的器物，三足两耳，后来作为摆设，象征权势。在书面语言中，鼎是“大”、“盛”、“有分量”的意思。例如：“鼎（大）力相助”，“鼎盛（兴盛）时期”，“一言九鼎（分量重）”。

鼎字叠用，形容盛大。“大名鼎鼎”（也作“鼎鼎大名”），形容名气很大。

顶，本义为人体的最高部位，即头顶。由头顶引申为泛指一切物体的最高部位，如屋顶、柜顶、塔顶、山顶。顶，只形容高，不形容大。可作副词，表示“最”，如“顶大”、“顶好”，意思就是最大、最好。

顶字不能叠用。

所以，“大名鼎鼎”不能写作“大名顶顶”。

山青（清）水秀

“山清水秀”常错作“山青水秀”。原因是不了解这句成语的含义。

“山清水秀”本作“山明水秀”，含义是山水清净秀丽。后来演变成“山清水秀”。从语法上讲，“山清”可以与“水秀”搭配，而“山青”不能与“水秀”搭配，只能与“水绿”搭配。因为，“山青水绿”是形容山水形色的，而“山清水秀”是形容山水景色的，其内涵有清新妩媚的神韵。正因为如此，古代诗人认为“山清水秀”是属于诗人的，并且常用以形容女子的姿丽。例如,宋代诗人黄庭坚在词《蓦山溪·赠衡阳陈湘》中说:“眉黛敛秋波,尽湖南,山明水秀。娉娉袅袅,恰近十三余,春未透。”用“山明水秀”比喻女子眉目清秀,既巧且妙。

及及(岌岌)可危

岌岌,有二义:一义形容山高;一义形容危险。形容危险出自《孟子·万章上》:“天下殆哉,岌岌乎!”殆与岌岌都是非常危险的意思。“岌岌可危”常用以形容形势危急。

及,本义为“达到”,引申为比得上,推及,顾及,没有危险的意思,且不能叠用。

不可明(名)状

名,义为“用语言叫出或说出”;状,义为“描绘”、“形容”。“不可名状”,原作“难以名状”,语出《老子·第十四章》:“其上不皦,其下不昧,绳绳兮不可名,复归于无物,是谓无状之状,无物之象。”后世将“不可名状”作为成语,表示无法用语言来形容。“明”没有“用语言叫出或说出”的含义,故不可写作“不可明状”。

不加(假)思索

假,借助,依靠。“不假思索”,即不经过思考就作出反应,形容做事应答迅速。《警世通言·二十六》:“学士大惊,唤华安到来,出题面试。华安不假思索,援笔立就,手捧所作呈上。”

“不假思索”错作“不加思索”,可能是因为假、加音近,“加”又有“加以”义,而对“假”的“借助,依靠”义又不了解的缘故。

不茅(毛)之地

“不毛”,不长庄稼、草木。“不毛之地”形容贫瘠的土地或荒凉的地区。语出《公羊传·宣公十二年》:“辱到弊邑,君如矜此丧人,锡(赐)之不毛之地。”

“不毛之地”也可省作“不毛”。例如,诸葛亮《出师表》:“故五月渡泸,深入不毛。”“深入不毛”即深入荒凉的地区。茅,一种草。没有“不

Contemporary Publication

茅”这个词。把“不毛之地”写作“不茅之地”，是错误的。

不落巢(窠)臼

窠，形声字，从穴果声，音 kē。窠、巢同义，都是鸟窝。但“窠臼”与鸟巢无关，含义是“现成格式”、“老套子”，多用以形容文章或其他艺术品缺乏独创性。“不落窠臼”则反其意。

这句成语出自明代学者胡应麟《诗薮·内编四》：“初学必从此入门，庶不落小家窠臼。”清代学者赵翼《瓯北诗钞·七言古五·题洞庭尉程前川三百首梅花诗本》说得更明白：“别开生面目，不落旧窠臼。”后世多用“别生开面”、“不落窠臼”形容文章或其他艺术品别出心裁，脱离俗套，独创一格。写成“不落巢臼”，就不知所云了。

“不落窠臼”一作“不袭窠臼”。袭，沿袭、因袭。“不袭窠臼”即不因袭前人的俗套。两句成语含义完全相同。

不径(胫)而走

胫，小腿。走，本义为“快跑”。不胫而走，直译为：没有腿却跑得很快。但作为成语，不能这样理解，因为这句成语是一种比喻，比喻事物不待推行(不胫)，就迅速传播流行(而走)。例如，东汉学者孔融《论盛孝章书》：“珠玉无胫而自至者，以人好之也。”清代学者余怀《〈笠翁偶集〉序》：“此非李子偶寄之书，而天下雅人韵士家弦户诵之书也。吾知此书出，将不胫而走，百济之使维舟而求，鸡林之贾辇金而购矣。”说的是：好玉、好书，人们争相购买。

径，本义为“狭窄的道路”，“不径”，无此说法。

分道扬镖(镳)

镳，音 biāo，本指马嚼子的两端露出嘴外的部分，后泛指马嚼子。扬镳，提起马嚼子。骑马人把马嚼子一提，马就立即奔跑起来。“分道扬镳”出自《魏书·元志传》：“(志)为洛阳令，不避强御。与御史中尉李彪争路，俱入见，面陈得失……高祖曰：‘洛阳我之丰、沛，自应分路扬镳。自今以后，可分路而行。’及出，与彪折尺量道，各取其半。”由此可见，“分道扬镳”原意把道路按直行线一分为二，各走偏于自己统辖的路。后用来泛指按照不同的目标或志趣，各走各的路或各奔前程。

“分道扬镳”常用来比喻学术领域中，各有不同的志趣、造诣而互不相让。例如，南朝文人何逊《夕望江桥示萧谘议杨建康江主簿》：“尔情深巩、洛，予念返渔樵，何因适归愿，分路一扬镳。”说的就是志趣不同而分路。又如，清代诗人查慎行《酬别许旸谷》：“方今侪(chái)辈盛称诗，万口雷同和浮响；或模汉魏或唐宋，分道扬镳胡不广？”说的就是因造诣不同而分路。

镖，古代的一种武器，形状像长矛的头，投掷出去杀伤敌人。如“投镖”、“飞镖”。镖与镳的含义完全不同，“扬镳”义为驱马，“投镖”义为投掷武器。所以，“分道扬镳”不可写作“分道扬镖”。

气势凶凶(汹汹)

凶，本义作“恶”解，如“凶恶”、“凶残”、“凶狠”、“凶虐”。凶字不能叠用。

汹，形容水势向上翻腾，向前翻滚，如“汹涌”。

汹汹，形容声势盛大，一般用于贬义。气势汹汹，比喻来势凶猛的样子。

毛骨耸(悚)然

悚，恐惧。悚然，害怕的样子。人碰到阴森或凄惨的景象时，会产生恐惧感，毛发竖起，脊梁骨发冷。所以用“毛骨悚然”来形容人极其害怕的样子。

“毛骨悚然”是由“毛发尽竖，竦肩缩颈”演化而来的。“毛发尽竖”出自韩愈《送穷文》：“屏息潜听，如闻音声……毛发尽竖，竦肩缩颈，疑有而无。”后世改为“毛骨悚然”。

“毛发耸然”的含义与“毛骨悚然”不同，形容触发激情，因而毛发为之耸动的样子。例如，刘禹锡《相国李公集序》：“今考其文，至论事疏，感人肺肝，毛发耸然。”

凤毛鳞(麟)角

凤与麟，都是古代传说中的动物。在古代传说中，凤为百鸟之王，常用以象征祥瑞；麟是一种奇特动物，形状像鹿，头上有角，全身披着鳞甲，被古代称为“仁兽”，也常用以象征祥瑞。

凤与麟，自然界并不存在。而古代传说里，说人们平时见不着它们，只有在太平盛世它们才会出现。所以，凤之羽毛和麟之角，都是极为珍稀的。语本《南史·谢超宗传》：“超宗殊有凤毛。”《北史·文苑传序》：“学者如牛毛，成者如麟角。”明代学者何良俊《四友斋丛》：“康对山之文，天下慕向之如凤毛麟角。”成语“凤毛麟角”，比喻罕见而珍贵的人才或事物。

鳞，鱼类、爬行动物身体表面具有保护作用的薄片状组织，不是独立的动物。将“麟角”写成“鳞角”，就会让人不知所指为何物了。

心无旁骛（鹜）　驰心旁骛（鹜）

骛，从马，本义为“纵横奔驰”，引申为“追求”。鹜，从鸟，义为“鸭子”。“旁骛”的含义是“不专心”，即正业之外还有别的追求。成语“驰心旁骛”，比喻的就是“不专心”。“心无旁骛”的含义，与“驰心旁骛”的含义相反，意思是专心致志。《离骚》：“忽驰骛以追逐兮，非余心之所急。”《史记·李斯传》：“今秦王欲吞天下，称帝而治，此布衣驰骛之时，而非游说者之秋也。”《史记·司马相如传》：“东西南北，驰骛往来。”都写作“骛”。但是，有些“同义词典”将骛、鹜作为同义词，根据是《淮南子》：“鱼得水如鹜。”这个“鹜”是“自由畅游”的意思，与“骛”的“纵横奔驰”同义。后代注者认为，这里的“鹜”是“骛”的通假字，即“鹜通骛”。

什么叫“通假”？学术界习惯于把假借现象分为两类：一类为“本无其字的假借”，一类为“本有其字的假借”。如《孟子·公孙丑》“寡助之至，亲戚畔之”一句中，有两个假借字，一个是“戚”，一个是“畔”。戚，从戈，是古代的一种兵器，像斧。畔，从田，本义为“田地的边界”，引申为江、湖、路等的旁边或附近。“亲戚”的“戚”这个词从来没有为它造字，一直借本义兵器的“戚”字来记录它。这就是“本无其字的假借”。“畔之”即“叛之”，“叛”这个词，古人早就为它造了从反半声的形声字，《左传·隐公四年》有“众叛亲离”句可以作证。而《孟子》这句话却不用“叛”而用“畔”，所以属于“本有其字的假借”。在文字学上，“本无其字的假借”称为“假借”，“本有其字的假借”称为“通假”。著名文字学家王力认为：

通假字实际上是古人写的错别字。因为年代久远,后人也就将错就错,承认它跟正字相通。

鹜,也是形声字,从鸟,说明与鸟即鸭子有关。一群鸭子走路,你争我抢,前呼后拥,因此,古人创造了一句成语:“趋之若鹜”,比喻很多人争相前往(多含贬义)。鹜与骛并不同义。

“旁骛”的“骛”,是“本有其字”的。既然有了本字,似无必要再假借其他字。所以,旁骛不应写作“旁鹜”。

有人认为,“心无旁鹜”没有错,理由是:《孟子·告子上》有“一心以为有鸿鹄将至”句,“旁鹜”是从这句话转化而成的。这个理由至少是不充分的,因为孟子说的是天鹅(鸿鹄)而不是鸭子(鹜)。

综上所述,可以作出如下结论:“心无旁骛”、“驰心旁骛”中的“旁骛”,都不可写作“旁鹜”。

心心相映(印)

映,义为“照射”;印,义为“印证”。映、印二字均可与“相”组词,但“相映”与“相印”词义不同。相映,相互辉映,二者是有距离的。相印,相互印证,二者是相互契合的。

“心心相印”原为佛教禅宗语,出自《黄檗(bò)山断际禅师传心法要》:“自如来付法,迦叶以来,以心印心,心心不异。”意思是:无需凭借语言,可以心印证佛法。后演化为成语“心心相印”,形容彼此思想境界和感情完全一致。

心胸偏(褊)狭

褊,音 biǎn,本义为“衣服狭小”,引申为狭小、狭隘。“心胸褊狭”,意思是心胸、见闻、气量狭隘,也指性情急躁。“心胸褊狭”也作“褊心”。例如,《新唐书·刘禹锡传》:“禹锡恃才而废,褊心不能无怨望。”

偏,义为不正、倾斜。“偏狭”,无此说法。

水乳交溶(融)

融,形声字,从鬲虫声。鬲,音 lì,古代炊具。《说文解字》:“融,炊气上出也。”故“融”的本义是“消散”,引申为化、合等义,如“融化”、

“融合”。

溶,形声字,从水容声,本义为“化解”。“溶化”与“融化”通用。

但,成语“水乳交融”的“融”,是“融合”的意思;而“溶”无此义。所以不可写作“水乳交溶”。“水乳交融”意即水与乳汁融合在一起,比喻关系非常融洽或结合十分紧密。

以(倚)老卖老

倚,本义为“靠着”(参见中编第五章“义近字混淆致误”“依倚”条)。由“靠着”引申为依赖;又引申为仗恃、凭借。“倚老卖老”即倚仗年纪大,卖弄老资格。例如,《红楼梦》:“薛姨妈笑道:‘这孩子急什么! 想必催着姑娘出了阁,你也要早些寻一个女婿子去了?’紫鹃飞红了脸,笑道:‘姨太太真个倚老卖老的!’”类似的成语还有“倚官仗势”、“倚强凌弱”。

以,本义作“用”解,,如“以少胜多”、“晓之以理”、“以牙还牙”、“以德报怨”。以,有“依”的意思,如“以次就座”,即依次就座,按照次序就座。但这里的“依”是“按照”的意思,无“靠着”、“仗恃”义。所以,“倚老卖老”不可写作“以老卖老”。

出奇致(制)胜

不对“致”、“制”二字进行辨析,人们往往会以为“出奇致胜”是对的而“出奇制胜”是错的。因为“致”有“达到”义,而“制”义为“制造”、“控制”,“达到胜利的目的”似乎要比“制造胜利”更合理。

制字的本义并非“制造”,“制造”的“制”本来写作“製”,后简化作“制”。所以,制也是一形二字。那么,“制”的本义是什么呢? 制,小篆作,从刀从未,是会意字。刀与未的合义是什么呢? 要解决这个问题,首先要弄清“未”字的含义。“未”与“末”都是指事字,未,小篆作,在“木”加上枝叶,是形象指事,即在象形字上加注象形符号。《说文解字》认为“未”“象木上重枝叶”。末,小篆作,在“木”的顶端加注表示主观意念的符号,是符号指事,字义相当明确,即树的顶端、树梢、尽头。那么,“木上重枝叶”所指是什么呢? 古今文字学家各说不一。有的认为是“穗”,有的认为是枝干,还有人认为是成熟的果实,并认为“未通味”,果实成熟了才有滋味。但对“制”字的含义,大家的认识是一致的,都认为作“割

取”解。《淮南子·主术》:“犹巧工之制木也。”“制木”即“断木”。

“出奇制胜”的“制”,含义即为“取”,用奇兵或奇计战胜敌人,比喻用对方意想不到的方法来取胜。

仗义直(执)言

执言,义为说公道话。直言,毫无顾忌地说出来,如“直言不讳”。

“仗义执言”出自明代文人归有光《昆山县倭寇始末书》:“仪部王主政,不忍官民罹(lí,遭受)此荼毒,受此萋菲,挺身而出,仗义执言,乃至暴没,皆愤愤不平之所致也。”“仗义执言”的意思是:为了主持正义说公道话。所以,“仗义执言”不可写作“仗义直言”。

礼上(尚)往来

礼,礼节,表示尊敬的言语或动作,不是俗话说的“送礼”。尚,注重,崇尚。“礼尚往来”表示的是对礼节的注重和崇尚,这是我们民族作为“礼仪之邦”的一种文化传统。

“礼尚往来”出自《礼记·曲礼上》:“礼尚往来。往而不来,非礼也;来而不往,亦非礼也。”倡导相互尊重,友好往来。

上与尚同音,但不同义,没有“注重,崇尚”的含义,所以,“礼尚往来”不可写作“礼上往来”。

再接再励(厉)

把“再接再厉”写作“再接再励”,是个常见的错误。造成错误的原因,一是不了解这句成语的含义,二是误解了“厉”字。

“再接再厉”原作“再接再砺”,出自韩愈、孟郊的《斗鸡联句》。韩愈是唐代文学家,孟郊是唐代诗人,可能是两个人一块儿观斗鸡,触发了诗兴,便你一句我一句地做起诗来,两个人合作的这首诗便是《斗鸡联句》。“再接再砺”出自孟郊的联句,原诗是这样的:

一喷一醒然,
再接再砺乃。

古时斗鸡,鸡若斗累了,就会蔫头耷脑,自动退出厮斗。这时,鸡的主

Contemporary Publication

人就往鸡身上喷水，一喷水，鸡就像睡了一觉又醒来一样，立马就有了精气神儿，所以说“一喷一醒”；但是，它却不马上去厮斗，而是先在地上磨自己的喙（huì，鸟类的嘴）。接，即接触，再接即再斗。砺，本义为“磨刀石”，在这里作动词用，表“磨砺”，再斗之前先磨喙，所以说“再接再砺”。“一喷一醒然”中的“然”与“再接再砺乃”中的“乃”，都是状语，作“如此”、“就这样”讲。“一喷一醒然，再接再砺乃”把斗鸡的神态描写得惟妙惟肖。

厉是砺的本字，所以“再接再砺”也作“再接再厉”。但是，必须明白，这个“厉”与厉字的别义“严格”、“猛烈”、“严肃”无关。

成语有个特点，就是带有比喻的意义。“胸有成竹”并不是说胸中真的有一根竹子，而是比喻做事之前先有了比较成熟的计划。“再接再厉”本来是描写斗鸡的，作为成语，它比喻做事贵在坚持，要一次接着一次地不断努力。

有持（恃）无恐

持，本义为“握”（《说文解字》），引申为掌握、控制、主管、料理等义。

恃，本义为“赖”（《说文解字》），即自觉有所倚仗之意。

“有恃无恐”原作“何恃不恐”，出自《左传·僖公二十六年》：“室如县（悬）罄，野无青草，何恃而不恐？”这句话的意思是：家里像悬罄一样空空如也，野地连青草也找不到，还能倚仗什么而无畏忌呢？意即无恃有恐。后世反其义改为“有恃无恐”，意思是：因有所倚仗而不害怕。“持”没有“倚仗”的含义（参见中编第三章“形似字混淆致误”“持恃”条），所以不能写作“有持无恐”。

名贯九洲（州）

“名贯九州”含义是誉满天下。“九州”为什么与“天下”同义呢？传说大禹治水成功之后，将全国划分为九州。据《书·禹贡》记载，九州的名称是：冀、兖、青、徐、扬、荆、豫、梁、雍。九州即全国的九个行政区划，这个“州”与后代的州府的概念不同。以扬州为例，大禹时代的扬州，“北据淮，南距海”，即从淮河到东海的广大区域。西汉的扬州是全国十三个刺史部之一，辖区也遍及江淮广大地区，含今安徽淮河流域，江苏长江以南，江西、浙江、福建三省及湖北英山、黄梅、武穴和河南固始、商城等地。现今的扬州是以明代扬州府建制为基础的，是江苏省的一个地级市。全国分为九州，九州合为全国。大禹时代的人们，受历史条件的局限，不知道世界上还有许多国家，以为"全国"即"天下"，因而"九州"就成了"天下"的同义词。《诗·小雅·北山》里说："溥天之下，莫非王土；率土之滨，莫非王臣。"这就是两三千年前华夏人的天下观。

到汉代，中国开始对外交往，人们逐渐知道了世界之大，"九州"的概念跟着缩小到"全国"，"名贯九州"的含义也缩小到"誉满中国"了。

各行其事（是）

是，会意字，从日从正，日正（太阳升至中天叫做正午）为直。"直"即是字的本义。是非与直曲（习惯称曲直）是同义词，是即直，非即曲，所以"是"有"正确的"、"对的"含义。"各行其是"出自《庄子·徐无鬼》："天下非有公是也，而各是其所是。"后世演变成"各行其是"。"各行其是"直译为：各人按照自己以为正确的去做。然而，自己以为"正确的"不一定就是"正确的"。所以，"各行其是"这句成语含有贬义。写作"各行其事"就没有这个意思了。

危如垒（累）卵

累有堆积义，如积累。累卵，一层层堆起来的蛋。"危如累卵"出自《战国策·赵策一》："君之立于天下，危于累卵。"后世将"危于累卵"作为成语，比喻局势极不稳定。

垒，从土，在"堆积"上与累同义，但垒专指砖、石、土块堆积，如垒墙。

所以，"累卵"不可作写"垒卵"。

色彩斑烂（斓）

斑、斓二字均从文，文的本义是画。古代称在身上刺画花纹或字为"文身"。斑，斑点或斑纹；斓，色彩多。"斑斓"意为灿烂多彩。

烂，本义为"腐烂"、"破碎"，没有"色彩多"的含义。所以，"斑斓"不可写作"斑烂"。

汗流夹(浃)背

浃,形声字,从水夹声,音 jiā,义为“透彻”。“汗流浃背”,直译为:出汗很多,湿透脊背。常用来形容极度惶恐或非常惭愧,就是常说的“出冷汗”。有词典将这句成语释义为:汗水湿透了背上的衣服,形容汗出得很多。其实,“汗流浃背”与“通身大汗”、“大汗淋淋”含义并不完全相同。《汉书·陈平传》:“上(汉文帝)益明习国家事,朝而问右丞相(周)勃曰:‘天下一岁决狱几何?’勃谢不知。问‘天下钱谷一岁出入几何?’勃又谢不知。汗出沾背,愧不能对。”“汗出沾背”即“汗出浃背”。周勃作为右丞相,却对国家大事一问三不知,因而极度惭愧,出了一身冷汗。《后汉书·伏皇后纪》记载:曹操专权,把汉献帝架空,有一天,操“以事入见殿中,帝不任其愤,因曰:‘君若能相辅,则厚;不尔,幸垂恩相舍。’操失色,俯仰求出。旧仪,三公领兵朝见,令虎贲执刃挟之。操出,顾左右,汗流浃背”。此处的“汗流浃背”指曹操因极度惶恐而出了一身冷汗。

如愿以尝(偿)

偿,本义为“归还”、“抵补”,如“偿还”、“得不偿失”。由“归还”引申为满足。“如愿以偿”出自韩愈《新修滕王阁记》:“倘得一至其处,窃寄目偿所愿焉。”后世用“如愿以偿”表示自己的愿望实现了。

尝,义为品味。尝、偿不可通用。

好高骛(鹜)远

好,音 hào,义为“喜爱”。骛,音 wù,本义为“纵横奔驰”,引申为追求。“好高骛远”直译为“喜欢高的,追求远的”,比喻不切实际地追求过高、过远的目标,用以批评心比天高而不脚踏实地的人。

“好高骛远”也作“好高务广”,因为“务”有从事、追求的含义,“广”与“远”含义接近。例如,宋代大学者朱熹在《答赵子钦》中说:“大率近日学者,例有好高务广之病。”批评不实际、不踏实的不良学风。

有人将“好高骛远”错作“好高鹜远”,是因为骛、鹜同音,又不了解二字含义的区别。鹜,鸭子,无“追求”义。所以,写作“好高鹜远”是错误的。

走头(投)无路

“走投无路”常错作“走头无路”，这是因为不了解“走投”的含义所致。

走，金文写作，小篆写作，都是会意字。上面的“大”，是人甩手的形象；下面的“止”，即趾，代表两只脚；甩开手迈步，会意“疾行”，就是跑。跑是后造字，在没有跑字的时候，走就是跑，步才是现代意义的走。

投，也是会意字，从手从殳，殳音 shū，古代的一种竹制兵器，用手掷殳，会意为“向目标掷去”，引申为前去。投奔，意思就是前去依靠别人。

走投，就是投奔。本想投奔，却无人接纳，因而陷入绝境。这就是“走投无路”的原始含义。后来多用以比喻陷入绝境，没有出路。不是“走到头发觉无路可走了”。

投与头同音，人们不了解“走投”的含义，就误以为是“走(到)头”。

攻城掠(略)地

略，侵占，侵占的对象多指土地。“攻城略地”即攻占城池，夺取土地。例如，《淮南子·后略训》：“戍卒陈胜，兴于大泽，攘臂袒右，称为大楚，而天下响应……攻城略地，莫不降下。”这段话说的是秦末农民领袖陈胜起义的故事。他率正义之师，所以“天下响应”，他的“攻城略地”，是指从暴秦统治下攻占这些地方。

掠，与“略”义近，也有“夺取”义，但夺取的对象是人、财、物，不是土地，如“奸淫掳掠”、“掠夺财物”、“掠取资源”。所以，“攻城略地”不可写作“攻城掠地”。

苍(沧)海桑田

苍，草色，即翠绿色，引申为泛指草木色，如“苍松”、“苍山”。

沧，本义为“水之寒冷”，如“沧沧凉凉”(《列子·汤问》)；后假借为形容海水的青绿色(即蓝色)，所以常用以形容海，“沧海”即大海。

“沧海桑田”，出自晋代文人葛洪的《神仙传》：“麻姑自说云，接待以来，已见东海三为桑田。”唐代文人储光羲《献八舅东归》：“独往不可群，沧海成桑田。”“沧海桑田”直译是：“大海变成农田，农田变成大海。”作为

Contemporary Publication

成语,它比喻世事变化很大。

“沧海”不可写作“苍海”。

连篇累读(牍)

累,作“重叠、堆积”解;牍,本义为“木简”,又称“木牍”,是古代的书写材料。引申为书版,在“连篇累牍”中作“篇幅”解。

“连篇”与“累牍”是同义反复,表示用过多的篇幅叙述一件事。这句成语含有贬义,形容文辞冗长,如《隋书·李谔传》:“寻虚逐微,竞一韵之奇,争一字之巧。连篇累牍,不出月露之形;积案盈箱,唯是风云之状。”批评追求奇巧,冗长烦琐,华而不实。

别出新(心)裁

“别出心裁”常错作“别出新裁”,原因是不知道“心裁”的含义。“心裁”的含义是:心中的设计筹划。“别出心裁”实际上是“心裁别出”,即设计或筹划与众不同。“别出”是“同出”的反义词,就是独创一格,与众不同。

现代汉语没有“新裁”这个词。古汉语有“新裁”这个词,它有两个含义:一指诗文、工艺的新的构思。例如,贾岛《雪》:“强起吐巧词,委曲多新裁。”另一指新体裁、新体例。例如,清代学者章学诚的《文史通义》:“何谓仍原题?诸史异同,各为品目,作者不为更定,自就新裁。”“心裁”与“新裁”含义显然不同。

针贬(砭)时弊

针与砭都是个名词。针,用作针灸的针;砭,古代治病的石头针;针与砭都是治病的工具。“针砭”在这里作动词,当“指出”讲,“针砭时弊”即指出弊端,以求改正。

贬,从贝,本指货币购买力下降,即贬值。引申为降低官职(贬职、贬谪),与褒相对(贬低、贬责)。贬与砭音同但义异。所以,“针砭时弊”不可写作“针贬时弊”。

伶牙利(俐)齿

“伶牙俐齿”是由“口齿伶俐”转化而成的。“伶俐”这个词，含义为“聪明，灵活”。“伶牙俐齿”形容聪明伶俐，能说会道。若写作“利齿”，就变成牙齿锐利了。

饮鸠(鸩)止渴

鸩，形声字，从鸟冘声，音 zhèn。鸩是传说中的一种有毒的鸟，用它的羽毛泡的酒，喝了能使人中毒身亡。后来成了毒酒的代名词。“饮鸩止渴”，又作“饮鸩救渴”，直译为“喝毒酒来止渴”，比喻采用有害的办法救急而不顾严重后果。例如，北齐杜弼《为东魏檄梁文》：“见黄雀而忘深井，食钩吻（一种毒草）以疗饥，饮鸩毒以救渴，智者所不为，仁者所不向。”

鸠，形声字，从鸟九声，音 jiū，斑鸠、雉鸠等的统称。鸠字形体与鸩字近似，所以容易混淆错用。

沤(呕)心历(沥)血

呕心，形容费尽心思，多用于形容文艺创作用心过度。

李商隐《李贺小传》：“遇有所得，即书投囊中。及暮归，太夫人使婢受囊出之，见所书多，辄曰：‘是儿要当呕出心始已耳！’”描写的是唐代诗人李贺写诗用心的情景。

沥血，即滴血。多用以表示竭尽忠诚。韩愈《归彭城》：“刳肝以为纸，沥血以书辞。”用肝做纸，用血做墨，何等竭尽忠诚！

后世将“呕心”和“沥血”合成成语，形容费尽心血。

沤，义为长时间的浸泡。历，经历。“沤心历血”是错误说法。

忧(优)柔寡断　悠(优)哉游哉

优，本义为“饶也”（《说文解字》），饶，即吃饱了。能吃饱说明家有余粮，因而引申为有余。又由“有余”引申为悠闲、从容、犹豫。

优柔寡断，意思是办事迟疑，没有决断。“优柔”常错作“忧柔”。

“优哉游哉”出自《诗·小雅·采菽》，形容从容不迫悠闲自得的样子。优、游同义，均指悠闲自得。哉，文言感叹语气词。优哉游哉即优游。

优字的本义及上述引申义，知道的人不多，人们一看到优字，就理解为“优秀”，所以很难理解“优柔”、“优游”，误以为是“优”字用错了，便自觉不自觉地写作“忧柔”、“悠游”，结果反倒真的用错了字。

穷愁撩(潦)倒

潦倒，义为“失意，颓丧”。

撩，本义为“把东西垂下的部分掀起来”，引申为拨动、挑逗，无“失意”、“颓丧”义。

“穷愁”出自《史记·平原君虞卿列传》：“然虞卿穷愁，亦不能著书以自见于后世云。”“潦倒”出自杜甫《登高》诗：“艰难苦恨繁霜鬓，潦倒新停浊酒杯。”后世将“穷愁”与“潦倒”合成成语，形容贫寒困窘，愁苦失意。

层峦叠障(嶂)

峦，山，多指连绵不断的山。嶂，像屏障一样的山峰。

层叠，即重叠。层峦叠嶂，重重叠叠的山岭，形容山峰一座接着一座，连绵不断。

“障”义为“阻隔”、“遮挡”。所以，将“层峦叠嶂”写作“层峦叠障”是错误的。

责无旁代(贷)

代、贷二字同音但不同义。代，本义为“替代”；贷，本义为“借入或借出”，贷方要守信，负起还贷的责任，不守信即“推卸”。

“责无旁贷”出自林则徐《覆奏稽查防范回空粮船折》：“其漕船经过地方，各督抚亦属责无旁贷，着不分畛域(zhěn yù，界限)，一体通饬(chì，命令)所属，于漕船回空，加意稽查。”“责无旁贷”的含义是：自己应尽的责任，不能推卸给别人。“旁代”没有推卸给别人的意思，所以，“旁贷”不可写作“旁代”。

青出于兰(蓝)而胜于兰(蓝)

“青出于蓝而胜于蓝”出自《荀子·劝学》，原文是：“青，取之于蓝，而青于蓝。”

青，靛青，一种有机染料，是用蓼蓝的叶子发酵提炼而成的。蓝即蓼蓝，一年生草本植物，叶汁可做蓝色染料，故又称蓝。

“青出于蓝”是说靛青是从蓼蓝中提炼出来的；“胜于蓝”是说靛青（青）的颜色比蓼蓝（蓝）更深。“青出于蓝而胜于蓝”比喻学生超过老师，后人超过前人（参见中篇第四章“音同字混淆致误”“蓝篮兰”条）。

蓝，繁体作藍。兰，是蘭的简化字，不是“蓝”的简化字。许多人以为，“兰”也是“蓝”的简化字，因而错把蓝字写作“兰”。

事必恭（躬）亲

躬，金文作，小篆作、。金文与小篆第一字是会意字，从身从吕。身，指事字，指人的身体；吕，象形字，象人的脊梁骨之形；身、吕合体，含义还是“身体”。小篆第二字是形声字，从身弓声，本义未变。

在古汉语里，“躬”和“身”是同义词。《说文解字》：“身，躬也。”“躬，身也。”《汉书·元帝纪》：“百姓愁苦，靡所错躬。”“靡”意思是无，“错”通“措”，指置放。“靡所错躬”意思是没有地方安身。由“身体”引申为自身。《史记·孝文本纪》：“百官之非，宜由朕躬。”“朕躬”是天子自称，“宜由朕躬”意思是应该责备我自己。成语“反躬自责”，意思是反过来责备自己。由“自身”又引申为亲自。诸葛亮《前出师表》：“臣本布衣，躬耕于南阳。”“躬耕”即亲身从事农业生产。成语“躬逢其盛”，意即亲身参加了盛举。

“事必躬亲”，意思是：不管什么事，都要亲自去做。

恭，形声字，从心共声，本义作“肃”解（《说文解字》），即端正敬肃的意思，如“恭敬”、“恭顺”、“恭谨”、“恭奉”、“恭候”等。古今都没有“恭亲”这个词。

躬字有时可作动词用，如“躬身”（弯下身子）。这里，“躬”义为“弯”，如果也理解为“身体”，就成了“身身”而不知其义了。躬字当“弯”解，是由“鞠躬”演化而来的。“鞠躬”义为弯腰屈体。鞠，形声兼会意字，从革从匊，匊亦声。匊，掬的本字，义为“双手捧米”，故有“包”、“合”义。将皮革缝合，中填毛，制成毬，故“鞠”的本义是毬。《汉书·艺文志·颜注》：“鞠以韦为之，实以物，蹴蹋之以为戏也。”蹴鞠，就得屈体，因而引申为弯曲。因为“鞠躬”义为弯腰屈体,人们就把“躬”当动词用。

固(故)步自封

“故步自封”与“邯郸学步”有关,出自《庄子·秋水》:“且子独不闻夫寿陵余子之学行于邯郸欤?未得国能,又失其故行矣,直匍匐而归耳!”说的是:燕国寿陵的几个年轻人,听说赵国邯郸人走路的姿势漂亮,便相约去邯郸学步。学了一段时间,没有把邯郸人的走路姿势学会,反而忘掉自己原来是怎么走路的,只得爬着回到故乡。后人把这个发人深思的故事概括成成语“邯郸学步”,告诫人们不要一味模仿别人而忘了自己的长处。人们又反其意,用“故步”比喻安于现状,不求进取。例如,张履祥《与陈乾初书》:“学者凡执一时之偶见,信一己之偏私,沾沾自得,吝不肯舍者,率因无所进步,是以故步不离耳。”于是,产生了“故步自封”这句成语。

成语中的“故步”直接取自“邯郸学步”的故事,直译为“原来走路的姿势”,比喻成规旧套。

现在不少人将“故步”写作“固步”,一些词典也把“固步”作为“故步”的异形词,是没有道理的。固、故虽同音,且都有“原来的”的含义,但具体含义并不相同。“固”的“原来的”含义表示的是“原本就有的”、“不变的”意思,如“固有”、“固定”。而“故”的“原来的”含义表示是“旧的”、“从前的”意思,如“故道”、“故都”。因此,在表达“原来的”意思时,故、固二字是不能互代的,比如“固有”、“固定”不能写作“故有”、“故定”,“故道”、“故都”也不能写作“固道”、“固都”。

明火执杖(仗)

仗,形声字,从人丈声,本义为“兵器”。由兵器引申为战争,如“打仗”、“胜仗”、“败仗”。又引申为执持,如“仗剑”。由执持引申为依凭,如“仗势”。

“仗”字的引申义,在现代汉语中使用得多,而作为“兵器”的本义却被人们淡忘,所以常把“执仗”错作“执杖”(拿着棍棒)。

“明火”,点燃火把;“执仗”,拿着武器。“明火执仗”,点着火把,拿着武器,公开抢劫。显然,这是强盗行为。例如,《水浒全传》第一百四回："邻舍及近村人家，平日畏段家人物如虎，今日见他们明火执仗，又不知他们备细，都闭着门，那里有一个敢来拦当。"

金壁（碧）辉煌

金与碧，指国画的两种颜料：金，泥金；碧，石青、石绿。用这两种颜料画出来的画，鲜亮耀眼。金碧辉煌，形容建筑物装饰华丽，光彩夺目。例如，《醒世恒言》："进了门楼，只见殿宇廓庑，一刬（chàn，一刬：一概，全部）的金碧辉煌，耀睛夺目，俨如天宫一般。"

碧、壁二字同音，璧又是美玉，加之人们误解了这句成语的含义，所以往往错作"金璧辉煌"。

所向披糜（靡）　糜糜（靡靡）之音

靡，音 mǐ，含义是"顺风倒下"。披靡，本义为"形容草木随风散地倒下"，常用作形容败军溃散。"所向披靡"意思是军队锐不可当，使敌军溃不成军。

靡靡（mǐ mǐ），颓废淫荡。"靡靡之音"本作"靡靡之乐"，即颓废淫荡的乐曲。《史记·殷本纪》："（纣）于是使师涓作新淫声，北里之舞，靡靡之乐。"后世以"靡靡之乐"为亡国之音。

糜，音 mí，从米，本义为"粥"，引申为烂，如"糜烂"。糜，还有浪费义，如"糜费"、"奢糜"、"侈糜"。但无"溃散"或"淫荡"之义，且不能叠用。所以，"所向披靡"不可写作"所向披糜"，"靡靡之音"不可写作"糜糜之音"。

变本加利（厉）

厉，义为严格、严肃，如严厉、厉色。这句成语中的"厉"，当"更加深一层"或"更加严重"讲。"变本加厉"，程度变得比原先更加深一层或情况比原先更加严重，不是变换本钱加上利息。语出南朝梁萧统《文选序》："盖踵其事而增华，变其本而加厉，物既有之，文亦宜然。"吴趼人《二十年目睹之怪现状》："久而久之，变本加厉，就闹出这邪说诬民的举动来了。"

轻歌漫(曼)舞

曼,小篆作,形声字,从手冒声,本义作“引”解(《说文句读》)。“引”的含义是“使长”,即拉长。引申为长。屈原《离骚》:“路曼曼其修远兮,吾将上下而求索。”“曼曼”,形容路很长很长。

由“长”引申为柔,“曼舞”即“柔美的舞姿”,不是“漫无目的地舞”。“轻歌”,轻快活泼的音乐。“轻歌曼舞”,轻快的音乐,柔美的舞蹈。

按步(部)就班

将“按部就班”写作“按步就班”,是常见的错误。“按部就班”出自晋代文人陆机的《文赋》:“收百世之阙文,采千载之遗韵……然后选义按部,考辞就班。”部,指门类;班,指规则。陆机说的“按部就班”指的是选文和修辞,说选文要分门别类,修辞要符合语言表达规则。

后世将“按部就班”引入学习和做事,比如学习要循序渐进,做事要遵循一定的程序。

步与部二字同音,但含义不同,“按部”不可写作“按步”。

挺(铤)而走险

挺,形声字,从手廷声,本义为“直立”,如“挺立”。引申为伸直或凸出,如“挺胸”;又引申为勉强支撑,如“有病还硬挺着上班”。

铤,形声字,从金廷声。《说文解字》:“铤,铜铁朴也。”铜铁朴,即制作铜铁器具的原材料。未经冶铸的铜铁,唐以前称“铤”,唐以后称“锭”,铤、锭同义。但是,在这句成语里,“铤”作“快跑”解,“走险”,奔赴险处。“铤而走险”出自《左传·文公十七年》:“又曰:‘鹿死不择音(荫)。’小国之事大国也,德则其人也,不德则其鹿也,铤而走险,急何能择。”意思是:因为无路可走而采取冒险行动。

本义为“铜锭、铁锭”的“铤”,怎么用来作为“快跑”的形容词?笔者往上查到《说文解字》,都没有查出究竟来。会不会是假借呢?

挤挤(济济)一堂　人才挤挤(济济)

济,本是古水名,即济水。发源于河南,流经山东入渤海。因黄河改道，济水河道变成了现在的黄河下游。因济水而得名的地名，现在仍用的还不少。例如：河南济源，因济水源头而得名；山东济南、济宁、济阳，也都是因济水而得名的。这个“济”不读 jì 而读 jǐ。

济(jǐ)字叠用，义为“众多的样子”。这个词最早见于《尚书·大禹谟》：“禹乃会群后，誓于师曰：‘济济有众，咸听朕命。’”“济济一堂”、“人才济济”都是从“济济有众”演化而来的。

济、挤同音，又都有“人多”的意思，所以常误作“挤挤”。挤，义为拥挤，不能叠用。“济”作为常用字，读 jì，义为过河（同舟共济）、救（救济，济贫）、（对事情）有益（无济于事）。而 jǐ 是济字的异读音，只用于“济水”和“济济”一词，不少人只知 jì 而不知 jǐ，所以，不是把“济济一堂”错读成“jì jì 一堂”，就是把“济济一堂”错写作“挤挤一堂”。

骨梗(鲠)在喉

“骨鲠”，鱼骨头，即鱼刺。“骨鲠在喉”直译为鱼刺卡在喉咙里，常用来比喻有话憋在心里，不说出来不痛快。例如“骨鲠在喉，不吐不快”。

不少人误以为是“骨头梗在喉咙里”，所以错写作“骨梗在喉”。

显(烜)赫一时

烜，音 xuǎn，本义为“火盛貌”（《玉篇》），引申为盛大。

赫，会意字，从二赤。赤，小篆作，会意字，从大从火。大火色红，故“赤”本义为“朱色”（即红色）。“赫”从二赤，表示火势猛烈，火色显明，引申为显著盛大。

烜赫，同义重复，增强语气，形容名声很大，声势很盛。

“烜赫”一词出自《诗·卫风·淇奥》：“瑟兮僩（xiān，心胸宽大）兮，赫兮烜兮。”杜甫在《送郭中丞兼太仆卿充陇右节度使三十韵》中也用了这个形容词：“凄凉余部曲，烜赫旧家声。”

《现代汉语词典》修订本认可了“显赫”、“烜赫”、“煊赫”，但没有作出“首选”的选择。从理据上分析，用“烜赫”更合理一些，至少应当首选“烜赫”。因为烜、显、煊三字，既不同音，义也有别。

显，繁体写作顯，是会意字，由日、丝、页三字组合而成。页，首的本字，在这里代表人。人在日下视丝，会意为“明”，即通常说的“明显”。因

Contemporary Publication

此，将“烜赫”写作“显赫”，虽然不是很确当，但还说得过去，所以人们公认“显赫”是“烜赫”的异形词。煊，本义为“暖”，煊与赫根本不搭配，肯定“煊赫”的话，就似乎没有道理了。

鬼域（蜮）技（伎）俩

蜮，为传说中在水里暗中害人的怪物。“鬼蜮”即鬼怪。伎俩，不正当的手段。“鬼蜮伎俩”，阴险害人的手段，比喻用心险恶。

域，义为“在一定疆界内的地方”，引申为泛指某种范围。“鬼域”，鬼的世界，与成语所要表达的意思不同。“伎俩”是合成词，不能写成“技俩”。

鬼（诡）计多端

诡，义为狡诈。诡计即狡诈的计策。所以，诡计是个贬义词。

诡计与“鬼点子”从字面上看似乎同义，其实不同。鬼点子义为坏主意。

“诡计多端”原作“诡变多端”，出自苏辙《论吕惠卿》：“臣伏见前参知政事吕惠卿，怀张汤之辩诈，兼卢杞之奸凶，诡变多端，敢行非度，见利忘义。”

迷（弥）天大谎

弥，义为满、遍。弥天，即满天，形容极大。“弥天”语出三国魏·应璩《报东海梁季然书》：“足下顿弥天之网，收万仞之鱼，量之以溪谷，数之以陔（gāi）兆，何其壮乎！”后世用“弥天”形容极大，“弥天大谎”意为极大的谎言。

穿（川）流不息

“川流不息”出自朱熹《答张敏夫》：“即夫日用之间，浑然全体，如川流之不息，天运之不穷耳。”朱熹用河水不停息地流逝比喻时光一去不复返，告诫人们珍惜时间。孔子早就抒发过类似的感慨。《论语·子罕》：“子在川上曰：‘逝者如斯夫！不舍昼夜。’”（孔子在河上感慨地说：“时间像河水一样呀！昼夜不停地流逝。”）

川，即江河；川流，即江河流逝。作为成语，“川流不息”主要形容行人、车马熙熙攘攘，络绎不绝。

穿，义为“破”、“透”，无“流逝”义，所以“川流不息”不可写作“穿流不息”。

烂芋（滥竽）充数

“滥竽充数”常错作“烂芋充数”。为什么会出现这种错误？主要是因为不懂得“滥竽”是什么意思。

滥，本义为“泛滥”，引申为过度（滥用职权）、不切实际（陈词滥调）。“滥竽充数”中的“滥”，是“不切实际”的引申义，即不真实的意思。竽，古代用竹子制作的簧管乐器。从字义上讲，“滥竽”应是假冒的竽。但在“滥竽充数”这句成语里，“滥竽”指的却不是竽，而是假冒吹竽手的人。

“滥竽充数”出自《韩非子·内储说上》，说的是：战国时代的齐宣王喜欢听竽合奏，每次演奏都有三百个吹竽手参加。有个南郭先生，根本不会吹竽，却经常抱着个竽混在吹竽手里面，装模作样地参加集体吹奏。齐宣王不知底里，给了他许多赏赐。后来，齐宣王死了，他的儿子继位，是为湣（mǐn）王。湣王也喜欢听吹竽，但不喜欢听合奏，而喜欢听独奏。南郭先生混不下去，只好逃之夭夭。这个故事演变为成语，比喻没有真本事的人混在行家里充数，或以次货冒充好货。

“滥竽”不是烂芋头，“滥竽充数”不可写作“烂芋充数”或“滥芋充数”。

娇（矫）揉造作

矫与揉，是两个意思正好相反的词。矫，使弯曲的变成直的；揉，使直的变成弯曲的。矫揉造作，意思是故意做作，很不自然。矫，音 jiǎo。

娇，音 jiāo，义为女子、小孩的柔嫩、美丽可爱，引申为宠爱、意志脆弱，如“娇宠”、“娇气”。娇与揉不能组成词。

既往不究（咎）

咎，本义为“过失”、“罪过”，如“引咎自责”、“咎有应得”。引申为责备，“既往不咎”的“咎”就是“责备”，意思是“对过去做错的事不再责备”。这句成语出自《论语·八佾》:“成事不说,遂事不谏,既往不咎。”

“不责备”有“不追究”的意思,加之“咎”与“究”声韵相同,读音接近,所以,“既往不咎”常错作“既往不究”。

破斧(釜)沉舟

釜,饭锅。破釜,打破饭锅。破釜沉舟,比喻下定决心干到底。语出《孙子·九地》:“焚舟破釜,若驱羊群而往。”据《史记·项羽本纪》记载,项羽率兵渡漳河击秦,曾用孙子这一兵法,楚军渡河后,破釜沉舟,只带三天的口粮,以示全体将士决死不还的决心。楚兵后无退路,个个奋勇杀敌,无不一以当十,结果大破秦军。

真知卓(灼)见

“卓”与“灼”同音,但义不同。“卓见”与“灼见”,也音同义异。卓,本义为“高”,引申为高明,“卓见”即“高明的见解”;灼,本义为“火烧”,引申为明白、透彻,“灼见”即“透彻的见解”。“高明”与“透彻”,含义是不同的。而“透彻见解”是建立在“真知”的基础上的,故形成“真知灼见”这句成语。

旁证(征)博引

把“旁征博引”错作“旁证博引”,问题出在误解了“旁”、“征”二字。按照通常的理解:旁,即侧。照这样理解,“旁征”就讲不通了,很自然地想到“旁证”,即“从旁求证”,所以往往错作“旁证博引”。

旁,小篆写作,会意字,从二从冂从方。二,指事字,古上字;冂,象形符号,表示四通八达;方,即四方。上下四方,会意为“广大”。征,本义为“走远路”,而这句成语里的“征”本作“徵”,义为“搜集”。后来,“徵”字简化作“征”,这样“征”就兼作征、徵二字。

这样理解“旁”、“征”二字,“旁征”的含义就明白无误了。旁征,即广泛搜集。

博引,含义明确,不会误解。博,本义为“广泛”;引,指“引证”。“博引”即大量引证。

旁征博引,形容做文章广泛搜集和引用材料,以大量的论据增强文章的说服力。

烩炙（脍炙）人口

炙，小篆作炙，会意字，上面是“肉”，底下是“火”，肉在火上，会意为“烤肉”。脍，形声字，从月（肉的变形）会声，义为“切得很细的肉”。“脍炙”，直译为“切得很细的烤肉”，人们用以形容“美味”。“脍炙”一词出自《孟子·尽心下》：“公孙丑问曰：‘脍炙与羊枣孰美？’孟子曰：‘脍炙哉！’”后世用“脍炙人口”比喻优美的诗文或美好的事物得到人们交口称赞。

灸，形声字，从火久声，本义作“灼”解。中医用燃烧的艾绒卷熏穴位治病曰：“灸”。灸、炙形体近似，人们常因不了解二字字义而错用。

流言非（蜚）语

蜚，形声字，从虫非声，一种有害昆虫。一说臭虫，一说蟑螂，一说秋蝗，总之是害虫。

“流言蜚语”意思是“毫无根据的话”，多指背后议论、诬蔑或挑拨离间的坏话。在古文里，常见将“流言”和“蜚语”分开使用，如《礼记·儒行》：“并立则乐，相下不厌；久不相见，闻流言不信。”《史记·魏其武安侯列传》：“乃有蜚语为恶言闻上，故以十二月晦论弃市渭城。”这说明，“流言”和“蜚语”含义相同。

“流言蜚语”可以写作“流言飞语”，但不可以写作“流言非语”。

弱不经（禁）风

有句熟语说：“经风雨，见世面。”这句话里的“经”，作“亲身见过、做过或遭受过”讲，即“经历”。“经风雨”意思是经历过风雨的磨炼。“风雨”是比喻，指的是生活、斗争、磨难等等。“弱不禁风”的“禁”，与“经”同音，但义为“承受”，与“经”的含义不同。“弱不禁风”，形容娇弱得连风都承受不起的那种病态，如果写作“弱不经风”，就表达不了娇弱病态。

掩（偃）旗息鼓

偃，形声字，从人匽声，本义为“人倒地若卧”，引申为隐匿。

Contemporary Publication

“偃旗息鼓”出自《三国志·蜀书·赵云传》：赵云从曹操军队的包围中冲杀出来，回到自己的营寨，“更大开门，偃旗息鼓”；曹操看到这种情形，恐有埋伏，就带兵回去了。这个成语形容军中肃静无声，隐蔽行动。写成“掩旗息鼓”，就不知何义了。

惮（殚）精竭力　惮（殚）精竭虑

惮、殚二字形似，但音、义皆异。惮，音 dàn，义为“怕”，引申为顾忌，成语“肆无忌惮”的“惮”就是“顾忌”。殚，音 dān，义为“尽”、“竭尽”。“殚精”的含义是“用心尽力”。“惮”与“精”不能搭配。

“殚精竭力”与“殚精竭虑”含义相近，都是形容用尽精力，费尽心血。

淹（湮）没无闻

湮，埋没。湮没原作湮灭。“湮灭无闻”出自晋代文人习凿齿《襄阳耆旧记》：“羊公（祜）与邹闰甫（湛）登岘山，垂泣曰：‘有宇宙便有此山，由来贤达登此远望者多矣，皆湮灭无闻，不得而知。念此令人悲伤。’”作者感叹许多贤达不为后人所知。因为没、灭同义，后世改作“湮没无闻”，比喻人才或事迹被埋没。

淹，义为“大水漫过”，无“埋没”义，所以，“湮没无闻”不可写作“淹没无闻”。

淡薄（泊）明志

“淡泊”与“淡薄”二词含义不同。淡泊，义为恬淡，不追求名利。《东观汉记·郑均传》：“好黄老，淡泊无欲，清静自守。”“淡泊无欲”就是不追名逐利。淡薄，含义是密度小（空气淡薄）、味不浓（酒味淡薄）、印象不深（印象淡薄）等。

“淡泊明志”出自诸葛亮《诫子书》：“夫君子之行，静以修身，俭以养德，非淡泊无以明志，非宁静无以致远。”意思是：只有不为名利所羁，才能表现出高尚的志趣。

追名逐利是一种低级趣味，所以，追名逐利之徒，是谈不上什么高尚志趣的。

渊源(源远)流长

源,形声兼会意字,从水从原,原亦声。原,会意字,从厂从泉,厂,岩厓,泉从岩厓处出,所以"原"的本义是"泉出之处"。水、原合义,水之源头。

源远流长,源头很远,水流很长,比喻历史悠久。从语法上讲,"源远"与"流长"都是主谓结构,二者构成联合式成语。"源远"与"流长"还有因果关系。白居易《海州刺史裴君夫人李氏墓志铭》:"夫源远者流长,根深者枝茂。"因为"源远",所以"流长"。

"渊源"是名词,本指水源,泛指事物根源,与"流长"不能搭配。

趋之若鹜(骛)

骛与鹜二字形似音同,但含义完全不同。骛,从马,义为纵横奔驰。鹜,从鸟,即鸭子。

趋,奔赴。若,好像。例如,李渔《笠翁文集·三·与赵声伯文学》:"蝇头之利几何,而此辈趋之若鹜。"

"趋之若鹜"含有贬义,比喻成群的人追逐某一不正当事物。

遗(贻)笑大方　遗(贻)害无穷　遗(贻)误后学

"贻笑大方"出自《庄子·秋水》,庄子讲了一则寓言故事,说是秋水暴涨,小河的水都汇入黄河,黄河顿时变得宽阔起来,都看不清对岸的牛马了。黄河之神河伯沾沾自喜,以为眼前的黄河是天下最最壮美的。他顺流而下,不觉到了北海。向东望去,无边无涯,只见天水相连。这时,河伯才感到自己太渺小了,不禁"望洋向若而叹曰(仰天向着北海之神感叹地说):'吾长见笑于大方之家!'""大方之家"即大家、方家、专家,简称"大方"。"见笑大方"后来演变成"贻笑大方",意思是"让行家里手见笑"。

"贻害无穷"即留下无穷的祸害,表示后果严重。例如,宋代学者蔡抗《久轩公集·玉堂对策》(《蔡氏九儒书》):"取舍不审,则贻害无穷。"

“贻误”有两层含义：一是留下坏的影响；一是耽误了。“贻误后学”意思是：由于谬种流传而误人子弟。

贻笑、贻害、贻误为什么常错作“遗笑”、“遗害”、“遗误”呢？因为一是遗、贻二字同音，二是遗、贻二字都有“留下”的含义，在古文里含有“留下”意思的词，贻、遗是通用的。后来，人们在使用过程中，逐渐将贻、遗二字的使用作了规范：凡表示一般“留下”义的词，用“贻”，凡表示“死人留下”义的词，用“遗”，如“遗孀”、“遗嘱”、“遗产”等。

跚跚（姗姗）来迟

姗姗，本义是“形容女子从容缓步的样子”，后泛指行走缓慢。“姗姗来迟”出自《汉书·外戚传·孝武李夫人》：“是邪，非邪？立而望之，偏何姗姗其来迟！”这后一句指的是为什么慢腾腾地来晚了。

跚，跛脚。蹒（pán）跚，指脚不灵便，走路缓慢、摇摆的样子（参见中编第四章“音同字混淆致误”“姗跚”条）。

所以，“姗姗来迟”不可写作“跚跚来迟”。

稍（少）安勿（毋）燥（躁）

笔者有一次检查图书质量，发现一本少儿读物将成语“少安毋躁”错作“稍安勿燥”，四个字竟错了三个。

“少安毋躁”出自韩愈《答吕毉（医）山人书》：“方将坐足下三浴而三熏之，听仆之所为，少安无躁。”宋代诗人陆游在他的诗作《雨》中，将“少安无躁”写作“少安毋躁”。后世多用“少安毋躁”。

少（shǎo），暂时，略微；安，徐缓；毋，不要；躁，急躁。“少安毋躁”的意思是：略微耐心一点，不要急躁。陆游在诗中正确地表达了这句成语的含义：“上策莫如常熟睡，少安毋躁会当晴。”他劝人最好的办法不如睡一觉，不要急躁，只要耐心等待，天终归会转晴的。

蓬壁（荜）生辉

蓬，一种草的名称。在这句成语里，蓬作门解，即用蓬草做成的门。

荜，同筚，用荆条、竹子等编成的篱笆。

蓬荜，是“蓬门荜户”的省略词，形容简陋的房屋（参见中编第四章

“音同字混淆致误”“蓬篷”条)。

“蓬荜生辉”是谦词,出自《醒世恒言》:“尼姑谢道:‘小尼僻居荒野,无德无能,谬承枉顾,蓬荜生辉。’”表示自己的陋室由于宾客到来或张挂了别人题赠的字画而增加了光彩,从而使自己非常有面子。

“蓬壁”无陋室义,与“生辉”也搭配不起来。

禁(噤)若寒蝉

噤,形声字,从口禁声,义为“闭口不言”。寒蝉,秋后的蝉。寒蝉是不叫的。“噤若寒蝉”,直译为“像秋后的知了一样闭口不作声”。这句成语用“寒蝉”作比喻,形容不敢作声。

禁也有“闭”义,如“监禁”又称“禁闭”;但没有“闭口不言”的含义。所以“噤若寒蝉”不能写作“禁若寒蝉”。

暗(黯)然失色　暗(黯)然神伤　暗(黯)然销魂

暗、黯二字同音,本义也相同,都作“光线不足”解,与“明”相对。所以,暗、黯在表达本义时可以通用,如“暗淡”也作“黯淡”。但二字的的引申义却不相同。暗引申为隐藏、秘密的、糊涂、不明白等;黯引申为失去本色、情绪低落、极度伤感等。“黯然”是“黯”的引申义,与黑暗无关,所以不能写作“暗然”。

“黯然失色”比喻人物或事物衰落,仿佛失去原有的色泽或光彩。

“黯然神伤”形容心神悲伤的样子。

“黯然销魂”比喻极度沮丧,好像失魂落魄。

煌煌(皇皇)巨著

皇,最早出现在西周的金文中,写作,象形字,象王者戴冕端坐之形,本指传说中的“三皇”。《三字经》:“三皇者,天地人。”后泛指最高统治者。皇是统治天下的大人物,所以“皇”有“大”义。

皇皇,形容盛大。皇皇巨著,形容著作之浩大。

皇皇,在古汉语中通“煌煌”,但只限于“显明”这一义;现代汉语在形容恐惧不安意义时,“皇皇”、“惶惶”、“遑遑”通用。但形容盛大,只能用“皇皇”。

精减(简)机构 精兵减(简)政

“精简”的“简”,不能理解为“减少”。简,本义为“竹简”,即古代用来写字的竹片。把竹片用绳子穿起来就成了“书”,叫做“简册”。后来在汉字演变过程中,“简”字同“柬”字搞混了。柬,会意字,从束从八,束作“缚”解,八作“别”解,“别缚”就是开缚挑选。所以,柬字的本义是“选择”。后来,把用竹简书写的请帖和书信称作“请柬”、“柬札”(本应作“请简”、“简札”),而把“柬”的“选择”义给了“简”。诸葛亮《出师表》:“侍中、侍郎郭攸之、费祎、董允等,此皆良实……是以先帝简拔以遗陛下。”“简拔”即“选拔”,本应写作“柬拔”。一个“请柬”,一个“简拔”,简、柬二字实际上都是别字,但是,用的人多了,用的时间久了,也就将错就错了,这叫做约定俗成。所以,到了现代,简字的主要含义是“选择”,由此生了许多新词来,如“简短”、“简化”、“简洁”、“简明”、“简要”等。

“精简”的含义是:去掉不必要的,留下必要的。精简的目的,不仅是数量的减少,更重要的是使机构精干,人员素质更高,以便把必须做的事做得更好。这就是“精兵简政”和“精简机构”的意义所在。

可见“精简”的真谛是“精选”。所以,“精简”不可写作“精减”。

竭泽而鱼(渔)

“竭泽而渔”常错作“竭泽而鱼”,原因可能是不懂得“竭泽而渔”的含义。

要解释“竭泽而渔”的含义,还得从“鱼”、“渔”二字的含义说起。

鱼、渔二字的形声义,本书中编第四章“音同字混淆致误”“鱼渔”条已经作了比较详细的辨析。归结起来是一句话:没有三点水是“鱼”,加上三点水是“捕鱼”。

“竭泽而渔”直译为“排尽湖水捕鱼”。这句成语出自《文子·上礼》:“焚木而畋(tián,打猎),竭泽而渔。”比喻一味索取而不留余地,只顾眼前利益,不顾长远利益。

正如《吕氏春秋》所言:“竭泽而渔,岂不获得,而明年无鱼;焚薮

(sǒu,野草)而田(即畋),岂不获得,而明年无兽。"

震(振)聋发聩

"振"与"发"同义,都是"唤起"的意思;"聋"与"聩"同义,都是"耳聋"。"振聋发聩",比喻唤醒精神麻木的人。

振,"赈"的本字。《说文解字》:"振,举救也。"举救,即用钱、衣、粮救济灾民。《汉书》里有"振贫"这个词,"振贫"即救济贫困的人。"举救"是一种行为,如开仓赈灾,发放救济款物,故引申为发放,又引申为奋起。

发,繁体作"發",形声字,从弓癹声,义为"射发"。引申为启发。

"振聋发聩"这句成语的"唤醒"义,是振的"奋起"和发的"启发"的集合义。

震,义为"震动",引申为大吃一惊,没有"奋起"这一义项,所以,"振聋发聩"不能写作"震聋发聩"。

默(墨)守成规

墨守,"墨翟之守"的缩写。墨翟,春秋战国之际的思想家,墨家学派的创始人,后人尊称"墨子"。"墨翟之守"说的是墨子与公输般(即鲁班)较量攻城守城的故事。鲁班为楚惠王制造云梯(登城的梯子),准备攻打宋国,墨子听说后立即前去劝阻。墨子解下衣带当做城墙,将木牍当做攻城器械,在桌子上与鲁班较量攻守。鲁班设计了九种攻城的器械,都被墨子一一破了,鲁班无计可施了,墨子却还有守城计策。楚惠王看了他们的攻守表演,终于决定不攻打宋国。因为墨子善守,后人就把牢守、固守称作"墨守"。

随着时间的推移,"墨守"这个词的含义改变了,成了"因循守旧"的代名词。成规,现成的或久已通行的规则、方法。"墨守成规"这句成语,比喻循守旧规、不肯变通的守旧思想。

人们不知"墨守成规"的由来,误以为是"默默地死守旧规",从而错写作"默守成规"。

Contemporary Publication

潸(潸)然泪下

潸,音 shān,形容流泪。潸潸,形容流泪不止,如"热泪潸潸"。潸然,流泪的样子。"潸然泪下"出自《诗·小雅·大东》:"睠(眷)言顾之,潸焉出涕。"后世多作"潸然泪下",形容因感情有所触动而不禁眼泪往下流。

潜,义为隐藏,不露在表面,如"潜伏"、"潜流"。因为"潸"字不常用,又与"潜"字形体近似,故常有人将"潸然"错作"潜然"。

磬(罄)竹难书

磬、罄二字都读 qìng,音同但义异。

磬,会意字,从石从殳从声。殳,音 shū,有棱无刃的竹杖,古代用作兵器,这里作"棍棒"解,以棍棒击石,会意"石乐"(《说文解字》),古代用石或玉制成的打击乐器。磬左上的"声",小篆作,是象形符号,象将石乐悬挂在梁上之形。"磬竹",直译为打击乐器与管乐,这里的"竹"是笛、箫、号等管乐器的代称。所以,"磬竹"跟"难书"搭配不了。正确的是"罄竹难书"。

罄,形声兼会意字,从缶从磬(省去石),磬亦声。缶,音 fǒu,日用瓦器,把缶挂起来当磬敲,表示"缶中空",故罄本义作"尽"解(《说文解字》)。这句成语中的"竹"不是管乐,而是竹简,汉以前的书写材料。"罄竹难书"的意思是:把竹简用光了都写不尽。这句成语出自《旧唐书·李密传》。李密是隋末瓦岗起义领袖,他率兵威迫东都,写了一篇檄文发往郡县,檄文在列举了隋炀帝十大罪状之后说:"罄南山之竹,书罪无穷;决东海之波,流恶难尽。"意思是:把南山的竹子都砍下来做成竹简,也写不完隋炀帝的罪行;把东海的水都放过来冲刷,也洗不尽隋炀帝的罪恶。"罄竹难书"多用以形容罪恶,比喻罪恶的事实多得说也说不完。

[附]

成语中容易读错的字

成语中有些字的读音，与通常的读音不同。例如下表：

成　语	容易读错的字	正确读音	错误读音
一哄而散	哄	hòng	hōng
大腹便便	便	pián	biàn
引吭高歌	吭	háng	kēng
心急火燎	燎	liǎo	liáo
创巨痛深	创	chuāng	chuàng
当头棒喝	喝	hè	hē
丢三落四	落	là	luò
各奔前程	奔	bèn	bēn
自怨自艾	艾	yì	ài
危如累卵	累	lěi	lèi
否极泰来	否	pǐ	fǒu
言简意赅	赅	gāi	hài
余勇可贾	贾	gǔ	jiǎ
花团锦簇	簇	cù	zú
如法炮制	炮	páo	pào
阿谀逢迎	阿	ē	ā

续表

成　语	容易读错的字	正确读音	错误读音
呱呱坠地	呱	gū	guā
呼天抢地	抢	qiāng	qiǎng
泥古不化	泥	nì	ní
怙恶不悛	怙	hù	gǔ
	悛	quān	jùn
奄奄一息	奄	yǎn	yān
度德量力	度	duó	dù
虚与委蛇	蛇	yí	shé
啼饥号寒	号	háo	hào
博闻强识	识	zhì	shí
强词夺理	强	qiǎng	qiáng
绿林好汉	绿	lù	lǜ
数典忘祖	数	shǔ	shù
数见不鲜	数	shuò	shù
锲而不舍	锲	qiè	qì
暴虎冯河	冯	píng	féng
瞠目结舌	瞠	chēng	táng
鸿鹄之志	鹄	hú	gǔ
溘然长逝	溘	kè	hé
戎马倥偬	倥偬	kǒng zǒng	kōng cōng

续表

成　语	容易读错的字	正确读音	错误读音
拾级而上	拾	shè	shí
忧心忡忡	忡	chōng	zhòng、zhǒng
心广体胖	胖	pán	pàng
相互倾轧	轧	yà	zhá
莘莘学子	莘	shēn	xīn
刚愎自用	愎	bì	fù
床笫之私	笫	zǐ	dì
以溺自照	溺	niào	nì
好高骛远	好	hào	hǎo
鹬蚌相争	鹬	yù	jú
未雨绸缪	缪	móu	miù

7

第七章

望文生义错用词语和成语

在新闻媒体和出版物中，常见错用词语尤其是错用成语、熟语。究其原因，主要是望文生义。这显然与汉字的识读用有关，有必要独辟一章说说这个问题。

举一个典型例子，某权威辞典，将“维北有斗”误释为“北斗”，并以此为书证，断定“斗”作为星名“即北斗”。“维北有斗”出自《诗·小雅·大东》，原文有上下两句：“维南有箕，不可以簸扬。维北有斗，不可以挹酒浆。”这两句诗是描写天象的，诗句中的“斗”和“箕”，指的是二十八星宿中的斗宿和箕宿。斗宿由六颗恒星组成，形如斗，故名“斗”，俗称南斗。箕宿由四颗恒星组成，形如簸箕，故名“箕”。我国古代天文学家，把分布在黄道、赤道附近一周天的可见星，划分为二十八组，一组称为一宿，东西南北各七宿，总称“二十八星宿”。斗宿是北方七宿之一，箕宿是东方七宿之一，它们同在黄道星座的人马座，斗宿偏北，箕宿偏南，所以诗中说“维南有箕”、“维北有斗”。可见，“维北有斗”指的不是北斗，而是南斗。

“斗”作为星名，并非专指“北斗”，也指“南斗”。在古文里，“斗”字所指并不相同。例如，“斗转星移”中的“斗”，所指是北斗。北斗七星，四星组成“斗勺”，三星组成“斗柄”，以斗底中心，斗柄一年自转三百六十度。古代天文学著作说：斗柄东指，天下皆春；斗柄南指，天下皆夏；斗柄西指，天下皆秋；斗柄北指，天下皆冬。古人用“斗转星移”比喻时光流逝。苏东坡在《前赤壁赋》中也用了“斗”：“月出于东山之上，徘徊于斗牛之间。”这里说的“斗”却不是“北斗”而是“南斗”。可见“斗”不是“北斗”的专名。辞典的作者释“斗”为“即北斗”，且以“维北有斗”为书证，显然是犯了望文生义的错误。

汉文字的特点之一就是一字多义，因此，使用汉语字词时要准确把握它们在不同语境里表达的含义。

笔者从新闻媒体和出版物中选择若干出现频率高的错用词语（包括错用成语、熟语）的典型例子，一一予以正误辨析。

误将“染指”作荣获

《美国科学家染指诺贝尔物理学奖》，这是某报报道诺贝尔奖评选消息的标题。由于误用“染指”，欲褒而实贬。

“染指”有获得的含义，但它是比喻捞取非分利益的，是贬义词，所以,用它比喻荣获诺贝尔奖是很不恰当的。

“染指”一词,出于成语“染指羹鼎”。《左传·宣公四年》里记载了春秋时代的一则故事:楚国人献给郑灵公一只鼋,郑灵公吩咐将鼋熬汤晏群臣。公子宋嘴馋,很想尝尝鼋汤的美味,郑灵公偏偏不给他面子。公子宋一怒之下,“染指于鼎”(将手指伸到锅里蘸汤)。这个故事后来演变成“染指羹鼎”这句成语,比喻捞取非分的利益,想得到不应该得到的好处。

误将“悼亡”作悼友

“徐霞客惊悉静闻和尚病故,草成悼亡诗六首。”这是《徐霞客传记》中的句子。作者显然望文生义,以为“悼亡”就是悼念死去的人,而不知“悼亡”一词的特殊含义。

“悼亡”本义确实是“悼念亡者”。但由于西晋文学家潘岳的“悼亡”诗,使它有着特殊的含义。潘岳妻子病故,潘岳伤痛不已,写了“悼亡”诗三首。注家作注说:“悼,痛也。安仁(潘岳字)痛惜亡妻,故赋诗而自宽。”后世遂将“悼亡”专指“痛惜亡妻”。也因此,“亡”成了“丧妻”的代名词。旧时失去丈夫的女子也因此自称“未亡人”。

静闻和尚是徐霞客的好友,他赋诗悼念亡友,是不能用“悼亡”这个词的。

误将“效尤”作效仿

“时装展览会上的一种女装款式,深得观众青睐,姑娘们参观后群起效尤。”这段话摘自一篇报道。

记者错把“效尤”当作“效仿”的同义词。

尤字有四个含义:① 特异的,突出的(如“尤物”);② 更(如“尤其”);③ 怨恨(如“怨天尤人”);④ 过失,做坏事。“效尤”的“尤”就是第四义(做坏事),“效尤”即学做坏事,如“以儆效尤”(严肃处理坏人、坏事,以此警戒学做坏事的人)。

姑娘们仿效缝制她们喜爱的服装款式,当然不是“学做坏事”,所以用“效尤”这个词是很不妥当的。

误将“料峭”作严寒

“那是一个寒风料峭的冬日，我们身上穿着大衣，还是冷得瑟瑟发抖。”这段话摘自一篇通讯。

看来作者并不明了“料峭”的确切含义。“料峭”义为“微寒”，多用于形容春寒，如“春寒料峭”。“身上穿着大衣还是冷得瑟瑟发抖”，当然不是微寒，而是严寒。形容严冬的寒风，不能用“料峭”，而应用“凛冽”或“刺骨”之类的形容词。

误将“家父”作其父

“马晓春……1973 年跟随家父学棋，十年以后即 1983 年他已成为中国最年轻的九段。”这段话摘自一篇体育报道。

作者显然不明了“家父”的含义。“家父”是谦词，是对人称呼自己的父亲的，常用于对话或第一人称的叙述语中。作者在这里是叙述他人（马晓春）经历的，是第三人称，是不能用“家父”的，而应用“其父”。

误将“充沛”作充足

“充沛的日光，充沛的热，充沛的水，使这里构成了农业的‘黄金地带’，可以让丰富多样的热带、亚热带作物旺盛生长。”这段话摘自一篇游记。

作者误将“充沛”作充足。“充沛”的含义是“充足而旺盛”，通常用来形容感情、精力等，如“精力充沛”、“充沛的革命热情”。这个句子里的“充沛”一词用错了，可以改为“充足”。

误将“七月流火”比喻烈日热浪

“在七月流火的日子里，工人们踩着滚烫的土地，挥汗如雨……”这段话摘自北方某报的一篇通讯。

作者误将“七月流火”比喻烈日热浪。“七月流火”出自《诗·豳风·七月》，诗句描写的是先秦历法七月的天象。七月，指先秦历法的七月，大约相当现今的初秋；火，大火星（不是火星，是恒星，又称心宿二）；流，运行。诗句说的是：到了七月，大火星便偏西向下运行。这种天象告诉人们：暑热尽退，秋凉将至。此时的北方大地，秋风送爽，哪来"滚烫的土地"？显然，作者并不了解诗句的含义，而是望文生义，将先秦"七月"看做如今的阳历七月，将"火"看做太阳，将"流火"看做"烈日热浪"，自以为形象地描写盛夏的炎热环境，结果闹成笑话。

误将"卓尔不群"比喻性格孤僻

"姐姐性格孤僻，卓尔不群，平时很少参加社会活动。"说此话的作者只看到"不群"两个字，而且误解为"不与大家交往"，所以用"卓尔不群"这句成语来形容"姐姐性格孤僻"。

"卓尔不群"：卓，优异卓绝；尔，形容词后缀，这类形容词多用作状语；不群，超出常人。"卓尔不群"，形容优秀卓越而超出常人。鲁迅在《坟·文化偏至论》中说到，"而气宇品性，卓尔不群之士，乃反穷于草莽，辱于泥涂"。卓尔不群，也作"卓而不群"，如《汉书·景十三王传》："夫唯大雅，卓而不群，河间献王近之矣！"

误将"别无长物"理解为没有别的特长

有篇文章如是说："也许有人认为，唐代大诗人王维除了作诗之外别无长物，其实，王维的画也是作得不错的。"

"别无长物"出自《世说新语·德行》："王恭从会稽还，王大看之。见其坐六尺簟，因语恭：'卿东来，故应有此物，可以一领及我。'恭无言。大去后，即举所坐者送之。既无余席，便坐荐上。后大闻之，甚惊，曰：'吾本谓卿多，故求耳。'对曰：'丈人不悉恭。恭作人无长物。'"《世说新语》生动地描绘了王恭为人节俭的故事：王恭从会稽回来，族叔王大去看他，见他坐在一领六尺竹席上，便对王恭说："你从会稽回来，想必带回好几领席子，送一领给我吧。"王恭没有说什么。族叔走后，王恭卷起自己坐过的竹席送到族叔家。家里再也没有席子了，王恭只好坐在草垫上。王大后来得知，很是惊诧，王恭说："您老不了解我，我做人就是这样，没有多余的东西。""长物"的含义就是："多余的东西"或"值钱的东西"。"长物"旧读 zhàngwù，今读 chángwù。"别无长物"，没有多余的或值钱的东西。后世将"别无长物"作为成语，形容贫困人家，或形容因为人廉洁而清贫。显然，作者把"长物"误解为"特长"、"长处"，因而错用了成语。

误把“大方之家”理解为出手大方的人家

有篇通讯叙述某人：“告别时，他非要送我几件高档衣料不可，真是大方之家。”

“大方之家”出自《庄子》。庄子在《秋水》中讲了这样一则寓言故事：一年秋水暴涨，黄河顿时变得宽阔起来，都看不清对岸的牛马了。黄河之神河伯沾沾自喜，以为眼前的黄河是天下最壮美的。河伯踌躇满志，随着波涛来到入海口。但见一片汪洋，无边无际，才发觉自己其实很渺小。河伯不禁感叹地对海神说：“今我睹子之难穷也。吾非至于子之门，则殆矣，吾长见笑于大方之家。”后世把“大方之家”作为成语，比喻学识渊博的学者或行家里手。“大方之家”也省作“大方”、“方家”。由此衍生出成语“贻笑大方”（参见中编第六章“成语同音字错用”“遗（贻）笑大方”条）。这个“大方”和“出手大方”中的“大方”不是同一概念。

误把“耳濡目染”理解为听到看到

“记者赶到他生前的社科院宗教所，耳濡目染了许多平凡而动人的故事。”

看来，这位记者并不明了“耳濡目染”的含义。濡，沾湿，浸润；染，感染，影响。耳濡目染，形容因为常见常听而不知不觉地受到影响。“耳濡目染”亦作目濡耳染，语出韩愈《清河郡公房公墓碣铭》：“公胚胎前光，生长食息，不离典训之内，目擩（濡）耳染，不学以能。”很显然，耳濡目染虽然有“看到”、“听到”的意思，但它对人的影响，是由于“生长食息，不离典训”，是长期浸润、潜移默化的结果。所以，不能把这句成语理解为“看到、听到”。

误把“空穴来风”当作无中生有

“北京国土局：北京买房获土地证纯属空穴来风。”写这则消息的记者是想告诉读者，北京国土局已经辟谣，完全不存在在北京买房可以同时获得土地证这回事。

问题在于：“空穴来风”的本义跟记者想要表达的意思正好相反：小道消息流传自有来头。“空穴来风”出自宋玉的《风赋》：“臣闻于师，枳句来巢，空穴来风。”枳橘树枝屈曲交错，招来鸟儿结巢；空洞和孔隙，招致风穿孔而过。这都是极自然的现象。古代文人以这种自然现象比喻由于自身存在弱点，因此病菌、流言才会乘虚而入。所以，白居易在《初病风》中说：“朽株难免蠹，空穴易来风。”把朽株难免发生虫害，空穴容易招致来风，比喻事物的客观规律。某汉语词典在“空穴来风”词目释义中正确地指明它的出处，却给出完全对立的两种释义：“比喻消息和传说不是完全没有原因的，现多用来比喻消息和传说毫无根据。”两种释义自相矛盾，人们该怎样理解北京国土局的声明：在北京买房可以同时获得土地证是确有其事还是纯属谣言？成语是经过长期锤炼的，十分精粹，言简意赅，似不宜“与时俱进”，昨天一个解释明天又一个解释，那样就会破坏祖国语言的纯洁性。

误将“明日黄花”改作“昨日黄花”

“该球队最近一而再、再而三地输球，已到了降级的边缘，犹如‘昨日黄花’。”这段话摘自一篇体育报道。

作者妄改成语“明日黄花”，批评球队今不如昔。“明日黄花”出自苏轼《九日次韵王巩》：“相逢不用忙归去，明日黄花蝶也愁。”诗句中的“明日”，指重阳节后，“黄花”即菊花。古代文人讲究重阳赏菊，到了九月初九，便相约赏菊，认为错过时令就会失去情趣，如同迟暮不遇。这就是“明日黄花”的内涵。显然，作者不明了“明日黄花”的含义，望文生义，以为“明日黄花”是未来事物，故而将“明日”改作“昨日”，以表示“今不如昔”的意思。

误用“美轮美奂”形容舞美、画美、服装美

一位著名电视节目主持人“首创”用“美轮美奂”形容芭蕾舞，许多电视节目主持人跟着“美轮美奂”，用它形容绘画、服装、天鹅，乃至形容一切美的事物。遗憾的是，他们全都用错了成语。

究其原因，原来他们只看到两个“美”字，而忽视了两个美字后面的限制词：轮，奂。本来，美轮美奂是特指轮奂美的。“美轮美奂”出自《礼记·檀弓下》，原文是：“晋献文子成室，晋大夫发焉。张老曰：“美哉轮焉，美哉奂焉。”汉代学者郑玄注云：“心讥其奢也。轮，轮囷，言高大；奂，

Contemporary Publication

言众多。”轮囷，古代的圆形粮仓，是当时的高大建筑物；奂字的含义有二说，一说即郑玄所言“众多”，另一说义为光彩。众多高大的轮囷，矗立在一起，自然显得高大宏丽，光彩夺目。“美轮美奂”就是形容这种情景的。张老觉得豪宅过于奢华，他的话是反话正说，含有贬义。后世把“美轮美奂”作成语，形容建筑物的高大宏丽。由于这句成语，“轮奂”遂成建筑物的代名词。例如，宋代文人楼钥《彭子复临海县斋》：“厅事先落成，起望轮奂美。”邹韬奋《萍踪寄语》：“我们经过一个美轮美奂的宏丽华厦的区域，开车的告诉我们说这是西人和本地富翁的住宅区域。”《旧唐书·狄仁杰传》记载了这么一则故事：武则天下令大建佛寺，狄仁杰毅然站出来谏阻，他对武则天说：“今之伽蓝（梵语，即寺庙），制过宫阙，穷奢极壮，画缋尽工，珠宝殚于缀饰，瑰材竭于轮奂。”武则天听他说得有道理，便收回了大建佛寺的命令。谏词中的“轮奂”即庙宇佛塔等建筑物。可见，“美轮美奂”与舞蹈、绘画、服装、天鹅等不相干，用它来形容舞美、画美、服装美、动物美，是风马牛不相及的。

误将“栩栩如生”比喻表演逼真

“演员们的表演，真是栩栩如生。”某电视节目主持人如是说。

用“栩栩如生”来形容演员表演，经常见诸报端。电视节目主持人或艺术评论文章的作者，忽略了“如生”二字。如生者，像活着的一样也。上台表演的演员都是活人，怎能说他们“像活着的人一样”呢？

“栩栩”的含义有三：其一，欢喜自得的样子。《庄子·齐物论》：“昔者庄周梦为胡蝶，栩栩然胡蝶也。”“栩栩然”，欢畅的样子。其二，生动活泼。清代文人袁枚《随园随笔·心史载文天祥事与宋元史不符》：“今日之今，霍霍栩栩，少焉瞩之，已化为古。”“霍霍栩栩”，生动活泼的样子。其三，轻微地动。唐代文人唐彦谦《咏葡萄》：“天风飔飔叶栩栩，胡蝶声干作晴雨。”“叶栩栩”，叶子轻微地摇动。“栩栩如生”作为成语，多指文学作品和绘画、雕塑在描摹、刻画人物形象方面的逼真，人物像活的一样。清代文人吴趼人《发财秘诀》：“那小人做得才和枣核一般大，头便像一颗绿豆，手便像两粒芝麻，却做得须眉欲活，栩栩如生。”秦牧《艺海拾贝·虾趣》：“这些画里的虾所以栩栩如生，是由于他深刻观察过真正的虾的生活，笔墨变化、写照传神已经到达了极高境界的缘故。”上述两段引文中的“栩栩如生”，前者形容雕刻，后者形容绘画。

误将“炙手可热”比喻行时走红

《清华学子　炙手可热》这是某报一篇报道的标题。那篇关于人才市场的报道，说清华大学的毕业生，用人单位抢着要，成了人才市场的香饽饽。可是，记者在标题上用错了成语，造成欲褒实贬的效果。怪得很，“炙手可热”忽然成了媒体使用频率极高的成语，成了“行时、走红、抢手”的代名词。影星、歌星、体坛明星、名教练、名主持，也都成了“炙手可热”的人物。炙手可热，褒耶？贬耶？

“炙手可热”出自唐代诗人杜甫的《丽人行》：“炙手可热势绝伦，慎莫近前丞相嗔。”他用这句成语形容权倾朝野的宰相杨国忠。据《杨太真外传》记载：“先时丞相未至，观者犹得近前，乃其既至，则呵禁赫然。”杨国忠的气焰之盛由此可见。所以，杜甫在诗中抨击杨国忠“炙手可热势绝伦”，同时劝诫人们远离他。《新唐书·列传第八十五》也用了这句成语：进士崔铉被唐武宗器重，入朝为官三年就当上宰相。崔铉手下有四员心腹干将：郑重、杨绍复、段瓌、薛蒙，参与议论朝政，引起大臣们的不满。于是流传一句话：“炙手可热，郑杨段薛。”这句话的含意是很清楚的，是批评郑杨段薛四人倚仗宰相的权势专权，含有明显的贬义。“炙手可热”作为成语，比喻权大气盛。唐代另一位诗人崔颢在诗中也用了这句成语，说：“莫言炙手手可热，须臾火尽灰亦灭。”劝诫有权有势的人们，不要倚权仗势，因为权势是暂时的，终会火尽灰灭的。上述例句明白地告诉我们：“炙手可热”含有明显的贬义，跟行时、走红、抢手毫无关系。清华学子如果真的“炙手可热”，也就没有哪个单位敢用了。

误将“首当其冲”比喻冲在前面

“这次森林大火，人民子弟兵又一次首当其冲。”该报道的作者以为有“首”、“冲”二字，便望文生义地认为，“首当其冲”就是冲在前面。这句成语中的“冲”字，是“衝”的简化字，本义为“通途，大路”，引申为重要的地方，故又作“冲要”。“首当其冲”的意思是：处在冲要位置，最先受到攻击或遭遇灾难。

“首当其冲”原作“当其冲”，出自《汉书·五行志上》：“郑以小国摄乎晋楚之间,重以强吴,郑当其冲,不能修德,将斗三国,以自危亡。”这段话说的是:春秋时代有个郑国,北邻晋国,南邻楚国,东边还有一个吴国。晋、楚、吴都是强国,而郑是小国。一个小国,夹在三个强国中间,处在冲要位置,三国之间,无论哪两国发生战争,最先受到攻击、最先遭殃的都是郑国。所以,郑国要同三个强邻斗,只能自取灭亡。后人在用这个典故时,在“当”字前面加了个“首”字,突出“最先”的含义,于是就有了“首当其冲”这句成语。例如,《清史稿·兵志九》:“欧舰东来,粤东首当其冲。”毛泽东《抗日游击战争的战略问题》:“大抵当敌人结束了他的战略进攻,转到了保守占领地的阶段时,对于一切游击战争根据地的残酷进攻的到来,是没有疑义的,平原的游击根据地自将首当其冲。”

误将“求全责备”当作批评指摘

有篇文章,将成语“求全责备”拆开来,凑成排比句:“不因求全而责备,不因小过而废之。”作者完全误解了“求全责备”的含义,以为是因为求全而批评指摘,并且反其意而用之。

“求全”出自《孟子·离娄上》:“有不虞之誉,有求全之毁。”译成现代语言就是:有意料不到的赞誉,也有过于苛求的诋毁。“求全”的含义就是要求完美无缺,孟子认为这是苛求。“责备”出自《管子·形势解》:“明主之官物也,任其所长,不任其所短,故事无不成,而功无不立;乱主不知物之各有所长所短也,而责必备。”管子讲的是用人之道,说人各有所长,也各有所短,用人之长,避人之短,不必苛求完美。《淮南子》也说“君子不责备于一人”,君子不要求一个人完善无缺。

从字形字义上分析,责字的小篆写作,会意字,从朿从贝,以尖木刺贝,会意为“求”。备字的含义有三:具(具备),慎(预备、防备),全(齐备)。“责备”里的“备”含义就是“全”。责备就是“求全”。“责备”与“求全”同义,即苛求完美。古人用同义反复的修辞手法,创造了“求全责备”这句成语,比喻苛求完美。宋人刘克庄在其所作《代谢西山启》中指出:“窃谓天下不能皆绝类离伦之材,君子未尝持求全责备之论。”告诫人们:天下没有完美无缺的人,不能持求全责备的人才观。

“责备”一词后来被赋予“批评指摘”的新义。有的人知其二而不知其一,因而误解了“求全责备”的含义。

下编　汉字趣味

读了上编和中编，大家就会发现，汉字是一种非常独特的文字。其独特性在于：第一，方块形，单音节，可以横写也可以竖写，可以顺念也可以倒念；第二，绝大部分字是合体字，合起来是一个字，拆开来是几个字；第三，许多字一字多音，一字多义；第四，许多字多字同音，多字同义；第五，一个合成词的两个语素，排列位置互易，就变成含义不同的词。汉字的这种独特性，使它具有独特的游戏性。汉字的文字游戏，不但具有趣味性，更具有益智性，通过文字游戏，可以使人增长知识，陶冶情操，这更是世界上独一无二的。

古代文人写作，讲究锤炼文字，尤其是写诗填词，更是字字斟酌，不但给后人留下许多名句，而且给后人留下许多锤文炼字的动人故事。

第一章

炼字

·五言与一字·

唐代诗人写五言诗，特别重视句子中重要的字，即句子中达意表情的主要字眼，谓之“句眼”，总是反复推敲，用心选择。若选用了一个精妙的字眼，则往往令人回味无穷。

以杜甫的两首五言诗为例。

其一，《春宿左省》：

星临万户动，月傍九霄多。

“多”字是句眼，突出皇宫地位高，像在九天之上，接受的月光“多”。以“月傍九霄多”来突出皇宫地位高，实在精妙绝伦。

其二，《晚出左掖》：

楼雪融城湿，宫云去殿低。

同样是为了突出皇宫地位高，上诗用“多”字，本诗却用“低”字。上诗说，因为高在九天，所以接受月光“多”。本诗却说，因为上接云霄，所以云离宫殿“低”。一个“多”，一个“低”，异曲而同工。

·春风又绿江南岸·

王安石绝句诗《泊船瓜洲》：

京口瓜洲一水间，
钟山只隔数重山。
春风又绿江南岸，
明月何时照我还。

王安石写到“春风”句时，反复推敲。初写“又到江南岸”，圈去“到”字，注道“不好”，改为“过”。又圈去“过”而改为“入”。又圈去“入”而改为“满”。先后换了十几个字，最后才决定用“绿”字。一个绿字，使之成了千古绝唱。

·高蝉正用一枝鸣·

黄庭坚诗《登南禅寺怀裴仲谋》云：

归燕略无三月事，
高蝉正用一枝鸣。

黄庭坚写“高蝉”句，也因为一个字改了六次。初写“高蝉正抱一枝鸣”，觉得不好，改为“正占”，又改为“正在”、“正带”、“正要”，最后改为“正用”。好一个“高蝉正用一枝鸣”，令人回味无穷。

·骑驴推敲·

唐代诗人贾岛骑驴到京城去考进士。一天，他在驴上想出两句诗：“鸟宿池边树，僧敲月下门。”先想用“僧推”，又想用“僧敲”，是用“推”好还是用“敲”好，一时拿不定主意。他骑在驴上，口里不断地“僧推月下门”、“僧敲月下门”，还时时用手比画推门、敲门的动作。这时，吏部侍郎兼京兆尹韩愈路过此地。贾岛沉浸于诗句推敲之中，不知不觉地冲到了韩愈的仪卫队伍中。卫兵们把他从驴上拉下来，推到韩愈跟前。贾岛说：“我正为诗句的一个字犯难，不知道该用‘推’字还是该用‘敲’字。”韩愈很欣赏眼前这个年轻人，也跟着推敲起来，他斟酌好久后，对贾岛说：“用敲字好！”说完，让贾岛与自己同行，一边走一边讨论写诗。从此，两人成了忘年交。

·填字加腰·

一日，苏东坡、苏小妹、黄庭坚一同赏画，见画上题联各空一字：

轻风　细柳
淡月　梅花

小妹建议填字加腰，凑成五字联句。苏东坡文思敏捷，立即填了“摇”、“映”二字，凑成五字联句：

轻风摇细柳；
淡月映梅花。

黄庭坚思索片刻，接着吟道：

轻风舞细柳；
淡月隐梅花。

苏小妹听了，说：“二位所填，虽都算不错，但似觉不理想。”苏轼忙问：“小妹以为当填哪两个字？”小妹脱口吟道：

轻风扶细柳；
淡月失梅花。

苏东坡、黄庭坚听了，都鼓掌称妙。“轻风扶细柳”，一个“扶”字写出了风的轻柔和柳的纤弱；“淡月失梅花”，一个“失”字突出了月光的皎和梅花的洁，二者融为一色。

现代出版学丛书

2

第二章

对　联

对联,是我国特有的一种文体。对联由上下两句组成,上句叫做上联,下句叫做下联。上下两联,讲究文句互相对偶,而且要求上联末字声调必仄(相当于现代汉语拼音的三声、四声),下联末字声调必平(相当现代汉语拼音的一声、二声)。举例说,黄鹤楼有副名联,上联是:

何时黄鹤重来且自把金樽看洲渚千年芳草

下联是:

今日白云尚在问谁吹玉笛落江城五月梅花

这两联对仗工整贴切:“何时”对“今日”,“黄鹤重来”对“白云尚在”,“且自把金樽”对“问谁吹玉笛”,“看洲渚”对“落江城”,“千年芳草”对“五月梅花”。两联末字也符合平仄规则:上联末字“草”是三声,仄;下联末字“花”是一声,平。显然,是一副标准的对联。

对联一般张贴或悬挂在门上、柱上,上联在右,下联在左,因为汉字竖写是从右往左的。对联张贴或悬挂在不同的地方,起着不同的作用,因而名称也不相同。贴在或刻在大门上的对联,叫做门联,在一定程度上是家庭社会地位的象征。悬挂在亭台楼阁柱子上的对联,叫做楹联,多是文人墨客借景抒怀之作,上述黄鹤楼的名联,就是这种楹联。悬挂在庙堂柱子上的对联,也叫做楹联,多是宣扬佛教哲学的。春节时,家家户户都在大门两侧贴上大红对联,这种对联叫做春联,都是喜庆话,反映人们辞旧迎新向往幸福的心愿。此外,还有用于祝寿的寿联,张贴在寿星家厅堂正中;用于寄托哀思的挽联,张贴在灵堂四周。

因为对联文句互相对偶,是一种特殊的语言文字艺术形式,所以成为一种独特的文字游戏。做这种游戏,常常表现出参与者语言文字的修养和才情思维的敏捷,为文人所喜爱。

下面介绍若干精妙对联和对联游戏故事,供大家玩赏。

·变音变义联·

山海关有个孟姜女庙,庙门面对大海,大门上有一副令人玩味不已的楹联:

海水朝朝朝朝朝朝朝落
浮云长长长长长长长消

楹联的作者，巧妙地利用“朝”、“长”二字各有二音二义，叠用7个“朝”字、7个“长”字，形象地描写潮起潮落、云涌云消的壮丽景色。上联7个“朝”字，2、3、5、7读 zhāo，义为早晨，1、4、6读 cháo，义同潮；下联7个“长”字，2、3、5、7读 cháng，义同常，1、4、6读 zhǎng，义同涨。因此，这副楹联应是：

海水潮，朝朝潮，朝潮朝落
浮云涨，长长涨，长涨长消

但是，如果这样写，这副楹联就太直白了，不如原联那么耐人回味。

更有意思的是，如果这副对联的读音和断句稍作变动，就有多种读法和含意：

海水潮，朝朝潮，朝朝潮落
浮云涨，长长涨，长长涨消

海水潮，朝潮朝潮，朝朝落
浮云涨，长涨长涨，长长消

海水朝朝潮，朝潮朝朝落
浮云长长涨，长涨长长消

通过改变读音、改变断句来改变对联的含意，只有单音节、多义项的汉字能够做到。

·添字联·

添字联，即在原有对联上添字，添字后，要求上下联依然对仗工整。

明代洪武年间，江西吉水出了个神童，名叫解缙，五岁便能吟诗作联。长大后中了进士，成了《永乐大典》的主编。他小时候家境清寒，住在陋巷，面对曹尚书府的竹园。有一年春节，小解缙写了一副对联贴在自家门口：

门对千竿竹
家藏万卷书

曹尚书得知很是生气，就命家丁把竹子砍去一截。这天清早，小解缙打开屋门，见曹家竹园的竹子短了一截，知道是曹尚书要看他的笑话。他跑回房中，裁了两截红纸，一截纸上写个“短”字，一截纸上写个“长”字，分别贴在上下联的下面。这样，对联变成了：

门对千竿竹短
家藏万卷书长

消息传到曹府，曹尚书十分恼怒，下令将竹园竹子全部砍掉。小解缙灵机应变，又在对联上添了两个字：无，有。于是，对联变成了：

门对千竿竹短无
家藏万卷书长有

曹尚书没想到小解缙竟有如此才华，便派人去请解缙过府相见。小解缙应缴来到尚书府，见正门关闭，只开旁门，知道是曹尚书有意戏弄他，当即抗议说：“正门未开，非迎客之礼！”家丁转告曹尚书，曹尚书冷笑地说：“想走正门不难，须先对上我的上联。”曹尚书出的上联是：

小犬无知嫌路窄

解缙一听，这分明是侮辱自己，便应声回击，对出下联：

大鹏展翅恨天低

曹尚书听了，只得叫家丁打开正门。

明代有位杰出的文学艺术家，名叫徐渭，他家乡的富绅利用迷信活动搜刮民财。有一年，他们为了搜刮民财，又做水陆道场，特意请徐渭写一副“劝人行善”的对联，以便欺骗乡民。徐渭看清富绅的用心，便写了一副对联：

经忏可超生
纸钱能赎命

富绅如获至宝,连连称谢。徐渭说:“不要急着谢,我还有几字相送。”富绅受宠若惊,连忙说:“多多益善。”徐渭微微一笑,又在上下联各添七个字,这样对联的内容就全变了:

经忏可超生岂有阎罗怕和尚
纸钱能赎命分明菩萨是赃官

此联一出,不胫而走,一时传为佳话。

苏东坡少年时,才智过人,面对愈来愈多的称誉,不免有些飘飘然。他在自家门口贴了一副对联,上书:

识遍天下字
读尽人间书

几天后,来了一位白发老翁,口称“特来登门向苏公子求教”。见面后,递给苏东坡一本书。苏东坡翻开书一看,竟然一字不识。他恍然大悟,连忙向老翁认错:“恕学生一时狂言。”说罢提笔跑到门口,在上下联各添二字,改成:

发愤识遍天下字
立志读尽人间书

·拆字成联·

拆字联,是利用汉字可拆可合的特点,出句应对的文字游戏。

明代苏州有位神童叫蒋焘,聪慧机敏,善对对联。有一次,家里来了一位客人,同父亲谈得很投机。这时,屋外下起小雨,溅湿了窗户。客人触景生情,即兴出了一句上联:

冻雨洒窗东二点西三点

小蒋焘听了,觉得出句新奇有趣:将“冻”、“洒”拆成“东二点”、“西三点”,不仅表现了娴熟的文字技巧,还颇有几分诗意。小蒋焘想了好一阵子,还是想不出对句,心里不免有些着急。为了稳定情绪,他到厨房抱出一个西瓜,准备切开送给客人吃。就在刀触西瓜之际,小蒋焘突然来了

Contemporary Publication

灵感，脱口说出下联：

切瓜分客横七刀竖八刀

小蒋焘用的也是拆字法，将“切”、“分”拆作“横七刀”、“竖八刀”。“切瓜分客”与“冻雨洒窗”对，“横七刀竖八刀”与“东二点西三点”对，对得也巧妙。客人听了，拍手称好。

从前有座山寺，山门上有上联而无下联。上联是：

竹寺等僧归双手拜四维罗汉

这上联是个连环拆字对：“竹寺”合成“等”，“双手”合成“拜”，“四维”合成“罗”（羅）。很多岁月过去了，始终无人能对。一日，来了一位游客，看到这句上联，又看到寺后双峰并立，灵感顿至，对出下联：

木门闲客至两山出小大尖峰

这也是连环拆字对：“木门”合成“闲”，“两山”合成“出”，“小大”合成“尖”。“木门闲客至”对“竹寺等僧归”，“两山出”对“双手拜”，“小大尖峰”对“四维罗汉”，对得不但巧妙而且贴切。

传说乾隆皇帝微服下江南，在镇江一家酒楼与告老还家的宰相张廷玉对饮。席间，一个歌女演唱助兴。一曲歌罢，余音缭绕，乾隆不禁脱口出句，要张廷玉对。乾隆的出句是：

妙人儿倪家少女

儿字繁体作“兒”，“人兒”合体为“倪”，妙字拆开则成“少女”，“妙人儿”拆合则成“倪家少女”。张廷玉苦苦思索，难以答对。站在一旁的歌女不知出上联的竟是当今皇上，脱口对出下联：

大言者诸葛一人

“言者”合体为“诸”，大字拆开则成“一人”。对仗工整，表意确当，乾隆不禁合掌称妙。遂命张廷玉给歌女赏酒三杯。不料，壶空酒尽，张廷玉斟酒时只滴了几滴。歌女见此情景，笑着对乾隆说：

冰冷酒一点两点三点

这也是个拆字联，冰字又写作“氷”，左旁是“一点”，冷字左旁是“两点”，酒字左旁是三点。既道出冰冷酒三个字的偏旁，又嵌着“一、二、三”数字。这个上联着实把自恃才高的乾隆爷难住了。恰在这时，楼下传来“丁香花”的叫卖声，张廷玉灵机一动，说出下联：

丁香花百头千头万头

“丁香花”三个字的字头，分别是“一（百字头）、丿（千字头）、艹（万字头，万字的繁体写作“萬”），既说出三个字的字头，又嵌着“百、千、万”数字，跟上联对可谓十分贴切。乾隆悄悄地对张廷玉说：“张爱卿，你今日可救了朕的驾啦！”据说，乾隆从此不再出对戏弄人了。

清代有位进士姓阮名元，是个著名学者，聪慧过人。有一天，他去朝见嘉庆皇帝。嘉庆觉得“阮元”二字有趣，名比姓只少“一耳”，便出句要阮元对。嘉庆的出句是：

阮元

阮元脱口而出，对出下句：

伊尹

伊尹是商初贤相，名比姓只少“一人”，用“伊尹”对“阮元”，对得巧妙。

后来有人据此跟阮元开玩笑，问：

阮元何故无二耳？

阮元反应很快，立即对道：

伊尹从来只一人！

“阮元”没有“二耳”，“伊尹”只有“一人”，对得更是巧妙。

·人名地名联句·

1953年，著名科学家华罗庚、钱三强、赵九章等出国访问。在旅途中，华罗庚出句征对。华罗庚出的上联是：

三强韩赵魏

“三强”是钱三强的名字，又指战国七雄中的三雄韩国、赵国、魏国。众人都觉得这上联出得巧妙，但一时无人应对。华罗庚看到无人应对，便说出下联：

九章勾股弦

“九章”是赵九章的名字，又指论述勾股弦的《九章算术》。众人听了，无不拍手称妙。

北京旧时流传一副用地名串缀而成的对联：

密云不雨旱三河虽玉田也难丰润
怀柔有道皆遵化知顺义便是良乡

对联中的“密云”、“三河”、“玉田”、“丰润”、“怀柔”、“遵化”、“顺义”、“良乡”，都是北京附近的县名，串缀巧妙，只是内容有些消极。1984年，三河县成立书画社，在成立大会上，有人建议修改这副旧联，到会的著名书法家刘炳森立即响应，将旧联改为：

密云布雨引三河灌玉田万年丰润
平谷移山填静海建乐亭百世兴隆

对联中的“密云”、“三河”、“玉田”、“丰润”、“平谷”、“静海”、“乐亭”、“兴隆”，都是北京附近的县名，不但串缀巧妙，而且一改消极悲观的语意，赋予改造山河人定胜天的时代气息，使得对联意趣两佳。

1983年9月，在香港召开的中国古文字学研讨会上，来自北京、台北的两位学者同姓同名，都叫高明，这使来自美国的周策纵教授顿生灵感，戏拟两位“高明”问答出了个上联：

高明问高明：高明不高明？高明答高明：高明，高明！

来自法国的学者黎翁迅即对出下联：

田汉语田汉：田汉非田汉。田汉学田汉：田汉，田汉！

田汉是我国现代剧作家，《义勇军进行曲》(国歌)的词作者，他曾说：“我是假田汉，应向真田汉(农民)学习。”黎翁先生以这件轶事应对，既极切出句，又妙趣横生。

·数字嵌联·

对联游戏中,有一种数字嵌联,即在对联中嵌进数字。这种对联的上下联,必须数字对数字,所以难度较大。

清代嘉庆年间有位状元,叫做罗洪先,是江西吉水人。一天,他与几位朋友同游九江。船夫慕名向罗求教,说是有一句上联多年无人应对,请状元续对,罗状元没有把船夫放在眼里,就叫他快快说出上联。船夫说:

一孤舟二客商三四五六水手扯起七八叶风篷下九江还有十里

这上联出得奇妙,不仅嵌进一至十的数字,而且按顺序排列。罗状元迟迟不能应对,同船的文人墨客你看我,我看你,一个个目瞪口呆。恃才狂傲的状元郎,终于被一介船夫难倒了。

事情过去两百多年,一位学者见到一种名叫"九丈香"的名贵木材,顿时受到启发,才对出下联:

十里远九丈香八七六五号轮虽走三四年旧道只二日胜似一年

对句倒嵌十至一数字,虽然对仗尚欠工整,总算使绝对不绝。

著名作家老舍一向主张:"作文章最忌七拼八凑,欲免此弊,必须卖尽力气。"他曾以此主张作联自勉:

付出九牛二虎力
不作七拼八凑文

传说古代有个书生进京赶考,因为旅途不顺,迟到了一步,被主考官拦住,进不了考场。他苦苦哀求,请主考官高抬贵手。主考官喜欢撰联,就让他作个对联,考考他的才华。书生想起旅途的艰辛,便脱口说了上联:

一叶孤舟坐了二三个旅客启用四桨五帆经过六滩七湾历尽

八颠九簸可叹十分来迟

巧嵌一到十的数字，诉说来迟一步的原因，希望得到主考官的理解。

主考官听了，觉得出句有趣，一时难以应对，便令书生将数字倒序作出下联。书生没想到会要自己对下联，后悔出句太难。在无可奈何之中，他又想到十年寒窗之苦楚，终于触发灵感，对出下联：

十年寒窗进了九八家书院抛却七情六欲苦读五经四书考了三番二次今日一定要中

主考官被他的才华和志向感动，终于让他进入考场。

《警世通言》中有一篇《王安石三难苏学士》，说的是宋代宰相王安石三次出句要苏东坡对，一是为了考考他的才气，二是为了杀杀他的傲气。

王安石说："久闻子瞻（苏东坡字子瞻）善对，今年闰八月，正月立春，十二月又是立春，是个两头春，老夫就以此题出句求对。"说罢，提笔写出上联：

一岁二春双八月人间两度春秋

苏东坡一时寻对不出，羞得满面通红。王安石接着问道："子瞻从湖州至黄州，可从苏州、润州经过?"苏东坡答道："此是便道。"王安石说："苏州金阊门外，至于虎丘，这一段路，叫做山塘，约有七里之遥，其半路名为半塘。润州古名铁瓮城，临于大江，有金山、银山、玉山，这叫做三山，俱有佛殿僧房。子瞻都曾游览?"东坡答道："是。"王安石说："老夫再将苏润二州，各出一句，求子瞻对之。"

苏州对：

七里山塘行到半塘三里半

润州对：

铁瓮城西金玉银山三宝地

东坡思考多时，不能成对，只得告退而出。后人有感而发，作诗诫世：

为人第一谦虚好
学问茫茫无尽期

苏东坡是一代才子，竟被王安石三次难倒。王安石的三句上联实在绝妙。"一岁二春双八月人间两度春秋",出句简明,数字用得自然,又真实地反映了闰八月、两立春。"七里山塘行到半塘三里半","山塘"、"半塘"是两个地名,"半塘"恰好位居七里山塘之半,正好"三里半"。"铁瓮城西金玉银山三宝地"中的"铁瓮城"是地名,"金"、"玉"、"银"是山名,都是佛教圣地,称得上"三宝地"。要对三句上联,既要切地名山名,又要切数字,是十分困难的。据说,古往今来许多文人学士都曾试笔应对,但至今未见理想的下联。

·联中夹谜·

以对联的形式出谜语,是一种很有趣的文字游戏,既要联对,又要猜谜。

传说古代有两位文人都喜爱对联,时常在一起联对。一日,文人甲出上联:

白蛇过江头顶一轮红日

文人乙思考片刻,对出下联:

乌龙上壁身披万点金星

这下联对仗工整巧妙,令甲不禁暗暗叫绝。甲见乙十分得意,便说:"我出的上联可是个谜语。"乙说:"知道,谜底是油盏灯。我的下联也是个谜语,你可知道?"甲指了指挂在墙上的一杆秤,两人相视而笑。

"白蛇过江头顶一轮红日"谜底是油盏灯。原来旧式油盏灯是个铁盏或瓷盏,盏内盛油(豆油、茶籽油或菜籽油),油中放一根灯芯(灯草芯或棉捻,都是白色的),灯芯身子浸在油内,一端伸出盏外,点燃后一团火苗。甲把它比作"白蛇过江头顶一轮红日",既形象,又生动。

"乌龙上壁身披万点金星"谜底是挂在墙上的杆秤。原来旧式秤杆是一根木杆,漆成青色,秤杆上点有许多金黄色圆点,叫做"秤星",是计量标志。乙把它比做"乌龙上壁身披万点金星",也是奇妙无比。

古时有位学者酷爱谜语,他为了结交猜谜高手,便在自家大门两侧写了一副对联:

话不老
镜中人
横批：中者进

意思是：这副对联是谜语，猜中者方可进来。过往行人都猜不出来。一天，来了一个九岁儿童，见了此联，二话不说，径直走进大门。学者十分赞赏九龄童的才智，把他留下做自己的书童。

不是说猜中谜语的人才能进去吗？是的。九龄童用径直走进大门的行动，答出了谜底：请人。上联“话不老”。话者言也，不老者青年也；言青合体便是“请”字。下联“镜中人”，人字在镜子里是反的，正好是“入”字。上下联的谜底联成句子，就是“请入”。既然“请入”，岂有不走进之理。

北宋丞相吕蒙正，小时候家里很穷，所以从小就对贫富不均的社会现象十分愤懑。有年春节，财主家热热闹闹，吕家却冷冷清清。小蒙正触景生情，写了一副对联贴在自家门口，对联上写着八个数字：

二三四五
六七八九
横批：南北

过往行人，好生奇怪，却不解其意。慢慢地，一家邻居猜出了其中的奥秘，原来小蒙正用的是缺字谐音的方法诉说家里的贫困：上联“二三四五”，缺“一”，“一”谐音“衣”，即“缺衣”；下联“六七八九”，少“十”，“十”谐音“食”，即“少食”；横批：“南北”，四方中没有“东西”。所以，这副对联的寓意是：缺衣少食，没有东西。

第三章

谜　语

谜语起源于民间口头文学，是一种群众喜闻乐见的形式。由于文人学者的参与，利用汉字形声义的变化制谜，发展成为一种文字游戏。

什么叫做谜语？南朝文学理论家刘勰在《文心雕龙》中是这样解释的："谜也者，回互其辞，使昏迷也。"译成现代语言就是说：采用隐晦、曲折、含蓄的词语，使人迷惑不解，不易猜出它的真实含意。

谜语的结构，分为三个部分：谜面，谜目，谜底。谜面即说明谜底的词语；谜目即指示谜底的破解范围；谜底就是谜语的答案。猜谜就是根据谜面给出的隐隐约约的暗示，通过联想、分析、综合、推理、归纳等思维活动，去寻求符合谜面的答案。例如：两边都听到（打一字）。"两边都听到"是谜面，"打一字"是谜目。谜底是什么字？推理：两边都听到，前提是两边都有"耳"。判断：谜底是"耶"字。左边是"耳"字，右边"阝"俗称"右耳"，耳阝相合成"耶"。

谜语的形式很多，考虑到本编的主题是"汉字的趣味"，所以有选择地介绍一些文字谜。

猜文字谜，要利用汉语字词的特点，通过对汉字形声义的分析，寻求谜底。猜谜的方法多种多样，如会意法、拆字法、象形法、别解法、谐音法、假借法，等等。总之要动脑多思，善于联想。所以说，猜文字谜是一种益智的文字游戏。

·门中活·

传说三国时代，木匠为曹操的相国府修大门，门刚安好，曹操正好路过，提笔在门上写了一个字：活。木匠们都没在意，继续安装。这时，曹操的主簿杨修来了，看到曹操的题字，就命令木匠们把门拆了改小。木匠们不理解，杨修说："你们没看见丞相在门上写了'活'字吗？门字中间加个'活'是'阔'字，丞相嫌门太阔了。"原来曹操在门上写个"活"字，是个字谜。

·“井”字谜·

南朝文学家鲍照,制过许多谜语,其中之一是:

二形一体,四支八头,五八一八,飞泉仰流。

(打一字)

谜底是“井”字。

“二形一体,四支八头,五八一八”,说的是“井”字形体。井字由两横两竖组成,所以说“二形一体”;横竖四条线交叉出现八个头,所以说“四支八头”;把“井”字拆开是四个“十”字,“五八”正好“四十”;“一八得八”指的是“一体八头”;最后一句“飞泉仰流”,是形容人们用桶吊水的。水本来是从高处往低处流的,而人们用桶将井水打上来,岂不是让井水往高处流吗?所以说,用桶吊水,如同“飞泉仰流”。

鲍照的这则谜语,过于隐曲,后代学者参照原意,将谜面作了修改。

明代的一位学者改为:

四十零八个头,一头还对一脚。中间全无肚肠,外面许多棱角。

清代的一位学者觉得改得不够简练,又改为两句话:

一字四十八个头,内中有水不外流。

改来改去,看来都不如鲍照的谜语。

·以谜破谜·

北宋宰相王安石和他的好友王吉甫,两人都是制谜猜谜的高手。一天,王安石出了一则字谜,让王吉甫猜:

画时圆,写时方;冬时短,夏时长。

王吉甫略思片刻就猜出了,说:

东海有条鱼,无头亦无尾;更除脊梁骨,便是你的谜。

王安石听了,捧腹大笑。原来王吉甫是以谜破谜,两人的谜,谜底都是“日”字。

日,画时是圆的,可日字是长方形的。冬天昼短夜长,所以“日短”;夏天昼长夜短,所以“日长”。四句话,说的都是“日”。

王吉甫的谜面,是在“鱼”字上做文章,鱼字去头去尾,是田字,田字再抽出“脊梁骨”(一竖),就成了“日”字。

接着,王安石又出了一则字谜:

左七右七,横山倒出。

王吉甫仍然以谜破谜:

一上一下,春少三日;你谜我谜,恰成一对。

“好,一妇一夫,真成一对!”王安石连声赞好。

原来王安石的谜,谜底是“妇”字,妇字的繁体作“婦”,“左七右七”是“女”字;山字横放是“彐”;出字倒写形似“帀”;合起来是“婦”字。王吉甫知道谜底是“妇”,却不直接回答,而是出了与“妇”搭配成对的“夫”字谜,说是“你谜我谜,恰成一对。”王吉甫的谜采用的是离合法:“一上一下”是“二”,“春少三日”剩下“人”,二人合体就成了“夫”,正好跟“妇”配成一对。

王安石是个大学者,又是个大谜迷,传说他制了很多谜,可惜大多失传了。下面抄录几则王安石制的谜,请读者猜[1]:

其一,打二字:

目字加两点,不作贝(貝)字猜。
贝(貝)字欠两点,不作目字猜。

其二,打一字:

四个口,尽皆方,

〔1〕 王安石的字谜谜底:其一是“贺(賀)”、“资(資)”;其二是“图(圖)”;其三是“俭(儉)”。括号内为繁体字,王安石出谜,都是拆繁体字。

加十字，在中央。
不作田字道，不作器字商。

其三，打一字：

兄弟四人二人大，
一人立地三人坐。
家中更有一两口，
便是凶年也好过。

·徐文长出字谜·

徐文长是明代文学家，诗、书、画兼长，还酷爱制谜。他制的字谜，抓住汉字结构特点，准确而贴切，浅显而有趣。例如：

何可废也，以羊易之。（打一字）

谜面是《孟子》中的两句话。猜此谜，须别解《孟子》原意，并且采用离合法。“何”，“废”掉“可”，剩下“亻”，“以羊易之”（换上羊字），亻羊合体为“佯”。这就是谜底。

二画大，二画小。（打一字）

“二”、“大”合起来是“𡗗”，“二”、“小”合起来是“禾”，“𡗗”、“禾”合体为“秦”。谜底是“秦”字。

长十八，短十八，八个女儿下面立。（打一字）

“长十八”是“木”。“短十八”是“屮”，加上“八女”，合起来是“楼”字。谜底是“楼”字。

两下里做人难。（打一字）

“两下里”可以理解为“两画”，“做人难”可以理解为“不是人字”。谜底：入。

先写了一撇，后写了一横。（打一字）

“了”加“丿”是“乃”，“了”加“一”是“子”，“乃”、“子”合体为“孕”。谜底：孕。

上又无画，下又无画；上又在上，下又在下。

（打一字）

谜底：卜。“上”无一画，“下”无一画，都是“卜”。“卜”又在上字的上面，在下字的下面。

四山纵横，两日绸缪。富是它落脚，累是它起头。

（打一字）

谜底：田。田字横看竖看，里面有四个“山”，横着看是两“日”相连。“富”字下脚是“田”，“累”字头上是“田”，又寓含“种田虽累却能致富”的劳动致富观念。

·纪晓岚巧作猜谜联·

纪晓岚是清代的大学者，曾主纂《四库全书》。他擅长对联，又爱制谜语。他把对联和谜语结合起来，巧妙地制作了一则对联谜语（打二字）：

黑不是白不是红黄更不是和狐狼猫狗仿佛
既非家畜又非野兽

诗也有词也有论语上也有对东西南北模糊
虽是短品却是妙文

上联谜底是“猜”。不是黑白红黄，则是蓝绿，蓝绿合色为“青”。“和狐狼猫狗仿佛”自然从“犭”，但非家畜野兽，意思是只作偏旁。“犭”旁加“青”，是“猜”字。

下联谜底：谜。诗、词、论、语都是“言”字旁，“对东西南北模糊”寓意“迷”（迷失方向）。“言”“迷”合体为“谜”，谜作为文学是“短品”，“却是妙文”。

上下联的谜底合起来是：猜谜。

·清代的字谜·

清代不少文人喜爱制谜猜谜,他们制的谜,别具一格,别有情趣。例如:

不是姻缘也并头。(打一字)

谜底:韻(韵的异体字)。制谜的手法是利用“音员”与“姻缘”谐音,说它“不是姻缘(而是音员)也并头(两字合体)”。

九十九。(打一字)

谜底:白。九十九,一百少一。“百”字“少一”正是“白”啊!